在这里，看见新世界

CROSSING THE
BAY OF BENGAL
The Furies of Nature and the Fortunes of Migrants

横渡孟加拉湾

自然的暴怒和移民的财富

[印度]苏尼尔·阿姆瑞斯　著
尧嘉宁　译
朱　明　校译

浙江人民出版社

图书在版编目(CIP)数据

横渡孟加拉湾：自然的暴怒和移民的财富／（印）苏尼尔·阿姆瑞斯著；尧嘉宁译. — 杭州：浙江人民出版社，2020.7(2023.6重印)

ISBN 978-7-213-09713-3

Ⅰ.①横… Ⅱ.①苏… ②尧… Ⅲ.①南亚-近代史 ②东南亚-近代史 Ⅳ.①K304

中国版本图书馆 CIP 数据核字(2020)第 054356 号

浙江省版权局
著作权合同登记章
图字：11-2019-13号

CROSSING THE BAY OF BENGAL: The Furies of Nature and the Fortunes of Migrants by Sunil S. Amrith.
Copyright © 2013 by the President and Fellows of Harvard College.
Published by arrangement with Harvard University Press
through Bardon-Chinese Media Agency
Simplified Chinese translation copyright © 2020 by Zhejiang People's Publishing House
ALL RIGHTS RESERVED

本书中文译稿由城邦文化事业股份有限公司—脸谱出版事业部授权使用，非经书面同意不得任意翻印、转载或以任何形式重制。

横渡孟加拉湾：自然的暴怒和移民的财富

[印度]苏尼尔·阿姆瑞斯　著　尧嘉宁　译　朱　明　校译

出版发行：浙江人民出版社(杭州市体育场路347号　邮编　310006)
　　　　　市场部电话：(0571)85061682　85176516

丛书策划：王利波	营销编辑：陈雯怡　陈芊如
责任编辑：吴玲霞	责任校对：朱　妍
责任印务：程　琳	封面设计：张庆锋

电脑制版：杭州大漠照排印刷有限公司
印　　刷：杭州富春印务有限公司

开　本：880毫米×1230毫米　1/32	印　张：13.375
字　数：306千字	插　页：6
版　次：2020年7月第1版	印　次：2023年6月第7次印刷

书　号：ISBN 978-7-213-09713-3
定　价：79.00元

如发现印装质量问题，影响阅读，请与市场部联系调换。

出版者言

当今的世界与中国正在经历巨大的转型与变迁,她们过去经历了什么、正在面对什么、将会走向哪里,是每一个活在当下的思考者都需要追问的问题,也是我们作为出版者应该努力回应、解答的问题。出版者应该成为文明的瞭望者和传播者,面对生活,应该永远在场,永远开放,永远创新。出版"好望角"书系,正是我们回应时代之问、历史之问,解答读者灵魂之惑、精神之惑、道路之惑的尝试和努力。

本书系所选书目经专家团队和出版者反复商讨、比较后确定。作者来自不同的文化背景,拥有不同的思维方式,我们希望通过"好望角",让读者看见一个新的世界,打开新的视野,突破一隅之见。当然,书中的局限和偏见在所难免,相信读者自有判断。

非洲南部"好望角"本名"风暴角",海浪汹涌,风暴不断。1488年2月,当葡萄牙航海家迪亚士的船队抵达这片海域时,恰风和日丽,船员们惊异地凝望着这个隐藏了许多个世纪的壮美岬角,随船历史学家巴若斯记录了这一时刻:

"我们看见的不仅是一个海角,而且是一个新的世界!"

浙江人民出版社

佳评推荐

非常吸引人……虽然已经有几部关于印度洋的战略和地缘政治意义的书出版,但是人们对于海湾沿岸不同国家间相互联系的文化和历史纽带却知之甚少。阿姆瑞斯的杰出成就在于揭示了这些联系,为这个世界上最复杂、最具文化趣味的地区之一……提供了一种声音和身份认同。他对这种文化的挖掘是艰苦而细致的。他深入挖掘档案,利用日记、信件和官方殖民档案,整理了一份可以追溯到第一个千禧年的记录,最终写成了一部关于孟加拉湾地区的生动传记……这是一项令人敬畏的学术研究。正是信息的绝对积累,以及多重交织的跨学科线索,才产生了这样一幅令人印象深刻的、多方面的图景……这是一部非凡的著作。

——《纽约时报书评》

通过重新聚焦海湾和布罗代尔式的历史还原,这部经过精心研究和撰写的著作不仅及时,而且深具启发性。

——《文学评论》

《横渡孟加拉湾》涵盖了历史背景、移民政治、社会世界、人类苦难,以及欧洲帝国瓦解的影响。

——《图书馆杂志》

苏尼尔·阿姆瑞斯以他在知识上的精湛技巧，作为历史学家对细节的高度敏感以及对大型故事的叙述天赋，完成了这部如小说般的作品，这又一次巩固了他的地位。本书使我们意识到，孟加拉湾作为全球最大的海湾，长期以来一直是全球贸易和帝国历史的中心——它是陆上丝绸之路的水上通道，通过白银、胡椒等商品的流动，将印度洋与亚洲、地中海社会乃至南美洲连接起来……通过书中令人信服的分析，你会读到一系列惊心动魄的故事，你的世界观也将受到冲击。

——《泰晤士高等教育》

本书的亮点在于其介绍海湾早期贸易路线的方式，它还使人产生了进一步阅读关于孟加拉湾古老文明的兴趣……这样的描述展现了充满活力的"东西方相遇"的商业区域，在这里，阿拉伯、印度以及后来的欧洲船只停泊在中国帆船旁边，以获取布料、香料、鸦片和墨西哥白银。阿姆瑞斯的详细研究使这些图景栩栩如生……同样引人入胜的是，阿姆瑞斯对于商人研究海湾季风的描绘，以及他们如何与海湾沿岸的当地人通婚，从而创造出融合了多种信仰和传统的多元文化与建筑。

——《南华早报》

苏尼尔·阿姆瑞斯的惊人研究和抒情写作引起了人们的关注，并展示了数百万印度人的辛劳、磨难和财富。在过去的几个世纪里，他们在从亭可马里、金奈和维沙卡帕特南到加尔各答、吉大港、仰光、槟榔屿、马六甲和新加坡的水域徘徊。确切地说，横渡孟加拉湾是这个海湾本来的生活方式,因为它在漫长的航海时代总是受到季风的冲击,并根据季风来调节人类的活动,直到19世纪70年代汽船的出现和利用。

——《印度快报》

尽管这个地区存在着许多家族、宗教和商业联系,但或许是因为缺乏统一的政治结构,这里经常笼罩在阴影中……作者编织了一幅生动的图景,描绘了以南印度劳工为主的巨大的人口流动……海平面上升使孟加拉湾的沿海低地更易受到新的地理格局的影响。阿姆瑞斯指出,海洋在过去30年的变化比其以往的所有变化都要大……该书内容详细、文字优美。

——《优选》杂志

阿姆瑞斯通过与泰米尔移民一起横渡孟加拉湾动荡的水域,打开了海洋历史的新视角。这本制作精美的书巧妙地描绘了联结南亚和东南亚的迁徙方式与文化流动,展现了人类在塑造海洋环境命运方面的力量和局限。

——苏嘉塔·鲍斯(哈佛大学教授,南亚和印度洋研究专家)

《横渡孟加拉湾》是一部令人钦佩的著作,可读性极强,这是这么长时间以来我所读过的最引人入胜的历史作品之一。

——阿米塔夫·高希(印度著名作家)

本书精雕细琢、研究细致，将成为全球史和海洋史领域的经典著作。很少有世界历史的研究可以与本书叹为观止的跨学科影响和优秀的叙事相媲美。

——伊莎贝尔·霍夫梅尔（南非金山大学教授，畅销书作家）

这本书读起来令人十分愉悦，作者以优美的文笔、抒情的柔情和对移民的细致关注，描绘了孟加拉湾从中世纪以来，在环境、经济、社会和政治复杂性方面的发展历程。

——大卫·卢登（《印度和南亚史》作者）

中译本序

随着全球化的发展,人与物、商品与资本等跨过国界在国家之间自由流动,但国家之间的壁垒却随着竞争的加剧而日益森严。一方面,人类社会面临着共同的经济、政治、环境问题;另一方面,强化了民族主义的国家却往往以邻为壑,无视共同的问题,甚至极力摆脱自己应负的责任。这为我们思考当前的国际问题带来了困境,我们既要顺着全球化的趋势突破民族国家的界限,去考察全球性的自由流动,又不得不正视国家力量的增强及其对流动的限制。这种矛盾几乎出现在世界的各个区域,孟加拉湾周围表现得尤为明显。

正是基于这样一种对于现实的忧虑,哈佛大学历史系教授苏尼尔·阿姆瑞斯的《横渡孟加拉湾——自然的暴怒和移民的财富》一书,从历史的维度追踪了孟加拉湾的人员流动和生态变迁,并且探讨了其当代命运的缘由。作者阿姆瑞斯成长于新加坡,在剑桥大学获得学位,目前是哈佛大学历史系的教授。他的研究领域为人员、思想、制度的跨区域流动,尤其侧重于对孟加拉湾的研究,兼及移民史、环境史、公众健康史。他的著作还包括《现代亚洲的移民和流散》(2011年)、《国际健康的去殖民化:南亚和东南亚,1930—1965年》(2006年)。他是《现代亚洲研究》《过去与现在》等著名学术刊物的编委会成员,也负责为哈佛大学出版社主编"亚洲的联结"系列丛书,同时还参与编写《新编剑桥印度洋史》第二卷。此外,其2018年的近著《难以控制的水域:雨水、河流、海岸、大洋如何形塑亚洲史》(*Unruly Waters: How Rains, Rivers, Coasts, and Seas Have Shaped Asia's History*),也是一部观点新颖、视角独特的著作。

《横渡孟加拉湾》获得2014年美国历史学会关于南亚历史的约翰·理查德奖(The John F. Richards Prize)。同时,该书也是作者对孟加拉湾周边环境变迁史研究的大型项目的初步成果。阿姆瑞斯的生长环境和求学经历促成了其独特视角的形成。剑桥大学多年来对新帝国史、全球史的研究,以及印度学界多年来流行的庶民视角,都使他非常重视底层民众,选择从边缘和底层的角度重述历史,而这些正是该书脱颖而出的基础。

从研究对象来看,《横渡孟加拉湾》这部作品属于区域史或者地区研究。然而,它与传统意义上的区域史和地区研究又有很大的不同。从区域史的角度来看,对于印度洋的研究最早是由于受到布罗代尔的地中海模式的启发而开始的。[①]但是,在最近若干年,由于地中海研究者的注意力开始转向生态史、环境史,因此也带动了印度洋研究的转向。[②] 从地区研究的角度来看,以往的南亚研究和东南亚研究在研究阵营上是分开的,两者之间很少有交叉。但是在全球化日益迅速展开的当下,这种隔绝开始被突破,尤其是最近十余年流行

[①] 朱明:《建构和争论中的印度洋历史——书写亚洲海洋史的尝试》,《全球史评论》2015年第7期,第85—99页;朱明:《印度洋史书写的新趋势》,《光明日报》2019年2月25日第14版。

[②] 参见佩里格林·霍登、尼古拉斯·珀塞尔著,吕厚量译:《堕落之海——地中海史研究》(中信出版社2018年版)和迈克尔·皮尔逊著、朱明译:《印度洋史》(东方出版中心2018年版)中的环境史转向。

的全球史越来越关注流动和联系①,而南亚和东南亚之间的流动和联系却一直以来很少被关注,或者说,它们一直都被掩盖在国家的阴影下。因此,《横渡孟加拉湾》一书适时地做出了突破,在区域与生态、地区与全球之间进行了综合。从这个意义上来说,它独树一帜,具有很大的突破性和较强的现实意义。

一

从内容上看,该书八个章节,基本上是按照时间的顺序,概述孟加拉湾流动的源起、发展和现状。

在第一章中,作者介绍了孟加拉湾的自然环境,并且追溯了早期历史的发展及其作为这个区域整体性的基础。显然,这是受布罗代尔的地中海模式和整体史观的影响,将孟加拉湾视作一个类似地中海的自成一体的区域。这个区域的国家有一些共同的自然因素,譬如季风;也有一些共同的历史背景,譬如6—8世纪帕拉瓦(Pallava)王朝的寺庙建筑和雕塑影响到整个东南亚,9—13世纪朱罗(Chola)帝国借助其强大的商人集团纵横东南亚,成为横跨孟加拉湾的大帝国,并且与孟加拉湾对面的室利佛逝(Srivijaya)帝国以及爪哇的马塔兰(Mataram)王国长期竞争、角逐。在孟加拉湾对岸,还有位于今日缅甸的勃固,它南通锡兰,北接中国云南。另一方面,宋代中国也发展起强大的海外贸易,势力远及孟加拉湾。孟加拉湾的商业活力在公元1000年前后开始的温暖期达到了巅峰。13世纪以后,温暖期结束,亚洲经历了内亚游牧民族的新一波征服。突

---

① 参见 Merry E. Wiesner-Hanks, ed, *The Cambridge World History*, 7 vols, Cambridge: Cambridge University Press, 2015, 即将由上海三联书店推出中译本;于尔根·奥斯特哈默著,强朝晖、刘风译:《世界的演变:19世纪史》,社会科学文献出版社2016年版。

厥人在北印度建立德里苏丹国，并不断向南扩张，中国也出现了宋元易代。然而，伊斯兰文化在印度的扩展并没有阻碍南印度的泰米尔商人在孟加拉湾的流动。

此外，作者利用印度的神话和中国东晋僧人法显的记载，以及近现代的传说等，展现了孟加拉湾作为早期印度世界的东部边疆的险恶环境。从16世纪起，欧洲人来到这里，进行权力和利益的角逐。同时期也出现了交通方式的变迁。早期的船只航行受季风等条件的约束，但是随着蒸汽船的应用，人们可以逐渐摆脱自然条件的束缚，而20世纪航空和定期航班的开始，更是改善了运输状况。一般人认为前殖民时期的海洋是开放的，而后便被殖民者控制，并被其划定了的边界所阻碍。作者认为这是浪漫化的想法，忽视了以往巨大的海上危险。在作者看来，19世纪以后的殖民时代的确是孟加拉湾人员流动的高潮时期。作为印度和中国之间的通道，这里有印度教徒、穆斯林、中国人、马来人往来穿梭，其繁荣程度远远超过了前现代时期。

在第二章中，作者探讨了近代早期孟加拉湾作为印度洋商业中心的地位。他指出，在欧洲人携带着新的领土、法律、宗教观念到来之前，这里就已经存在一张繁忙的商业网络了，尤其是南印度泰米尔地区的许多地方都与孟加拉湾对岸有着密切的商品和人员流动。而孟加拉湾的两岸也先后经历了伊斯兰化，波斯人、哈德拉毛人在这里有着广泛的流动和分布，泰米尔的穆斯林也在这里到处经商。在欧洲人到来之前的15世纪，这个区域内部的商业化导致城市从内陆转向沿海，兴起了一批沿海城市，从吴哥、蒲甘、素可泰等内陆稻作集中地和王权中心转向勃固、马六甲、淡目，港口城市成为重要的新兴力量。从16世纪起，葡萄牙、荷兰、英国先后在这里经营，但是它们都不得不重视这里原先存在的商业习惯和秩序。

除了沿海城市，这里区域性的政治结构也为欧洲人的到来提供了条件。16—17世纪，中世纪的帝国纷纷解体，政治分裂造成各种地方势力自成一体，主要王朝和权力中心并未在空间上彻底完成对后来意义上的国家的统一，还只是处于对边疆的开发和征服过程中。如莫卧儿帝国直到17世纪才进入南印度，彻底征服孟加拉，但仍然面临着许多独立性很强的地方势力。这里的离心势力试图与欧洲人合作，但也招致了权力中心对这些独立政权和港口城邦的兼并潮流。也正是在与欧洲人的竞争中，孟加拉湾的早期现代国家成型了。值得注意的是，在商品形式上，相对于马拉巴尔海岸盛产的大宗商品香料，印度环孟加拉湾沿岸的科罗曼德尔海岸的主要商品是棉布，用来换取东南亚的香料。然而，当欧洲人携带白银来到孟加拉湾时，棉布便取代香料成为运往欧洲的大宗商品。此外，印度的大米也是向东南亚出口的大宗商品。

在第三章中，作者探讨了欧洲人到来以后孟加拉湾的变化。18—19世纪，欧洲人在孟加拉湾的东部将其作为"边疆"进行开发，对人力的需求带动了南印度的劳工向孟加拉湾东部的迁移。这种流动主要在槟榔屿、新加坡、锡兰之间进行，有警察、罪犯、工人，也有中国劳工。此外，作者认为城市中的神庙建筑可以表现移民的流动情况，信仰是随之迁移的。当然，在宗教的仪式方面也出现了混杂性，伊斯兰教、印度教、中国宗教之间都互有杂糅，占用共同的空间。由此可以看出，迁移来的劳工之间虽然经常出现分歧，但是他们在某个共同区域居住，相互联系增强，这使其属地性超过了族裔性，共同性超过了差异性。但是，殖民政府却在移民中制造隔阂，将其分成不同的种族（race），如印度人、马来人、华人等，以便管理，从而使原来不分彼此的杂糅关系变成了存在差异性的族裔群体。同这种对人群的划分一道，欧洲人还对空间进行划分，即制造边界。例如，1824年英国与荷兰划分马来西亚和印度尼西亚的边界时，就丝毫没有顾及两者的历史和文化。从此，位于边界两边说相同语言的人群也开始将对方视作外国人，而原本语言和宗教都不同的人群则彼此成为拥有同一个祖国的同胞。这些正是被欧洲人的到来所改变的。

第四章论述了19世纪起欧洲人对孟加拉湾的彻底改变。在这一时期，欧洲人开始在稻作区以外的边疆森林地带进行开发，这带动了非自由劳工的更大规模的迁移。作者认为，这类似于同时期欧洲人往美国新大陆的迁移。19世纪末20世纪初，尤其是从1870年起，大量印度南部的人口开始迁往孟加拉湾东岸的马来亚和缅甸。1869年苏伊士运河的开通，更是大大拉近了孟加拉湾与欧洲的距离，而电报、铁路、轮船的发展则促进了交通。在这种外因的便利条件下，种植业的发展更是促进了移民的流动。尤其是咖啡、茶叶、糖蔗、橡胶等种植业，推动了对劳工的需求。

譬如，马来亚引进南美的三叶胶，非常成功地培育了新的橡胶品种，因此也需要更多的劳工。19世纪80年代起，孟加拉湾内部劳工的迁移成为一种产业，尤其是南印度的泰米尔地区，成为主要的劳工输出地。这些劳工或被贫穷所迫，或是被集体地引进，成为种植园中的契约劳工，其更多的还是非自由的迁徙。在这种迁徙中，工头与种植园主合作，将大量移民带往孟加拉湾对岸。也有大量南印度和孟加拉地区的劳工前往缅甸，但这里不是以种植园经济为主，因此他们会散落在各个行业。基本而言，南印度的泰米尔人会前往锡兰和马来亚，稍北边的泰卢固人和孟加拉人会前往缅甸，他们基本是在同一纬度的范围内进行迁徙。

第五章介绍了移民的生活状况及其身份的变化。在仰光，印度移民占多数，在槟榔屿、新加坡，则是华人占多数，这里成为印度和中国的"城市边疆"。作者运用人类学和社会学的方法，对移民在仰光的生活做了细致的描绘，如他们的职业分布、卫生状况、家庭情况等，尤其对处于底层的妓女的辛酸生活和移民家庭的悲惨遭遇花了较多篇幅。作者对以往的宏观研究有一定的批判，他尖锐地指出，我们将移民抽象成为数据，只谈论网络和流动，却忽视了那么多个体的、鲜活的生命。

20世纪30年代，马来亚的橡胶业极大改变了世界的面貌，对东南亚本土也产生了很大的影响，诸如交通方式、消费模式、人口构成、族裔分布、阶级情况等。因此，本土原有的以种植园为主的经济面貌也在发生变化。随着汽车、自行车等交通工具被广泛使用，移民的居住方式、相互关系也相应地发生了变化；在这之上，是移民认同和身份的变化。如马来亚的泰米尔人开始感受到日益增强的印度民族国家的情感，但是他们发现其他族群也在逐渐增强民族主义，马来人开始排斥外来移民，这激发了这些泰米尔移民去寻求公民权。因此，这一认同与他们对印度国家的认同产生了冲突，从而导致认同的断裂，迫使他们不得不重新思考归属问题。他们面临一个新的任务，那就是必须选择一种身份，并且成为其国家的公民。

在第六章中，作者讲述了孟加拉湾自由流动的结束和国家边界的划定。20世纪30年代，世界经济经历了危机和萧条之后，孟加拉湾的东部开始对移民持排斥态度，这与同时期的欧洲有相似之处，希特勒正是在这时候反对外来移民。而这与正在蓬勃兴起的民族主义又联系在一起，新兴国家缅甸和马来亚想要通过团结移民反对印度（英殖民政府）的介入，譬如缅甸对印度移民不分族裔和信仰地进行团结，就是为了抵制印度的影响。这一时期民族主义的发展，强化了对领土的归属意识，而不再是鼓励海洋上展开的自由流动。新兴民族国家极力控制人口的流动，并将人们转换成俯首帖耳的国民，这恰恰与以前的自由流动相反。有意思的是，在疆界关闭的同时，却出现了其他方面的开放性，如劳工不分国别地团结起来，共同斗争。然而，民族国家的号召性也在加强，譬如缅甸出现的印度国民军，就在日本占领时期同曾经的殖民者英国决裂并斗争，他们认同印度，将自己的认同建立在母国身上。

在生态环境方面，这时期缅甸和东南亚作为生态的边疆被大规模地开发，日本统治时也利用大量劳工血汗修成泰缅铁路。这里成为向英属印度供应粮食的重要地带，稻米成为联结孟加拉湾周边各地的重要物品。尤其是缅甸和泰国，成为重要的稻米出口国。然而，当第二次世界大战期间印度出现歉收饥荒时，这里却没有及时地进行粮食支援，尤其是日本控制的缅甸，没有向印度输出粮食，这使孟加拉地区受害深重。这也与这里数个世纪以来人口增加、生态环境恶化、民族国家的划地为界和以邻为壑有关。边疆地带成为印度腹地的粮食供应地，但这里一旦失守，就无法保证腹地的安全了。孟加拉湾就是一个典型的例子。

在第七章中，作者探讨了解体之后的孟加拉湾开始出现对公民权的追求。二战以后，新兴国家缅甸和马来亚开始限制外来移民，它们确定边界，发放护照，颁布公民法案，并且防止外来移民扰乱本国的人口，这样就从边界和身份上为本国公民定了性。而印度也限制本国公民的任意离开。这是经历了帝国主义撤离后的新兴民族国家对政治颠覆、非法移民、外来影响的担忧所导致的。随着边界的确定和公民身份的定性，也出现了少数族裔的问题。这些被视作

"帝国的孤儿"的人群曾经在前现代的大流动时代往来于孟加拉湾两岸,但是在民族国家化的时代却成为被抛弃的人群。如吉大港的阿拉干佛教徒社群、缅甸若开邦的孟加拉穆斯林社群、锡兰的泰米尔人,都成为一直延续至今的民族国家内部的少数族裔问题,他们仍然在为争取公民权而同民族国家斗争。至于那些仍然留在孟加拉湾东岸的印度人,则逐渐地融入所在国。这些离散社群成为所在国的组成部分。然而,泰米尔人、华人的公民地位仍然是新兴国家需要解决的内部问题,从而带动了战后的社会运动,少数族裔为提高其社会地位而努力。而他们与原先的母国也只是一种文化上的联系,作者认为,这类似于大西洋两岸的迁移和美洲的欧洲人社群建设。

自20世纪中叶起,孟加拉湾也出现了生态上的变化。马来亚的油棕榈种植取代了之前的橡胶种植,因为天然橡胶的市场出现了萎缩,大量欧洲人的橡胶种植用地被转手给华人。这导致大量以前依靠橡胶种植业为生的泰米尔劳工失业和陷入困顿,也使他们无法获取公民权。因此,英帝国撤离后的孟加拉湾被民族国家所包围,国家建构成为当时的主要潮流。虽然当时也出现了突破民族国家、实现区域联盟的潮流,但是在冷战的总体环境下,这些努力都流产了。而且,美国非常强调孟加拉湾的战略地位,因此推动了这里的地区研究,即要挣脱大印度和大中国的影响,从已经存在的民族国家出发,用其过去为其现在的合法性论证。笔者认为,这也是东南亚新兴民族国家的民族主义在历史研究上的投射和反映。

另外,这一时期随着世界范围内农业生产力的提高和粮食的自给自足,孟加拉湾东岸已经摆脱了主要粮食出口地的身份,开始转向以本国的民族国家为框架的生态发展。譬如20世纪后半叶马来西亚开始的新一波森林开发,就是为了发展木材和棕榈油,以满足日益增长的市场需要。同时也开始了对海洋的开发，只是这时出现的不再是跨孟加拉湾的贸易，而是转向经营国家附近海域的资源。新的港口也开始建立，逐渐取代了殖民时期的港口城市，那些曾经为跨孟加拉湾流动而建造的港口逐渐衰落，作者称其为孟加拉湾的"死亡"。由此也可以看出，民族国家化对于这个曾经自成一体的区域影响巨大。

第八章对当代的孟加拉湾做了现实层面的探讨。进入21世纪第二个10年后，从印度到中国的区域成为重要的战略地带，再次得到各国的重视。中国的工业革命急需能源，而其运输因过度依赖马六甲海峡而产生了"马六甲困境"，因此，摆脱对马六甲海峡的依赖，一个重要途径就是打开从中国到印度洋的海路。为此，中国的"海上丝绸之路"成为发展这种策略的口号和历史依据。中国在印度洋上投资了很多港口，尤其是在缅甸的孟加拉湾沿岸，通过实兑港、皎漂港、吉大港，将其与中国西南的云南、贵州直接连起来。从地缘政治上看，这正是要加入孟加拉湾的经济世界中来。同样，印度也在加强对孟加拉湾的控制，在这里增强军事部署和经济往来。

然而，同各个国家的战略图景不同的是，这个区域的生态环境出现越来越大的变化，越来越呈现出不稳定的面貌。人类对这个海域的影响日益增强，对海洋的利用和改造步伐也在加快，这些都导致了沿海的景观变化，带来的是整个区域的生态变迁。捕鱼业、城市化、农药使用、石油开采等，都在破坏着环境。每年都会有大量垃圾从陆地排入孟加拉湾的海水中。随着森林砍伐，大量树木消失，尤其是海边能够抵御海水侵蚀的红树林，让位于养虾场等工业场所。河流大坝的建造，也对河流入海口的区域造成了破坏，使到达这里的沉积物逐年减少，从而造成越来越大的生态危机。而且，全球变暖、海平面上升，也正在给孟加拉湾周边地区造成损害。特别是与该区域的季风结合起来，更是带来了大灾难。这也将产生"气候移民"，为民族国家的安全带来难题。虽然这种迁移在历史上也存在，但是20世纪中叶划定的民族国家边界将严重阻碍这种迁移。尤其随着全球化的发展，民族国家之间的壁垒将变得前所未有的森严。此时，那些曾经正常流动的移民被贴上了"非法移民"的标签。

同时，历史上存在过的联系又复活了。当前，泰米尔劳工再次大量进入马来西亚、新加坡务工，但是他们的工资低廉、社会地位低下，都是没有权利的底层劳工，这构成了跨国界的社会问题。但是，对于这些有血有肉的个人而言，成为迁移的劳工又是他们自我实现的途径。由于家庭的少量土地和微薄收入受到环境恶化的影响，于是他们决心通过借贷远赴海外赚钱，如果失败的话，会更进一步加剧其家庭的艰难处境。这与一个世纪以前的劳工状况有很大的相似性，也是当今孟加拉湾地区面临的重要问题。

二

该书通过八个章节，依次论述了孟加拉湾从近代早期经由殖民时代再到当下的发展历程。作者的跨区域视野和对底层的关怀使本书有着浓厚的人本主义色彩。其特色有如下几点：

首先，全书紧扣边疆，从边疆出发，跳出了民族国家的框架，突破了这个框架中的线性历史叙述模式，在更广阔、流动性更强的空间中考察孟加拉湾这个区域，尤其注重这个空间中的各种联系。"边疆"概念最早来自美国的边疆理论，被应用于研究美国向西部的拓展。作者强调了生态意义上的边疆，也是印度和中国之间的文明意义上的边疆。长期以来，孟加拉湾东部区域是东亚和南亚移民的目的地,也是西方殖民者到来以后进行森林砍伐和引进植物后形成的特殊区域,这里虽有别于印度和中国的核心地带,但也与这两者的边缘地带交接,并且产生频繁的联系。①在作者看来,孟加拉湾东部于19世纪下半叶成为东南亚的"森林边疆",有大量农民在这个区域流动,成为契约劳工。如泰米尔劳工在马来亚的橡胶种植园工作,为美国的汽车产业提供原料,这里成为英帝国眼中最有价值的地方;缅甸成为世界最大的稻米输出国,接收了大量的印度移民作为劳工。据作者统计,1840—1940年,有2800万人穿越孟加拉湾,使这里成为最大规模而又最鲜为人知的移民区域。

在19世纪以来民族国家编织的话语和宏大叙事当中,我们只知道孟加拉湾两岸的帝国和国家的历史,如公元1000年前后出现的印度南部的朱罗帝国、中南半岛南部的室利佛逝帝国,以及中世纪晚期分别出现的毗奢耶那迦罗和满者伯夷,还有两者之间的锡兰、马六甲等小国;我们也了解它们的兴衰及其相互之间的征伐,但是对它们之间的交流却所知甚少。到20世纪,民族国家更强地界定自己的边界和身份,并且在特定的边界内建构其悠久的历史,从而证明或增强其合法性。但是,对于跨界流动的区域更难以阐明其归属,譬如印度南部的大量泰米尔劳工穿过孟加拉湾到马来亚,他们与印度的民族国家又构成了矛盾,形成个人、群体与国家之间的张力。作者将这个区域作为一个整体来看,凸显这里起联系作用的船只、航道、电缆、家族和邮件等构成的网络,还有网络中的货币、神庙等,这些都是构成孟加拉湾整体性的基础。因此,对流动的关注使作

---

① Willem van Schendel, *The Bengal Borderland: Beyond State and Nation in South Asia*, London: Anthem Press, 2005.

者突破了民族国家的框架,而这种突破也使他注意到边疆的重要性,正是在边疆,跨越民族国家的流动性才更强。①

第二,正是源于对边疆和流动的深入考察,作者提出了自己对民族国家理论的反思,尤其是对本尼迪克特·安德森(Benedict Anderson)"想象共同体"的理论②进行了反思,并试图通过跨区域研究的方法对其进行补充。

作者以孟加拉湾为个案,比照安德森的印度尼西亚模式。他认为,安德森的理论在孟加拉湾地区并不成立,因为这里有很多不同族裔和语言的报纸,以新加坡为例,有泰米尔语、华文等,它们相互之间并不排斥。因此,想象的共同体应该是复数的,它们在20世纪初对东南亚的民族国家建构也产生了影响。此外,由于这里的移民社会特征,归属感并不仅仅为民族国家所有,也为特定的族裔社群所有。然而,随着第一次世界大战前后中国、印度民族国家思潮和运动的风起云涌,孟加拉湾周边的移民与其原来的国家之间的密切联系难以为继,对国家的归属感确定在了特定的土地上,而非海外的离散社群。因此,离散社群的归属感被大大削弱,但母国的意象却依然在海外的居民中间流行。可以看出,离散社群对安德森的民族国家理论起到了一定的补充作用。

对于流动性的考察始终贯穿于该书。流动性往往体现在陆地上,这也体现于近年来詹姆士·斯科特(James C. Scott)的"赞米亚"

---

① 当前关于印度洋地区的研究特别注重联系,参见 Engseng Ho, *The Graves of Tarim: Genealogy and Mobility across the Indian Ocean*, Berkeley: University of California Press, 2006; Eric Tagliacozzo, Helen F. Siu, and Peter C. Perdue, eds., *Asia Inside Out: Connected Places*, Cambridge, MA: Harvard University Press, 2015.

② 本尼迪克特·安德森著、吴叡人译:《想象的共同体:民族主义的起源与散布》,上海人民出版社2005年版。

(Zomia)理论中①。而本书则展现了一幅海洋上流动的画面,对斯科特的理论有一定的补充意义。无论是高山还是海洋上的流动,都可以看作是对国家控制的反思。斯科特认为被称作"赞米亚"的高山地带,是对以平原为中心的国家控制的逃离,而孟加拉湾周边的海域上的流动,则成为本书所探讨的主题。当移民到达新的居住地以后,仍然面临着对国家的想象和认知,这将决定他们认可哪一个民族国家,而离散性是对特定地方、民族和区域空间之内的民族国家想象的冲击,甚至可以将其颠覆。②因此,在作者看来,国家会控制海洋和构建历史话语,曾经的流动会消失在国家边界封闭之后。但是,历史上的流动仍然会给新建构的民族国家产生很深的印记。譬如,今日缅甸西部长期未能解决的罗兴亚人问题,这正是国家边界关闭和遏制流动性的结果。

因此,对于区域研究必须有新的认识。作者一开始便说道,在20世纪中期民族国家边界日益清晰的浪潮中,孟加拉湾被遗忘,而在战后兴起的地区研究被分成了南亚研究和东南亚研究两个阵营时,这个区域恰好处于分界线,又无法被归类。作者强调区域研究对这一区域的割裂性,譬如,关于马来西亚和缅甸的研究仅仅被局限在东南亚研究圈子,与印度毫无联系,这种画地为牢的做法是美国区域研究导致的。正是有鉴于此,该书体现出创新性和突破性。因此,作者研究的既是区域史,也是一种跨区域的历史。也可以说,只有通过跨区域的方法,才能更充分地认识区域史。

---

① 詹姆士·斯科特著、王晓毅译:《逃避统治的艺术:东南亚高地的无政府主义历史》,生活·读书·新知三联书店2016年版。
② 阿帕杜莱著、刘冉译:《消散的现代性:全球化的文化维度》,上海三联书店2012年版,第44页。

第三，对民族国家框架的突破也是长期以来区域史研究发展的结果，这使得该书特别关注生态和环境。

当前这个区域周边聚集着世界1/4的人口，却面临着极其敏感脆弱的生态环境，这都使作者想要揭示出其根本原因。此前，印度洋史的研究者乔杜里（K. N. Chaudhuri）等学者受法国年鉴学派的影响，特别关注经济活动和长时段方面的地理、环境变迁①。近年来，环境与民族国家的关系也受到关注。②作者认为孟加拉湾并非静止、被动的，而是时刻在变化着，早期有影响这里的季风、水位、洋流、植被，到20世纪，人类对这里的干涉越来越多，试图重塑海洋，出现了海岸线的变化、森林植被的改变、锡矿的开发，等等，这打破了孟加拉湾自成一体的系统。到20世纪后半叶，人类活动对这里的改造速度更快，由于移民活动、国家开发、技术进步，孟加拉湾经受着"联合或撕裂"，这个区域已经与人类历史密不可分了，移民与环境的关系更是如此，这也是作者的关怀所在。因此，他关注和描述的海洋是动态的，是与人类活动、自然变迁息息相关的。

第四，该书从边缘和底层的角度重述历史，注重底层民众，同情作为弱者的移民劳工。

虽然传统的经济社会史也强调日常生活，但是对底层和边缘的重视还是来自20世纪后期后现代主义的冲击，尤其是福柯对边缘人群的重视，带动了对边缘群体的重新认识。印度流行的后殖民主义对庶民的关注，也是受到这股思潮的影响，将其研究的关注点转向了

---

① K. N. Chaudhuri, *Asia before Europe: Economy and Civilisation of the Indian Ocean from the Rise of Islam to 1750*, Cambridge: Cambridge University Press, 1991.

② 参见 K. Sivaramakrishnan and Gunnel Cederlöf, eds., *Ecological Nationalism: Nature, Livelihoods, and Identities in South Asia*, Seattle: University of Washington Press, 2006.

普罗大众。作者也在书中引用了查克拉巴提（Dipesh Chakrabarty）、查特吉（Partha Chatterjee）等学者的庶民研究来讨论孟加拉湾的底层移民问题。此外，作者在方法上大量使用人类学方法，走访了大部分地区，并且与当地人有深入互动，了解到当前这些劳工也会运用法律武器为其自由而战。这种对底层民众的同情，也使其书充满了浓重的人文关怀。

三

在当前这个全球化浪潮与民族主义情绪并起，工业时代遗产与生态文明冲突的时代，该书勾勒了孟加拉湾历史上的移民和反移民，也述说了其从跨国流动到民族国家封闭边境的转变，再到新的迁移问题出现的长时段变迁。与迁移同时进行的，是环境的变化及其对该地区的反作用。这不由得令人联想到当前地中海和欧洲这个正在被移民所困扰的区域，以及其他正在被全球化和本地化所撕裂的地区。可以说，《横渡孟加拉湾》一书为我们提供了新的视角、经验和教训。

朱　明
2020 年 5 月

目　录

前　言　历史上的孟加拉湾　/ 001
第一章　孟加拉湾的生活　/ 007
第二章　辽阔海洋的商业中心　/ 036
第三章　波涛暗涌的旅程，不可侵犯的地理　/ 071
第四章　人的运输　/ 112
第五章　大海的十字路口　/ 158
第六章　横渡的中断　/ 201
第七章　追求公民身份　/ 235
第八章　海平面的上升　/ 277
后　记　横渡孟加拉湾　/ 305

谢　辞　/ 316
名词解释　/ 321
名词缩写对照　/ 323
文献与特藏　/ 325
注　释　/ 329
索　引　/ 394

前言
历史上的孟加拉湾

　　孟加拉湾曾经一度是全球历史的中心。它在20世纪后半叶遭到遗忘,被不同国家的国界切割成好几块,大家共有的过去被划分成不同国家的历史。战后的学术知识架构所定义的地区(region),也就是区域研究(area studies)里的区域(area),严格地把南亚和东南亚区隔开来:他们之间的那条线,刚好划过孟加拉湾的中间。孟加拉湾整体区域的兴衰,几乎未曾被完整诉说。它见证了人类现代历史上最大规模的迁徙之一,也发生过不容忽略的环境变迁,对今天的局面亦有重大影响,说不定还是了解亚洲未来的关键。

　　数个世纪以来,军队、商人、奴隶和工人横渡孟加拉湾,这是一条印度与中国之间的海上公路,借由掌握这里定期转向的季风而航行于这片海域。15世纪末,欧洲各国和武装的特许公司将势力伸向亚洲水域之际,孟加拉湾成了他们互相竞争以及与亚洲对手竞逐的重要场域。取得先机的葡萄牙人在17世纪被日益壮大的荷兰和英国势力赶了回去。进入18世纪,英国东印度公司、荷兰东印度公司和法国东印度公司已在孟加拉湾弧形海岸周围站稳脚跟。他们的滩头堡(称为"商馆")离海岸很近,而且与当地政治有着密不可分的关系。到了1800年,英国人成为最早支配孟加拉湾的霸主。当时,孟加拉湾已有各种文化联结交错,充斥着不断的迁徙,圣人和圣物的移动,高价奢侈品和日常必需品的交易。一种生态专门化过程已在进行:到了16世纪,印度尼西亚一些"香料群岛"的食物已经完全依赖进口。这时,印度洋东边的沿海地区已经通过大英帝国有了新形式的联结:借由士兵移防、驻军派遣、法律法规交流和官员移驻。

19世纪后半叶,孟加拉湾的上述联结经历了一次巨大的变化。它被重塑成一个处于全球帝国经济核心的地区,它是由在东南亚的森林边疆寻找新利润的资本力量焊接而成的,是由化石燃料的力量而驱动的,汽船使得横渡海洋变得前所未有的快速、便宜又轻松。它由帝国法律管辖,这些法律既使人背井离乡,又阻止一些人的迁移;一方面,它让某些社群(如农民)被限制在当地,另一方面,它使得另一批人因为契据合同或债务而不得不移动。可以说,它是由人的劳动以及人的苦难塑造的。

移民劳工与当地人一起开垦土地、种植树木,收获具有经济价值的作物,把森林变成巨大的利润来源。这些转变的影响无远弗届,难以估量。孟加拉湾发生的迁移既是全球变迁的缩影,也是全球变迁的加速器。马来亚的橡胶经由泰米尔(Tamil)移民劳工捆扎,供应了美国汽车工业所需。马来亚成为大英帝国最具经济价值的热带殖民地。在印度资本的支持下,缅甸成为世界上最大的稻米输出国,吸引数百万印度移民劳工投入其经济的各个领域。1840—1940年,这个地区有约2800万人往来横渡孟加拉湾。这个区域输出了世界上最大规模的移民群之一,而且无疑也是最不为人所知的。

从内部来看,这个有关经济整合和大量迁徙的大型故事,就是一部文化接触和交融的历史。例如,东南亚森林的原料转移,与颠沛流离的难民情感史有着紧密联结。工人的鲜血染红了土地，他们所受的苦难，在海的此岸和彼岸的文化记忆中都留下了印记。如果将孟加拉湾视为一个区域，它的"内部历史"同时也是文化差异性交会的历史。东南亚的港口城市，也就是孟加拉湾与南中国海的交汇处，和地球上任何一个港口一样具有复合性，而且比大多数港口更加多元。发生在那里的短暂交会或跨文化的关系，让思想和语言得以充分交换。亚洲许多离散社群（diasporas）在此相会，使得族群冲突和文化世界主义以不稳定的平衡状态共存。这些横渡孟加拉湾的人鲜少留下只字片语或任何回忆录，但他们旅程的足迹，甚或他们的思想和情感，留在法庭证言中、身份文件上、建筑和宗教遗迹中。这些可以为数百万亚洲人的现代性体验带来新的启示，虽然有时是间接的。

最重要的是，孟加拉湾这个密不可分的区域的历史，指出了对经济、政治、文化和环境的历史，及南亚与东南亚的历史，做人为区分的局限性。

无论联结如何紧密，孟加拉湾的世界还是在20世纪中叶以令人惊异的速度崩溃了。人们无法再横渡孟加拉湾，第一次是因为全球性的经济大萧条，接着是第二次世界大战，随着日本在1941年12月侵略东南亚，孟加拉湾被卷入第二次世界大战的战火中。战争造成的创伤，让公民身份和归属感有了新的、革新性的想法。然而，这场冲突最终的影响，却是强化了南亚与孟加拉湾对岸土地（东南亚）之间的区隔。分裂变得一发不可收拾，因为就算孟加拉湾的海岸在血缘、商业、文化交流方面有着紧密的联结，也从来没有一个相对应的政治组织把这片海域包围起来。即使大英帝国也没有把孟加拉湾一起纳入囊中。这块区域是由许多独立的领土拼凑而成的，通常是故意分开的。因为政治上不统一，孟加拉湾没有成为一个有意义的整体，一起计划性地发展经济和进行社会动员，虽然这种做法塑造了 20 世纪中叶亚洲不少地方的前景。战后，亚洲的决策者几乎毫无例外地选择了民族国家的形式，认为这是实现美好未来最好的办法。

这个区域本应充满流动性，现在反而因为贸易和迁徙的控制，在内部产生了区隔。许多人原来不需要在家庭之间做选择，从而在印度或中国与东南亚之间来回移动，现在却被迫做出选择；他们现在跨越的是国界，必须携带护照，取得签证。在新的民族国家中，帝国时代横渡孟加拉湾的群体在寻找自己作为"少数族裔"的一席之地。他们要成为公民的路途很艰辛，即使到了今日，许多人仍在努力。

孟加拉湾整个区域的兴衰，与英帝国主义在亚洲的兴衰维持着同样的步调。帝国主义为大量的迁徙提供了原动力和蛮力，让孟加拉湾沿岸在 19 世纪紧密联结在一起。它的崩溃可以说是帝国终结的必然结果：在 20 世纪 30 年代出现了不祥之兆。但还是有太多参差不齐的边缘、太多短暂即逝的碎片，让它无法形成一个有条理的故事。孟加拉湾殖民前的历史在许多方面形成了它的殖民历史，跨越海洋的各种联结比帝国更长久。不管孟加拉湾沿岸的政治结构如何突然改变，不管迁移的路径受到了怎样的限制，联结都不会轻易终止。人类关系的互动、社会扩大其文化边界的能力，都不会只取决于政治边界或经济政策。即使在印度与东南亚之间的贸易处于低迷时期，孟加拉湾还是依靠着家族的联系、"朝圣"形成的联结以及文化上的想象，维持为一个区域。

许多亚洲国家对这片海域视而不见,转而将目光投向国内:开发资源,动员劳动力,确保自己免受贸易和财富波动的影响,毕竟许多人应该记得这类波动在 20 世纪 30 年代和 40 年代被证明是灾难性的。

吊诡的是,当这片海洋不再是商业命脉,从人们的想象中消失时,人类的行为开始影响海洋本身。随着孟加拉湾两岸的政治与经济联系分崩离析,一种新的生态相互依赖性生根:它的环境历史翻开了新的篇章。人们很晚才了解这个转变正在发生,直到需求变得很明显,影响也无法忽视。开始于 20 世纪 50 年代,强化于 70 年代,人口增长和土地开垦、工业化排放及河流建坝的影响,已经改变了孟加拉湾的原貌。与此同时,全球范围的而非地区性的进程扰乱了海洋。人类的活动造成全球气候变暖,使世界海洋失去了平衡;因海面汹涌而恶名昭彰的孟加拉湾,过去令船员害怕的孟加拉湾,正变得极度脆弱。

在 21 世纪之初,孟加拉湾再度成为国际政治的中心。在后殖民国家建设的全盛时期或许觉得无关紧要的历史,现在变得迫切起来。在塑造亚洲未来的进程中,这个地区在两个主要的方面立于最重要的位置。首先,孟加拉湾现在成为新兴大国之间战略竞争的场域,和它在 18 世纪的角色一样。如今,这些新兴大国是指亚洲国家,而不再是欧洲国家:印度和中国都视孟加拉湾为他们竞争能源资源、航道和文化影响力方面的重要前沿。再者,在亚洲应对气候变化的进程中,孟加拉湾沿海地区位居最前线:这些沿海地区人口稠密,聚集了将近 5 亿居民。在这种新的背景下,孟加拉湾的历史可以提供我们一个洞察和解释的视角。

从历史的角度可以解释区域一体化的潜力和阻碍。它会告诉我们，这个区域现在面临的许多环境挑战，是早期资本和劳动力流动所造成的，而且往往是非预期的结果；它也可以告诉我们，非正式的移动网络与政府想掌控移动的努力相比，总是前者取得优势。而且在气候变化导致数百万人流离失所的今天，这些旧路径呈现出新的特点。总之，孟加拉湾的历史是一个文化资源的档案库，有助于我们重新跨越距离团结起来，并且理解区域甚至全人类范围的地球变化。

第一章
孟加拉湾的生活

1810年底,艾哈迈德·里加鲁汀从槟榔屿横渡孟加拉湾,前往加尔各答。他与詹姆士·斯科特的儿子罗伯特·斯科特同行,詹姆士是槟榔屿的首批居民和最富有的商人之一。里加鲁汀出身于当地的一个富人家庭,父亲是泰米尔商人,母亲是马来人,他为槟榔屿的欧洲商人担任翻译。槟榔屿建于1786年,是英国东印度公司的拓居地。里加鲁汀的回忆录以马来文写成,这大概是亚洲旅行者出版的第一本关于横渡孟加拉湾的现代记述。

在回忆录中,里加鲁汀对于海上的航行匆匆带过,主要记述是从他抵达孟加拉湾北部盆地开始的。在他旅行的那个时代,孟加拉湾的名声已经"远播东西,远及君士坦丁堡、埃及、中国、麦加和麦地那"。里加鲁汀深入研究了加尔各答的生活。他写道:"到访这座都城的船只从未停歇。不分日夜,从不间断,从西到东、从西北到东南,一直有着数以千计的船只停泊和驶离。"来自世界各地的水手在港口找乐子。他告诉读者:"你会在每一条街上发现进行各种表演的街头艺人。"最诱人的莫过于"船厂附近的风化街",那里住着"成千上万的……普什图人、印度人、莫卧儿人和孟加拉人"。她们的顾客也同样形形色色:"不同种族的人——英国人、葡萄牙人、法国人、荷兰人、华人、孟加拉人、缅甸人、泰米尔人、马来人——不分早中晚地造访这个地方。"那条街总是"喧闹得像在庆祝战争结束"。里加鲁汀描述了附近一片开阔的田地,"有数百人在煮饭、烤麦饼和肉,还有人在卖甜点和米脆片"。他写道,那声音"听起来像是雷声","你很难想象这些声音是由这么多人发出来的"。[1]

里加鲁汀笔下的描述适用于航海时代世界上任何一个港口。他们有共同的混合人群,航行数周着陆之后的狂欢,许多满足船员需求的行业。不过,他的叙述也有比较具体的部分:孟加拉湾周围的海上世界。他描述的民族——英国人、葡萄牙人、法国人、荷兰人、华人、孟加拉人、缅甸人、泰米尔人和马来人——都是孟加拉湾沿岸地区的人民:帝国的统治者和探险家、贸易商和生意人、水手和劳工,这些人让孟加拉湾"成为比整个印度洋……更紧密交织的互动单元"。[2]

一个多世纪之后的 1937 年,库玛兰从另一个方向横渡孟加拉湾,自南印度的港口纳加帕蒂南前往槟榔屿。库玛兰没有写下游记。我在他位于马来西亚吉打双溪大年的家里,进行了一系列长达几个小时的访谈,他对我讲述了他的故事。双溪大年一度是马来亚"蛮荒西部"的边境前哨,现在则是一座熙熙攘攘的中型城市。库玛兰花了 27 卢比,买了一个轮船船位,几乎没带什么东西同行。经济大萧条最糟糕的时期已经过去,马来亚的橡胶种植园现在亟须新的人手。一场突发的意外导致库玛兰家中失火,这个年轻人决定在家庭困难时期到海外寻找出路。他的目的地很明确:"好多人都去了马来亚,也有好多人从马来亚回来,所以我觉得应该去,看看那里到底有什么。"他第一眼看到的陆地是木蔻山岛(Jerejak Island)的检疫站,在那里被耽搁了5天。他的第一份工作是搬运橡胶乳,用长杆把橡胶乳桶挑在肩上,一天的工资是50美分。在大英帝国全盛时期,有大量南印度劳工横渡孟加拉湾,前往马来亚、缅甸和斯里兰卡,库玛兰是其中之一。但是他坚称:"没有人想在这里结婚定居;他们只想来这里赚几年钱,然后回去。"我在2007年见到他时,他已定居马来西亚70多年。³他的一生见证了亚洲在现代历史中的政治变迁:他经历过英属印度、马来联邦、日本占领马来亚时期、英属马来亚时期,以及独立后的马来西亚。

在里加鲁汀之旅和库玛兰之旅间的一个世纪中,有数百万人横渡这片海洋,他们乘坐的交通工具从帆船变成汽船。如果说富商之子里加鲁汀堪称19世纪早期航海者的缩影,那么前往马来亚橡胶种植园的劳工库玛兰便是20世纪早期的典型移民。虽然时空背景截然不同,但他们的旅程构成了本书的叙事框架,并提供了一种跨度感。他们也暗示了一段更长的历史。里加鲁汀的家族是数个世纪以来围绕着海湾的商业活动、移动和婚姻中形成的;库玛兰的故事则提醒我们,这是一段留在东南亚的印度离散社群的历史。

这段历史起源于泰米尔劳工迁移到马来半岛,一段类似于库玛兰旅程的历史。随着时间流逝,它渐渐变成了一部海洋的历史。泰米尔移民的历史是我们反复提及的主题,但过程中我们也会听到其他人的声音,包括华人、马来人、缅甸人、孟加拉人、英国人和荷兰人。在横跨东印度洋的移动中,泰米尔移民堪称其中规模最大、持续时间最久的群体之一,所以他们是一个很好的切入点,让我们从这个起点来审视整个地区的历史。有时候,一个简单甚至天真的问题,就可以重新构建我们的愿景:我们能在多大的程度上把南印度视为东南亚世界的一部分?就像把它与印度的权力中心联系起来一样，把它和孟加拉湾的沿海地区紧密相连。我们已如此习惯于各国历史和民族主义者所画的地图，以致很难把孟加拉湾的人员、思想和事物的交流放在我们故事的核心。然而，这样的做法的确可以为我们如何看待过去和现在打开新的视角。

想象一下，孟加拉湾是一片广阔的热带水域：1月的冬日，它无风无浪，是一片平静的蓝色海洋；而夏天雨日的滂沱大雨，又让它波涛汹涌，不断掀起浑浊的巨浪。再想象一下，它在地图上被分成两个部分，上面覆盖着一个由航道和电报电缆组成的网络，并标出了距离线。或把这片海洋想象成一幅心灵地图：它是一个家族，有表亲、叔伯、姐妹、儿子，靠信件、旅程和故事联系在一起。想象这是一片债务的海洋，被预付款、借贷和债务捆绑在一起。最后在孟加拉湾不存在的地方想象一下，在马来西亚的丛林深处，在一片陆上的风景中，印度教神庙拔地而起，它仿佛是被海浪冲上岸的，被遗忘在这里。我们有许多种方法想象孟加拉湾是一个有历史的地方——一个和任何国家的领土一样既丰富又复杂的地方。

今天，全世界每4个人当中，就有一个人居住的国家紧邻孟加拉湾，超过5亿人生活在环孟加拉湾的海岸线上。长久以来，这个地区位于全球化历史的核心区：这里所经历的移民，让它在文化上的混合性不输给地球上任何一个地方，而且这里是自然资源商品化的前沿。它现在也正因全球变暖而经历改变。孟加拉湾沿海地区是世界上最易受气候变化影响的地区之一，这里人口稠密，生态脆弱，且处于帝国新梦想的断层线上。

孟加拉湾是印度洋上一个巨大的三角形盆地，也是世界上最大的海湾。它是一个封闭的海域,被数千英里海岸线包围,弧形的海岸线从印度东南边缘延伸到今日的孟加拉国和缅甸海岸,一直到达泰国和马来西亚的西海岸。它有一个狭窄的大陆架,西部"除了锡兰以外的岛屿稀少且很小",东部有较小的安达曼—尼科巴群岛。孟加拉湾的东南边缘与东南亚的水域——马六甲海峡、爪哇海和南中国海相连,相比之下,这些水域更浅、更淡、更温暖,"密集散落着一些小岛"。孟加拉湾西部以锡兰和印度次大陆最南端的科摩林角(Kanyakumari),与阿拉伯海为界。[4]

亚洲的许多大河注入孟加拉湾,如恒河、布拉马普特拉河、梅格纳河、哥达瓦里河、高韦里河、奎师那河和萨尔温江,每当季风时节,就会有200立方千米的水流进这片海域。17世纪20年代,英国商人威廉·梅斯沃德写道,孟加拉湾"容纳了许多可通航的河流,这些河流在著名的恒河附近失去了符号和名字"。[5] 这其中的许多河流发源自喜马拉雅山脉,它们流入大海时,已经流经许多国家,携带了大量泥沙。仅是恒河,每年就有超过25亿吨沉积物排入孟加拉湾。历史学家范申德尔(Willem van Schendel)① 写道:"在某种意义上,孟加拉国就是变平了的喜马拉雅山脉。"[6] 如果你能够俯视海底,它会显得"平凡无奇"。海底覆盖着厚厚的沉积物,在北部应该有超过20千米的厚度,往南逐渐减少到几百米厚。泥沙在活跃的孟加拉三角洲形成了许多沙洲,使得孟加拉湾北部特别浅。不过,"整体平整"的海底在北部有明显的"谷状特征",在南部则出现了"孤立的高地"。[7]

印度板块深入孟加拉湾底部,在安达曼群岛附近与缅甸微板块相遇,它以每年约6厘米的速度渐渐向东北方的欧亚大陆移动。印度

---

① 荷兰人类学家,阿姆斯特丹大学教授,著有《孟加拉史》《孟加拉的边疆:超越东南亚的国家与民族》等。

板块和缅甸板块都会碰到巽他板块，前两者之间的摩擦形成了一条海底火山弧，引发周期性的火山爆发。2004年12月，安达曼海海底出现一条超过100千米宽的断裂带，引发里氏9.0级的大规模海底地震和席卷印度洋的毁灭性海啸，造成多达25万人死亡。[8]苏嘉塔·鲍斯（Sugata Bose）①写道，2004年的海啸"揭示了在这个人类相互作用的跨区域舞台上，将人们联系在一起的深刻而独特的纽带"。它也暴露出给整个印度洋特别是孟加拉湾，带来生命继而又带来死亡的深层力量，2004年的海啸在那里造成了最大的伤亡。[9]

亚洲的季风为孟加拉湾带来生命力，它是"世界上最戏剧性的气候现象之一"。[10]这个地区堪称"季风亚洲"（monsoon Asia）的心脏，在旧的殖民视野中，"季风亚洲"从阿拉伯海延伸至中国南部，再往南延伸到澳洲的北方热带地区。在这个地区，气候被认为决定了人类社会和文化的各个方面，科学家们放弃这一想法的速度比历史学家慢。[11]季风（monsoon）源自阿拉伯文 *mawsim*，有"季节"之意，指季节性转变风向的风。通俗地说，它通常指夏季的风带来的暴雨，也就是"季风雨"。4—9月，西南季风大致从西南向东北移动；11月至来年的3月，东北季风以相反方向移动。在孟加拉湾，这种规律被低气压、气旋风暴及强烈的逆流打破，尤其是吹西南季风时，如果来自南方的累积水汽没有其他出口，季风北缘会自行往回转。

季风是海洋与陆地的比热不同所造成的。1686年，埃蒙德·哈雷（Edmond Halley）在一篇讨论季风的文章中写道："由于热量的作用，空气的稀薄或膨胀程度较低，因而变重，空气必定会朝那些比

---

① 著名的印度裔美国历史学家，哈佛大学教授，专攻南亚和印度洋研究，著有《一百条地平线：全球帝国时代的印度洋》《现代南亚：历史、文化和政治经济》等。

较稀薄、不那么重的部分运动,以达到一种平衡。"[12]季风的强度来自陡峭的西藏高山,"这是5亿多年来地球上最大的山脉"。青藏高原夏季的高温形成了低压气团,从温度较低的海洋引来带有水汽的风;到了冬天,海洋的蓄热能力比陆地好,干燥而凛冽的风从山区吹向温暖的海洋。[13]

西南季风从4月开始穿越孟加拉湾。到了5月,夏季的雨水会到达斯里兰卡,那里是"印度洋、阿拉伯海与孟加拉湾的交汇点或分界点"。[14]诗人巴勃罗·聂鲁达(Pablo Neruda)①担任智利驻锡兰领事期间,目睹了来自孟加拉湾洒落的五月雨,他写道:"季节的风,绿色的风,运载着空间,善解不幸。"[15]雨水在6月初来到孟加拉三角洲;季风积蓄了许多来自海上的水汽,使得位于孟加拉湾北部山区的印度乞拉朋吉(Cherrapunji)成为世界上最潮湿的地方。季风从另一个方向沿着海岸向上移动,会抵达孟加拉湾的东部沿海地区:阿拉干(Arakan)、下缅甸及泰国南部的海岸。7月和8月,季风在所有地方都会增强,"在孟加拉湾的中部和西部地区最稳定",为它的大部分沿海地区带来丰沛的降雨。西南季风在9月开始消退,短暂停留在马来半岛。那里最大的降雨发生在夏季季风消退期间,即10月与11月之交。但是,这个"下风"地区不太受季风影响:这些纬度的地区以雨季和旱季的模式,保持较固定的降雨量。西南季风消退的10月和11月,是孟加拉湾最不稳定的时期。孟加拉湾恶名昭彰的气旋在10月最常见。"气旋"一词从19世纪40年代开始使用,由船长兼海事法庭主席皮丁顿(Henry Piddington,1797—1858年)在加尔各答亚洲协会率先提出,这是基于他对1789年重创印度奥里萨邦

---

① 智利当代著名诗人,1927年起在外交界供职,先后任驻科伦坡、雅加达、新加坡的领事或总领事。

（Orissa）海岸的强烈风暴的详细研究，这个词来源于希腊文 *kukloma*，意思是"盘绕的蛇"。[16]

1874年10月15日和16日，威尔逊在报道一场从海湾席卷孟加拉地区的梅迪尼普尔（Midnapore）和巴尔达曼（Burdwan）的气旋时观察到，"10月和11月的风暴通常在孟加拉湾东部靠近安达曼群岛或在群岛稍北的地方形成"，并警告称，"孟加拉湾沿岸的天气通常没有预兆，要到前一两天才会知道风暴将至"。[17] 11月，孟加拉湾北部盆地经常遭遇英语中称为"西北风"（nor'wester）的暴风雨：风暴来临之前，"西北方乌云密布，云层很低，云层上端呈现拱形"。[18] 到了10月下旬，风向转变，东北季风抵达印度半岛的科罗曼德尔海岸，为该地带来一年中最丰沛的降雨。从11月到来年的2月或3月初，该地区的多数地方天气晴朗、干燥，云层开始变厚，激发降雨。

季风滋养了孟加拉湾的生命。它的上层海水比较温暖，盐度低，富含营养和氧气，这是排入海里的大量充满泥沙的河水带来的养分，生物多样性富足。孟加拉湾是数百种鱼类的家园，包括约215种底栖鱼类、65种远洋鱼类，以及40种软骨鱼类；虾、黄鳍鲔和正鲣资源丰富。[19] 英国渔业官员弗朗西斯·戴（Francis Day）在1873年的观察是：缅甸海岸附近的墨吉群岛水域"几乎到处是鱼"。[20] 这个海域的水生生物为居住在沿海的人提供了重要的能量来源，也就是热量。在遥远的内陆，季风决定了南亚、东南亚和东亚大部分地区人类农业的规律。在亚洲，季风"确定了谷物耕作的边界"，也划定了稻米生产的界线。[21] 中央集权国家和大型城市中心的早期发展，都仰赖种植稻米产生的盈余，前现代世界也是靠种植水稻养活了最多人口。[22] 印度次大陆干旱的灌溉谷物种植区仰赖夏日的雨水，换句话说，夏季的雨水养活了世界上大部分的人口。

周期性、反复出现且自然发生的季风，似乎是历史之外的东西。但季风已经改变，它们不断变化。从最长的时间尺度上看，季风在"数百万年或数千万年"里发生了改变。以世纪为单位，亚洲的夏季季风在温暖的间冰期增强了，比如在 13 世纪中叶结束的中世纪温暖期；在地球温度降低的时期则会减弱，如一直持续到 18 世纪的小冰期。季风模式甚至在更短的时期内都不一样，过去 50 年间的改变尤其快速。这些转变通常与全球气候系统的其他部分变化有关，包括北大西洋的热传输系统，太平洋的厄尔尼诺—南方振荡现象。[23] 每年的季风都变幻无常。亚洲的农业非常仰赖季风，只要季风来晚一点，就可能影响收成；许多语言中的俗语都提到了季风延迟一周或一个月造成的后果。季风变化的持续加剧，可能是气候变化的结果之一。

规律的甚至是可以预测的季风，使得孟加拉湾比其他许多海域更容易横渡。这个地理特征形塑了这里的历史。对早期的水手来说，季风是个威胁，但也是助力。几个世纪以来，人们用印度－阿拉伯式的传统船只横渡孟加拉湾，这类船只在整个印度洋寻常可见，从波斯湾、东非海岸到马六甲都可以看见它们的踪迹，包括航行在西印度洋的单桅三角帆船、科罗曼德尔海岸的方舟状多尼船（thoni），以及较小的沿岸船只和筏艇。这些船是用柚木板打造的，再用椰子纤维捆扎，坚固且灵活。[24] 单桅帆船的三角帆让它们比传统的方形帆更能够迎风航行。在孟加拉湾与马六甲海峡的交汇处，同时可见印度洋的船只和依印度尼西亚传统打造的当地船只，有叭喇唬船（prahu）① 和舢板。这些小型船只扬着方形帆，载着货物，轻快地沿

---

① 一种多橹轻快帆船。

着地区航线和内陆水道航行。到了 14 世纪，欧洲人称为舢板（junk）的中国式平底帆船远从南中国海而来，通过孟加拉湾。中国式帆船比印度洋的船只大，可以搭载 1000 名乘客和船员以及 1000 吨货物。那种船是平底的，适合在浅水区域航行，而在深海航行时，又可以把龙骨降下来。[25]

几个世纪以来，孟加拉湾都是印度与中国之间的海上通道。孟加拉湾的外缘位于马六甲海峡。用赫尔曼·梅尔维尔（Herman Melvicle）① 的话来说，马六甲海峡把"连绵不断的印度洋与密密麻麻散落着东方岛屿的海域"分了开来。虽然《白鲸》的主角以实玛利试图传达"无所不包的西方世界"那种不可抗拒的活力，但他知道"风前无尽的船只队伍"——每一艘都"满载着东方价值连城的货物"——"在过去几世纪里"，航行在"裴廓德号"（Pequod）现在经过的水域。[26]马六甲海峡两岸的山脉是马来半岛和苏门答腊岛的"脊梁"，保护船只不受风的肆虐。这个屏障让马六甲海峡成为贸易的十字路口：中国与印度、中东与欧洲之间的船只的中转站。这里是西南季风和东北季风的终点，船只在这里等候季风转向，这让马六甲海峡成为受欢迎的补给站和贸易地点。于是，马六甲海峡成了一个跨越广阔地区的文化交流枢纽，历史学家伦亚德·安达亚（Leonard Andaya）② 称它是"马来之海"（Sea of Melayu）："一片从印度延伸到越南的海域"。这里是水的世界，其中"江河和海洋形成统一体"，"陆地构成水体之间的联结"。从泰国和越南的考古证据可知，印度与东南亚之间的珠宝交易，早在公元前很久就很兴盛了。

---

① 19 世纪美国最伟大的小说家、散文家和诗人，《白鲸》是其代表作。
② 美国夏威夷大学东南亚史教授，著有《马来西亚史》《马六甲海峡的贸易与族群》等。

图 1　马来西亚布秧谷的印度教寺庙建筑遗址，这是公元第一个千年印度人在吉打洲繁荣定居的证明（苏尼尔·阿姆瑞斯　摄）

佛教形成连接南亚、东南亚和东亚沿海地区的"共同文化纽带"。朝圣者带着雕像、纪念物和圣物横渡到海的另一端。[27]

1—10世纪，孟加拉湾沿海地区的关系变得更加紧密。6世纪中叶至8世纪中叶，南印度处于帕拉瓦王朝的统治下，印度与东南亚之间的贸易日益兴盛。帕拉瓦对于整个东南亚的雕像和神庙建筑都有影响。9—13世纪是这个地区在前现代商业史上的一个高峰，与南印度注辇国（Chola Empire，又名朱罗）的兴衰一致。注辇国是一个古老的王朝，发源于泰米尔区肥沃的高韦里河流域，在9—13世纪达到权力的巅峰，当时他们统治了南印度的大部分地区。在阿亚博勒（Ayyavole）和玛尼格勒曼（Manigramam）等强大商会的带领下，注辇国时代的印度商人扩张了在海外的活动。爪哇的碑文记录了印度尼西亚各城市关于南印度商人的存在；科罗曼德尔的棉织品在绘制或雕刻在爪哇雕像上的服饰上留下了印记。[28]

注辇国的势力在10世纪扩张到印度南部。到11世纪的前几十年，注辇国发展到斯里兰卡、马尔代夫和拉克代夫，宣告其作为地区海上强权的到来。[29]注辇国是第一个孟加拉湾帝国。这个地区成了帝国和商业竞争的战场。三佛齐帝国（Srivijaya Empire）试图挑战注辇国在孟加拉湾的主导地位，想要取得马六甲海峡周边的领导地位，同时向东部的对手爪哇的马打蓝王国（Mataram Kingdom）进军。在东南亚大陆，柬埔寨的吴哥王朝向南扩张，与大越（Đại Việt）和占婆（Champa）政权（今越南）竞逐。位于孟加拉湾东北边缘的缅甸勃固王国（Kingdom of Pegu），面朝东西，一方面与锡兰发展佛教联系，另一方面通过陆路将孟加拉湾北部与中国的云南联系起来。与中国的贸易对所有王国都极具价值。中国刚建立的宋朝（公元960年）促进了海外贸易，打破了唐朝衰弱时期内向、排外的政策。亚洲的贸易在10—13世纪迅速发展，这个地区少有地方不受中国沿海商业强大力量的影响。[30]

争取中国支持的竞争在11世纪20年代达到顶峰。1025年，注辇国统治者拉金德拉（Rajendra）发起一场横渡孟加拉湾的军事远征，入侵了三佛齐国的领土。这是第一次有人试图确立对孟加拉湾的制海权；接下来的几个世纪，包括葡萄牙人、荷兰人、英国人和日本人在内的许多人都会做同样的尝试。注辇国入侵东南亚的理由和路线依然不明确，最有可能的解释是，三佛齐想要独占孟加拉湾与中国的贸易，于是注辇国出兵报复。也可能是商会想要巩固他们在东南亚的地位，所以迫使注辇国统治者发动远征。[31]注辇国海上远征的影响似乎不大，过了平静的几年之后，三佛齐的统治者又派了一个大型外交使团到中国。中国与印度之间的商业联系在13世纪已经建立，双方频繁地直接往来。考古学家在中国的泉州发现了一个大型的南印度商人社群存在的证据，因为当地有一座建于13世纪左右的印度教寺庙，内有数百尊雕塑。在印度港口纳加帕蒂南，则可见一座三层楼高的中国宝塔的废墟，直到1867年被拆除。

地区强国之间的商业繁荣是一个相互联系的过程，特别是欧亚范围内的联结，这是历史学家维克多·利伯曼（Victor Lieberman）提出的开创性见解。近来的气候学证据表明，9—13世纪的地球暖化，即众所周知的中世纪温暖期（900/950—1250/1300年），在这个扩张过程中扮演协调的角色。通过延长生长季，让热带辐合带南移几度，增强亚洲季风，这种气候异常有助于一段时期内的国家建设、农业殖民、人口增长和海外贸易。大约在1240年之后，"不仅在东南亚，而且在欧洲、南亚和中国，主要国家都瓦解了，社会和文化分崩离析，人口和经济产出锐减"。这种协同崩溃局面的一个看似合理的解释是，全球开始变冷，中世纪温暖期的收获量不再，早前因为扩张而造成的社会和政治紧张状态被激化。在中国和南亚，来自内亚（Inner Asia）的半游牧武装军团兴起了新一波的侵略和征服，"严重扰乱了地区政治"。突厥人建立的德里苏丹国，到1231年已攻克北印度的大部分地区；14世纪早期，他们向南扩张到德干和更远的地方，破坏了地区政治的稳定。蒙元入侵并打败了宋朝，于1279年成功统一了中国南北。不论是在印度还是在中国，内亚的远征都重新调整了贸易模式，从海上商业转向定居土地与大草原边境上进行的陆上贸易：丝路贸易。[32]孟加拉湾周边的一体化程度下降，直到15世纪欧洲的扩张浪潮才复兴和改变了这个地区。

在整个过渡时期，孟加拉湾的商业和文化生活转向新的方向。13—15世纪，伊斯兰在南亚和东南亚的发展，让来自南印度的穆斯林贸易团体获得了新的地位。德里苏丹国把印度置于伊斯兰世界的中心；它的势力在14世纪早期扩张到南印度。说泰卢固语和泰米尔语的穆斯林社群分散在各处，把南亚和东南亚与阿拉伯世界联系起来。当这个地区变成欧洲的势力范围时，穆斯林商人和导师提供了与过去保持连续性的元素，除了早期的佛教文化交流之外，他们为孟加拉湾海岸增加了另一层联结。数个世纪以来，区域间的贸易在物质文化、宗教习俗和宗教仪式方面产生了一种广泛的"家族相似性"（family resemblance），给南亚和东南亚带来了共享"邻里"的感觉。[33]

我们不知道的事情还有很多，而且可能永远不会知道。虽然有着不确定和推测，但20世纪30年代在马来亚工作的英国考古学家韦尔斯（H. G. Quaritch Wales）坚称："不论在任何时期，人们都不能排除来自孟加拉湾对岸或多或少的直接联系。"[34]

许多个世纪以来，在多种语言中，孟加拉湾被叫作"注辇海"或"注辇湖"，葡萄牙人则称之为 *Golfo de Bengala*。1938年，在阿姆斯特丹举行的国际地理学大会上，葡萄牙学者科蒂绍和特薛拉发表了一篇论文《16世纪远东地区最早的记述》，文中讨论了罗德里格斯（Francisco Rodrigues）的手稿《罗德里格斯书》（*O Livro*）。这份手稿现存于巴黎众议院图书馆。罗德里格斯绘制了目前已知最早的孟加拉湾地图。葡萄牙贵族、海军将领阿尔布克尔克（Afonso de Albuquerque）在1512年8月写给葡萄牙国王曼努埃尔①的一封信中，称罗德里格斯是一位"知识渊博、懂得绘制地图"的领航员。罗德里格斯在"178张规格为263毫米×377毫米的厚白纸"上，画出了从欧洲到中国的路线草图。第二年，他参加了葡萄牙的第一次红海远征。1519年，他率领一支船队参加了葡萄牙对中国发动的一次灾难性的远征。[35]

欧洲的航海家必须依赖当地的航海知识。罗德里格斯绘制关于中国线路的地图时，便是根据从马来航海者那里搜集来的信息。15世纪末的阿拉伯航海家艾哈迈德·伊本·马基德（Ahmad ibn Majid）是最早记录这些航海智慧的人。伊本·马基德的著作集当地航海智慧之大成，是用他的聪明才智提炼出来的精华。他认为印度科罗曼德尔海岸的航海家是最了解孟加拉湾的一群人。他写道："每个人都对其所在的海岸知之甚详，这是理所当然的，虽然上帝是全知的，但离这些海岸最近的无疑是注辇人，所以我们应该遵循他们的做法，并且利用他们的模拟（*qiyas*）作为指引。"[36] 伊本·马基德认为，季

---

① 指曼努埃尔一世，1495—1521年在位。

风是可以出港的具体日期。他的专著显示了印度洋各个海域的航行时间表是多么有规律且可预测。他告诫那些想要利用东北季风顺风而行的水手，向西航行的时机必须恰到好处，因为他们要穿越孟加拉湾，从东南亚回到东印度。他建议这些船员不要等到季节的后半段才出发，并提醒他们1月初之前东北季风通常还没有到达苏门答腊岛。他告诫船员注意季风在3月和4月的转向，那时风向特别不可靠，还要警惕10月和11月可怕风暴带来的威胁。

数百年来，伊本·马基德的著作都是水手们的可靠指南。到了18世纪，欧洲人已经不再满足于当时的航海知识。1772年，当英国东印度公司委托著名的制图师达尔林普尔（Alexander Dalrymple）绘制孟加拉湾的海图时，后者声称："这件事真是太奇怪了，大家都觉得欧洲人和孟加拉地区已经往来很长一段时间了，可迄今为止却没有任何一种语言的详细孟加拉湾海图出版。"[37]葡萄牙的地图不再适应现代制图的要求。英国想要将他们对这片海洋的知识正式化并加以扩展，其中有很明显的政治动机。达尔林普尔推断："整个科罗曼德尔海岸现在都在英国政府或其友邦和同盟的势力范围下，应该是对它进行全面调查的最佳时机。"[38]虽然英国人热衷于贬低葡萄牙人先前的成就，但他们的参考书目中到处是葡萄牙文和法文手稿，这些手稿本身就充满了（借用或盗取的）阿拉伯人、印度人和爪哇人的专长。如同乔杜里所写的："西班牙和葡萄牙的水文学者最大的成就，就是归纳理论数学家的研究成果，并把它们与海员的实际经验相结合。"到了17世纪，英国和荷兰的航海地图超越了葡萄牙人所绘制的；东印度的船长们"接受精心训练，以学习前往印度洋的航程必须遵循的通则"。[39]他们对于孟加拉湾的知识是慢慢积累起来的。1787年一份可用地图清单中，详细列出一系列草图、视图（views）和海图，这是随着当时的探测活动的增加和航海技术的进步积累起来的。[40]航海计时器改善了精密度，船员可用来正确计算时间。实验过程则推展了孟加拉湾的航行指南：它们反映出许多航行的实践知识，这些都被保存在航海日志中供后世参考。[41]

随着英国势力的扩张，科学知识的日新月异，1879 年的《孟加拉湾领航员》(Bay of Bengal Pilot)一书中已编纂了地图和航行指南，该书此后有数次修订，一直持续到 20 世纪 60 年代。这是英国海军部出版的几本指南之一，其他还有东方群岛、马六甲海峡和南中国海的指南。萨默萨特·毛姆（Somerset Maugham）写道："这些事务性质的书"并没有因它们"绝对的实用取向而减少了诗意，就像充满香料的微风刺激着你的感官……当你走近东方海面的一些神奇岛屿时，书页间弥漫着甜甜的香气。"[42]《孟加拉湾领航员》的忠告和建议，沿用了几个世纪。它说明了季风是如何加快或阻碍这段横渡航程的。它包含了许多一般性的指示：在任何时候，"尽可能保持在安达曼群岛以西"；在科罗曼德尔海岸，东北季风期间在港口北部靠岸，西南季风时则在南部靠岸。[43]

气旋的威胁也不容小觑。到了 19 世纪中叶，英国的船员开始对孟加拉湾的气旋进行系统性的观测，这引起了气象学者和航海家的兴趣。创造"气旋"一词的皮丁顿船长退休后，不辞辛苦地汇编了大量观测资料，这些资料构成了孟加拉亚洲协会杂志的主要内容。皮丁顿出版的"美好同盟号"（Belle Alliance）航海日志，证明了在横渡时遇上风暴是多么危险的事。从印度的马德拉斯①前往加尔各答途中，气旋将这艘船吹得偏离了航道，驶往海湾中央。那是 1840 年

---

① 今金奈，坐落于孟加拉湾沿岸，是印度泰米尔纳德邦首府。

4月底，季风转换后期，开始吹西南季风。4月30日凌晨1—5点，船员觉得"风力逐渐增强，狂风大作，暴雨倾盆"。到了6点，船只"前倾得很厉害，海上波涛汹涌"，强风"吹走了艏帆斜桅"。几个小时后，船员只好孤注一掷，切断前桅和主桅，否则船只将"倾覆并沉入深渊"。航海日志中重复着"狂暴而混乱的海"的诅咒。一段"突然的平静"之后，这艘船再度受到"最可怕的狂风暴雨"的重击——气旋风就是这么变幻无常。直到午夜过后，才恢复表面上的平静，出现了"浓雾天气"。"美好同盟号"及其船员很幸运：他们得以活下来，继续前往加尔各答的航程。[44] 随着关于孟加拉湾气旋的记述越来越多，航海家开始寻找安全通过孟加拉湾的通则。经验老到的毛里求斯船长布雷布纳在19世纪80年代写道："船员在海湾的（季风）季节航行，必须随时确保处于完全准备的状态"，保持高度警觉，"小心观测气压计，注意任何刮风起浪的迹象，如果气压计指标下降，天气又变得阴暗，就可以确定是气旋风暴的前兆"。[45]

这种航海智慧似乎永不过时。17世纪末的航海建议和观察，与19世纪中叶的记述并无二致。《孟加拉湾领航员》第一版出版时，人们并不知道有一个重大的转变将大幅缩短横渡海湾的空间和时间。汽船的兴起完全改变了风和海洋的关系，如同约瑟夫·康拉德（Joseph Conrad）所言："与其说是一场竞争，不如说是对海洋的蔑视。"蒸汽动力让航行不受季风影响。康拉德把汽船对于自然的"蔑视"和帆船对自然的敬畏进行了对比，"近乎无形的神奇力量，由赋予生命亦带来死亡的风的鼓舞而生生不息"。[46]

20世纪20年代，孟加拉湾首次被飞机穿越。英国和荷兰的探险任务随着1927年一架荷兰飞机抵达巴达维亚①达到顶峰。1931年10月1日,"航空史上最伟大的日子之一",荷兰皇家航空公司开通从阿姆斯特丹飞往巴达维亚的定期航班,运送4名付费旅客,飞行时间是81个小时。从加尔各答开始,飞行路线沿着孟加拉湾的弧形海岸,一路从阿恰布②、仰光、曼谷、棉兰、巨港③到巴达维亚。1933年,荷兰皇家航空把航线延伸到新加坡。它的竞争对手英国帝国航空公司当时还没有飞得那么远。[47]

次年,耶鲁大学医学院神经外科医生、业余飞行员、日后的美国地理学会主席理查德·赖特(Richard Upjohn Light)驾驶一架贝兰卡火箭机型的水上飞机横渡孟加拉湾,这是他环游世界2.9万英里旅程的一部分。毕业于耶鲁大学电气工程系的无线电技术专家罗伯特·威尔逊(Robert Wilson)与他同行,威尔逊之前完全没有飞行经验。赖特坚信,"除了高度和温度,飞机无法识别任何地理位置"。但季风还是决定了他的旅程。他提到"季风的到来,迫使计划改变,现在不可能用水上飞机绕过印度半岛南端了"。虽然有先进的导航技术帮忙,但赖特还是有赖于船员那些可靠的指引:海图和灯塔,加上令人安心的陆地。规划飞越布拉马普特拉河流入孟加拉湾的河口前往阿恰布的路线时,赖特"利用海湾远处的一艘灯塔船"检查了飞机所在的位置,并且"很快一眼观察到可以作为数千英里行程指引的岩石海岸"。但赖特在空中是通过航拍这种新的方式来描绘那条弧形海岸的。他的影像描绘出从河口三角洲人口稠密的耕地,到险恶又有利可图的边疆丛林的转变。他是第一个从空中捕捉到"交通繁忙"的伊洛瓦底江的人,

---

① 今雅加达,印度尼西亚首都。
② 今缅甸若开邦首府实兑。
③ 今印度尼西亚南苏门答腊省首府。

当夕阳冲破一团乌云时，江水闪耀着波光。[48]

　　孟加拉湾标示出印度教世界的东部边界。印度教神话中有四个达姆（圣地），分布在印度次大陆的四个角落：巴德里纳特、普里、拉梅斯瓦拉姆和德瓦尔卡。普里位于奥里萨海岸，面向孟加拉湾。拉梅斯瓦拉姆岛是四个圣地中最南端的一个，印度次大陆在此伸入海中。哈佛大学教授戴安娜·艾克（Diana Eck）写道，今日一如既往，"朝圣者的足迹创造了一片生动的风景"。拉梅斯瓦拉姆在印度史诗《罗摩衍那》中扮演关键的角色，罗摩就是在那里建造了通往兰卡岛的桥，救出了当时遭兰卡暴君罗波那囚禁的妻子悉多。许多印度朝圣者认为，参拜完恒河边最大的圣城瓦拉纳西（贝拿勒斯）之后，应该前往拉梅斯瓦拉姆。今天，拉梅斯瓦拉姆庙接待来自印度各地的朝圣者，他们当中的许多人会在孟加拉湾进行宗教沐浴仪式，为朝圣之旅画下句点。再往南一点，印度次大陆南端的科摩林角是印度海岸守护者、女神库玛丽的居所。印度东海岸到处都是圣地，印度的河流在那里与它们的"主人"——海洋汇合。[49]

　　不过，印度人神圣的想象早已超越了印度次大陆，跨过了东边的海洋。对古老的印度故事讲述者来说，这片海洋在横渡的尽头预示着危险、诱惑和数不清的财富。海的那一边是"黄金大地"素万那普，堪称"东方的黄金国"。南亚的故事文学，不论是宗教的还是世俗的，都喜欢描述早期前往东方的旅行者的"冒险精神和贪婪特质"。[50]孟加拉湾的想象力来源于它的狂暴。

　　要到达黄金大地，就必须横渡孟加拉湾，克服它的危险。那片"黑水"中栖息着邪恶的怪兽。海里的恶魔威胁着要吞噬全部的船只。佛教的本生（Jataka）——佛陀前生的故事可追溯至公元前4世纪——是这类故事的丰富来源，其中一则是波拉伽纳加王子前往黄金大地的故事。波拉伽纳加王子的父亲遭兄弟篡夺王位，他试图夺回王权。王子和母亲一起遭到流放，他说："我要前往黄金大地，在那里发财致富。"他的母亲充满了不祥的预感，提醒道："大海难有成功之机，却充满危险。"王子横渡孟加拉湾时，果真碰上了灾难。"航程中狂风大作"，船的"甲板塌陷，水越涨越高"，"船开始没入海洋，船员悲痛哭泣，向各自的神灵祈祷"（亚洲航海者的宗教多元，早期的祈祷方式便是如此）。船渐渐下沉，但王子信念坚定，紧紧靠着"直立"的桅杆。船员们"成了鱼群和海龟的食物，周围的海水染成了血红色"。王子在那次磨难中幸存下来，他"穿过宝石色的波浪"，横渡"如一大片黄金"的海洋。

途中，王子邂逅了众神的女儿玛尼梅卡拉，她是这片海洋的守护者。一开始，她怀疑王子坚韧抗逆的能力：

在这片深不见底、漫无边际的荒海中，举目不见海岸
汝竭力搏斗亦枉然——于此海中央惟死一途。

王子让这位海洋的守护者相信，他不会"屈服"于这片狂暴的海域。玛尼梅卡拉赞赏了他的勇气：

那如此英勇无惧对抗这狂暴无际之海的人
既无畏于被赋予之任务，亦勤力于召唤汝之职责
随心之所向，无任何阻碍可挡。[51]

这片海在被命名为"孟加拉湾"之前，它只是"狂暴无边的海洋"。

本生不是仅有的渡海试炼的传说。在另一个家喻户晓的故事、11 世纪的印度传说故事集《故事海》(*Kathasaritsagara*)中,古娜瓦蒂公主在从吉打前往印度的途中,遇上海难,远离金岛(Suvarnadvipa)的海岸。[52] 早期中国的旅行者从印度前往中国时,也面临这条海上公路的狂风暴雨。5 世纪时,佛教朝圣者法显从中国前往印度。他在 413 年自这片佛国净土返回,从锡兰横渡孟加拉湾到爪哇。他搭乘一艘"载有约 200 人的大型商船"离开锡兰。启程两天,船只遇上了风暴,出现危险的裂缝。那场风暴"持续了 13 个昼夜",最终船在一座岛上找到了避风港,船员得以在那里修复船只。法显告诫说:"此海多海盗,落入其手者将一去不返。"他认为孟加拉湾是"无边无际的","不可能区分东西",且"在黑暗的雨日,须于起风前出发,不知风向"。在"暗夜"中,任何横渡这个海湾的人都会看见"一波又一波的巨浪,闪耀如火,亦可见各种各样的海怪"。90 天后,法显抵达耶婆提国(可能是爪哇)。由于季风转向,他被困在爪哇,直到第二年 5 月,才终于启航返回广州。[53]

20 世纪尚存的民俗传统同样把孟加拉湾描绘成一个充满恐怖和冒险的地方。获得拉塔努拉里研究奖学金(Ramtanu Lahiri research fellowship)的人种志学者在 20 世纪 20 年代记录了东孟加拉地区农村的民谣。这些孟加拉歌曲提到那片大海时,都说它是"可怕的海湾"。这些民谣将海浪描绘为"像山峰一样高"。海洋暴怒时,船"被抛得很高,又被丢到最低点",而"扬起风帆的船只被风吹着走,很难保持方向"。孟加拉国口耳相传的传统逐渐演变成人类与自然界的恐怖:葡萄牙的"海盗",哈马德人(Harmads),尤其是一个威胁。这片海洋"难有机会"且"充满危险"的传说中,还加入了帝国劫掠的历史。"在这无边无际的深海中,哈马德人令人恐惧";他们潜伏于海湾,"掠夺船只","沿海的船长们惶恐战栗"。具有讽刺意味的是,香料贸易出乎意料的逆转,当地渔民掌握了大量的胡椒,那丰厚的利润吸引了葡萄牙炮舰来到印度洋,也让哈马德人杀红了眼。[54]

到了20世纪,横渡孟加拉湾已变得司空见惯,随之而来的是幻灭。虽然只有极少数的特权阶级才可以体验浪漫的飞行,不过每年都有数十万人搭船横渡这片海洋。他们的航程受到了一个由卫生检查员、船上的护士、地方行政官,以及领有执照的厨师组成的正规官僚机构的控制。航行速度变快了,海难少见了,船上的条件也改善了,但晕船和迷失方向还是难免。人们从甲板上初见东南亚工业化、忙碌、整齐划一的现代码头时,跟康拉德的小说《青春》的主角马罗(Marlowe)初见"东方"那种令人迷醉的回忆大异其趣:"我总是从一艘小船上看着它,清晨望去,远处是一道高耸的青山轮廓;中午像淡淡的薄雾;日落时分是一堵参差不齐的紫墙……然后我看到了海湾,一个辽阔的海湾,平滑如镜,光亮如冰,在黑暗中闪着微光。"[55]相比之下,当日本的"土佐丸"在1916年驶进港口时,站在甲板上的泰戈尔远眺仰光的天际线,看着冒烟的烟囱说:"缅甸看起来就像躺着抽雪茄。"行近仰光的码头时,泰戈尔说它们像是"许多丑陋又巨大的铁水蛭"。[56]

博希(M. K. Bhasi)的叙述比较平淡无奇,他是一名教师,20世纪40年代末从马德拉斯前往新加坡追寻更好的生活。槟榔屿让他第一次瞥见了东南亚城市,他虽然只在当地短暂停留,但还是留下了一点印象。博希回忆道:"在槟榔屿的时候,我们只允许下船几个小时。我们只是搭出租车之类的,四处走走。"让他印象最深刻的是

"不同种族"的人。这"在我以前的村子很罕见,甚至在特里凡得琅(Trivandrum)① 或马德拉斯也看不到,它们没有这么世界主义"。[57] 横渡孟加拉湾后,他到了一个"多元社会"。

诗人德里克·沃尔科特(Derek Walcott)写道:"大海是一样的,除了它的历史。"[58] 印度洋远比大西洋更早全球化。商人一路从中国漫游到阿拉伯半岛,在沿岸的港口城市安顿下来,开设商店,与当地人通婚,把香料、珠宝、大象和马匹运到遥远的地方。共同的信仰让陌生人之间产生了信任;在信仰有争议的地方,则由其他仪式来巩固联结。第一次有人跨越大西洋之前的数个世纪,朝圣者已从印度尼西亚群岛和印度前往沙特阿拉伯西部的汉志,或是跟随佛教徒的脚步,从中国和日本前往印度和斯里兰卡,奴隶亦被迫穿越这片海洋。船员们对季风的掌握越来越精确。人们会说多种语言,有些语言打破了族群的藩篱,如阿拉伯语、马来语、斯瓦希里语。在最宏大的尺度上,印度洋把许多文明联系在一起,让它们不再壁垒分明;或许,这些文明从来不是那么纯粹且封闭的。[59]

从 21 世纪初这个有利的时间来看,这个世界让人感觉莫名的熟悉,这是一个精通多国语言的商人和跨文化婚姻的世界,一个长距离旅行司空见惯的世界。印度洋的过去在一个"非常新但又非常古老的框架下"重塑了当代全球化。与此同时,这段过去也让人非常陌生,这也说明了为何自 20 世纪 80 年代开始兴起关于印度洋世界的学术研究。印度洋的许多历史让人联想到一个开放的、国际性的世界,进行着贸易和跨文化交流。故事通常结束在葡萄牙炮舰把暴力

---

① 印度西南部喀拉拉邦首府。

带进这片和平的海洋,瓦解了它自古以来的联结;或者说它的终点是民族主义的胜利,民族主义将政治归属根植于欧洲征服者所划定的疆域内。显然,印度洋殖民时代以前的历史很容易(有时也难免)被浪漫化,早期的暴力事件和昔日的掠夺行为被轻描淡写地带过,以维持一个平衡的世界。

后殖民民族主义的狭隘性,让整个地区之间的联结加速瓦解,哀痛地见证了 20 世纪晚期的后殖民世界中,愈发严重的宗教暴力和自相残杀的血腥战争的来龙去脉。印度作家阿米塔夫·高希的《在远古的土地上》(In An Antique Land)有一个重要的场景,一位年轻的印度人类学家(高希自己)和一位埃及伊玛目陷入了一场争论,这场争论最后变成在 20 世纪 80 年代两国军力强弱的讨论。高希写道:"伊玛目和我都参与了我们最终的失败,几个世纪来把我们联系在一起的对话走向了终点:我们证明了这种语言的胜利是不可逆转的,它已经篡夺了人们曾经讨论过他们分歧的所有其他语言。"高希在书的另一部分提到了这种早期的"对话",通过讲述 12 世纪犹太商人亚伯拉罕·本·易尤(Abraham bin Yiju)的故事,让我们了解到这种对话,他的信件详述了他在中世纪横渡印度洋世界的旅程。这些信件被保存在开罗藏经库。但或许这种"失败"从未真的发生。进入欧洲统治世界的时代之后,印度洋仍然是学者、朝圣者、商人和记者往来的通道,是一个有着自己的节奏、源源不断的思想的"跨区域舞台"。在印度洋的港口城市,亚洲人与欧洲人、穆斯林与传教士、佛教徒与理性主义者的相遇,孕育出一种有着深厚历史渊源、相互竞逐的普世性。[60]

数个世纪以来,商业和文化为整个印度洋地区建立了一种"强烈的一体感",对于那些以海洋贸易为生的人来说,远海的沿岸地区往往比他们自己的内陆地区更亲近，不管是在文化上、经济上，还是想象上。然而，印度洋东西部分（我们称之为阿拉伯海和孟加拉湾）各自内部的整体性比整个印度洋更紧密。阿拉伯海的网络让西印度海岸与波斯湾、东非及南印度洋的岛屿更紧密连接；孟加拉湾的商业和移民网络，则连接起东印度和东南亚的大陆及岛屿。[61]

但令人意外的是，印度洋的历史大多没有提到孟加拉湾，只着重海洋的西部；这一点让人不解，因为相较于印度洋其他任何地区，孟加拉湾海岸之间的联结更紧密。孟加拉湾在广大印度洋海域中的特殊性，来自让其海岸联结在一起的规模庞大的移动。这种移动在19世纪经历了一个阶段的变化。横渡孟加拉湾的人数远多于印度洋其他任何地区。1840—1940年，近3000万人从印度海岸出发，除了其中的200万人，所有人只在东印度与锡兰、缅甸、马来亚之间往返。这完全是一种围绕孟加拉湾的来回迁移。劳工的迁移反过来让这个地区在经济上成为印度洋世界最具生态意义的重要部分。

孟加拉湾之所以被忽略的一种解释是，学者对伊斯兰如何将印度洋连为一体的兴趣，已把注意力转向关注南亚与中东之间的联结。不过，横跨印度洋东部的伊斯兰联结比起西部毫不逊色：来自印度和中国的客商和教师，加深了伊斯兰在整个东南亚的影响力。在欧洲帝国的统治下，印度（和阿拉伯）的穆斯林前仆后继横渡孟加拉湾。毫无疑问，伊斯兰提供了一种文化和仪式脉络的联结，让印度洋社会成为一个整体；但有数百万横渡印度洋的人并非穆斯林。这个地区在印度洋与中国海域之间也有非常多紧密的联结。孟加拉湾在全球历史中的地位，起源于它是印度与中国之间的走廊，且在今天依然如此。19世纪和20世纪，当印度教徒和穆斯林移民从印度横渡孟加拉湾时，他们遇到的不仅有东南亚人，还有富有而复杂的海外华人社会。孟加拉湾和南中国海以及遍布其中的印度和华人的移民世界汇聚于马来半岛,那里是我们故事的东部舞台,许多活动在那里发生。横渡从来不是顺畅无阻的,文化交流会带来多么丰硕的成果,就会有多大的危险。在现代世界,印度洋的世界主义杂乱无章,且常因压力而分崩离析,它发展成一种住在异乡人世界所需的文化反应,它表现在世俗文化中、城市社交的不成文惯例中、风景的形态中,以及诗人和空想家的作品中。

　　海洋的历史势必会遇到海洋与陆地、淡水与咸水、构成大洋的不同海域之间的边界问题,从这个问题来看,"其他所有东西都是流动的"。[62]这些界线通常很模糊,而且随时在变。根据国际海洋学委员会的严格定义,孟加拉湾的南部边界位于尼科巴群岛的南端,与苏门答腊北缘交界。从政治史和文化史的角度来看,书写孟加拉湾却不提马来半岛毫无意义。但在某些特定的时刻,孟加拉湾的范围可能更大。布罗代尔曾写过全球化的地中海:16世纪时,它的"世界范围远至亚述群岛、新大陆、红海以及波斯湾"。同样,我们关心的是全球历史中的孟加拉湾。试举一个例子:20世纪20年代,马来亚是美国汽车工业所需的橡胶最主要的供应地,而大部分的橡胶是横渡这片海域的印度移民开发的;有一段时期,孟加拉湾在亨利·福特革命及渴求石油的资本主义的兴起中,扮演着关键角色。不论在哪个阶段,孟加拉湾的生活都由其嵌入更广阔的印度洋、贸易和文化在洲际范围内的联系所塑造,由扩张到全球的帝国的权力和暴力来支撑。

　　那么这片海洋本身又如何呢?奥尔罕·帕慕克写道:"大多数小说家觉得,读一本小说的开头几页,就像是进入一幅风景画。"[63]大多数海洋史家一开始会先描绘一幅海景。布罗代尔坚称,这不只是一个背景。他提到,毕竟"船只航行于会随季节改变的真海上"。但在他的印度洋历史中,乔杜里引用布罗代尔的话说,海洋的历史是一部"一切改变都很缓慢的历史,不断重复、反复循环的历史"。如果这片海洋有历史,那就是一段"深沉且半静止"的历史。[64] 法国哲学家保罗·利科(Paul Ricoeur)这样描述布罗代尔的第一册史诗,这是一部"以地中海为英雄的地缘史学"。然而,这个主角在某种意义上是被动的:人类的冒险都以这片一成不变的海为背景。利科写道:"此刻,这片水域,它们的沿海地区和岛屿,就在这里",不过,"它们也因为人类和他们的航海活动进入了这段地缘史学之中"。[65]

以周期性生命来说,孟加拉湾比地中海更富戏剧性,每个月的变化都比上个月更大。每个季风季节,孟加拉湾东北岸靠近吉大港的海平面会出现平均 4 英尺的上下波动,这是"世界上波动最大的纪录"。[66] 孟加拉湾每一年、每一季都变动剧烈,但变化不只是季节性的。海洋——它的洋流、海岸线——在上千年时间里慢慢改变:洪水侵蚀着海岸;随着红树林区范围的扩大,沙洲也位移了。这类改变在 20 世纪发生得越发比以往任何时候都快速。人类干预所造成的影响,在 20 世纪变得如此显著又意义重大,以至于它们开始重新塑造海洋,打破了孟加拉湾"不断重复"和"反复循环"的局面。[67] 海岸线的地貌首先发生了变化,而且是大幅地改变。帝国时代的大量移民把热带的东南亚变成了商品的洪流:马来亚的森林被由横渡孟加拉湾而来的泰米尔工人清理并重新种植,渡南海而来的中国劳工开采锡矿。有一段时间,南印度的山谷似乎直接通往东南亚的边界,劳工汇成了一条大河,流入孟加拉湾。一直到 20 世纪,陆地上的改变对于海洋几乎还没有什么影响。20 世纪 50 年代开始(更大的力量则是从20世纪70年代开始）这片海洋显现出人类活动的影响，它堆积了大量垃圾，渔获减少，温度升高导致海平面上升。孟加拉湾不再是原来的孟加拉湾了。

海洋的这些转变是移民、帝国扩张和技术变革的历史所造成的结果，这是意料之外的，也是不可预料的，这些转变让孟加拉湾沿岸地区联结在一起，然后又把它们分开。孟加拉湾的自然史与它的人类历史密不可分；在20世纪，环境史与移民史紧紧相扣。

环境史学家明确警告我们要提防"腹语"：想要为海洋发声或为鱼类发声，却只是把人类的理解或幻想投射在它们身上。[68]本书不是想让孟加拉湾"说话"；只是不想把这片海洋看作不过是一个被横渡的空白空间。[69]孟加拉湾是有生命的。这片海洋在人类历史中的作用，以及这一历史对海洋造成的后果，值得人们比现在更认真地思考。

第二章
辽阔海洋的商业中心

从印度的本地治里开车往南几个小时，会抵达一个不起眼的小镇纳格尔（Nagore）。这里几乎没有迹象表明印度出现了新的繁荣。泰米尔纳德邦海岸受到孟加拉湾冲刷，2004年印度洋发生海啸时，这里是受创最严重的地区之一。我4年后造访该地时，看到了许多那场灾难的遗迹，主干道两旁仍进行着修复工程。这也提醒了我们更加遥远的过去。《孟加拉湾领航员》是这么描述纳格尔的："从海上便可以看出这个小镇的位置，因为它有5座名闻遐迩的清真寺塔楼，早在它们附近的低海岸出现之前，就能看见那些白塔"；一个世纪后，那些宣礼塔还是地平线上最突出的风景。[1]这座"名闻遐迩的清真寺"是圣人沙乌哈密（Shahul Hamid）的圣陵（Dargah），建于17世纪。

圣陵的建筑群好像是一个独立自足的小镇。通往第一个庭院的通道两旁都是摊位，出售CD、念珠、垫子、布料、橡皮球、玩具、风筝、糖果和饮料，还有一些上面印了图案的金箔片，受伤的腿代表康复，船则象征一路平安。这座圣陵的访客是穆斯林和印度教徒，他们来自附近地区，也可能远从中亚而来。居住在圣陵里的人群让我印象深刻。有些人负担不起出租的简陋房间，就这么躺在地板上；他们之中的许多人根本动弹不了，显然身体虚弱。这座圣陵仍然是

第二章　辽阔海洋的商业中心／037

图 2　位于泰米尔纳德邦纳格尔的沙乌哈密圣陵的宣礼塔（苏尼尔·阿姆瑞斯　摄）

个疗愈之地,庭院中的植物以其疗效而闻名。当我和负责接待的亲切的管理人员走过院子时,他告诉我这座"穆斯林"圣陵中有多少印度教徒在此做礼拜。听到商店的扩音器播放着印度教的祈祷歌时,他告诉我:"你在这里听到的音乐,在其他任何清真寺都听不到。"他向我展示了信徒捐赠的部分建筑群,包括两座宣礼塔和一扇通往内殿的金色大门。纳格尔圣陵一直以来是跨区域宗教群体的摇篮,它也成了纳格尔与东南亚之间有着长久联结的纪念。[2]

数个世纪以来,当地的商人已经将科罗曼德尔海岸与东南亚连接在一起。来自印度切蒂亚尔、信德和古吉拉特的经商者,和纳格尔及纳加帕蒂南的泰米尔穆斯林商人一起,旅居在马来世界的港口城市。欧洲的贸易公司受到孟加拉湾的商机吸引,从15世纪开始加入了他们的行列。欧洲人前往和横渡孟加拉湾的路线,沿着在他们之前的印度、马来、阿拉伯和中国船只的路线。欧洲人带来新的领土、法律和宗教使命的观念,他们对于人类的差异(包括"种族"的概念)有着不同的看法,管理这种差异的方式也不同。他们对于土地提出了新的需求。为了追求利润并巩固垄断地位,欧洲贸易公司用利诱或武力的方式来扩大和提升生产。他们对于地球资源的胃口越来越大、毫无节制,包括香料、木材、养活工人的食物,以及为船只提供动力的煤炭。

孟加拉湾沿岸的土地不是欧洲新来者按照自己意愿来改造的白纸。早在欧洲人到来之前,孟加拉湾地区已经交通繁忙,聚集着家族企业和商业关系。欧洲人在亚洲商业世界的基础上建立了一个新的贸易层,并逐渐占据了主导地位。进入19世纪时,英国成为第一个称霸孟加拉湾的强国。但即使是英国的控制,也必须依赖亚洲长久以来建立的、相对独立的贸易网络。直到19世纪后半期的"帝国主义巅峰"

图3 一位仰光的朝觐者捐献给纳格尔圣地的铭文（苏尼尔·阿姆瑞斯 摄）

年代之前，都不应该夸大英国的统治地位。尽管英国试图迫使当地航运商无以为业，离纳格尔不过几英里远的纳加帕蒂南还是保有"与新加坡、槟榔屿、仰光和毛淡棉（Moulmein）① 相当程度的贸易"，而且"当地 150 吨—700 吨级的船只，每年都会载运超过 3000 名乘客到缅甸和新加坡的港口"。英国的观察者发现，纳格尔的穆斯林商人"与槟榔屿、苏门答腊海岸、毛淡棉和仰光进行着大量贸易，从那些地方进口柚木来修复船只"。[3] 在这些港口，亚洲商业的旧世界与扩张中的欧洲帝国世界相遇了。它们通过孟加拉湾的路径是交叉的，有时还会在税金、垄断、权利和义务等问题上发生冲突。[4]

伊斯兰教横渡孟加拉湾的路径有许多种。到了公元 8 世纪，阿拉伯经商者已经沿着科罗曼德尔海岸定居，并带来了他们的信仰。南印度和其他地方一样，苏菲神秘主义者将伊斯兰教传到内陆。[5] 伊斯兰教徒在南部海岸的贸易城镇建立了据点，包括凯埃拉卡赖（Kilakkarai）、卡耶尔帕蒂纳姆（Kayalpatnam）、纳格尔、纳加帕蒂南、波多诺伏（Porto Novo）、开利开尔（Karaikal）和布利格德（Pulicat）。13 世纪晚期开始，伊斯兰教在海湾对岸扩大势力范围：它的第一个据点是苏门答腊北部的巴赛王国（Kingdom of Pasai）。14 世纪，在马来半岛北部、爪哇岛东部和菲律宾群岛南部的部分地区也相继出现，这些拓居地形成了一个由信仰和商业联结起来的世界。伊斯兰教在东南亚扎根的转折点出现在 15 世纪初，这个地区最主要的贸易中心马六甲在 1419 年皈依。1400—1650 年，见证了东南亚"伊斯兰教最大的成功"。[6]

研究东南亚的欧洲学者热衷于寻找伊斯兰教在这个地区的"起源"。刚开始认为是阿拉伯经商者和移居者把伊斯兰教带来的，但后来人们推测他们与孟加拉湾有直接联系。没有一个单一的起源可以

---

① 今为缅甸孟邦首府，位于安达曼海的莫塔马湾东岸。

解释伊斯兰教何以能在东南亚这样多元化的区域传播。伊斯兰教从许多不同的来源来到这个地区，包括阿拉伯人、波斯人、印度人、华人，并通过四处游历的学者、有感召力的神秘主义者、勇敢无畏的商人，在海湾和阿拉伯海传播开来。宗教变革的推动者通常是东南亚人，他们与中东做生意或前往当地，然后带着新思想回国。[7] 近代早期的南亚和东南亚形成了一个共通世界的一部分，借由神圣的经文、引文和译本的传播联结在一起——也通过阿拉伯语联结在一起。里奇（Ronit Ricci）通过研究伊斯兰重要经典《一千个问题》（*Book of One Thousand Questions*）① 的泰米尔语、马来语和爪哇语译本发现，共同的文献衔接起孟加拉湾的"阿拉伯国际都市"。这一文化领域随着特色鲜明的伊斯兰地方文化的发展而扩大，独特的阿拉伯文字和词汇在当地扎根。[8]

人口的流动就像经文的传播一样，为整个孟加拉湾建立起伊斯兰教的联结。15世纪和16世纪，这个地区散居着波斯商人、文士、诗人和行政官员，他们控制着印度默苏利珀德姆（Masulipatam）的贸易，担任泰国阿瑜陀耶（Ayutthaya）和缅甸阿拉干的宫廷顾问，引入波斯语作为孟加拉湾两岸政治中的行政语言。来自哈德拉毛（位于也门）的阿拉伯离散社群甚至走得更远，500年间，哈德拉毛人形成了跨越印度洋的商人和宗教学者的克里奥尔（Creole）离散社群。杜克大学教授何盈兴（Engseng Ho）写道："哈德拉毛人和他们的后裔成了斯瓦希里人、古吉拉特人、马拉巴尔人、马来人、布吉人、爪哇人和菲律宾人，他们成为各地的原住民。"朝圣之旅和家世谱系让他们与哈德拉毛的家乡产生联系，也与各地的哈德拉毛人有了联

---

① 伊斯兰经典著作，原文为阿拉伯语，16世纪以后翻译成爪哇语、马来语、泰米尔语等，对东南亚地区的伊斯兰文明传播起到了重要的作用。

结。何盈兴写道，一个"网络的串联"让哈德拉毛离散社群"把迄今四散分居的人们聚集在单一家族和单一宗教中"。这些网络是"不对称的"：虽然哈德拉毛人的儿子会走遍印度洋与当地女子结婚，哈德拉毛人的女儿却无法离开家乡。[9]

科罗曼德尔海岸的泰米尔穆斯林也在印度洋周边建立了一个持久的文化和商业网络。与其他任何群体相较，他们都更集中于孟加拉湾周围地区，他们在那里的网络最深、最广。这个社群的中坚分子被称为玛拉依喀雅尔（Maraikkayar），得名自泰米尔语 *marakkalam*，意思是"船"，代表他们的航海传统。沿海的玛拉依喀雅尔社群因为与西亚进行马匹贸易而兴盛，他们控制了科罗曼德尔海岸和锡兰的珍珠及贝壳水产业，在那里的势力堪与葡萄牙人匹敌（而且往往超越他们）。他们接着转向纺织品贸易和航运。比玛拉依喀雅尔人地位稍低的是被称为勒巴依人（*lebbai*）的泰米尔穆斯林。许多观察者认为，他们形成了一个独立的社群（甚至是种姓），但最近一位仔细研究泰米尔穆斯林社会的学者提出，勒巴依只是宗教称谓，指的是"下级学者或受过教育的一般信徒"。[10] 精英穆斯林和一般穆斯林之间存在着互惠但不对等的关系：作为赞助者和客户、雇主和雇员以及横渡孟加拉湾的同行者。

几个世纪以来，玛拉依喀雅尔人形成了一种独特的文化，根植于泰米尔语，同时拥抱一个更广大的伊斯兰世界。里奇写道，泰米尔穆斯林"对泰米尔文学做出了重要贡献，突破了既有题材的限制，并引进新颖的组合和崭新的模式"。17世纪著名的泰米尔穆斯林诗人普拉法（Umaru Pulavar）的作品《先知的生平》（*Cirappuranam*），概括了这种文化多样性。普拉法的作品属于"印度教形式的穆斯林创作"，他的创作受到希达喀尔迪（Sidakaddi）的资助，并受著名学者沙达喀尔杜拉荷教长(Sheikh Sadaqatullah)的指导。希达喀尔迪是数一数二的玛拉依喀雅尔商人,与印度的拉姆纳德(Ramnad)①宫廷走得很近。它将阿拉伯的先知传和印度史诗结合在一起,用泰米尔的文学传统来讲述先知的生平。他的诗作也受到康潘(Kampan)创作的泰米尔版《罗摩衍那》的影响。在结构上,它属于诗——抒情诗连接在一起的叙事。[11]用混合的形式和词汇来描述融合在一起的神圣景观。《先知的生平》开篇描写了泰米尔乡间的水稻景观,取代了阿拉伯的沙漠风景:

成群结队在田间工作的人们聚在一起歌颂大地。
他们的右手摇晃着发芽的种子并把它们撒满了土地。
它们如金色的雨般洒落在地上。[12]

随着科罗曼德尔海岸泰米尔穆斯林的旅行,他们的神圣之地扩张到印度洋的东部和西部。

泰米尔穆斯林定居在吉打、亚齐和爪哇,他们的贸易范围遍及广袤的印度尼西亚群岛。他们的旅程留下了一些文字碎片。马来编年史常常提到南印度的穆斯林教师、经商者和圣人。《马来纪年》(*Sejarah Melayu*)是16世纪马来半岛统治者的家谱(根据马六甲早期编写的一部编年史写成),详述巴赛人皈依伊斯兰教的过程中,一位来自马巴尔(Ma'abar)②的印度特使扮演了关键角色。在密谋于马六甲宫廷的一起决定性事件中,一位叫穆达利尔的泰米尔穆斯

---

① 印度南部泰米尔地区的地方政权。
② 阿拉伯语中对科罗曼德尔海岸的称呼。

林参与其中,他掌管港口,无疑是那个时代最富有的人。穆达利尔和国王的顾问本达哈拉是死对头,两人发生金钱争执后,本达哈拉对穆达利尔说:"就知道不懂规矩的(泰米尔)吉宁人(Kling)会做出这种事!"在一个叫基杜尔的羯陵伽国人的帮助下,穆达利尔说服苏丹处死本达哈拉。事后苏丹得知了这场诡计,下令赐死穆达利尔。[13] 这种结合神话与编年史的故事,让我们了解到泰米尔穆斯林在马六甲宫廷中是多么举足轻重,他们在这个地区的其他港口政治中多半也占据着同样重要的政治地位。

1511年,阿尔布克尔克率领葡萄牙军队进攻马六甲,他们攻克了亚洲商业中心的一个港口城市。药剂师皮雷斯在1512年抵达马六甲,当时他担任贸易货栈的抄写员、会计以及药品管理人;他变得很有钱,"简直超乎你的想象"。[14] 在皮雷斯的旅行记述《东方志》(Suma Oriental)中,他统计马六甲街头和市场上至少出现了84种语言。他列出了所遇见的民族——名字、出生地(……人)、族群和宗教信仰的术语,其文字版图从中国延伸到中东。

来自开罗、麦加、亚丁的摩尔人,阿比西尼亚人,基卢瓦人,马林迪人,霍尔木兹人,帕西人,罗姆人,突厥人,土库曼人,亚美尼亚基督徒,古吉拉特人,乔儿人,达波尔人,果阿人,德干王国人,马拉巴尔人与吉宁人,来自奥里萨、锡兰、孟加拉、阿拉干、勃固的商人,暹罗人,吉打人,马来人,彭亨人,北大年人,柬埔寨人,占婆人,交趾支那人,华人,琉球人,文莱人,吕宋人,丹戎布拉人,劳厄人,班卡人,林加人(他们有上千个岛屿),马鲁古人,班达人,比马人,帝汶人,马都拉人,爪哇人,巽他人,巨港人，占碑人，东卡尔人，因德拉吉里人，卡帕塔人，米南佳保人，锡国人，阿尔库阿人，阿鲁人，巴塔人，托米阿诺人，帕赛人，陂堤里人，马尔代夫人。[15]

来自亚洲各地的贸易离散社群散布在东南亚沿海地区的港口城镇。在13世纪中叶几乎同时崩溃之前，东南亚的主要城市一直是内陆的农业定居点，其中最大的城市当属吴哥、蒲甘和素可泰。它们坐落于水稻集约耕种地区的河口三角洲，通常离海洋很远，而且是王朝权力的中心；水利工程的复杂规划，有助于它们的繁荣。如同法国远东学院前院长隆巴德（Denys Lombard）所言，城市的中心在15世纪让位于沿海地区。港口政治相继出现，每一个都建立在转口贸易的基础上；对许多这类城市来说，海洋关系比与他们自己腹地的联系更加意义重大。缅甸的权力核心从蒲甘转移到沿海的勃固。在马来半岛西海岸，马六甲成为这个区域最大的港口。统治马六甲的家族在1419年的皈依，强化了伊斯兰教、贸易和环印度洋港口政治之间的关系；拥有穆斯林统治者的港口城市会对来自亚洲各地的穆斯林和非穆斯林商人非常友好。爪哇北部海岸的锦石、厨闽、淡目和万丹都在15世纪声名鹊起。16世纪和17世纪，德那第、希图、文莱、亚齐、望加锡和马尼拉变得繁荣——马尼拉被伊比利亚人征服之前，处于当地苏丹王国统治之下。[16]

东南亚的港口城市逐步形成一种新的城市形态，并通过被欧洲征服得以继续存在；可以说，其轮廓至今仍依稀可见。[17]内陆城市依赖农业基础，而新的港口政治则以鼓励贸易为主要目的。旧日的中心城市架构完全反映出皇室的宇宙观，新的港口政治布局则证明了其居民的多元性。在许多的东南亚政治中，仅次于统治者的最重要的政治职位是港口长官,通常由外国人担任。港口长官的主要任务是使贸易顺利进行,让来访和常驻的商人相信价格合理,税率公道,协议得到遵守,争议会被体面地解决。较大的群体——古吉拉特人、南印度人和福建人——都有一名被提名的代表(新来的葡萄牙人称他们为甲必丹),他们有决策发言权。港口城市的居住结构也很特别。每个地方都是族群聚居的组合体,各具特色又相互重叠。这就是葡萄牙武装商船所向披靡的世界,这是他们的探险家、经商者和药剂师试图征服的世界。

葡萄牙人凭着坚固金属铸造的大炮这样的优势军备,以及性能优良、配备高效航行设备的帆船进入印度洋;他们的先行部队是狂热的基督徒,为了传说中著名的亚洲财富而来。西南欧小国葡萄牙在一个世纪前就展开了海上的扩张,1415年征服摩洛哥的休达,接着将触角伸向大西洋,沿着非洲西海岸探险航行。他们蚕食鲸吞,在15世纪占领了加那利群岛,为新大陆带来了最早的农业"开垦地";奴隶,包括非洲人和当地的关切人(Guanches),与签订契约的欧洲人及"自由"探险家一起工作,以提高他们的生产力。15世纪末,伊比利亚人的扩张正处于世界历史变革的开端。葡萄牙探险家达·伽马横渡印度洋的那个年代,热那亚航海家哥伦布在西班牙君主的支持下向西驶向新大陆,达·伽马的同胞迪亚士则于1497—1498年绕行好望角,为欧洲到亚洲的海上运输铺平了道路。

穆斯林的势力控制了欧亚大陆的心脏地带,葡萄牙人被排除在欧洲十分有利可图的香料市场之外,因此他们开辟了一条通往富裕世界的海上航线。受到"十字军东征"精神的影响,他们向印度洋上的穆斯林势力开战。他们远征的结果比原先的计划更加混乱又不尽完美：葡萄牙变成了众多势力中的一个。残酷的是，他们的势力集中在具有战略地位的沿海要塞上；脆弱的是，它从未深入内地。1500—1515 年，阿尔布克尔克扩张了葡萄牙在亚洲海域的势力，他们以 1510 年建立的果阿要塞为中心，向东和向西扩张。1511 年，阿尔布克尔克占领马六甲，"辽阔海洋的商业中心"，孟加拉湾就是在那里与南中国海交汇；1513 年，葡萄牙军队未能夺得亚丁，但在两年后，他们拿下了通往阿拉伯海的门户霍尔木兹。[18]

对财富的追求让葡萄牙在孟加拉湾周围的扩张比他们在西印度洋的扩张更为明确。葡萄牙的探险家和私人商船在孟加拉湾扮演更重要的角色：离果阿的权力越远，他们就有越大的自治权。葡萄牙文化研究者路易斯·菲利浦·托马斯认为："除了锡兰，即孟加拉湾，群岛海域和远东地区，葡萄牙企业比较接近几内亚模式：首先，没有那么多要塞，连商馆也隔得很远；其次，主要的贸易类型是沿海季节性的。"[19] 到 16 世纪中叶，孟加拉湾的海岸散布着葡萄牙的前哨基地，纳加帕蒂南有一个小型的要塞，以及古老的纺织生产中心圣多美（麦拉坡）的一个平民定居点。葡萄牙诗人路易斯·德·卡梅斯（Luís de Camões）写道："因着这座名城麦拉坡，孟加拉湾开始了它的兴衰"，接着就是葡萄牙探险家接手了。[20] 到 16 世纪 40 年代，他们活跃于孟加拉湾北部，那里是"恒河入海的地方"。在号称富庶的孟加拉地区，他们在吉大港和沙提冈（Satgaon）建立了一个据点，抵达了阿拉干海岸。葡萄牙当局在孟加拉湾周边的港口之间设立皇家路线（carreira），对它们加以保护。

但在当权者控制不到的地方，私人贸易发展兴盛。被称为哈马德人的葡萄牙移居者极尽掠夺之能事，即使在 20 世纪的孟加拉民谣中，都还会提到他们的劫掠。一位住在默苏利珀德姆的英国居民写道:"许多葡萄牙人捣毁了他们的种植园,甚至威胁到了他们的生命,频繁往返此处,(在孟加拉地区)过着富裕的生活,但就像是流放之人或法外之徒,无法无天。"[21]葡萄牙的雇佣兵聚集在阿拉干国王身边效力。其中,德布里托尼可帖(Filipe de Brito e Nicote,缅甸语为 Nga Zinga)在 1602 年取得勃固的"王位",并统治着与仰光隔河对望的沙廉港(Syriam),作为其私人王国。德布里托尼可帖对当地人民很残暴,还洗劫佛教寺庙,恶名昭彰。他既为了自己谋利,也为了葡萄牙国王的利益,他从果阿为葡萄牙帝国寻求援军以占领孟加拉湾东海岸。最终,他在 1613 年被阿瓦的国王擒获并处以极刑。[22]在孟加拉湾的北缘,哈马德人与阿拉干的原住民马吉人突击队有过短暂的结盟,正如我们将看到的,他们进行着奴隶贸易。

葡萄牙炮舰把暴力带进了和平又国际性的印度洋:这个说法既有事实的部分,也有某种程度的夸大。[23]早在欧洲人到来之前,印度洋就已经到处是掠夺和抢劫。不过,新来的欧洲特许公司靠着背后有国家和海军的支持,宣称对陆地和海洋拥有专属的主权。葡萄牙引进的通行证(cartaz)制度,象征了这种新秩序。葡萄牙国王曼努埃尔一世(1495—1521 年在位)想象自己是全世界基督徒的统治者、"海洋之王"。葡萄牙人从未在陆地上挑战亚洲各大帝国的霸权;到16 世纪晚期,那些对手威胁到了他们在孟加拉湾的地位。在阿克巴皇帝(1556—1605 年在位)的统治下,莫卧儿帝国的势力往东推进到孟加拉地区,在 1575—1576 年将孟加拉地区确定为莫卧儿帝国的一个省。如此一来,莫卧儿人便可经由皮皮利港(Pipili)和沙提冈港直接进入东印度洋。17 世纪初,葡萄牙人在海上遇到了新的挑战。

在遥远的西欧一角所发生的冲突,改变了孟加拉湾的历史进程。

1579年，荷兰的精英分子奋起反抗西班牙统治者，开启了一场长达数十年的战争。荷兰的叛乱由狂热的新教徒发起，他们认为官方天主教信仰带来了压迫，于是挺身反抗，再加上西班牙与法国之间的战争所造成的沉重赋税引发民怨，使得事态恶化。[24]随着荷兰商人从里斯本与安特卫普之间繁荣的香料交易中被赶出来，阿姆斯特丹成了西北欧主要的金融中心。货主和投资者、保险经纪人和投机者在阿姆斯特丹的股市相遇，他们在那里交换世界各地的价格、市场和机会的信息。阿姆斯特丹的交易所开始"吸引来自欧洲各地对游资和信贷的供需"。[25]英国人也被排除在西班牙和葡萄牙的市场之外，这是为了报复他们在大西洋上袭击私掠西班牙的船只。荷兰和英国商人打破了葡萄牙对香料贸易的垄断，寻求直接进入印度尼西亚远东的香料群岛。英国和荷兰在16世纪90年代第一次驶向香料群岛，结果并没有让赞助者满意，不过他们的行动预示着特许贸易公司的兴起，这将改变世界。

1581年，第一家特许公司英国利凡特公司（Levant Company）成立，目的是与奥斯曼帝国进行贸易；1599年，东印度公司成立，女王伊丽莎白一世在1600年授予皇家特许状。两年后，前往东方的独立荷兰贸易先锋被并入荷兰东印度公司。荷兰东印度公司是地区商业团体组成的联盟，包括阿姆斯特丹、荷恩（Hoorn）、恩克赫伊森（Enkhuizen）、米德尔堡（Middelburg）、鹿特丹和台夫特，反映出联合省的联邦结构。荷兰政府授予荷兰东印度公司垄断东方贸易的权力，准其开战，建立要塞以及与外国缔结条约。荷兰东印度公司积累了军事资源，使其"在内部消化吸收保护贸易的成本"。[26]一种新的结构让贸易公司的运行彻底被改变：成立股份制公司，融资达到空前规模，股东的责任是有限的，资本的所有权与日常运营相分离。荷兰东印度公司避开了葡萄牙控制的地区,逐渐开始在亚洲取得掌控权。但欧洲的冲突——葡萄牙人在西班牙的统治之下,两国联合对抗荷兰——扩及亚洲水域,荷兰拒绝承认葡萄牙对这片海域的主权。印度与中国之间的海上公路以孟加拉湾为中心,成为一条冲突的走廊。[27]

1603年2月25日,航海家雅各布·范·海姆斯凯尔克指挥的3艘荷兰船只,在新加坡附近海域查获一艘150吨的葡萄牙武装商船"圣卡塔琳娜号"(*Santa Catarina*)。当时"圣卡塔琳娜号"正从澳门驶向马六甲,船上满载着中国和日本的货物,其中包括1000多包生丝和价值不菲的麝香。激战进行了一整天,直到傍晚,葡萄牙人投降了。荷兰人出售了"圣卡塔琳娜号"上的货物,它带来了两倍于荷兰东印度公司现有资本的收入。海事法庭认为那是合法的"战利品"。为了证明自己的行动是正当的,荷兰东印度公司有效运用年轻法律学者雨果·格劳秀斯(Hugo Grotius)的才能。格劳秀斯在1608年出版了《海洋自由论》,虽然这其实是一部规模更大的著作《捕获法》的一部分。格劳秀斯的主张构成了现代国际法的基础之一,捍卫了荷兰对葡萄牙在东方垄断主张使用武力的权利。格劳秀斯写道:"葡萄牙并不是荷兰船只航向的东印度群岛那些地方——爪哇、锡兰和马鲁古群岛的大部的主权所有者。"他认为贸易的自由根源于自然法:"被上帝用来包围所有陆地的四通八达的海洋,以及有规律和无规律的风……不足以证明,自然赋予了所有人接触其他所有人的权利?"财产来自占有,但是,谁都不能占据海洋,"航行过海面的船只不会留下任何合法权利,就像它不会留下一条航迹一样"。由于葡萄牙人违反了自然法的这些规定,因此荷兰船长为了捍卫海洋的自由而攻击他们是合法的（虽然实际上是为了主张他们拥有垄断权）。为了满足他的资助者，格劳秀斯容许有一些模棱两可的说法，他设想对"领海"水域实行部分形式的主权，如同荷兰在香料群岛周围的做法。[28]

1600—1663年，葡属印度惨败于荷兰人手中。到了17世纪后半叶，英国又给荷兰带来越来越大的威胁。[29]荷兰和英国公司采用了葡萄牙的商馆模式：在沿海拓居地构筑防御工事，集中权力，进行贸易。过了不久，他们就与地方权力和地方政治产生了更深层次的纠葛，一连串的要塞沿着海岸线分布；彼此之间靠着船只、信件和账本联系在一起。荷兰最早（1605年）在马鲁古群岛的安汶（Amboina）建立了一座商馆，从此在印度的科罗曼德尔海岸站稳了脚跟，接着他们又在布利格德和默苏利珀德姆建立了商馆。1619年，荷兰决定把巴达维亚作为他们在印度尼西亚群岛的据点，那里成了他们亚洲帝国的核心。到了17世纪中叶，荷兰军队已经占有葡萄牙的主要领地：马六甲（1641年）、科伦坡（1656年）和科钦①（1663年）。接着，荷兰以纳加帕蒂南为基地，把势力进一步扩张至南印度。到17世纪80年代，荷兰东印度公司已经是荷兰最大的雇主，甚至可能还是世界上最大的雇主。1625年，荷兰东印度公司的国内外员工是7700人，1688年增长到2.19万人。荷兰东印度公司的竞争对手英国东印度公司在默苏利珀德姆（1611年）、佩塔埔力（1611年）和马德拉斯（1639年）设有商馆，其在印度西海岸的根据地是苏拉特（1615年）和孟买岛，这是1668年从葡萄牙手中取得的。17世纪末，英国东印度公司在胡格利河流域的一个小村庄建立了另一

---

① 今称柯枝。

座商馆，那就是加尔各答。

欧洲的新来者不能忽视孟加拉湾的主要政治秩序，就如同欧洲的个体经商者不能忽视他们之前的亚洲商业网络。孟加拉湾是伊斯兰陆上帝国的东部范围，这些帝国统治着第二个千禧年中叶欧亚大陆的心脏地带，包括奥斯曼帝国、萨法维帝国及莫卧儿帝国。它也是海上的主要通道，和陆上丝绸之路一样，可以通往另一个伟大的亚洲帝国——中国。欧洲人在孟加拉湾沿海地区扩充势力时，莫卧儿帝国在印度次大陆的大部分地区确立了统治。在阿克巴皇帝（1556—1605 年在位）及其继任者贾汉吉尔、沙贾汗和奥朗则布的统治下，莫卧儿帝国的领土扩大到南亚的大部分地区，人口多达 1 亿。1583 年，莫卧儿帝国征服孟加拉地区，使领土延伸到了海岸，虽然他们还要花 35 年的时间去平息孟加拉东部地区的抵抗，真正统治这个地区。孟加拉的惊人财富让同时代的欧洲人印象深刻。梅斯沃德在 17 世纪 20 年代写道："该地的物产如此丰足，堪称东方最富裕之地。"这种繁荣是莫卧儿帝国的征服、拓居和土地开垦而相对较晚出现的产物。孟加拉湾不只是一个政治边疆，也是生态和宗教边疆。在莫卧儿政权鼓励开垦未耕作、未开发的森林的情况下，穆斯林教长（shaikh）带来一批批的移居者，率先将孟加拉东部地区转变成一个精耕细作的水稻种植区。[30]

17 世纪，科罗曼德尔海岸的政治局势变得更加支离破碎，君主国和小王国的联盟不断改变。随着毗奢耶那伽罗王朝在 16 世纪后半叶日渐式微，许多势力在竞逐南印度。在继之而起的王国中，戈尔孔达（Golconda）的库特卜沙希王朝（Qutb Shahi dynasty）成功地在 17 世纪 40 年代巩固了其在沿海地区的领导地位。戈尔孔达是一个什叶派王国，与伊朗的萨法维王国关系紧密。在戈尔孔达主要港口默苏利珀德姆（可以说是沿岸地区最著名的市场）的贸易中，波斯商人发挥着主导作用，默苏利珀德姆与印度洋的东西部势力都有密切往来。一位17世纪早期住在默苏利珀德姆的荷兰居民说："每年都有船只航行到孟加拉、阿拉干、勃固和丹那沙林①的海岸，带来各种棉布、玻璃、铁器、棉纱（红色和白色）、烟草和一些贝类，用来代替孟加拉地区和阿拉干使用的货币。"商人们不断输入"大米、奶油、油、芝麻、糖、各种织布、精致的绣花被、红宝石、蓝宝石、虫胶、安息香、茯苓、黄金、锡、沉香木和苏木"。梅斯沃德提到了中国贸易的重要性：从默苏利珀德姆来的货物被运到丹那沙林，"从那里到暹国（Syam），要走陆路14天；他们从那里带上各种中国商品，运送到其他地方"。[31] 国力不及戈尔孔达的比贾布尔王国（Kingdom of Bijapur）控制了古达罗尔（Cuddalore）、波多诺伏和本地治里等南部的重要港口。再往南去，毗奢耶那伽罗王朝瓦解之后，之前臣服的军事统治者和小苏丹们得以兴起：马德拉斯南部、坦贾武尔的军事统治者、拉姆纳德的德瓦尔人（thevar）和马都拉的军事统治者，都宣称继承了毗奢耶那伽罗王朝。

当地的统治者是欧洲贸易公司的地主。戈尔孔达是其中最大的一个，英国人在马德拉斯的土地、英国人和荷兰人在默苏利珀德姆的土地、荷兰人在布利格德的土地，以及葡萄牙人在圣多美的土地，都由戈尔孔达拥有。1664年，戈尔孔达在荷兰人的支持下把葡萄牙人逐出圣多美。欧洲人不会放过每一个干涉地方冲突的机会，例如，持续的纷争和国与国之间的紧张局势，为他们争取了更好的条件。

---

① 今缅甸德林达依省，位于缅甸最南部，克拉地狭以南的狭长地带。

邻近的国家互相竞争,争取欧洲贸易进入它们的港口。欧洲人由此享有优惠条件,包括较低的关税和通行税。借由在冲突中以武力和资本支持其中一方,欧洲人得以在他们的客户间取得影响力。

莫卧儿帝国的势力在 17 世纪 70 年代扩张到南印度,造成政治秩序的重大改变。戈尔孔达在 1687 年向莫卧儿政权屈服,使得莫卧儿帝国可以直接进入科罗曼德尔海岸。莫卧儿的入侵,破坏了南印度地方政治的基础,造成社会动荡。战争造成了经济动荡,再加上干旱,酿成了 1685—1686 年的饥荒和霍乱流行。莫卧儿的扩张在许多方面都受到了挑战,包括流亡金吉的马拉塔国王、马德拉斯北方的泰卢固战士,以及奥朗则布皇帝的儿子巴赫什试图在海得拉巴建立德干王国。南印度的政治骚乱吸引了欧洲人,他们已经准备好动用海军的力量,就像荷兰人在 17 世纪 80 年代因债务纷争封锁默苏利珀德姆港时所做的那样。一位研究印度洋贸易的杰出历史学家认为:"17 世纪时,对每一个在东方的欧洲贸易强国而言,科罗曼德尔海岸都是竞争商业利益的主要地区。" 17 世纪末,莫卧儿帝国的入侵削弱了地方势力,导致区域内部的冲突日增,这为欧洲的扩张带来了绝佳契机。[32] 港口之间的竞争、拼凑而成的司法管辖区、数个政权、与东南亚的紧密贸易联系——科罗曼德尔海岸在近代早期的这些特征,塑造了孟加拉湾直到 19 世纪的历史。但从 18 世纪后半叶开始,英国人掌握的权力加速整合,使得印度科罗曼德尔海岸经历了一次重要的权力调整。

孟加拉湾东部沿海地区的政治秩序在 1600 年前后变得相当不稳定:从缅甸一直延伸到马来半岛和印度尼西亚群岛的范围被中央集权国家、海上贸易港口和较小的公国瓜分。孟加拉湾东北海岸是仍然维持独立地位的阿拉干王国,首都妙乌(Mrauk‑U)在 1540—

1640年十分繁荣。定期的侵略从东孟加拉地区带走数千名奴隶,直到莫卧儿帝国于1665年征服吉大港才结束。在内陆地区,东吁王朝(Toungoo dynasty)统治了上缅甸、清迈和阿瑜陀耶的大部分地区,直到它在16世纪末瓦解。再往南,马六甲被葡萄牙人征服后,随着亚洲商人摆脱葡萄牙的控制,其他许多港口国家繁荣起来,尤其是北大年、柔佛、彭亨、万丹和亚齐。在苏丹欧卡哈(1539—1571年在位)的统治下,班达亚齐成为"马六甲海峡最重要的穆斯林转口港"。[33]东南亚和科罗曼德尔海岸一样,在17世纪发生了重要的政治变革以及政治统一。来自欧洲贸易公司及其地区竞争对手的压力,使得东南亚国家扩大了王室对贸易的垄断,发展出自己的重商主义。泰国国王那莱(1656—1688年在位)推动了皇家贸易体制,让暹罗王室的船只开始竞争科罗曼德尔航线。亚齐的"专制主义者"慕达苏丹(1607—1636年在位)也想在对外贸易上取得独占地位:1622年起,英国人和荷兰人被排除在亚齐的贸易之外,慕达苏丹每年都会派自己的"巨轮"驶往科罗曼德尔海岸。[34]

欧洲贸易公司扩张到亚洲水域的时期,正是小冰期。以最广义的小冰期定义来说,全球气候史上的这一时期从14世纪一直持续到19世纪,对欧洲、南亚、东南亚以及中国带来了经济、生态和政治上的影响,虽然我们还不太清楚这些变化是否在全球同步发生。[35]中世纪温暖期过渡到小冰期,导致了长达500年的热带辐合带南移以及亚洲季风的减弱。季风波动的强度似乎在1450年之后减弱了,但17世纪季风的多次减弱,造成海湾地区长期干旱。这个地区相互关联的气候体系与商业扩张和外交野心交织在一起,颠覆了当时的政治秩序。[36]

技术上的创新和国家生产力的提升，意味着随着时间推移，"社会变得比较不容易受气候波动的影响"；然而，欧洲、中国、南亚和东南亚在17世纪"一再发生的政治危机"，"在某种不确定的程度上反映出小冰期时代降温的影响"。在多重政治危机的交互作用下，孟加拉湾以及世界上几乎所有其他地方都出现了一个新的帝国秩序。小冰期对孟加拉湾的影响仍然很难估量，不过某些大范围的影响模式是清楚的。1629—1635年（可能直到1640年），"整个孟加拉湾地区出现了可怕的干旱和干旱导致的饥荒"，使得东印度洋的奴隶人数大增。1660年和1661年是科罗曼德尔海岸有史以来最干旱的年份之一。17世纪晚期和18世纪早期，是"超级"厄尔尼诺时期。[37]

　　气候对政治秩序的影响不是机械性的——政治危机不是因为地球变冷而发生的。根据历史学家利伯曼和气候学家巴克利（Brendan Buckley）的看法，我们应该"更加关注气候，但要避免气候决定论"。[38]气候变迁对于农业和拓居地的影响，有助于解释为什么在这一时期，随着经济关系的强化和新形式的相互依存关系的出现，出现了如此多的危机，而且联系越来越紧密。孟加拉湾一个地区的季风中断，会通过其他地区的稻米运输反映出来，而许多生命依赖稻米为生。另外，也会通过人口流动反映出来，17世纪时人口流动的范围扩大到更广大的区域。气候变迁带来的有形压力包罗万象，这些压力与新的国家形式、不断变化的财产关系、新的思想体系（包括重商主义的变化）有关，创造了一个政治动荡的环境。

　　香料为印度洋的历史增添了冒险传奇——欧洲人原本就是为了香料而来。早在10世纪，开罗的犹太商人就对东方异国的香料感兴趣，但一直到14世纪末，香料在欧洲的价格都高得吓人。随后，欧洲对香料的需求激增，这些香料是通过一条连接印度尼西亚群岛东部与地中海的海上和沙漠商路抵达威尼斯市场的。18世纪晚期之前，高质量的香料，如丁香、肉豆蔻和肉豆蔻皮等，是马鲁古群岛独有的，而肉桂只有锡兰有。荷兰牧师法连丹在17世纪末写道："岛上最重要的树就是肉桂树。"[39]

胡椒的传布更广，从原产地印度西南部的马拉巴尔海岸一直传播到东南亚。14世纪中叶，旅行家伊本·巴图塔描述了门格洛尔①兴旺的香料市场，说胡椒树"很像葡萄藤；它们种在椰子树旁，像藤本植物一样顺着椰子树往上爬"。他观察到，"秋天时"，人们"就把胡椒收集在一起，放在席子上晒，就像为了获得葡萄干而把葡萄拿去晒"。[40]到1400年，胡椒的种植已经传播到苏门答腊岛，这条传播路径可能直接来自印度，也可能经由爪哇。1500年，在欧洲和中东买到的胡椒，大部分是马拉巴尔供应的；半个世纪之后，苏门答腊的胡椒出口量与印度相当，甚至超越了印度。

在印度洋的大量贸易中，香料占很小的一部分，但它们是主要的利润来源，胡椒又是其中最大的一块。葡萄牙人攻占印度洋的目的，除了扩大基督教版图之外，便是要独占香料贸易，让它从地中海贸易和穆斯林商人的控制中转移出来。他们一开始是成功的。1501年，威尼斯的日记作者普里乌利悲叹道："如今，由于葡萄牙国王的这条新航路，所有经开罗运来的香料皆受葡萄牙控制，因为它们是用轻快帆船从印度、加尔各答和其他地方运来的……而且威尼斯商人着实遇上了麻烦，他们认为航海会使他们陷入贫穷。"[41]葡萄牙的统治地位没有持续很久，到16世纪中叶，经由红海或陆路沙漠商

---

①《郑和航海图》中名为"莽葛奴儿"。

队路线前往阿勒颇（Aleppo）和开罗，再度有"大量香料运抵地中海"。"葡萄牙在东南亚的主要商业和军事对手"亚齐的独立，确保了胡椒的另一个供应来源：亚齐与奥斯曼帝国的关系，使得通过孟加拉湾和印度洋的其他路线得以恢复，包括从亚齐经由马尔代夫到阿拉伯海的南向路线。直到荷兰掌控印度尼西亚东部之后，他们才获得了利润丰厚的香料垄断地位，并用野蛮的军事力量加以巩固。17世纪20年代开始，绕过好望角的海上路线取得了胜利。布罗代尔的结论是，这个"印度洋上的第二个欧洲时代，对利凡特（地中海东部沿岸诸国及岛屿）来说，比葡萄牙人不完全的霸权更具灾难性"。[42]

香料贸易仰赖孟加拉湾的布料贸易。甚至在欧洲人到来之前，印度纺织品就已是这个地区的贸易关键，它们的流通将南亚和东南亚的经济与东方的中国和西方的地中海联系起来。印度的布料开启了东南亚的长途贸易。东南亚的特产，如香料、芳香植物、药草、锡和黄金等，源源不断地流入海湾和更远的地方。在16世纪的"商业时代"，来自古吉拉特、科罗曼德尔和孟加拉地区的棉花在东南亚各地进行交易，如勃固和丹那沙林、马六甲、苏门答腊和爪哇。[43]药剂师皮雷斯调查马六甲的香料市场时，看到胡椒、豆蔻、可食用樟脑和安息香都被拿到市场上来，准备交换印度纺织品。皮雷斯观察到，中国式平底帆船每年都会从孟加拉到马六甲一次，有时是两次。孟加拉地区的船只带来"5种布、7种 *sinabafos*、3种 *chautares*、*beatilhas*、*beirames*，以及其他丰富的衣料。他们会带来多达20种"。在他们的货舱里，还有"很华丽的床篷，有各种颜色、美丽非凡的裁剪布料"，以及"壁挂式的挂毯"。皮雷斯总结道："孟加拉国的布料可以在马六甲卖得好价钱，因为它是一种全东方的商品。"相应地,印度商人从马六甲出口"大量的樟脑和胡椒,还有丁香、肉豆蔻皮、肉豆蔻、檀香、丝绸,大量的小粒珍珠、铜、锡、铅、水银、琉球的绿色大瓷器、亚丁的鸦片……白色和绿色的锦缎,来自中国的编织品,鲜红纹理的罩子和地毯,从爪哇来的长短剑也大受欢迎"。一个世纪之后,荷兰人斯多佩特证实了印度织品"在整个东方"广受欢迎,他在 1602 年调查印度的班达市场时,发现共有 21 种科罗曼德尔布料。[44]

文字传达出印度棉花帝国的影响力,孟加拉湾的每一种语言和通用语都对印度布料有详细的描述。船上的货品清单有一种迷人的魅力,这来自它们无穷无尽的纺织品术语:长布、沙朗布、莫里希、方格布、粗布、几内亚布、开古龙。印度织工的产品针对不同的市场,他们的织法、图样、颜色和设计都契合当地人的喜好。[45]

因为欧洲没有什么等值的货品可以提供给亚洲市场,所以欧洲经商者用贵金属支付购买费用,然后期望亚洲内部贸易所得的利润为他们的事业提供资金。荷兰东印度公司的总督科恩在 1617 年写道:"为了确保有足够的纺织品及时供应万丹和马鲁古,供给科罗曼德尔的货币和货物必须充足。"布罗代尔坚信,追溯香料贸易的"世界脉络"非常重要,"从美洲的银矿到马鲁古"。他描述道:"各式各样的金币和银币源源不断地从西方流到东方,循着地球的自转……而在相反的方向上,丰富多样的商品和珍贵的货物从东方流到西方"。贸易在 17 世纪的繁荣是由当时世界上的两大银矿推动的:西属秘鲁(今玻利维亚)的波托西和日本的银矿,它们使得可供应的白银突然大增。新的开采技术让这两个地方几乎同时增加了白银供给。中国和荷兰东印度公司吸收了日本所供应的大部分白银,直到 17 世纪 80 年代被禁止出口;其他欧洲贸易公司多半使用南美的白银,用于购买印度土布。17世纪前半叶，西班牙的银雷亚尔成为东南亚最广泛接受的货币。

印度布料出口到东南亚换取香料的情况，在17世纪中叶达到高峰。1620—1655年间，东南亚每年进口的布料价值达40吨白银；在那之后，这个数字急剧下降。越来越多的科罗曼德尔、孟加拉和古吉拉特的纺织品进入欧洲。胡椒价格猛跌降低了东南亚顾客的购买力，加上欧洲人需求的扩大，使得印度布料的价格上涨达45%。[46]到18世纪初，中国的贸易为欧洲经商者提供了最大份额的利润，欧洲人找到新的方法来为他们在中国的购买提供资金，因为其国内的政治经济学家警告贵金属将面临"枯竭"，无法再维持供应。英国东印度公司通过在广东设立的商馆，扩大对中国茶叶的进口，从1700年的2万磅增加到6年之后的10万磅，增长了5倍之多，到1760年甚至达到每年500万磅。18世纪前半叶，大量的白银流入中国，其中许多是经由印度而来，成为购买这些茶叶的资金。这些白银大多是墨西哥比索，其中超过10亿是在18世纪铸造的，它们的银含量是有保证的，广受信赖。最终，中国的白银市场饱和了，随着中国银的相对价值下降，为了满足对茶叶的无尽需求，另一种交易媒介开始出现，这个替代物就是印度的鸦片。[47]

物种交换早于欧洲人的入侵：胡椒的种植在14世纪左右从印度传播到东南亚。东南亚的香料市场是如此庞大，想要交换印度布料的需求也不容忽视，因此印度尼西亚东部的一些岛屿早就开始从事出口生产。皮雷斯在16世纪早期注意到，"班达群岛几乎没有任何粮食，食物由附近的岛屿运来"。[48]商业化让孟加拉湾周围的经济愈发相互依赖，更加专业化，而且越来越脆弱。

这种相互依存关系有一个明显的迹象，就是长距离大宗生活必需品的交易日益增长，尤其是稻米。水稻的种植，让孟加拉湾周围区域之间产生一种文化和生态的联结，也让所有这些区域与南中国海沿岸地区产生联系。稻米是这片广大区域的主食，也是生计、互惠和好运的有力象征，"稻米文化的主要信条是，稻米是神赐予人类的神圣食物，以其他食物无法比拟的独有方式维持人类的身体"。[49] 几个世纪以来，这个区域都有稻米贸易。早期的欧洲经商者有充分的理由将印度东部的港口称为"稻米港口"。这个区域间的稻米贸易伴随着体量较小的奢侈品的流动，而到 17 世纪时，这两种贸易都有了大规模的增长。

孟加拉湾周围的城镇不断增加，对食物的需求亦增。稻米会从过剩的地区运到不足的地区，贸易模式随着季节的变化而变化。战争频仍（欧洲扩张的原因和后果）影响到收成，于是越来越仰赖从可以提供粮食的地方进口。科罗曼德尔北方的港口贝埃穆尼帕特纳姆（Bimilipatnam）和甘贾姆（Ganjam）有丰饶的腹地，在丰收之年，将稻米出口到南印度和东南亚；科罗曼德尔南方的港口则从北部进口稻米，而且收成好的年份，还可以把过剩的稻米运到亚齐、马六甲、锡兰和马拉巴尔。17 世纪 20 年代，巴达维亚的荷兰当局多次"不计成本"地要求科罗曼德尔或阿拉干提供稻米，尽管没有削减布料的订单"。由于东南亚的港口城市专注于长途贸易，因此越来越依赖食物的进口。博利厄在 1620 年到亚齐买胡椒时，观察到亚齐的主要城镇所种植的作物不够养活居民，以至于有很大一部分稻米来自海外——马来半岛和科罗曼德尔海岸。为了满足对稻米的需求，水稻种植突破了新的边界。在湄公河和伊洛瓦底江三角洲，国家支持的农业殖民运动扩大了生产。到了 19 世纪末，这两个地区和暹罗

(泰国)的湄南河三角洲,成了整个孟加拉湾地区的"稻米之乡"。[50]

香料和稻米流经孟加拉湾。劳动力是另一种有需求的商品。在亚齐当地种植稻米的,便是来自印度的奴隶。印度洋西部的奴隶贸易向来比孟加拉湾更盛,也更为人所知。不过,帝国之间的竞争,也刺激了被迫横渡孟加拉湾的人口流动,这种流动在19世纪达到高峰。横渡孟加拉湾的现代移民史,是从奴隶和商人开始的。

巴达维亚的荷兰当局一度幻想未来的世界充满奴隶。1622年,科恩写信给默苏利珀德姆的同事时,声称"巴达维亚、安汶和班达需要很多来自亚洲各地的男孩女孩来当奴隶"。他确信,"就算有数十万这样的人也会受到欢迎"。他觉得荷兰应该向"葡萄牙前辈"学习,甚至从"摩尔人如何扩大他们对亚洲的统治中吸取教训"。科恩下达指示:"科罗曼德尔、锡兰和孟加拉地区的所有地方,都要尽可能买进奴隶。"同一天,科恩写信给他在苏拉特的副手,重申其观点:"不管有多少奴隶,尤其是年轻人,都可以被送到巴达维亚。即使有10万人,荷兰的领土面积和生产力,也足以容纳他们。"[51]

其实,不可能招募到这么多奴隶的。冯·乌菲伦从默苏利珀德姆捎来的回复是:"巴达维亚对奴隶供应问题感到失望是可以理解的,但除非是在饥荒之年,否则科罗曼德尔无法再增加供应。"于是荷兰当局转而求助于私人贸易商。自由民(free burgher)用荷兰东印度公司的船,把奴隶从印度运回东印度群岛,尽管他们禁止用布料交易。俘虏们用奴隶换取他们的自由。默苏利珀德姆有一名叫作马查米特的葡萄牙快艇驾驶员,他被荷兰人抓住,为了赎回自由,荷兰东印度公司允许他回到科罗曼德尔海岸,招募奴隶卖到巴达维亚,而且"准许他用公司的船运送奴隶,多少都可以"。英国人戈麦斯的情况也一样,"他从小就和葡萄牙人在一起,还在澳门结了婚"。[52]

到了17世纪20年代,孟加拉和阿拉干的边境已经成为这个地区最重要的奴隶市场。东吁宫廷支持阿拉干的马吉人攻入孟加拉东部地区,这类行动通常有葡萄牙的哈马德人参与其中,这些袭击行动会虏获数千名奴隶。但大量俘虏在被卖掉或运走之前,就死亡了。满怀希望的荷兰人看到的报告是,1625年的一场袭击行动虏获了超过1万人,但在他们抵达阿拉干的首都妙乌之前,有将近一半的人死于流行病。荷兰船只"梅登布尔克号"和"雅格号"运送了544名幸存者,最后只有130人活着抵达科罗曼德尔海岸。回到巴达维亚担任第二任总督的科恩,重新考虑了他对奴隶的热切渴望。他指示在印度的代理人:"老迈、不适合、无用处的可以排除。"[53]荷兰的记录中粗略提到了横渡孟加拉湾途中死亡的奴隶人数,信件中平淡无奇地叙述这个残酷的事实,其中一则写道:"这些船也载了400名奴隶,其中100名已经死了。"另一封信提到,"前往巴达维亚的奴隶中又有93人死于途中,这提高了科罗曼德尔奴隶居高不下的死亡率",还哀叹这增加了"存活奴隶的单位成本"。[54]对于这种不人道的奴隶贸易计算方式,众所周知的是发生在大西洋西岸,事实上,它也存在于孟加拉湾,只是规模比较小。

历史学家终于打破了笼罩着印度洋东部奴隶贸易的沉默。[55] 17世纪20—60年代,印度是荷兰东印度公司帝国的主要奴隶供应来源,其中包括科罗曼德尔海岸、阿拉干和孟加拉地区。东印度公司和私人贸易商每年平均运送150—400名奴隶。这些奴隶被送到巴达维亚、印度尼西亚东部的岛屿和锡兰,他们在码头工作,当家庭用人,成为矿工、建筑工人、渔民和耕作者。农荒使得蓄奴风气大盛,而战争则是另一个推力：如果农作物歉收和冲突事件同时发生，则将造成毁灭性的后果，这解释了为什么17世纪20年代早期、1646年、1659—1661年、17世纪70年代和1688年都有大量奴隶从科罗曼德尔涌入。17世纪20年代开始，阿拉干成为更稳定的奴隶来源，直到莫卧儿帝国在1666年征服吉大港，才中断奴隶贸易。到了17世纪60年代，东南亚的奴隶劫掠路线为荷兰人提供了大量奴隶，巴厘岛和望加锡附近的奴隶贸易量大增。

英国在马德拉斯殖民地进行的奴隶贸易也因环境的变化而变化。一位英国的编年史家提到，"马德拉斯一向认可家庭用途的奴隶"，虽然"为出口而拐骗儿童这种罪大恶极的做法是违法的"。公司当权者对于罪恶行径范围的认定经常改变。1687年，他们解除了早先禁止把奴隶输出海外的禁令，奴隶贸易"在监管下得到了批准"。海关办公室的记录显示，1687年9月，输出665名奴隶；不过第二年，"考虑到莫卧儿政权对这种贸易的反感"，重新恢复了禁令。发生在圣乔治堡的争论开了一个先例。不同形式的奴役之间的区别、对"拐骗儿童"的关切，以及"监管"会减轻奴隶制罪恶的信念，这些基本假设在20世纪之前构成了英国对孟加拉湾周边移民的监管。

孟加拉湾和亚洲所有地方一样，奴隶制对于男人、女人和儿童都是一个有力的推动："奴隶的跨地区流动有助于把南亚、中亚及印度洋沿岸的人民、经济和文化整合起来。"19世纪之前的东南亚亦是如此，"俘虏和奴隶的流动也是劳动力流动的主要来源"。19世纪之前，东南亚城市的居民多半是奴隶或俘虏。对于香料的喜好，触发了整个东南亚的生态转型；为了满足投资者对劳动力的需求，成千上万的人失去了自由。[56]

欧洲公司凭借海军实力,在亚洲沿海地区获得了拓居地、特许权、商馆、要塞和殖民地。但在 17 世纪末,他们的据点也即将不保。[57] 欧洲公司在西方面临的是奥斯曼帝国复兴的海军力量,莫卧儿帝国的势力也扩张到孟加拉湾西岸;缅甸和阿拉干的一些强大王国,巩固了他们对孟加拉湾东部沿海地区的控制,亚齐王国也雄踞在这个区域的边缘。欧洲列强之间的竞争非常激烈。欧洲人的利润依赖于亚洲商人。

17 世纪末,英国商人托马斯·鲍里写下一篇关于他"在东印度的 19 年间致力于在那些国家的大部分地方从事航海和贸易"的记述。他的叙述描绘出一个转型中的世界,一个力量和利益相当均衡的世界。两个世纪后,谭宝爵士(Sir Richard Carnac Temple)发现并编辑了这份未出版的手稿,将之命名为《孟加拉湾周边国家的地理描述》(*A Geographical Account of the Countries Round the Bay of Bengal*)。鲍里在 1669 年左右抵达印度,我们对他在此之前的生平所知甚少,但在那之后,他的文字成了一扇窗户,让我们有机会观察到印度与东南亚之间的商业联系,以及欧洲人在这整个地区日益增强的影响力。鲍里从南印度前往中国台湾、棉兰老岛、爪哇、新加坡和丹那沙林。

鲍里声称,亚洲"拥有许多广大又丰饶的岛屿,物产丰富,适宜人居"。在这个异乡人的世界里,翻译至关重要。鲍里在世时出版的唯一作品是他的《英语与马来语字典》(*Dictionary of English and Malayo*,1701 年),这是他结束亚洲旅居生活,返回英格兰家乡的漫长旅程中凭记忆所写的。与鲍里的手稿一起存放在大英博物馆的,是一张作者不详的散页,上面写着"中国的罗盘方位、阳历半月的名称、序数(术语和俗名),以及只有中国商人使用的个人记数"。

与他的手稿一起被发现的另一个片段带领我们从亚洲来到北美:《哈德逊湾印第安语字典》(*A Dictionary of the Hudson Bay Indian Language*)——这是鲍里自己写的还是别人写的,我们不得而知。

鲍里的世界充满危险与暴力。他写了抢劫或谋杀、袭击和屠杀、奴隶和狱卒。他亲身经历过许多与他同时代的人遭遇的突如其来的命运翻转。1687 年,鲍里苦恼地写信给东印度公司在波多诺伏的官员,告诉他们他与当地商人艾哈迈德·玛拉依喀雅尔发生争执后被囚禁。后者委托鲍里所拥有的船只运送一批货物,并有一位代理人随行。船只未依计划驶向吉打和亚齐,而是停在均克锡兰(普吉岛),在那里把货卖了。艾哈迈德主张那项买卖是在"无利可图的市场"进行的,拿到亚齐可以卖得更好的价钱,于是他扣留了代理人以鲍里名义所买的一批布作为补偿。在接下来发生的争执中,鲍里对艾哈迈德的一位助手施暴;对方为了报复,就让他被当地长官拘留。那位官员"把我关了三天,用脚镣锁着我,还把我关在提供士兵伙食的地方"。鲍里面临着进一步的责任。他的船上运载了另一名当地商人米尔·扬·玛拉依喀雅尔的 100 名奴隶,但没有支付应有的海关费用给波多诺伏的戈尔孔达统治者。奴隶主不见了踪影,所以鲍里必须承担他的债务。这一事件说明了欧洲商人与亚洲商人在孟加拉湾的关系多么紧密,而关系恶化的速度又是多么快。鲍里写道:"我祈愿上帝让我从阿玛德·马卡尔那里拿到赔偿,因为他让我身陷囹圄。"亚洲各地在航海时代都有管辖权的问题,这促使欧洲侵略者积极介入,这点在这个案例中显而易见:波多诺伏的东印度公司官员不承认当地政府"有权力处罚我们国民的违法行为"。

鲍里在世界的天涯海角寻找财富,通常是通过船只在亚洲商人的经商范围内游走。他从圣乔治堡(马德拉斯)的贸易中观察到,

"大量货物被运输和贩卖到印度、波斯、阿拉伯、中国和南海的许多地方,特别是马尼拉"。在孟加拉湾的另一边,亚齐港里"肯定有英国人、丹麦人、葡萄牙人、摩尔人、西班牙人、中国人和其他国家人的船只"。[58]

像鲍里这样的欧洲旅行者也提到了东南亚的泰米尔穆斯林商人的财富。关于泰米尔穆斯林,他写道,"朱罗人(Chulyars)是分布在亚洲所有王国和国家的民族","他们分布广泛",玛拉依喀雅尔人"学会了书写和说数种东方语言"。鲍里始终对他们怀有敌意,普吉岛一桩地方冲突演变成对泰米尔商人的攻击之后,他写道:"我对这场屠杀丝毫不觉得遗憾。"嫉妒之情引发鲍里的敌意。他承认:"只要有这些讨人厌的家伙在,我们就没办法卖任何东西给当地人。"[59]蒲柏(John Adolphus Pope)曾在18世纪80年代游历孟加拉湾,他的日记中提到了泰米尔穆斯林在东南亚社会中的重要性。他当时只是个14岁的小伙子,不像鲍里受到那么多偏见的影响。蒲柏在1786年4月抵达吉打,他写道:"那里住着马来人、朱罗人(Chulia)、科罗曼德尔土著和华人";地位最高的商人是一位泰米尔穆斯林。他发现吉打的大城亚罗士打(Alor Setar)的"商店几乎都是朱罗人和华人在经营"。蒲柏周游马来世界的过程中,依靠"朱罗"翻译和中介,而且和其中许多人成为朋友。他在亚齐发现有"无数的朱罗人",且在他停靠的每个小港口,都有朱罗人的定居点和高官。[60]

从这些叙述中,我们可以发现发生在孟加拉湾的名称变化:玛拉依喀雅尔(Maraikkayar)变成马卡尔(Marcar)或梅利肯(Merican)——一种至今仍在马来西亚使用的名称。早期欧洲人一直到20世纪都用来指称泰米尔穆斯林的词汇,后来甚至成为泰米尔穆斯林的自称:朱罗人和吉宁人。这两个词分别源于古代的印度王国——注辇国和羯陵伽国。这些术语在马六甲、槟榔屿和新加坡的街道和社区名称上都留下了印记,甘榜吉宁(Kampung Kling)、甲必丹吉宁(Kapitan Keling)、牛干冬街(Chulia Street),都显示了它们的来源。久而久之,"朱罗人"一词专指泰米尔穆斯林商人,"吉宁人"则是一个更普遍的术语,带有贬义色彩。随着19世纪70年代来自南印度的大量移民的到来,"泰米尔人"才成为一个涵盖范围最广的类别,用来描述穆斯林和印度教徒,而且那时穆斯林还是少数。

从很多方面来说,欧洲人推进到亚洲水域依赖于亚洲的网络和亚洲的贸易。欧洲的新来者会介入地区经济,而这些地区在生态上的显著差异,已成了可获利的专门领域。印度的纺织品、东南亚的香料和中国的陶器,已经在全世界流动交易;欧洲人一开始(幸运地)掌控了新大陆的白银,这让他们得以顺利进入其几乎没有什么可提供的市场。欧洲人想要控制孟加拉湾的商业网络,但他们无法垄断。然而,他们确实为印度洋东部带来根本性的改变。因为各国之间一种不寻常的竞争体制,数个世纪以来一直在厮杀冲突,充满了惨烈的宗教战争,还带来关于财产和所有权的不同观念以及毁灭性的武器,军事化的欧洲贸易公司使主权发生了天翻地覆的变化。

到17世纪末,从南印度、锡兰到马六甲,孟加拉湾沿岸各处已经散布着欧洲的商馆。欧洲这150年来的扩张不是连续的,他们的势力并不均衡;他们的要塞通常无力掌控海岸以外的地区。探险家在果阿建立的关系并不稳定,这迫使葡萄牙人率先建立他们的据点。当荷兰的反抗蔓延到东方海域,荷兰东印度公司取代了孟加拉湾周围的葡萄牙人,英国东印度公司也紧随其后。北欧人自认为不同于虚张声势的葡萄牙人:他们更井然有序、更理性、更开明。许多 20 世纪的帝国历史学家支持这个对比。不过，欧洲列强之间还是有许多共同点。他们为了亚洲的香料和纺织品的财富而来，同样也依赖亚洲内部的贸易，他们竭力在公众利益与私人利益间取得平衡。但荷兰东印度公司在 17 世纪的鼎盛时期，把商业主义和军国主义结合起来，造成了毁灭性的结果。荷兰资本主义的特征是国家力量、商业利益和新的制度形式的融合。荷兰的成功引来了模仿，尤其是在波罗的海，不管荷兰的商业网络分布得多么广泛，其成功还是有赖于这个至关重要且邻近的区域市场。最终，互相竞争的重商主义一起削弱了荷兰的实力，英国的重商主义则取得了最大的成功。[61]在发展的鼎盛期，荷兰利用原本存在的网络，从亚洲内部的贸易中获利，但他们也运用手中的武力以及异常残暴的手段，以取得对马鲁古群岛的控制。他们靠着既有的奴隶市场来满足对劳动力的需求，从中扩大了奴隶贸易的规模，让地区性的贸易走向全球化：荷兰帝国把俘虏带到了世界尽头，这一点毫不夸张。

欧洲列强带来了新的统治意识形态，以及新的人权观念。从亚洲的角度来看，大肆宣扬荷兰共和国的"人权诞生"看起来的确很奇怪。在接下来的章节，我们会追溯这些新观念的发展，它们在孟加拉湾周围的传播经历了许多转变和反复，产生了无法预测、意想不到的结果。在特定的时间、特定的地点，它们或许得以发挥出来；在其他时刻、其他地方，对那些失势的人来说，它们又没有什么力量。自由这种说法常常被用来——有时是真心的，有时是讽刺的——为掠夺辩护。英国人很可能是所有国家中最善于把道德主义与利己主义结合起来的。

宾州大学历史学家里希特（Daniel K. Richter）在其探讨美国早期历史的著作中指出，了解"分层化的过去"是很重要的。里希特说自己的工作接近于地质学的成果,北美的"社会、文化和政治的早期地层"已被湮没,种植园主、帝国主义者和革命者相继宣称对其拥有主权。不过,"这些古老的世界仍隐藏在表面之下",它们影响了后续的发展,并且留下了痕迹。[62] 现代世界早期横渡孟加拉湾的商人、劳工、奴隶和士兵,塑造了海岸线周围的海洋范围。19 世纪,现代帝国的力量将在它的基础上进行改造和建设。

第三章
波涛暗涌的旅程，不可侵犯的地理

1786年5月，"爱莉莎号"率领一支小型舰队从加尔各答驶向槟榔屿。舰队指挥官是弗朗西斯·莱特。莱特是英国萨福克郡地主的私生子，成长于伍德布里奇港；他的传记作者推断，"看着忙碌的景象，又与水手们混在一起，无疑唤醒了少年莱特的冒险精神"。他在1759年加入英国皇家海军，1765年到英国东印度公司工作。他以"国家商人"的身份在马德拉斯、亚齐和吉打之间穿梭，并尝到了成功的滋味；在吉打，他与苏丹发展出密切的关系，还与皇族成员坠入爱河。莱特的舰队在7月16日抵达槟榔屿，在此之前双方经过长时间的交涉，吉打苏丹愿意在贸易上做出让步，交换英国助其抵抗从海上入侵的布吉人。莱特在写给朋友安德鲁·罗斯的信中甚至说道："在我们能做出任何防御之前，就来了各种访客，有些是出于好奇，有些是为了利益，还有些是来抢劫的。"[1]

英国梦寐以求的是一个"通往东方的港口，可以把孟加拉的贸易与中国的贸易联系起来，同时作为补给和维修的迎风港口"。槟榔屿并不是唯一的选择。多年来，英国的船员在马六甲海峡附近的海域寻觅替代港口，其中包括欧洲人称为均克锡兰的普吉岛，另外还有安达曼群岛，甚至亚齐。我们可以从当时的信件中看出英国掌控之下的海洋愿景。普莱斯（J. Price）认为槟榔屿比普吉岛好，因为它正好位于海峡上："后者的位置太北了，可能会影响通行。"它看起来也比亚齐好，亚齐"为曾经想在那里拓居的每一个欧洲国家带来苦头，最终把那些国家都赶跑了"。普莱斯提到最重要的一点是，"槟榔屿的位置，让它可以随时与孟加拉和马德拉斯的政府保持联系，即使是在最不适宜的季节，不出一个月或六周就可以向两地送出或得到建议"。探险家詹姆士·斯科特认为，槟榔屿的定居点不亚于是"第二个孟买，它的位置更中心"。[2] 莱特抵达槟榔屿20年后，翻译兼抄写员里加鲁汀写下了他从槟榔屿到加尔各答的旅程记述，描述了一个新的帝国世界，其中槟榔屿已经是一个战略要地：根据里加鲁汀的观察，英国在孟加拉湾的势力到1810年已发展健全，"万一发生任何问题，槟榔屿的总督都会得到通知，随即派遣使者到孟加拉"。[3]

到19世纪20年代，大英帝国在孟加拉湾海岸已拥有令人羡慕的地位。布罗代尔分析地中海时写道："历史事件往往指向岛屿"，而拿破仑战争与"东方海洋"的关系正是如此。[4] 英国在孟加拉湾的扩张有赖于具有重要战略地位的东西方岛屿，其中槟榔屿、新加坡和锡兰最为重要。随着大英帝国在印度的领地日益扩张，加上从印度获得的收益对大英帝国的重要性与日俱增，印度的防务本身就成了目的。突然掀起日后被称为"工业革命"的运动时，英格兰北部的工厂对亚洲原料的需求大增，同时英国中产阶级对于亚洲奢侈品的需求也在增加，孟加拉湾的战略优势随之提升。这个现代化工业帝国的力量，为旧时横渡孟加拉湾的路径带来更高的流动性，同时也创造了新的路径；成千上万的船员、临时工、士兵和种植工人横渡孟加拉湾，创造了一个新的世界。

18世纪初,印度东海岸的势力趋向集中。孟加拉取代科罗曼德尔,成为最大的纺织品产地和出口地。欧洲公司在几个主要的拓居地巩固他们的地位。荷兰撤回了许多比较小的商馆,集中在科罗曼德尔海岸的南部地区。1740年后,荷兰快速从欧洲商业领头羊的位置退下来,虽然他们的金融地位还是很重要——很多荷兰投资者转而把资金投入英国的冒险事业。在18世纪的头几十年里,法国东印度公司以本地治里为据点,成为亚洲海域的一个重要存在。

英国趁着欧洲正经历影响全球的战争的严峻考验之际,在南亚扩充势力。持续了数十年的欧洲内部冲突甚至蔓延到南亚、北美和公海,这场冲突始于奥地利的王位继承战争(1744—1748年)。法国驻印度总督杜布雷视之为挑战英国在南印度统治地位的大好机会。1746年,杜布雷派兵围攻马德拉斯,驱逐了英国人;他介入了一些区域国家的继承纷争,包括海得拉巴和阿尔乔特。英国人基于1749年的协定,夺回了马德拉斯,并且介入阿尔乔特的政局,帮助东印度公司的盟友取得胜利,这让杜布雷倍感羞辱。七年战争(1755—1763年)则造成了更大的影响:它导致了法国在南亚的失势,现在仅局限于本地治里和开利开尔的飞地;它加速了东印度公司对印度的渗透,最后征服了孟加拉地区。这次冲突对于北美的未来也具有决定性的影响。[5]战争的规模、花费和持续的时间,在欧洲催生了一种独断的新民族主义,这种民族主义推崇军事上的光荣并颂扬领土的扩张。血腥的战争亦巩固了欧洲的"军事—财政"国家,让他们可以动员空前的人力和资源投入战争。

1757年的普拉西战役成为该世纪中叶印度的转折点。最后英国取得了胜利,控制了莫卧儿的孟加拉省,并在1765年取得了在这里的税收权。英国接下来的扩张已耳熟能详,无须赘述,英国自此开始在印度的土地上建立帝国。英国东印度公司从其"孟加拉桥头堡"迁移到阿瓦德和北印度的心脏地区;借着战争和战争威胁、协议和同盟、利诱和欺骗,东印度公司一步步巩固了自己的统治地位。英国东印度公司曾面临来自西边的马拉塔人和南方迈索尔土邦的蒂普苏丹的激烈反抗;击败这些反对者之后,英国的地位实质上已无可撼动。他们控制了广大的领土,上面分布着听命的君主国。[6]

南亚和全球政治出现剧变的时候,孟加拉湾各地正遭受特别严重和广泛的干旱。1756—1768年间,一场"从印度到东南亚分布广泛、持续很久的'超级大旱'",标志着一千年来"影响最大的季风衰退期之一"。[7]1770年的进一步干旱,加上东印度公司统治初期带来的社会和经济的混乱越来越严重,最终造成孟加拉地区的饥荒,多达1/3的人口死亡。亚当·斯密认为,东印度公司糟糕的政策要为这场灾难负责。他评论道:

> 在稻米国家,作物不仅需要非常潮湿的土壤,而且在其生长的特定时期必须种植在水中,因此旱灾的影响更为惨重。然而,即使在这些国家,如果政府允许自由贸易,旱灾或许不会如此普遍,以致引起饥荒。几年前,孟加拉地区发生的旱灾很可能引发严重的粮食不足。但东印度公司官员对于稻米贸易的一些不当规定和一些欠缺考虑的限制,或许才是导致粮食不足演变成饥荒的原因。[8]

当时许多的英国观察家从1770年的孟加拉饥荒中得到了不同的教训,他们开始把包括印度在内的孟加拉湾周围的"稻米国家",想象成该地气候的"囚徒":那些国家的每个面向,不论是社会还是人类性格，都是由自然力量形塑的。19世纪时，"季风亚洲"的观念就包括了这些假设。[9]

南亚不乏自然资源，这使得征服土地对于英国在世界上的霸权的重要性不可估量。实际上，英国政府能在拿破仑战争中免于举外债，要归功于向印度强收贡金——仅这一点就让英国在1792—1815年间的公共支出增长了6倍。大量的政府支出继而刺激了英国的资本品（capital goods）工业，从而促进英国的工业化。鸦片税的征收，占从印度取得的收益的20%。当英国的控制扩及印度的比哈尔邦之后，鸦片的种植得到了扩大和加强。到18世纪末，对于印度鸦片的控制，为东印度公司的对华贸易提供了最大的战略优势。[10]任职于英国东印度公司总部东印度大楼（East India House）的首席统计学家爱德华·桑顿（Edward Thornton）解释说："印度通过出口鸦片，有助于对英国提供茶叶；中国通过消费鸦片，促进印度与英国之间的税收运作；英国消费茶叶，有助于增加对印度鸦片的需求。"[11]多么完美的平衡。

英国实力的终极手段是印度军队，而且完全由印度的财政收入支持。其独立的地方军队——马德拉斯、孟买和孟加拉的本地军队——规模不断扩大；敌对势力的落败，使得印度的"军事市场"供给过剩。马德拉斯军队在1796年拥有2.4万人；到1805年，其规模扩大了一倍多，达5.3万人。在拿破仑战争的高峰时期，印度军队人数共计超过15万人，堪称当时世界上最大的常备军之一。[12]到19世纪20年代，东印度公司的军队被迫参加海外战役，被派到爪哇、缅甸、锡兰、槟榔屿和新加坡。他们成了这个新的孟加拉湾帝国的军事先锋。19世纪，许多印度士兵就此留在当地，从而使得东南亚港口城市的文化多元丰富。

1793—1815 年的世界冲突，是英国势力往东扩张的决定性时刻，其范围超出了南亚。英国着手"将所有欧洲对手驱逐出东方"。历史学家克里斯多福·贝利写到拿破仑战争时说："这个时代经济和政治动荡的全球互联性是如此惊人。"印度的财政收入对英国的战争有很大的贡献；这激励了东印度公司扩张领土，以寻找更多的土地来征税。在韦尔斯利勋爵（Lord Wellesley）咄咄逼人的领导下，东印度公司在印度获得了无懈可击的地位。到 1818 年，他们打败了蒂普苏丹的迈索尔土邦，以及马拉塔联盟（Maratha Confederacy）。拿破仑战争也为英属东印度创造了一个成功的机会。荷兰被卷入与法国的战争，英国开始觊觎他们在亚洲的属地。拿破仑的军队在 1795 年占领荷兰。亚洲与欧洲之间的往来受阻，致使荷兰东印度公司破产。英国军队，包括许多印度军队，占领了荷兰在东方的属地，如马六甲、爪哇和印度尼西亚的廖内。考虑到欧洲各国的势力平衡，英国政府对荷兰施以怀柔政策，在 1816 年归还这三块属地。[13]

在槟榔屿建立拓居地 10 年后，1796 年，英国人在与法国交战之际，占领了荷兰在锡兰的属地，包括该岛的北部和海岸地区。20 多年后的 1818 年，英国军队洗劫了内陆王国康提的首都，并占领了整座岛屿，这是葡萄牙人和荷兰人不曾做到的。锡兰地处孟加拉湾的西部入口，占据着至关重要的位置——孟加拉湾、阿拉伯海和南印度洋的交汇处。出生于斯里兰卡的加拿大作家迈克尔·翁达杰写道："这座岛诱惑整个欧洲，葡萄牙人、荷兰人、英国人。因此它的名字一直在变——塞伦迪普、拉那迪帕（宝石之岛）、天仙子、泽洛安、泽兰和锡兰——形状也改变了。"英国占领这座岛屿后不久，珀西瓦尔对该岛开展了调查，他写道："这座岛从商业和政治的角度来看都极具重要性。"他提道:"除孟买之外,这里有科罗曼德尔海岸或马拉巴尔海岸唯一可以让船一年四季安全停泊的港口亭可马里(Trincomalee)。"仅是这座东印度洋上最好的港口,就让"锡兰成为东印度群岛上价值最高的珍宝之一",因为它"可以轻易通往我们在孟加拉湾的拓居地"。

锡兰的另一项优势是拥有丰富的自然资源:曼纳湾①兴盛的采珠业,以及岛上最盛产的肉桂。珀西瓦尔观察到,"最好的肉桂是相当柔韧的,而且厚度不应该超过厚的书写纸太多"。荷兰人曾经实验种植肉桂,锡兰早期的英国行政官员也热衷于这项实验,在那之前,"肉桂完全是野生的"。这些实验是受到1777—1778年造访锡兰的瑞典植物学家通贝里(1743—1828年)的启发,他是林奈最杰出的弟子之一;通贝里从印度洋各地收集植物标本并进行分类,他让珀西瓦尔相信,相较于野生肉桂,将"种植园"规划为"用艺术栽培肉桂树","绝对更便于采集",产量更高,而且更美观。[14]

英国占领爪哇的时间很短暂。不过,他们很快就在孟加拉湾东部边区取得一个定位类似孟加拉湾西部的锡兰的根据地——位于马六甲海峡东南端的新加坡岛,作为印度洋与南中国海之间的枢纽。莱佛士及其友人法夸尔(他曾在英国占领期间统治马六甲)与柔佛的统治者谈判,租下新加坡作为英国的根据地。莱佛士表示,他搬到加尔各答和伦敦是既成事实;英国高层担心这个拓居地会引起荷兰人的反感,并打破欧洲的势力平衡,不过他们还是看中了这个地方的价值。

在保护和促进东印度公司与中国的贸易方面,新加坡的位置甚

---

① 位于印度与斯里兰卡之间。

至比槟榔屿更好。对华贸易现在是该公司业务中最赚钱的部分。莱佛士在 1819 年写道:"它破除了魔咒,荷兰人不再是东方海域唯一的霸权。"1819 年 5 月,莱佛士第二次造访新加坡,宣称这里"有望成为仅次于加尔各答的港口"。他大胆评价:"就海军和商业利益而言",新加坡"比整个大陆的价值要高得多"。新加坡开港之后的三年,就有超过 3000 艘船只停靠。从暹罗、柬埔寨和越南涌来的平底帆船,受到新加坡自由港地位和免费关税的吸引。1821 年 2 月,第一艘平底帆船从中国沿海的厦门抵达新加坡。[15] 不久,新加坡成为世界上人口最多元的地区之一。

1824 年,英国与荷兰签订了《伦敦条约》,旨在"尊重东印度群岛的领地和商业"。英国以明古连(Bencoolen)的苏门答腊商馆作为交换,得到了马六甲;英国与荷兰在马来群岛的领地便以马六甲海峡为界。马六甲、新加坡和槟榔屿一起构成了海峡殖民地,属于英属印度往东的延伸,接受来自加尔各答的统治。[16] 19 世纪 20 年代,印度军队征服了孟加拉湾东海岸的缅甸丹那沙林省,这是其在弧形海岸的最后一次出击。

锡兰、槟榔屿和新加坡三个岛反映出帝国在孟加拉湾周边的统治中相互冲突的命令。新加坡发展成为一个自由港,锡兰发展农业种植,槟榔屿这个港口城市则成为通往马来半岛的门户。新加坡的自由贸易或许比"整个大陆领土"更具价值,但大英帝国越来越依赖"整个大陆"来取得收益。东印度公司靠的是它对印度土地收益和鸦片生产的控制;而英国在 19 世纪对于热带森林产品无止境的需求,则由锡兰和马来亚来满足。

泰米尔穆斯林商人在槟榔屿发展得很好。一些叙述中提到,莱特舰队抵达的那天,来自吉打的泰米尔经商者在市场上摆起了摊位,向初来乍到者兜售产品。消息不胫而走,人越来越多,中国游客和移居者的数量也增加了。1788 年进行的一项人口调查统计发现,在 71 间"房屋和商店"中,有超过 200 名"朱罗居民"。几年后,槟榔屿当局注意到,"来自科罗曼德尔海岸的当地船只总是挤满了人,其中许多是来做小生意的商人"。槟榔屿一些早期的泰米尔穆斯林移居者"来自沿海地区",不过"绝大多数的家人在克达(Queda)"。[17]

泰米尔穆斯林经商者与当地的马来女子通婚,形成一个人种混合的社群,19 世纪时将其称为爪夷峇峇娘惹(意即"本地出生的",后来常用于指称出生于当地的华人)。[18]他们融合了泰米尔和马来文化,逐步发展出独特的服装、语言和仪式,遵守共同的伊斯兰信仰。这种文化碰撞带来费解的难题,同时也带来了语言和社会的多样性:随着关于种族和国籍的新观念的兴起,这种困境会变得更加棘手。泰米尔穆斯林商人通过赞助神庙,在东南亚港口城市兴建具有神圣意义的建筑。他们控制了来自印度的航运,运送工人横渡孟加拉湾。他们对资本的控制,得以为源源不绝的纺织品、稻米和胡椒提供资金。

两部来自马六甲海峡克里奥尔泰米尔穆斯林社群的重要人物传记,描绘出孟加拉湾地区是一个多重归属的世界。[19]阿卜杜拉·阿卜杜勒·卡迪尔,又名西蒙·阿卜杜拉,是一名东印度公司的抄写员和翻译。在马来历史上,他以社会改革家、第一部马来自传的作者,以及大英帝国官员的身份而闻名。阿卜杜拉的曾祖父是来自也门的哈德拉毛阿拉伯人,定居纳格尔后,他与当地的泰米尔女性结婚,婚后育有四子。长子就是阿卜杜拉的祖父,他在马六甲与泰米尔的穆斯林女性佩莉·阿希相识并结为连理,佩莉·阿希的父亲是米拉·勒巴依教长。其他三个儿子也都前往爪哇（泛指印度尼西亚），分别在安汶、苏门答腊和爪哇定居成家。

阿卜杜拉的父亲阿卜杜勒·卡迪尔在马六甲出生。他精通马来语，而且"往来于马六甲和内陆之间，是进行各种货物贸易的商人"，他也会"在内陆地区传播自己对《古兰经》和伊斯兰教祈祷文的认识"。同时，他的"'印度'语也讲得很好，比如泰米尔语就说得不错，过去他常用这种语言写作和记账"。阿卜杜拉形容他的母亲是"来自吉打、信奉伊斯兰教的印度人"。阿卜杜勒·卡迪尔发挥了自己的文化多样性，成为印度、马来和欧洲世界之间的媒介，并借此让自己变得富有。他被荷兰人聘为港务主管，他的儿子挖苦道："或许可以把他比喻成掉进米仓里的老鼠，生活在当时最丰饶的环境里。"

男孩阿卜杜拉很有创造力地串起文化传统中的许多面向。他写道："父亲送我去一个老师那里学习泰米尔语，这是一种印度语言，因为自从我们的祖先搬到马六甲之后，这就成了一种习俗，所有好人家和有钱人家的孩子都要学习泰米尔语。这对我们的计算和记账很有帮助，而且那时候马六甲的印度商人川流不息，所以也有助于沟通。"他继续说，"许多人都因为在马六甲做生意而变得有钱，所以泰米尔商人的名气也变得响亮起来。他们都让自己的孩子学泰米尔语。"阿卜杜拉一方面承认自己的泰米尔传统，另一方面致力于提升他最认同的马来"民族"的地位，他认为这两者并不矛盾。[20]

1786 年，东印度公司在槟榔屿殖民，这为泰米尔穆斯林商人带来新的机会。当地人称为穆罕默德·梅利肯·努尔丁的穆罕默德·努尔丁·玛拉依喀雅尔在 19 世纪 20 年代从纳格尔来到槟榔，[21] 不到 10 年时间，他就在槟榔屿的商圈中成为富有又具影响力的人。努尔丁利用他的亲族关系、语言和印度洋周围的社群的信任关系——从他的出生地南印度到缅甸、亚齐，甚至中国——来开展他的商业。1838 年，他从槟榔屿派出 17 艘船，前往"吉大港、阿拉干、德里、亚齐、富都和陂堤里海岸、古达罗尔、孟买、纳加帕蒂南、科钦和加尔各答、阿勒皮①和新加坡"。

因为努尔丁的家人很喜欢诉讼，因此我们可以从法律记录来拼凑出他的生活细节。在他死后，他的后人对其遗嘱在殖民地法庭上进行了长时间的诉讼。[22]他有几个妻子，包括一名马来人、一名欧洲人、一名印度人，可能还有一名华人。他有 6 个儿子和 5 个女儿，其中一些家人在政府登记为"吉宁人"，另一些则是"马来人"。儿女们又接连与来自泰米尔－马来社群的人结婚，这个社群由印度来的泰米尔穆斯林及本地马来人组成。努尔丁对慈善事业的投入一向大手笔，从不吝啬，这为他在社会上赢得了名声。和其他印度洋周边的穆斯林商人一样，他也捐出土地供宗教之用（即瓦合甫）。他建立了一所学校，"教授英语、印度斯坦语、马来语、泰米尔语、马拉巴尔语和《古兰经》"，每个月收费 20 叻币（Straits Dollar）。他资助槟榔屿的市政供水，也捐钱给基督教的慈善和教育机构。在他过世后，努尔丁家族的墓园成了大家表达敬意的地方。但就是这份敬意，让努尔丁的后人对簿公堂：努尔丁预留了一笔钱，要后人每年为他举办仪式。但是，槟榔屿的最高法院根据慈善捐赠的相关法律条文，裁定这是违法的，钱必须归他的近亲所有。这个案子拖延 30 年，不断进行上诉和反上诉，最后成了枢密院一个具有里程碑意义的案件结束，该案帮助定义了禁止反言法（law of estoppel）。[23]

---

① 今印度南部喀拉拉邦的港口城市。

孟加拉湾的岛屿以族群多样性著称。他们是马六甲的继承人,皮雷斯说,在马六甲的街上可以听到 84 种语言。英国势力为孟加拉湾带来新的自由或不自由的移动,以不平等的方式扎根和连根拔起,使那些曾经流动的人无法移动,而习于定居的人则被迫迁徙。莱特写道,槟榔屿"一直有大量陌生人在来来往往"。他建议应该进行"严格的管理",因为"居民的宗教、法律、语言和习俗之间的差异实在太大了"。几年之后,珀西瓦尔对锡兰的观察认为:"世界上没有一个地方像这里一样,说这么多种语言,有这么多不同的民族、习俗和宗教。"[24]

孟加拉湾的人来人往使人们相互接触。他们在新帝国下建立了新的社会,也焊接起横渡海洋的新旧路线。对于人力的空前渴求和贪婪,使得 19 世纪的流动性和早期不太相同。帝国之间的军备竞赛都需要士兵。对于热带作物(现在都在种植园种植)的需求,也需要劳工来清理土地。港口城市因为商业和战争而繁荣起来后,需要工人:船坞工厂需要人,运输需要人,修路需要人,处理废料也需要人,这些边疆社会是由很多男人和少数女人所组成的。相对而言,他们建立的城市没有社会的约束,但充满暴力。粗暴的正义占了上风,不过对于如何使用公共空间、何谓正当行为、如何共享资源,都渐渐形成了新的规范。马六甲海峡的港口城市有来自四面八方的陌生人,他们一起被丢在这里,所以出现了语言的创新,因为他们必须学会互相沟通。强迫移民和自由移民之间并没有明确的区别。士兵、奴隶、被押送的囚犯和移民工人一起劳作,他们的共同传记是关于孟加拉湾作为人类之海的故事,这片海洋由船只和财富连接,也由思想、斗争和共同的苦难连接。

首先到来的是军人。印度士兵在海上筑起了堡垒，到 19 世纪早期，英国驻军已经把孟加拉湾围了一圈。在第一艘停靠在槟榔屿的英国船上，就载有 100 名印度士兵、20 名印度水手（lascar）、15 名炮兵，以及 5 名英国军官。亚历山大·基德在此停留了一年，他说："到现在为止，都不能说槟榔屿有自己的居民，甚至没有任何居民，这里只有政府人员和跟随军队前来的人。"印度士兵带来了"集市分队"：营妓、洗衣工、随行者、厨师、技工、表演者和苦工。他们开始测量岛上的地形。基德写道："小片树林的清理工作以及所有的定位工作，都由分遣队的印度水手"和来自大陆的马来人一起完成，他们领着日薪。[25] 第一批士兵把槟榔屿当成了自己的家，"他们有足够的积蓄可以开始，其中有许多人还拥有部分土地和牲口"。不过，政府还是需要一支军队，总督紧急恳求增派军队。最初两个军团中的"大部分人比较倾向于留下来当农民，不想再回到孟加拉，他们只希望能够把家人送来团聚"。除了耕种土地，印度军队也是支撑集市的主要力量，他们之中有越来越多的人投入放贷、做生意、打零工。1819 年开始在新加坡殖民后，许多孟加拉土著步兵在退役之后定居在这个小镇，聚集在实龙岗附近。[26]

在新的殖民地，强权即公理，英国和印度士兵会想办法得到市场上提供的东西。1794 年，岛上的监管者抱怨说："供应市场的是马来人和朱罗人，但是我常听他们抱怨印度士兵跑到他们的船头，拿走一切想要的东西。"岛上的商业先驱和势力最大的劫掠者詹姆斯·斯科特也抱怨道："每一个被带到市场上的女性奴隶，都被（印度士兵）以当地人闻所未闻的价格买走了。"一位地方法官审理了马里肯不幸的案件。马里肯是一名纳格尔商人，英国占领纳加帕蒂南后，他的家庭陷入贫穷，于是他前往吉打做生意。因为无法返程，所以他再前往槟榔屿，希望找到一艘横渡孟加拉湾回到印度的船只，但是他的小型商船受到"欧洲人和印度士兵"的洗劫，导致他变得身无分文。[27]

在拿破仑战争时期，横渡孟加拉湾的士兵有两种途径。他们在群岛上筑起堡垒，形成社区，在土地和语言上留下了痕迹。1811—1816年间，印度军队率先占领爪哇。荷兰人在锡兰组织了一个"马来军团"，英国人后来把他们编入了正规军；这些人构成了马来社群的核心，直到今天，他们仍在斯里兰卡蓬勃发展。在锡兰的英国军队是印度洋世界的一个缩影，其中包含450名"印度武装水手"、"原本就住在孟加拉和吉大港的下层居民"、"由英国海军的印度士兵"组成的军团、"马来军团……中的大部分人（曾在荷兰军队服役）"，以及"行政官员"、800名"从莫桑比克和果阿运来的卡非人（Caffrees）"。[28]

士兵和当地人加起来，也无法满足帝国对于劳动力的渴望。莱特抵达槟榔屿几个月后，就要求"再供应100名苦力，因为这里的劳动力实在太贵了"。开垦土地是当务之急；几年之内，还展开了对土地的掠夺。1796年，槟榔屿的监管者麦克唐纳抱怨道："一开始殖民时，秩序似乎很不明确，而且杂乱无章，每个人都可以凭私心拥有土地。"麦克唐纳非常严厉地批评道："出于对未来价值的预测，欧洲人肆无忌惮地抢占或低价购买我们最好的土地，获得了大片土地。"莱特让自由竞争造成混战，麦克唐纳不是第一个对此提出批评的人，东印度公司甚至把槟榔屿的仓库交给了私营商人，并从他们那里租回来。不过，还是需要人手来提高槟榔屿的生产力。1802年，亨特指出，"树长到六七英尺高的时候就会被砍掉，根部的土会被挖开"；树干被砍碎之后，"会被化为灰烬，成为肥料"。从事这些工作的是被强迫但会获得报酬的囚犯和打零工的马来工人；那之后"剩下的事，就是让土地变成适合耕种的状态，这项工作由华人来做"。²⁹

英国当局第一个想到的是卡非人，英国的奴隶来自莫桑比克，他们作为强迫劳工被运到位于苏门答腊明古连的东印度公司的商馆，再从那里运到槟榔屿。他们是早期横渡印度洋的奴隶中的幸存者。许多人在果阿定居下来，先后在葡萄牙和英国军队服役；其中有些人被放逐到马德拉斯，又有些人再次被连根拔起，被运送到东南亚。1787年6月，第一批人搭乘"雷文斯沃斯号"抵达槟榔屿。接下来的几个月，他们"被迫从事各种工作"，而且"女人也做了非常多工作"。除了开垦土地，非洲奴隶还要充当"锯木工和制砖工"。迟至1808年，英国官员考虑从莫桑比克进一步引进卡非人，为锡兰提供一支"不带任何地方偏见"的军队。时任锡兰总督的梅特兰谨慎地坚称，这样做"并没有违反最近导致英国废除奴隶贸易的任何原则"，虽然他没有说明如何做到这一点。³⁰

我们很难在档案中发现这些莫桑比克奴隶的踪迹，但偶尔还是会在请愿或是要求中听到他们的声音。1824年，东印度公司把明古连割让给荷兰，当时从明古连迁往槟榔屿的"自由的孟加拉人"是一个多元化的群体，他们由非洲的奴隶和印度的囚犯组成，其中许多人娶了苏门答腊当地的妇女。他们"在各种不同的情况下移民……到这个地方"，而且在19世纪20年代，"与当地人通婚，现在已经成了各个家庭的丈夫和父亲"。³¹档案记录的结束是突然的：不论是"卡非人"还是"自由的孟加拉人"，最后都在记录中消失得无影无踪，或许这是因为他们为数不多的后代在不为人知的情况下融入了港口城市的工人阶级。

海峡殖民地的奴隶很少,所以总督和农场主转向另一个更大宗的强制劳动力来源:印度的囚犯。大英帝国对于囚犯的运输体系横跨整个印度洋,印度的囚犯被关押在一个从南非开普敦的罗本岛到毛里求斯、从安达曼群岛到新加坡的岛屿监狱网络中。囚犯劳工的移动是全球现象。在大航海时代,囚犯也可能会移动。17世纪和18世纪,大约有3万—5万名囚犯从英国被运送到北美殖民地;而在18世纪和19世纪,则大约有16万人到了澳洲。印度洋的犯人巡回系统也是差不多的规模。1787—1943年间,8万名囚犯从印度漂洋过海,被转运到海外。在这些人当中,大约有2万人来到马六甲海峡(1790—1860年),5000—7000人到了阿拉干和丹那沙林(1828—1862年),5万人流向安达曼群岛(1858—1943年)。少数囚犯从另一个方向横渡孟加拉湾,中国、马来和缅甸的囚犯会被放逐到马德拉斯、孟加拉和孟买。[32]

印度的英国行政官员相信纪律和惩罚是最重要的东西。他们偏爱交通运输,因为这可以在"当地人心中"引起"恐惧"。乘船横渡"黑水"的海上航行威胁着种姓的丧失,而身体上的孤独会让囚犯心怀畏惧。政治囚犯是第一批被遣送到东南亚的人之一。马德拉斯当局在平定1799—1801年的西瓦甘加叛乱(Sivaganga Revolt)之后,流放了73名波利加尔(Polygar)叛乱者到槟榔屿;很多人死在那里,存活下来的人也吃尽了苦头,一直到1815年,他们向槟榔屿当局请愿,"请求……(让他们)重回科罗曼德尔海岸"。海峡殖民地的官员很同情他们,认为他们"表现很好",而且让他们重获自由是"正义与人道"的。但是,马德拉斯政府拒绝让他们回去。印度洋各地都有一小群的政治犯在他们的流放地扎根，例如，荷兰东印度公司送来的反叛者形成了"开普马来人"（Cape Malay）社群的核心，直到今天，他们的旅程仍能唤起难以忘怀的记忆。[33]

不过，在印度洋的东缘，囚犯是第一批，同时也是最重要的劳动力。1793 年，孟加拉当局尝试在安达曼群岛建立监狱，从而让这些近似不毛之地的岛屿拥有生产力。他们送去了 300 名囚犯，但这个计划是一场灾难。大部分囚犯死于疾病或是过劳，一些幸存者回到了孟加拉，另一些人则去了槟榔屿。[34] 1790 年，两名来自印度的囚犯谢艾柯达和海恩特在槟榔屿登陆，孟加拉政府的建议是："可以用任何您觉得适当的方式雇用他们，只要保证他们的人身安全。"到 1824 年，已经有将近 1500 名囚犯被送到海峡殖民地。死亡率超过一半，每年平均有 192 名新来者，但其中平均有 103 人死亡，15 人逃亡。

海峡殖民当局会把囚犯劳动力划分成不同"等级"，根据他们的犯罪性质和劳动价值，给予他们或多或少的特权。1824 年的"囚犯调查"显示，有 56 名囚犯在工作时可以"不戴镣铐"，从事监工或抄写员的工作；另一端则是"刑事罪犯"，他们"每天要从早上 6 点工作到 12 点，再从下午 2 点工作到 5 点，他们戴着沉重的镣铐，清扫乔治城①的街道和排水沟"。囚犯也会担任厨师和仆人，做护理员和医院服务员，做园丁、马夫和割草工。有些人被私人雇用，这些私人会付钱给政府，但是劳工没有任何报酬；另一些拥有珍稀技能的人，可以每天赚取工资。由于筑路挖沟，岛上各处都可见囚犯的身影。他们工作时通常没有人看守，在某种程度上，囚犯们是"他们自己的狱卒"，这可能会让游客感到很惊讶，也让欧洲移民感到

---

① 今马来西亚槟城州首府。

不安。³⁵

许多观察家都同意：囚犯劳动力是促进海峡殖民地发展的核心力量。1796 年，麦克唐纳写道，囚犯"在新的殖民地可能有很多好处""因为我们社会的初期阶段，很难找到苦力或佣工，能够雇用他们将大有帮助"。缅甸的情况也颇为类似，因为有囚犯付出劳动，才得以改造这片土地。日后会成为海峡殖民地总督的布伦德尔在阿拉干时写道："我满怀希望地相信日后一定可以看到这里种着大片的棉花、糖蔗和咖啡。"他向加尔各答再三保证，囚犯会"为政府带来利益"，并列举了他们的职业："锯木匠，60 人；砖瓦工人，220 人；陶工，7 人；织布工，12 人；铁匠，2 人；黄铜铸造工，2 人；私人帮佣，88 人。"³⁶

阿恰布的官员菲尔就没那么乐观了。在那里，殖民地和大自然的对抗永无休止——季风和植被威胁要吞噬它。菲尔坚持"公共道路"必须使用囚犯的劳力，因为"阿拉干的年平均降雨量超过 200 英寸……所以必须随时关注道路和排水设施"。菲尔认为，囚犯劳工不仅改变了土地，也改变了气候。"大量只为某项任务而存在的囚犯为这个国家的气候带来了有益的改变，让它变得和七八年前非常不同"，因为这些囚犯"时刻关注"道路，并从海岸边开垦丛林。他也向加尔各答的上司提出了严厉的警告："如果对此视而不见，就算只是一两个月，也可能会导致过去致命的热病和疾病卷土重来。"因为其他人的流动性，所以囚犯们的固定不动真正有大用途。根据菲尔的观察，来自吉大港的移民劳工"每年都会到来"，他们在阿拉干的田间做上一季的工，然后在 4 月西南季风到来时，带着赚到的钱回家。缅甸的情况也和马来半岛一样，囚犯劳工与许多其他类型的流动共同存在。³⁷

囚犯劳工同时也支撑起了海峡殖民地。"众多宽阔的道路联络起岛内的各个方向、各式的公共建筑……他们抽干了沼泽和湿地的水，让其成为可用之地"，这些证明了他们的勤勉和牺牲精神。囚犯和士兵以及随军人员形成社交网络，还与当地的妇女建立关系，并与华人和马来人并肩工作。他们认为自己作为"公司的用人"是有价值的。[38]

1857 年印度叛乱之后的恐慌，令殖民者对海峡的囚犯劳工更有意见。东印度公司军队中发生的一场哗变，变成了一场席卷印度北部的大规模叛乱，失去产业的工匠和失势的贵族纷纷揭竿起义，并推举早已名存实亡的莫卧儿帝国皇帝巴哈杜尔·沙阿为名义上的统帅。那次叛乱对英国在 19 世纪的统治带来最大的挑战，最后被英国军队以残暴的手段镇压。1857 年的叛乱，终结了东印度公司对印度和孟加拉湾周围地区的统治，英国王室接管了控制权，催生了英属印度。海峡政府拒绝接收 1857 年的流放叛军，欧洲的舆论对此表现得歇斯底里；海峡和印度之间出现了裂痕，最后造成海峡在 10 年之后脱离印度的控制，成为英国的直辖殖民地。《新加坡自由报》哀叹该岛已成了"公共的污水管……几乎整个东方英国属地的社会渣滓和边缘人都会来到这里"；一份"基督徒居民"的请愿书声称："我们已经不是百废待兴的新殖民地了，那里才会想要或需要囚犯劳工，所以国家才要把他们送过去。"布伦德尔总督最害怕的是，"囚犯群体发生的任何暴动"，极有可能在"较低阶层的华人社群之间造成骚乱"。[39]将囚犯运送到海峡的做法，终于在 1873 年画上了句号。

19 世纪的最后 25 年，贸易和农业的扩张带来了横渡孟加拉湾的新一波移民，无论是自由的或不自由的。囚犯劳工变得不必要了，因为有其他方案可以解决"获得苦力和帮佣"的问题。

孟加拉湾的商业生活长久以来维持着海上劳工。渔业是沿海经济的命脉。造船业由来已久，发展也很健全。18世纪时，孟买是印度最重要的造船中心，由苏拉特的帕西族（Parsi）① 工匠主导。在他们的倡议下，印度的木材和建造技术与欧洲的设计融为一体。1736—1821年间，在造船大师努什万济父子的指挥下，孟买建造了159艘超过100吨的船只。孟加拉地区自古以来也是造船中心，为了满足欧洲商人的新需求，加尔各答和吉大港在18世纪继续蓬勃发展。18世纪的前20年，在胡格利建造了237艘船，其中许多是1803年在印度基德布尔船坞建造的，而且是在两位建造大师詹姆士·基德和罗伯特·基德的监工之下落成的。根据兰伯特在1802年的观察，这些船只的原料包括"从勃固进口的柚木和木板，来自比哈（Behar）和欧斗（Odh）的娑罗树和黄檀木的木材，以及孟加拉和比哈北部边境山区取之不尽的森林"。19世纪20年代，印度的造船业开始衰落，蒸汽技术的兴起将它逼入了边缘，英国造船公司也施加政治压力，要求限制对印度船只的开放。[40]

　　海上劳工的行列包括码头工人、船夫、舵手和航海家。从17世纪开始，葡萄牙和英国的船只就雇用印度水手，葡萄牙语称之为 lascorin，英语则是 lascar，还训练他们操作火炮。lascorin 和 lascar 都源自乌尔都语 lashkari，是"士兵"之意，这个词在欧洲词汇中有"海洋"的含意。欧洲帝国在向外扩张时，吸纳了数以千计的印度水手，他们与马来人、东非人、华人和南欧人一起工作。高希写道："不可能有比航海时代商船上的船员更加多元的人群，虽然只有男性。"例如，1786年，年轻的蒲柏搭乘的"皇家公主号"，船员当中

---

① 移居印度的波斯琐罗亚斯德教徒后裔。

有从马耳他来的英尼斯,从英国根西(Guernsey)来的费福尔,以及来自孟加拉的舵手马努、曼努埃尔和佩德罗;水手长是苏拉特的多萨,他死于旅程中;副水手长来自孟加拉和马德拉斯;35名印度水手分别来自马德拉斯、勒克瑙和吉大港。厨师是莫桑比克人,船长和大副都是非洲奴隶。船上的指挥官当然是欧洲人。19世纪,汽船取代了帆船,不过担任航海工作先锋的,依然是来自印度洋世界各地的船员。[41]

无论在陆地还是在海上,欧洲公司都仰赖当地的劳力。1784年,圣乔治堡官员报告总督,有将近300名马德拉斯港的船员逃往法国属地本地治里和开利开尔,以及丹麦在印度的殖民地特兰奎巴(Tranquebar),圣乔治堡陷入一片恐慌。船主和主要随员要求派士兵追捕这些"逃亡者",把他们带回来。但是东印度公司的官员容许这件事,他们认为这是自由问题,船员离开马德拉斯之后,可以"随心所欲地工作,工作不再是一种义务"。而且,他们前往的港口"比较没有惊险的海象,工作也比较轻松","他们有选择捕鱼的自由",船员的生计因此也比较有保障。但是,承包商认为,船员们通过负债"永远"与他们捆绑在一起。由于承包商(出于自己利益)的投诉,马德拉斯当局宣称,"如果这些人可以随意离开,海滩上的必要公共服务将会受到极大的危害",并补充说,"承包商事先已付出大笔资金,购买他们未来应受到的服务"。在一个日益商业化的经济中,债务使人动弹不得,迫使他们为债权人长期提供服务或逃避债权人。[42]

在沿海地区,劳工是流动的,在南印度和锡兰之间的流动尤其频繁。[43]几个世纪以来,都有劳工和工匠暂时或永久地从南印度迁往锡兰,渔民和做小生意的商人生活在保克海峡(Palk Strait)两岸。而且,锡兰的某些山脉和庙宇自古以来就是朝圣的对象,这些地方的神圣性串起了印度和这座岛屿的原住民,让他们维持着不曾中断的联结。英国想要尽可能开发这座岛屿的天然资源,因此他们需要更多的印度劳工。通过道路和桥梁以武力征服锡兰内陆,也需要印度的士兵和强制劳动力。因为肉桂的价格下降,英国的农场主只好冒险改种咖啡,种植咖啡需要更多人力。一位英国观察家预测:"这个岛上至今为止的沙漠荒地将会发生巨大的改变。"锡兰采用了"西印度的种植体系",两个地区的咖啡关税在1835年同步化,之后两地就成了竞争对手。农场主会随着他们的"体系"而移动:虽然许多锡兰的咖啡种植者都是新手,但也有一些人之前在西印度群岛有过经验。泰特勒担任种植园主协会会长多年,在奴隶制的最后几年,他在牙买加的一个咖啡农场工作,然后来到锡兰,他也带来了挥鞭和拴链的经验。[44]

南印度和锡兰之间的劳工迁徙在19世纪40年代十分活跃。1844年是最早的一次高峰,当年共来了近8万人。之后因为咖啡产业陷入萧条,人数随之减少。到19世纪50年代晚期,随着农场主财富的增加,每年新增约10万人。平均而言,大约有一半乃至3/4的移民在一两年内返回了家乡。[45]劳工招聘者会安排这个行程,泰米尔语称这些人为工头(kangany)。他们堪称孟加拉湾移民史上的关键人物。早年的绝大部分工头只是从南印度来的劳工团伙的指定代言人,后来有些人成了专职的劳工招聘者,他们会在南印度招募自愿(有时是被迫的)前往的劳工,再把他们送到锡兰正在寻求劳工的咖啡农场。许多工头是现职的种植园工人,他们的雇主把他们送回南印度,付佣金要他们找更多人来。负债更鼓励了这种制度。工头会先付钱给受雇者在印度的家人,这笔钱叫作"海岸预付款"(coast advance),他们可以用来赎回自己的自由身,或是拿来偿还在困难时欠下的债务。一旦负债,这些移民就处在工头的掌控下了。他们的操作范围通常不大,招募的大部分都是村民,种姓制度和血缘关系有助于节制工头的权力,不过这种亲密关系也使得债务关系更加普遍。[46]"苦力"必须从印度动员,让他从社会关系中解放出来,让他流动,然后再次把他固定在种植园,除非农场主允许,否则他不能流动,并受到工头传统权威的控制。[47]

当英国的势力沿着孟加拉湾向东扩张时,印度劳工紧随其后。1873年,负责调查18世纪印度移民的政府人员盖根写道:"最早的迁移似乎是从大陆南方开始的。"泰米尔人"早在18世纪末之前,就开始迁往海峡殖民地"。盖根也注意到,"马六甲海峡的印度人可能被家庭雇去帮佣,也被雇作农场的劳工"。在1794年之前,槟榔屿的统治者已经注意到,"大约有1000名……朱罗人或来自科罗曼德尔海岸几个港口的人定居在"槟榔屿,"有些还带着家人"。他们"都是店主或是苦力",许多人搬到槟榔屿之前生活在吉打的旧殖民地。根据莱特的估计,"来自科罗曼德尔海岸的船只,每年都会带来超过1500名或2000名男性,他们到这里做生意或成为各种劳工,赚到一些钱之后就回到家乡,由其他人来继承"。这是一个不断变化的社会。

大多数旅居者后来又回到印度,一些人则留了下来。到19世纪20年代,泰米尔人已经成为乔治市(槟榔屿的殖民地城市)最大的单一群体。约翰·克劳福德①说:"随着西南季风的到来,他们的国家每年都有许多船只把一大群人带到这个天生就比较富裕的国家寻找财富。"在槟榔屿,就像在新加坡一样,本来就很多元的南亚人口

---

① 曾任英国驻新加坡外交官。

中又融入了来自科罗曼德尔海岸的新移民,原本的南亚人口已经包含东印度公司的士兵、来自马德拉斯和孟加拉地区的囚犯,以及一个庞大且仍在不断壮大的华人移民社会。[48]

横渡孟加拉湾的移动在 19 世纪中期达到顶峰,越来越多横渡孟加拉湾的船只数量首次引起了政府的注意;从 19 世纪 40 年代晚期开始,泰米尔移民成了马德拉斯档案中的重要角色。人们开始注意到横渡这片水域的"当地船只"中,有些船只过分超载。如同一位观察家在 1848 年所写的:"来到槟榔屿的船只拥挤不堪的程度是出了名的";"在今年甚至造成了致命的后果,有许多乘客死于途中"。管制是不可能的,来自大小港口的交通运输十分分散,如果在槟榔屿加强管制,"亚洲人还是可以从马来亚的其他邻近港口出发"。[49]印度教徒和穆斯林的航运商人开始争相赚取上千名劳工的海外旅程费用,还帮他们找到在槟榔屿和新加坡的雇主。[50]我们不太清楚这些招聘者是怎么运作的;一直到 19 世纪 70 年代,印度航运商人和东南亚移民劳工之间的关系,对于外人都还像是雾里看花。不过,早期前往马来亚的印度移民在本质上似乎与华人移民是类似的,而华人移民留下了较多记录,也就是说,这些移民是经由当地人之手,利用当地的网络,并围绕着债务关系组织起来的。甚至在 1870 年之前,他们的主要区别在于许多印度移民是为欧洲人工作,而华人移民的雇主通常还是华人。

到 19 世纪 60 年代末期,海峡殖民地的首席秘书观察到:"从科罗曼德尔海岸到槟榔屿,会有固定的苦力移民。许多印度教徒和穆斯林的船只专门被雇去运送这些人,平均每年运送过去的人数应该是 4000 人。"他看到,"几乎所有船员、敛缝工人、船上及城里的劳工都来自马德拉斯海岸,其中有马夫、船工,还有许多小贩、商人以及家庭帮佣"。⁵¹ 很多船员来自奥里萨邦海岸以航海为生的社区，他们默默无闻，故事也鲜为人知。⁵² 孟加拉湾东岸的港口城市是由移民劳工组成的，他们是作为士兵、囚犯和工人横渡孟加拉湾的。在他们的世界中，还有许多人也是他们奋斗之路上的同行者，如中国商人和矿工、马来渔民、欧洲狱卒和旅店老板。

在帝国之间的竞争中，马六甲海峡深受重视，因为它是连接印度洋和中国海之间的狭窄水域。印度和华人移民首度相遇便是在马来群岛，这里有自己的航海传统。欧洲人不论去到亚洲的哪个地方，都会发现已经有华人社群在那里蓬勃发展。中国、东南亚和印度之间的商业联结由来已久。1405—1431 年，蒙古出身①的穆斯林宦官、在明朝永乐帝朝堂上崭露头角的郑和，率领中国的远航船队横渡东南亚和印度洋，最远到达了东非。他曾停靠斯里兰卡的汉班托特港，并在那里留下碑文；肇因于佛教文物的冲突，他的士兵攻打并绑架了康提的皇室成员。他庞大船队中的许多人在旅途中停留；他们死后，有些人的墓地成了朝圣地，如印度尼西亚三宝垄的三保洞，便是郑和一位副手的墓地，他皈依了伊斯兰教，娶了一名当地女性。⁵³ 面对动荡不安的亚洲内陆边疆，虽然中国不再有那么多心思放在海洋上，不过郑和的旅程还是为沿途经过的地方带来小群华人，他们成为"中国现代移民史的先驱"。东南亚的早期欧洲移民成为中国移民的东道主，许多当地的土著王国也是如此。⁵⁴

大英帝国扩展了中国商人的商机。槟榔屿和新加坡被宣布为"自由港"。打从一开始，中国商人和劳工就蜂拥而至。新加坡在 19

---

① 郑和为元咸阳王赛典赤·赡斯丁（中亚人）的后代，此处"蒙古出身"有误。

世纪 20 年代已是一个华人城市,来自马六甲讲闽南语的华人给新加坡的精英阶层注入了活力。在中国商人之后,有一群固定且越来越多的劳工来到南海。社会网络是这种迁移最重要的机制。有些是基于血缘关系,有些则是基于出生地、姓氏、方言群或地区。海外的华人组织是工作信息的交换所,他们也可以安排旅程、信贷、与雇主的联系、住房,甚至是武装保护。认识正确的人、建立正确的联络方式,是很重要的,因为某个村子很可能有很多村民在国外,但是邻村却一个也没有;随着时间的推移,这些网络也会逐渐强化。

沃恩观察槟榔屿的华人之后,列出了一张令人眼花缭乱的清单,从中可清楚地看到华人劳工移民所从事职业的多样性。他写道:

他们是演员、杂技演员、艺术家、音乐家、药剂师和药房老板、店员、出纳员、技师、建筑师、测量员、传教士、牧师、医生、教员、旅馆管理员、屠夫、肉贩子、胡椒和槟榔膏种植者、糕饼商人、汽车和马车业主、布贩子、酿酒师、餐馆老板、鱼贩子、水果贩子、摆渡人、牧草商贩、小贩、商人与中介、油商、鸦片馆老板、当铺老板、生猪贩子及家禽贩子。他们还是米商、船东、店主、杂货商、酒馆老板、帮佣、木材商人、烟草商、菜贩子、农场主、菜农、劳工、糕点师傅、磨坊主、理发师、铁匠、船员、装订工人、鞋匠、砖瓦匠、木匠、细木工匠、马车匠、车匠、货车或马车驾驶员、烧炭工和销售者、棺材制造商、甜品制造商、承包商和建筑商、箍桶匠、火车司机、消防员、渔民、金匠、军械工人、锁匠、石灰炉匠、石工和泥瓦匠、席子、雨篷和篮子制造商、油品制造商以及矿工。除此之外,还有漆匠、纸灯笼制造商、脚夫、磨豆工人、印刷工人、西米、糖和槟榔膏制造商、锯木匠、海员、造船工人、煮皂者、石匠、煮糖工人、裁缝、制革工人、洋铁匠和黄铜匠、雨伞制造者、殡葬业者和造墓者、钟表匠、挑水夫、伐木工和木材商、木头与象牙雕刻师、算命师、杂货商、乞丐、流浪汉或"流氓"以及小偷。[55]

  在这许多行业中,中国和印度商人可能是竞争的关系,也可能成为合作伙伴。华人劳工也和印度人、马来人一起工作,他们也会观看彼此的庆典,甚至参与其中。不过,海峡的印度移民从来不曾像华人那样拥有如此紧密的联系,华人会建立公司或其他社团,把城里的资本家和内地的矿工联结起来。印度移民也不像华人那样,一开始就拥有行动的自由,这是因为殖民地政府对华人社会的无知,殖民地作家毫不掩饰地将中国描述为"帝国中的帝国"。

  在印度和华人移民登陆的海峡港口城市中,既聚集着他们的亲戚,也充满陌生人。到19世纪60年代,新加坡和槟榔屿已经是世界上最多元化的城市之一。19世纪的英国摄影师约翰·汤姆生走遍了东方群岛,他指出,"从汽船上下来的那一刻起,我就很难想象自己其实是在马来亚的一座岛上",因为住在槟榔屿的,有"早期葡萄牙航海者的后裔、华人、马来人、帕西人、阿拉伯人、亚美尼亚人、吉宁人、孟加拉人以及非洲的黑人"。在市场里,印度人和华人最为显眼。汤姆生描述了乔治市的一个"吉宁人市场","那里出售各种外国商品,而且价格很少高于它们的原产国"。他看到了"卖烈酒的商店和旅舍",而且不管走到哪里,都会看到"大量的华人,包括商人、店主和工匠,以及来自海南岛、广东以及福建几个地区的移民"。[56]

  这个流动人口组成的世界充满了各种交换——商品和货币、互助和承诺。在小说《烟河》(*River of Smoke*)中,高希想象着19世

图4 槟榔屿乔治市的典型商铺。这座城市的景观是由 19 世纪的移民塑造的。（苏尼尔·阿姆瑞斯 摄）

纪 30 年代五颜六色的新加坡服装市集，印度水手称这个市集是"嘈杂的市场"："混杂着祭典的各种声音。"高希写道："还有什么地方，可以让妇女用高棉人的下裹布裙（sampot）换到布拉安族（Bilaan）的上衣？可以让渔夫用纱笼①换上衣，用圆锥形雨帽换巴厘岛帽呢？"市集的货摊上堆满了"从印度洋遥远角落抢来的、偷来的或是盗版的"商品。[57]

移民复兴了穿越孟加拉湾的古道。海边的神庙散布在海岸线上，在别人的群岛上散发着光辉。旅行者到庙里感谢旅行平安；他们大声祈祷季风的及时到来或离去，或是祈求当季的渔获能够丰收。航

---

① 马来群岛土著所穿的布裙。

海的传统跨越了印度教徒、穆斯林、佛教徒和道教徒之间的界限。就像现代欧洲的时钟和地图重新塑造了时间和空间,沿海的宗教传统也为历史和地理提供了一种不同的理解:亲近与否是由宗教上的紧密程度而不是物理距离来决定的,时间是循环的而不是线性的。每一个到达新地方的移民,都会试着重建一些家乡的痕迹;所以到达也成了一种回归。移民会模仿他们熟悉的神庙,建造一座新的,让新的风景变得熟悉起来。他们会一起参加宗教仪式,拉近和陌生人的关系。他们觉得自己是在追随圣人的脚步,所以对未知也就没有那么恐惧了。刚踏上新大陆的欧洲旅行者发现,他们的亚洲船员已经知道去哪里表达他们的敬意。墓地和神庙的地点会通过故事或传说,一代代传下去。蒲柏的日记写道:1787 年,他在苏门答腊"水域一个小岛上,方圆大概只有一英里",那里"埋葬着一位伊斯兰教的圣人……我们的印度水手都对他尊崇敬拜"。[58]

孟加拉湾的弧形海岸上到处分布着圣地。杰出的东方学者和业余的人种志学者、鲍里旅行游记的编辑理查德·坦普尔爵士注意到,整个印度洋东部都有穆斯林水手建造的神庙,他把这些叫作"圣人居所"。他认为,这些神庙对于穆斯林、印度教徒、华人和佛教徒而言,"一样神圣"。这些神庙是为了纪念 15 世纪前半叶居住在这里的奥里亚(Badr al-Din Awliya)而建造的,它们会守护水手们的安全。半个世纪之后,摩西·耶格尔发现缅甸沿海也在供奉奥里亚,那里的"缅甸佛教徒敬他为'纳特'(精灵),印度教徒敬他为'提婆'(神明),华人敬他为圣灵,穆斯林则敬他为圣人"。在耶格尔找到的几座神庙中,有一座在阿恰布,建于 1756 年,一座在山多威,还有一座在丹老群岛的一个岛上。常有水手和渔民前来祭拜,而且"建筑综合了缅甸佛塔和穆斯林清真寺的风格,有清真寺的尖塔和圆

屋顶，西边则有壁龛①"。⁵⁹

泰米尔的传统也激起了海洋的力量。海洋塑造了纳格尔的沙乌哈密的传奇（第二章），他的墓地就在那里。这位圣人的生活经历详细传达了他一生的旅程：从北印度的平原到麦加，然后横渡印度洋，在马尔代夫及锡兰的亚当峰停留，最后定居在纳格尔，并在那里辞世。沙乌哈密对航海者的保护也及于到来的欧洲人。一位现代的编年史家讲述了他的一个奇迹：

一艘荷兰船只正在开往纳加帕蒂南的途中。在离岸不远的地方，突然起了风暴，船只被困在其中，船底也破了个大洞……在最危急的时刻，船上有人提起了这神的名字，并开始祷告。船长和其他船员也都照做。奇迹发生了！灌进船里的水突然停止了。船只得救了。⁶⁰

直到今天，在通往纳格尔主要神殿的通道两旁，还有商店在出售印着船只图案的小箔片，虔诚的信徒会把小箔片供奉在神殿里，祈求旅程平安。而且时至今日，这些旅程的目的地通常也是东南亚。

沙乌哈密的故事借由"圣裔"（Sayyid）② 阿尔吉拉尼③传回他的后代，并在19世纪和20世纪传播到东南亚各地信徒的所在地。纳格尔圣陵的管理人告诉我，除了新加坡和槟榔屿现存的纳格尔圣陵之外，缅甸、锡兰、印度尼西亚和越南都曾有这位圣人的神殿。这些圣迹标示出这位圣人的追随者的足迹。剑桥大学人类学家苏珊·贝利认为，这位纳格尔的圣人和对他的崇拜，代表"一个更大范围的

---

① 清真寺正殿纵深处墙正中面向麦加神殿的壁龛。
② 又称赛义德，伊斯兰教职称，原意为"首领"。
③ 12世纪巴格达的卡迪利教团的创始人。

朝觐（hajj）、贸易和传道的世界，到20世纪80年代，他的信徒还是把那里视为……一个充满活力的广阔的舞台，圣人依然在其中体现其存在价值"。[61]

图5　槟榔屿的纳格尔圣陵（苏尼尔·阿姆瑞斯　摄）

对于一个横渡孟加拉湾的新来者而言，海峡殖民地的城市景观看起来有着不可思议的熟悉感：种类繁多，但形式熟悉。南印度和中国南部的神庙屋顶以及清真寺尖塔被移植过来，经过转化之后，并列在一起。海神特别适合远行者。直到今天，新加坡的直落亚逸街和槟榔屿的牛干冬街，仍矗立着纳格尔的沙乌哈密圣陵。槟榔屿的圣陵（图5）建于1801年，新加坡的圣陵（图6）则建于19世纪20年代晚期，两者都是仿造原本的圣陵而建。在变迁的过程中，它们受到了比较大范围的建筑风格的影响，既有欧洲的——新加坡圣陵

图 6　新加坡的纳格尔圣陵（苏尼尔·阿姆瑞斯　摄）

的帕拉迪奥式（Palladian）[①]风格——也有来自更广泛的伊斯兰世界的建筑风格。它们成了虔诚和疗伤的地方，除了泰米尔的穆斯林社群，也吸引了当地的礼拜者，就像纳格尔最初的神庙一直吸引着印度教徒一样。一位英国观察家说，在槟榔屿，他看到圣人的信徒会把值钱的物品丢进海里，这坚定了他们可以穿越孟加拉湾并再次回到纳格尔的信心。[62]槟榔屿港口的船员每年都会拨出一部分收入，举办一天的宴会和游行，表达对圣人的崇敬。科贾·玛拉依喀雅尔（Koca Maraikkayar）在写于 19 世纪末的一首诗中（由一家华人印刷厂出版），描述了每年在槟榔屿举行的纪念沙乌哈密的游行。他一一列举了经过的街道、重要的景点和值得注意的地点。诗中也描述了

[①] 16 世纪在意大利出现的一种建筑风格，强调模仿希腊、罗马的古典建筑，注重对称性。

观看或参与游行的各种各样的民族：吉宁人和印度教徒、马来人、缅甸人、华人、切蒂亚尔人、孟加拉人、日本人、科林加人（Coringee）、帕利亚人（Pariah）和葡萄牙人。1857 年，这个一年一度的游行在新加坡引发了游行者和警方之间的冲突，之后的法律诉讼出具了一份证人名单，该名单几乎涵盖了新加坡所有的族群和语言群体。收藏于新加坡莱佛士博物馆①的一幅 19 世纪的画作，描绘了槟榔屿纳格尔圣陵外面那充满生机的街景、清真寺宣礼塔上随风飘扬的旗帜。[63]

泰米尔印度教景观与泰米尔穆斯林景观相重叠，而这两者又与当地的华人社会和神圣世界交织在一起。19 世纪的前 30 年，切蒂亚尔商人出资让移民工人在新加坡和槟榔屿兴建庙宇，供奉南印度的神祇。有些只是临时搭建的，但也很快出现了较为永久性的建筑。1823 年，与莱佛士一起来到新加坡的泰米尔建筑承包商皮莱，在一块经东印度公司授权的土地上建起了马里安曼庙（图 7），[64] 建筑工人是一些囚犯。类似的建筑物在 19 世纪 30 年代也出现在了乔治市的皇后大街上。

这些神庙构成了泰米尔社区的核心。新加坡的马里安曼庙管理人提出的一份请愿书，记载了东印度公司给早期的泰米尔印度教移民"足够的根据地，让他们在靠近新加坡河岸的地方兴建教堂，因此（他们）才注意到那个地方，并且建了房屋和教堂"。印度教的"教堂"紧邻另一个宗教场所贾米清真寺（图 9）；贾米清真寺是最大的泰米尔清真寺，在南印度和海峡殖民地之间建立了一种类似但不完全相同的精神联系——伊斯兰联系。早在 1827 年，清真寺和寺庙的管理人就曾针对两者之间的公共道路使用权发生争执，这件事在殖民档案中留下了许多信件。[65]

---

① 今新加坡国家博物馆。

图 7　新加坡的马里安曼庙（苏尼尔·阿姆瑞斯　摄）

图 8 槟榔屿的马里安曼庙（苏尼尔·阿姆瑞斯　摄）

图 9 新加坡的贾米清真寺(苏尼尔·阿姆瑞斯 摄)

新加坡的泰米尔人聚居地是南印度社会的一个缩影，忠实反映出印度教与伊斯兰教的礼拜场所经常是并列的，甚至是共享空间的，他们也不时会因为公共空间而发生冲突。不过，泰米尔文化会与其他不同的文化共享空间。新加坡的直落亚逸街是孟加拉湾和南中国海的象征性交汇点。就在纳格尔圣陵的几步开外，还有华人供奉妈祖（海上的守护者）的庙宇天福宫（图10），以及另一座泰米尔风格的清真寺阿尔阿布拉清真寺（小清真寺，图11）。19世纪时，这条街位于海边，因为新加坡后来数十年的填海工程，现在这里已经不是海岸了。

在旅居者的世界中，宗教祭典的展演总是不乏观众。海峡殖民地政府试图重新规范这个移民社会的公共行为。1834年，英属马来亚威斯利省（Province Wellesley）首席军官詹姆士·罗在槟榔屿观看了大宝森节的仪式，这是一年一度的庆典，祝祭湿婆和帕尔瓦蒂（雪山神女）

图10 新加坡的天福宫（苏尼尔·阿姆瑞斯 摄）

图 11　新加坡的阿尔阿布拉清真寺（苏尼尔·阿姆瑞斯　摄）

的儿子战神穆卢干；詹姆士写道："当人们离开自己的国家，选择到别的地方定居时，他们应该对于获准庆祝自己的宗教仪式感到满足。这些宗教仪式不可以伤害到社群中其他人的感情，也不能损害公共道德、生活的礼仪及秩序。"几十年之后的 1860 年，新加坡马里安曼庙的管理人想要公开举办蹈火节走火堆仪式，但没有获得准许，总督府宣布他们有责任"防止城市中的和平受到任何形式的威胁"。[66]

实际上的文化融合，总是比公开承认接受的教义更多。有时候，"印度人""马来人"和"华人"的仪式表演会一起进行。在槟榔屿，一种称为"玻里亚"（Boria）的当地混合的什叶派穆哈兰姆月（Muharram）游行，会吸引泰米尔和马来穆斯林（绝大多数是逊尼派）、泰米尔印度教徒和华人参加。穆哈兰姆月的活动在印度洋周围引来大量信徒，并超越了社群的界线。它在特立尼达被称为"胡笙

(Hosay),这个每年举行的仪式让不论是印度教徒还是穆斯林的农场工人都能声称其对公共空间的拥有权;在孟买,穆哈兰姆月活动则会挑起邻近地区之间的纷争,但并非全是因为信仰的分歧。[67] 不论在哪里,它都是一个重要的公共庆祝活动,而且很可能扰乱平时的社会秩序,哪怕只有一天。在槟榔屿,当地的华人社群也会参加"玻里亚":这个庆典成了纪念团结纽带的场域,这一纽带超越了种族和社群的界线,即使只是短暂的。一位英国观察家警告说,这会让"不同习惯和思想的马来人、吉宁人和华人结下兄弟之谊"。殖民地当局对华人和马来人的秘密社群的出现感到震惊,这些秘密社群汇集了槟榔屿社会中的不同阶层,以"互相帮助和保护自己的妇女",这对于那些生活在混合社会中的人尤其必要。1867年的槟榔屿大暴动,暴露了敌对阵营之间的对抗:他们的团结和冲突都是基于地域,而不是族群。[68]

  大暴动的起源至今仍不清楚。"义兴会"和"大伯公"(又称"建德堂")两个社团在街上爆发了可怕的骚乱,这两者又都与敌方的"本地"社团结盟,成员包括马来人和印度人。他们展开了一场激战,让英国当局失去对当地的掌控。当时唯一的当地军团正在尼科巴群岛进行勘探任务。混乱结束之后,槟榔屿的总督哈里·沃德感叹对于秘密社团的镇压是"一项完全超出政府能力的任务"。副总督安森几个月前才刚到任,也为牙买加的莫兰特湾①暴动的消息感到苦恼。安森在暴动期间"亲往城镇","滑膛枪和小型炸药"从"四面八方"射来,他的脑子"被不断传来的人名和地名弄得晕头转向。其中有华人的名字、马来人的名字、伊斯兰教徒的名字、印度人的名字……"[69] 名字、名字、名字,暴动之后被逮捕的人的一长串乱七

---

① 1865年,英属牙买加岛上的贫民要求开垦王室领地中的荒地遭到拒绝,遂于10月10日举行暴动,但遭到镇压,从此牙买加丧失了自由,英帝国在此建立了直辖殖民地。

八糟的名单，透露出这些社会是多么复杂。6名被捕者签了一份声明，保证日后的和平，声明是用泰米尔文写的，但是署名用的是各种各样的语言：马来语、泰米尔语，不识字的人则是画押。

欧洲的观察者通过新出现的种族类别，了解到他们在东南亚统治的民族的多样性。根据苏格兰行政官员、业余人种志学者约翰·克劳福德的观察，来自科罗曼德尔海岸的人们所属的种族很"精明、灵活、不好战、虚伪，而且贪得无厌"。另外，他认为华人是"东方最成功的商人和最坚忍的劳动者"，"中国佬乐于对团体、同盟和组织奉献爱，这份爱驱使着他们"。东南亚的克里奥尔社群特别让欧洲人感到焦虑。克劳福德谈到爪夷峇峇娘惹时，写道："这些团体的种族成分混杂，我对他们没有什么友善的形容，他们同时具有父系和母系的邪恶。"土生华人家庭所属的种族，"不论在精力还是精神上都不如原住民"。[70]孟加拉湾沿岸许多的英国总督和官员狂热地相信：种族划分的永恒性以及种族类别的解释力，甚至预测力；许多官员在统治东南亚时，都将此视为一种自我实现的预言。不过，关于"种族"的概念是混淆而且不连贯的。

这个复杂的体系从一开始就有裂缝。这些移民社会的现实永远无法完全用种族来解释。将"归属"的术语突变为"自我描述"的用语；种族类别努力把街头所见的各种不同起源、语言和实践纳入其中。一份1856年的官方报告所做的结论是："虽然这群亚洲人口被分为三个类别：华人、穆斯林和印度教徒，但从他们如此分歧的称谓中，也很难对其构成形成正确的看法。"[71]海峡殖民地也像孟加拉湾沿岸的其他许多港口一样，在疆界上是开放的。不论是在工作场所、街上，还是在秘密社团中，移民都会与来自异国他乡的陌生人建立关系，这种关系有时候是一时的，有时候则是长久的。

一个由人流、物流、思想联系在一起的地区，被处处提防的帝国硬是分了开来。到 19 世纪 20 年代，南亚和东南亚的"相关文化"，"现在被视为独立的统一体：'印度'和'锡兰'、'马来亚'和'印度尼西亚'"。1824 年的《英荷协议》决定了当代马来西亚和印度尼西亚之间的边界，并一直维持到今天，但是这条边界几乎没有什么历史或文化意义。马来半岛上的马来人与说马来语的苏门答腊东部的居民，隔着狭窄的马六甲海峡对望，他们"在族群上是有联系的，也可以听懂彼此的语言"，但却互相视对方为外国人。正如本尼迪克特·安德森所言，"这些苏门答腊人……已经把安汶人视为印度尼西亚同胞"，虽然他们之间既没有共同的语言，也没有共同的宗教信仰，还相隔着数千英里的海洋。[72] 值得反复强调的是：19 世纪的殖民边界历史悠久。

孟加拉湾的联结由帝国势力决定。殖民统治未能消除，而且在某些方面甚至还促进了孟加拉湾固有的文化和商业联结的形式，接着又创造了新的形式。印度人、华人和阿拉伯商人依然在该地区的商业中发挥关键作用：如果没有他们，许多欧洲项目也不可能成功。不自由的劳工继续渡海而来，在危机时刻，小规模的交通往来汇聚成较大规模的迁徙。19 世纪，这种强制移动为契约劳动的"新奴隶制"铺平了道路。季风依然连接起孟加拉湾，不过，孟加拉湾的几个组成部分现在变得更加彼此依赖了。殖民前各国所追求的"没有资本主义的商业主义"（通常不同于欧洲所倡议的）败下阵来，让位于东南亚森林的"原始积累"。19 世纪，人口密集的水稻种植区和人口稀疏的边疆地区（资本投资在那里会获得较丰厚的利润）之间的联系，变得更加紧密。[73] 人口的流动，包括被迫为奴的、受契约约束的、自由的，创造了一个新的世界。

第四章
人的运输

1870年初,南印度坦贾武尔地区的收税副官哈萨威对横渡孟加拉湾的人口"运输"提出批评。他声称南印度和马来亚之间的移民,是"一种经常性、有组织的绑架行为"。"俘虏从纳加帕蒂南被运到槟榔屿和其他国家,男性被当作苦力,女性则被迫卖淫",这种事十分频繁。哈萨威写道:"这种'运输'并非法律所容许……帮助任何印度当地人移民都是违法的。"他坚称马德拉斯政府应该介入并阻止这种运输,还写了一封长信给《印度之友》(Friend of India),这是一本英国和印度批评帝国主义政策的读者都会阅读的刊物,信的内容让当局备感难堪。

哈萨威也视解决"运输"问题为他的使命,他会从纳加帕蒂南的根据地追踪船主和签约劳工。19世纪70年代,"移民季节"刚开始的时候,他下令突击搜查一个仓库,移民正在那里等待上船前往东南亚。但是案子到了地方法官面前就会出现问题,每个移民都坚持他们是自愿的。年轻的男孩声称那些招工的人是他们的"父亲"或是"叔伯";他们没有签约,所以没有任何证据显示他们"移民的目的是要去当劳工"。哈萨威感叹道:"想要弄清事实的努力注定是徒劳无功的,他们自己绝对不会说出真相。"这是一个由来已久的问题。几年前，当地的《警察周报》(Police Weekly Circular) 也报道过类似的案例。他们发现一个仓库"里面像动物一样挤在一起的苦力"，警长拒绝让他们的船驶离。讯问完被扣留的人之后，他得到的结论是："我猜想他们一定都事先准备好了故事，因为他们的回答都足够令人满意；他们都会提到父母、叔伯或是监护人。"这位警长心想："苦力的贸易已经达到相当的规模，确实需要移民当局正视。"[1] 1873 年，这个目标终于达成了，该年任命了一位移民保护者，负责监督移民到东南亚的情况。

到了 1870 年，南印度和海峡殖民地之间的流动已经很稳固了，而且还在不断增长。总是超载的船只和流动的船主成了政府关注的焦点。海峡地区的农场主迫切需要更多劳工，哈萨威和他的地方政府同僚则主张不能放宽法律上的限制，如果允许印度和马来亚之间的移民，那将成为一场灾难。于是英国的农场主和他们在海峡的代言人要求移民自由，他们认为孟加拉湾两岸的联结是再自然不过的。马来亚实际上就是印度的延伸；印度劳工不会觉得这是一片"外国"土地。自由和移民之间的紧张关系，在接下来的几年内仍会不时浮出水面。

在孟加拉湾的历史中，19 世纪的最后 25 年是很关键的时期。"运输"在整个 19 世纪慢慢增强，最后变成了扩张，涓涓细流变成了洪流。蒸汽动力使得横渡洋面更加快速、简单而且便宜。帝国势力深入内陆，通过条约和征服，殖民国家不再局限于沿海据点，欧洲、中国和印度的投资者先于他们或紧随其后。咖啡、糖、茶叶、烟草、橡胶，一个接着一个，东南亚这块新领域有望获得巨大的利润。不论在世界上的任何地方，他们总会发现，当地有在经济上固守独立的社群，他们不喜欢雇佣劳动的农场主，抵制奴役的人，欧洲移民让这种"当地人很懒散的虚构"形象深入人心。来自槟榔屿的亚历山大·基德写道："没有任何收益会吸引马来人投入固定、持续的产业中。"所以劳动力也和资本一样，必须输入。华人资本家已经有现成的来源了：他们可以通过亲缘和地缘的联结加以动员，而且汽船也拉近了中国海岸与东南亚的距离，让他们可以动员更多的人。但是欧洲人无法进入华人的网络，于是毛里求斯和加勒比地区的甘蔗种植者在奴隶制度废除之后首先转向了英属印度。[2]

我们可以从一些数字中看出改变的规模。首先是前往锡兰的移民。从19世纪40年代开始，每年有上万名印度劳工前往锡兰的咖啡种植园工作。到了50年代末期，增加到每年近10万名，每年大约有1/2—3/4的人会回到印度。80年代之前，横渡孟加拉湾到马来亚长途旅行的人数要少得多；但到了80年代末，每年有2.2万人从南印度前往海峡殖民地的港口。80年代开始，缅甸成为印度劳工的第三大目的地，而且是吸引最多移民的地方。到了1911年，每年有超过10万人从印度横渡孟加拉湾，前往上述三个目的地。[3]

我们没有精确的统计数字，不过在1840—1940年的一个世纪里，大约有800万人从印度前往锡兰，400万人到马来亚，1200万—1500万人前往缅甸；其中有很大一部分人（远远超过一半）在3—7年的时间里回到了印度。这类移动大部分发生在1870年之后，整个家族往来于锡兰；20世纪20年代之前，马来亚和缅甸的移民大多是男性。从印度海外移民的总体情况来看：从1834年有组织的印度移民开始，到1940年，超过90%的印度移民去了锡兰、缅甸和马来亚。简言之，在帝国时代，孟加拉湾地区几乎占了印度移民史的全部篇幅。

现在再放到全球范围内来考虑这一问题。在规模上，横渡孟加拉湾的移民与同时代横渡大西洋的移民不相上下。1870—1930 年，约有 2600 万人从南欧、东欧、东亚和太平洋地区前往美国。如果再加上移民东南亚的中国人，1840 年后的一个世纪里大约有 1900 万人，中国移民比印度移民分布得更广——很明显，印度洋与南中国海交汇的地区有着全世界最大规模的移民。亚洲和大西洋地区最主要的差别在于定居而非返回的人数。20 世纪 30 年代末期，大约有 600 万—700 万印度人和类似数量的华人定居海外；美国人口统计学家戴维斯将此与同一时期居住在不列颠群岛以外的 8500 万名英国人进行了对比。[4]

"苏伊士地峡的开通，就像水坝溃堤一样，让大量新船、新人和新的贸易方式涌入东方。"约瑟夫·康拉德写道。[5] 1869 年，苏伊士运河的开通，重新塑造了孟加拉湾的地理。从欧洲航行到孟加拉湾现在只需要几周，而不再是好几个月。苏伊士重新把印度洋和地中海连接起来。蒸汽动力通过运河的狭长地带，重新塑造了世界秩序。康拉德的"新船、新人和新的贸易方式"，鼓舞了大量的东西方移民，也刺激了整个热带世界的商品生产。轮船驶过海面时，已不再仰赖顺风，海底的电报电缆环绕起海底世界。到 1870 年，英国的印度海底电报公司已经连接起孟买与红海。一年后，电缆穿越了孟加拉湾，价格和收获的消息实现了实时传递。在陆地上，铁路缩短了时间和距离，还吸引巨额的资本投入。当跨洲铁路蜿蜒穿过北美大陆时，印度铁路为南亚的帝国势力打下了根基。陆地和海洋的路线呈放射状分布，然后在人口密集的港口城市汇聚，城市已经被新的财富和苦难压得喘不过气来。19 世纪，化石燃料突破了能够想象到的几乎所有增长极限。[6]

　　铁路、河流和海洋交汇在一起。苏伊士运河拉近了孟加拉湾和欧洲的距离，铁路也让海洋触及的范围不再止于海岸。布罗代尔写道：地中海就像一个磁场，把它的影响力投射到远离海岸的地方。同样地，孟加拉湾也吸引陆地的产物和土地的儿子进入蒸汽驱动的网络中。到19世纪80年代，移民不仅来自沿海地区，也来自内陆地区。大部分横渡孟加拉湾的人，已不再来自传统的航海社群。在他们航行的终点，铁路又进一步连接起港口和边疆地区：一旦锡兰的铁路通到康提的高地，从港口前往种植园的恶名昭彰的"长途"就变得容易多了。缅甸的铁路建设起步比较晚，因为该国有数千英里可以通航的水道，但随着铁路的发展，印度移民从仰光开始就改乘火车了。

　　1000多年来，孟加拉湾都是印度和中国之间的"高速公路"。那段时间，商人和国家都在找寻捷径，以及绕过马六甲海峡这个脆弱的咽喉要道的其他路径。在第一个千年里，商人通过陆路运输跨越了克拉地峡——泰国南部连接马来半岛的狭长地带——连接起孟加拉湾与南中国海。马六甲跃升为东南亚最大的商业中心后，运输中心也跟着南移。不过在19世纪，铁路再加上境内的水路，重新点燃了向北深入中国内陆的希望。在工程师亚瑟·科顿（Arthur Cotton）的想象中，孟加拉东部的铁路是从加尔各答通往中国广东的第一步。除此之外，还有其他的竞争提案：从吉大港建一条铁路经过缅甸的八莫到中国云南，另一条线路则是通过缅甸的掸邦。连接印度和中国的铁路一直是个不灭的梦想。英国政府与云南的总领事在1904年签署了一项协议，修建一条从缅甸到中国的铁路；到20世纪30年代，这些计划依然在考虑中，而且也不会是最后一次考虑。[7]

蒸汽动力需要新的能源，对土地也产生了新的需求。在蒸汽时代之前，"更多能源来自风……通过改变船帆的数量、方向和操作方式"。19 世纪早期的快速帆船代表了这些提速调整的最高成就。这些船的造型优雅，拥有流线型的线条，可以达到前所未有的速度。但即使风的利用效能已经达到最高，可还是比不上蒸汽所提供的动力；蒸汽机利用深埋在地底下数千年的物质。[8] 到了 19 世纪中叶，恒河上已经到处可见蒸汽动力船只。到 1850 年，东印度公司拥有 10 艘内河汽船，以及一些可以远洋航行的汽船。这些船只都需要烧煤。印度东部的煤田在 19 世纪中叶得到迅速开发，包括巴尔达曼、锡尔赫特（Sylhet）、阿萨姆（Assam）、帕拉木（Palamau）和喀塔克（Cuttack）等地。如果是没有煤炭的地方，东印度公司会以木柴作为替代品，建立一个繁荣的燃料市场。缅甸那些集中在孟加拉湾航线中心地带的能源，吸引着英国的官员和航运公司。[9]

1865 年，伊洛瓦底轮船公司（Irrawaddy Flotilla Company）成立，属亨德森兄弟所有，他们来自苏格兰法夫郡的皮滕威姆村。亨德森家族的财富来自乔治·亨德森的逆境。乔治指挥一艘帆船"前往近东进行贸易"时遭遇了海难，但他大难不死，并在意大利安顿下来，在那里他发展了对英国的大理石贸易。他的三个兄弟则负责格拉斯哥的生意。到 19 世纪 50 年代，亨德森家族已经不做大理石生意，而是转向长距离的海上运输：他们拥有一支小型船队，一开始是在苏格兰、纽约和魁北克之间航行。进入 60 年代之后，他们成了新西兰"移民贸易"的先锋。在回程中，亨德森的船开始在仰光停靠，装载大量的大米和柚木。不久之后，缅甸的大米贸易被证明是如此有利可图，因此亨德森家族完全放弃新西兰这条路线；大约也是在同时，他们买进了一支小型船队，从伊洛瓦底江蒸蒸日上的贸

图12 缅甸港务局大楼，这里曾是伊洛瓦底轮船公司的总部（尼尼尔·阿姆瑞斯　摄）

易中获利。

1872年出版的一本宣传手册向潜在的投资者保证："没有比缅甸更能够取得持续扩张的东方贸易。"伊洛瓦底江的"两岸分布着城镇和村庄，到处是积极而勤奋的人，对他们来说，这条河就是最好的高速公路。"一直到蒸汽动力出现之前，"这条河上的运输工具就是当地人的船只"，数量多达2.5万艘。而现在，蒸汽动力以其"速度、规律性和安全性，正逐渐取代本地船只"；所需要的只是"充足的设备，以垄断绝大部分的运输"。有20年时间，伊洛瓦底轮船公司都是直接从英国进口煤炭；但是从19世纪90年代开始，改由孟加拉地区的煤矿供应。1890年，与仰光隔河对望的达拉，已经发展成一个兴旺的船坞及维修站："这里还有锅炉车间、装配车间、机械车间、木工车间，以及所有组成一个修船厂必须具备的车间。"[10]

不过，蒸汽动力取代船帆的速度比我们所想的要慢得多。大型的规模和国家的保护为欧洲运输公司带来很大的优势，但亚洲的航运商人也并非坐以待毙。一直到19世纪70年代，帆船还是沿着老路线航行于印度洋，横渡南中国海。横渡孟加拉湾依然要冒很大的风险。[11]不过到那时，汽船的客运服务已经开始发展了。19世纪60年代开始，英属印度轮船运输公司（BISNC）占据了海湾客运量的最大份额。1861年，在加尔各答、阿恰布和仰光之间，每个月都有英属印度轮船运输公司的汽船往返。10年时间里，从每两周一次发展为每周都有的汽船服务，将仰光和印度东海岸、马德拉斯北方的港口连接起来，如卡基纳达（Coconada）、维沙卡帕特南（Vizagapatnam）、贝埃穆尼帕特纳姆、卡林加帕南（Calingapatnam）、巴鲁瓦（Baruva）和戈巴尔布（Gopalpur）。到80年代，每周都有班船从马德拉斯、本地治里、古达罗尔、开利开尔和纳加帕蒂南开往槟榔屿、瑞天咸港（今巴生港）和新加坡。今天，这些港口中的许多已经是没落的乡下小镇。游客们或许很难想象它们曾经是盛极一时的海上中心，但对老一辈人来说，纵然其中许多地方现在已经有了不同的名字，但这些地方的名字会唤起另一个世界的记忆：一个包含印度东部与东南亚的孟加拉湾世界。每年往返印度南部与马来亚之间的乘客数量，从19世纪70年代的平均1.5万人次，增至80年代后期的近4万人次。[12]马德拉斯和锡兰之间的运输规模甚至更大，主要是靠锡兰的塔莱曼纳（Talaimannar）和特努什戈迪（Dhanushkodi）之间（不到两小时）的短程船只往返；科伦坡和杜蒂戈林（Tuticorin）之间的航运只是补充性的，一周会有两班。[13]

到19世纪末，本地航运被推到了合法性和商业可行性的边缘。[14]

高韦里河、奎师那河和哥达瓦里河这些大河都注入孟加拉湾,它们养育的子民也穿过孟加拉湾,成千上万的人涌入缅甸和马来亚。汽船改变了人们的亲近感。新的路线连接着港口城市,也串起遥远的腹地——高韦里河三角洲和马来亚的森林,沿海的安得拉和下缅甸的稻田。当家人们各自分散在孟加拉湾各地时,他们所在的"村庄名字"足以"编成一张地图"。[15]

"水坝溃堤"也使得印度洋周围的权力重新分配。虽然欧洲帝国一开始只占领沿海的贸易飞地,但是到 19 世纪,他们也开始对陆地感兴趣,想要将"整块大陆纳入版图"。荷兰对印度尼西亚的统治便象征着这个转变。在拿破仑战争之后,荷兰政府亟须财政收入,于是建立了一套强制耕作和强迫劳动的制度,让爪哇投入生产。他们不再参与亚洲内部的贸易,转而专心投入作物的种植,榨取财富。[16]在 20 世纪 40 年代之前,1857 年的印度起义是在印度发生的规模最大的反抗英国统治的暴动。在此之后,英属印度加强了其对土地的控制,以作为帝国统治的基础:他们进行测绘,调查和评估领地;安置游牧民族;占领公有土地和森林。[17]因为工业化的欧洲可由铸造厂和造船厂提供毁灭性的军事技术,所以一场卷土重来的侵略扩张几乎使得整个东南亚(泰国除外)都处于欧洲的控制之下。1852 年英缅战争后,下缅甸也落入英国的控制。10 年之后,法国一步步掌握了对印度尼西亚的直接控制权。19 世纪 70 年代,英国的"前进运动"推进到马来半岛,以一系列的协议买通了马来苏丹。到 1885 年,英国已完成对缅甸的征服。荷兰征服印度尼西亚花了比较长的时间,1873—1908 年,在亚齐引发了一场血腥的反抗战争。

随着苏伊士运河的开通,印度成了印度洋的"节点",让英国的势力可以往东深入东南亚，向西扩张到东非海岸。印度的统治体制（各种间接统治）、法律制度（印度刑法典）和行政长官遍布印度洋。印度政府培植的英国官员把印度的统治模式施行并移植到海峡殖民地、埃及、东非和西非。印度士兵保卫了大英帝国的海洋边缘。[18] 最重要的是，从事开垦荒地、种植树木、修建铁路等分散在各地的印度劳工，支撑起这片土地的资本主义转型。他们中的绝大多数人只迁往孟加拉湾沿岸的三个地方：锡兰、缅甸和马来亚。锡兰从一个重要的贸易据点转变成种植园殖民地，为海湾沿岸的全面转变奠定了基础；在几十年内，这个地区成了世界上最重要的原料供应地之一。森林都被改造成单一种植的农场，山谷也变成了一片片的稻田，这一切带来了一波又一波的移民，其规模之大，甚至超过了早期前往毛里求斯和加勒比海地区的契约劳工。

地理位置、先例、政策，解释了为什么前往东南亚的移民劳工几乎都来自印度南部和东部的某些地区。南印度和锡兰之间、南印度和马来世界之间"不间断的往来"，为这个结果奠定了基础。交通网络、招募方式和资金来源已经存在，在蒸汽动力的作用下，扩张时机已经成熟。19世纪后半叶，南印度和东南亚之间的往来途径进一步深化。锡兰的农场主已经习惯和泰米尔劳工一起工作，当他们横渡孟加拉湾前往马来亚时，还是维持着这样的劳动力来源。殖民地官员习惯于将印度视为一个人口众多的国家，所以当其他地方的劳动力不足时，他们就转向了印度次大陆。种族观念习惯于把某种行为和不变的特征联系起来，认为泰米尔劳工无论何时何地都是"顺从的"，虽然他们效率很低，但服从纪律。随着移民的规模越来越大，也吸引了许多来自原本和孟加拉湾世界没什么联系的内陆社群，殖民地资本主义的搅动效应与持久的不流动力量产生了冲突。

长久以来，南印度一直是一个各类人等流动的地方：神职人员和托钵僧、工匠和战士。美国历史学家伯顿·斯泰因（Burton Stein）① 在关于中世纪南印度的经典著作中，描述了"南印度社会中许多人的流动方式"，他特别提到移民和征服的连续性，以及新来者的逐渐融合。一开始串起整个南印度的运输只是小规模的，但有重要的文化意义：涉及婆罗门仪式专家、诗人和抄写员的移动。军队的移动变得愈发重要——泰卢固农民战士在整个中世纪入侵并定居在泰米尔邦国。第二个千年，在注辇国的统治之下，"不断扩大的贸易和农业体制"拖垮了下层的农民群体。城市聚落围绕着大型寺庙，宗教的变革既是经济转型的原因，也是对经济转型做出的回应。湿婆信仰的兴起，见证了由农民团体支持的富裕寺庙集团的发展。12世纪"是泰米尔邦国宗教朝圣之旅最兴盛的时代"，这个越来越大的旅行圈横跨南部半岛。[19]

自然环境形成了流通和交换。泰米尔邦国包括三个不同的生态区域：以灌溉水稻种植为基础的河谷、富裕的寺庙城镇以及婆罗门的宗教据点；平原的严酷气候比较适合畜牧、狩猎和种植硬壳的谷类；孔固地区是一个兼具平原和河谷社会特征的边境地带，与两者都有交流。河谷地区长久以来都与外界有往来，把稻米输出到锡兰和东南亚，也从遥远的海岸进口奢侈品，所以在1870年后，它们主宰向东南亚的大规模移民也就不足为奇了。平原居民拿他们的专业服务与河谷交换多余的食物，所以有越来越多的短期移民从平原前往河谷，为他们提供军事服务或成为建筑工人。随着时间的推移，

---

① 英国伦敦东方与非洲研究学院历史系副教授，出版有《中世纪印度南部的农民国家与社会》《印度史》等。

"过去使得泰米尔邦国相对孤立的陆地与海洋的边界,现在已经被打破",互补的环境之间越来越大的内部流动性,与孟加拉湾各海岸之间日益频繁的外部流动性互相影响。[20]

但是,在奴役中也会出现移动。泰米尔地区最常见的是固定在一地、不移动的"永久农奴"制,当时的英国评论家将其与欧洲的农奴制相比较。农奴与土地捆绑在一起,但也有一些情况下,农奴可以单独出售,以最一般的定义来说,就是当成奴隶卖掉。用印度经济史学家达玛·库马尔(Dharma Kumar)的话来说,这种形式的束缚劳动"范围很广,从近乎自由到近乎奴役都有"。通常奴仆会有相应的资格,甚至是要求就业、获得土地及维持生计的权利。当然,这类习惯上的权利必然在饥荒和天灾之年遭遇最大的压力。19世纪初,从事农业劳动的农奴占了泰米尔地区"总人口的相当比例",多达20%。英国的废奴运动关注印度"国内的奴隶制度",不过,直到19世纪的最后25年,殖民国的介入都没有过多改变农耕社会的结构。[21] 除了这些古老的制度之外,随着南印度殖民统治的巩固,新的定居模式也会传播开来。对于织工、工匠、职业军人以及其他许多人来说,英国的征服带来经济上的破坏。廉价的兰开夏纺织品充斥着印度市场。印度纺织社区的传统流动性大大降低了,因为他们的生产力远不如英国的机械纺织厂。与包括卡尔·马克思在内的同时代人的预言相反,南印度社会在19世纪经历的是"去工业化"的历程,而不是现代化。生产转向低质量、低附加价值的产品,也减少了手工编织,这种转变尤其打击了妇女的生计。城市居民被迫迁往日益边缘的土地,他们在那里仅能勉强糊口。上述这些强制衰退,造成南印度在19世纪遭受饥荒的严重打击。[22]

蒸汽动力有望征服季风。苏伊士运河开通不到10年，季风展示了它们对人类生活的持久影响力，但是失败了。这次失败是全球性的，也是灾难性的。1877—1878年的厄尔尼诺—南方振荡现象，是有记录以来最严重的一次。南印度、中国、爪哇、埃及和巴西东北部都没有降雨。旱灾来临时，通常的代价便是食物的生产，主要生产者都会受到影响，受到美国铁路股票泡沫破裂的冲击，19世纪70年代的全球经济萧条导致大宗商品价格猛跌，在经济作物领域过度快速扩张的生产者因此大受打击。干旱演变成灾难的部分原因是大英帝国的正统经济学说：英国官员不愿意干预市场力量，吝于救济，废除了许多过去存在的社会支持体系。[23]印度南部的饥荒尤其严重，扩及整个德干高原。医生兼人道主义者威廉·康尼希（William Cornish）对英国的饥荒政策提出严厉的批评，他写道："我们看到各年龄段的儿童都如此消瘦、虚弱，只有照片才能充分反映他们的状态。"[24]"死亡人数如此之多，甚至无法得到安葬。"康尼希哀叹道："大批村民离开了自己的村庄，村庄的领导人也因为恐慌而离开了自己的岗位，所以我们几乎不可能得到正确的死亡人数统计。"但即便如此，死亡人数估计也有数百万人。

在那之后的观察者都认为，19世纪70年代的饥荒和印度移民的增加之间有直接的关联，因为印度移民的确就在那时候急速增加了。饥荒是最终的"推动因素"，这是美国地理学家哈里·杰罗姆（Harry Jerome）在20世纪20年代首度普及的一个词语。1883年初，民俗学者、语言学者和殖民地官员乔治·格里尔森（George Grierson）走访了孟加拉地区和比哈尔邦，调查印度移民的原因和结果。他写道："移民当然被视为推动印度发展的动力引擎，因为在饥荒时期，为受苦的人口提供越多的安全阀，就越有机会拯救生命。"

格里尔森认为，移民是受经济和环境条件制约的自然人口流动。他把米价与移民发生的程度联系起来，发现"这两条线几乎是一致的"。从这个观点来说，移民是印度过剩人口的一个"排出孔"：就像新大陆吸收了欧洲越来越多的穷人，印度洋和东南亚的边疆对于印度也有同样的作用。海峡殖民地的总督写道：开垦马来半岛的森林可以为这个国家的大量劳动人口创造新的机会，"这个国家的人口严重过剩，而且经常遭遇饥荒，其程度之严重令人悲哀"。[25]

饥荒和移民的关系其实要复杂得多。因为长期面临劳工不足的窘境，孟加拉湾各地的英国官员在饥荒中看到了机会。1877年3月，一位缅甸的官员想到："鉴于马德拉斯地区非常普遍的饥荒，是否可以由特殊的安排提供一种推动力，让这些灾区的更多劳工移民到英属缅甸，一方面可以缓解饥荒，另一方面可以增加本省的移民人口。"[26]这个计划最终以失败收场。一年后，缅甸政府又提供公共建设工程的工作机会给马德拉斯的饥荒灾民，但由于只有800人自愿前往，所以这个计划再度中止。其他许多想要把饥荒难民安置到海外的计划也都失败了。[27]

相比之下，锡兰的确因为饥荒使得移民人数大增。1875—1876年，前往锡兰的印度劳工数量翻了一番，在1876年和1877年这两个饥荒最严重的年份，每年都有超过16万人；而从锡兰回到印度的移民人数则锐减。前往锡兰的移民几乎都来自"已经习惯短期劳动迁徙"的地区：坦贾武尔和马杜赖（Madurai）东南部的干旱地区。也就是说，那些把移民到锡兰视为一种生存手段的人，来自本来就和这个岛有紧密联系的地区。前往锡兰的移民早在几十年前就开始了，到19世纪70年代已经甚具规模。英国历史学家阿诺德（David Arnold）认为："鉴于饥荒的严重性和长期性，人们可能会问：为什么没有更多人从马德拉斯逃出来?"移民面前有许多阻碍等着他们——惊慌失措的官员想要阻止他们离开村庄,移民站里的中介以不适合劳动为由拒绝他们。饥荒造成的移民相对较少,这表明"马德拉斯的农村劳力在某种程度上已经不再与土地和村庄联系在一起"。[28]

经济机会,加上相对比较便宜的交通,为年轻的男性以及少数女性在灾难时刻离开家乡,前往东南亚寻求财富铺平了道路。但他们并没有对大自然的狂暴做出盲目的反应,许多看似理所当然的因素都会起作用,而并不只有饥荒,如政策和法规、机会和意图、科技和能源,都会一起推动孟加拉湾的移民。移民不仅是在人口过剩和不足的地区之间,或是降雨、土地过多和不足的地区之间的自然流动;每一次移民都源于个人的希望,或是为了家族生存的严密计算;移民往往是遥远议会中制定的法律所规定的强制手段推动的。

今天我们所说的"移民产业",提供了危机和机遇之间必要的联系。劳工中介、航运代理商、小金融家和投机商与殖民地国家以及欧洲农场主合作,但他们有时候也是敌对的关系。他们瞄准了南印度的农村,把劳工输送到海湾对岸。南印度的移民产业既有本地劳动力市场的历史特征,也加入了欧洲中介机构的资本以及殖民地契约法的力量。法律明确区分了雇佣契约下的移民和通过中间人自行安排的移民,但是这些都只能说是光谱上的点。每一种形式的招募都使用了引诱、胁迫,以及最重要的债务来动员南印度的劳工,然后把他们束缚在锡兰或马来亚的农场里。

随着19世纪30年代咖啡种植遍布全岛,锡兰是第一个经历改变的地方。如前所述,19世纪40年代是劳工移民的早期高峰,1844年有将近10万人从印度前来。不过,随着咖啡产业衰落,移民人数随之减少。咖啡产业萧条的部分原因是世界各地生产商之间的竞争。60年代晚期，苏伊士运河为全球贸易注入了活力，咖啡叶病则重创了锡兰的种植园，导致许多农场主倾家荡产。投资者尝试了其他选择后，最后决定改种茶叶。80年代，茶叶的种植面积从9000英亩增加到超过15万英亩，而咖啡的种植面积则从25.2万英亩减至9.8万英亩。许多咖啡种植园直接被改造成茶园。茶叶带来了大量移民，国家运营的渡轮往来于帕姆巴（Paumba）和马纳尔（Mannar）、杜蒂戈林和科伦坡之间，南印度的饥荒让锡兰变得更具吸引力。印度劳工修建的北方公路（North Road）长达110英里，连接起马纳尔的港口和康提高地；几十年前，从印度来的人必须艰辛地徒步穿越沼泽和丛林，而现在这条公路大大改善了这种状况。现在的移民"几乎从来不属于游牧和边缘群体，而是从水稻种植区的定居人口中招募的"。虽然这是在形容低种姓和达利特人（dalit）社群，不过泰米尔南部地区有土地和占有支配地位的种姓，其实也是如此。[29]

一经抵达锡兰，招募之事就由工头主导。泰米尔语 *kangany* 意为"监督者"（kan 在泰米尔语中是"眼睛"之意）；在泰米尔圣经中，主教就是 *kangany*，也就是监督会众的人。到了19世纪70年代，也拥有种植园的"首领"*kangany* 成了强有力的中间人，每个人都有许多下属，负责管理各种植园中的劳动力。茶叶的种植和咖啡不同，一年到头都需要劳工，而且茶园的工作节奏比较适合女人和小孩，所以现在从印度到锡兰的人口流动以家庭为主。这里也和其他地方一样，以债务作为体制的核心。工头要求劳工家庭或是奴工主人支付"海岸预付款"，以确保劳工处于其控制之下，而且这种情况还会不断加剧。债务也随着劳工移动。如果他们死于农场，债务就会移转到他们的家人身上，这种案例不在少数。劳工的食物和住宿费用，以及他们在种植园商店（通常为工头所有）购买的物品，都会增加他们的经济负担。

前往锡兰的移民是早期移民传统的延续，建立在地缘、习惯、种姓以及亲属关系的深厚联系上。较长距离的移动，需要国家和雇主在初期做出较大的努力。在马来亚，工头的招募与契约劳工制度并存，并最终取代了后者。契约劳工制度是吸收早期的印度移民前往印度洋和西印度群岛的甘蔗种植园所采用的制度。一名马来亚农场主在1836年写道："这里的土壤很适合，气候也很好"，而"等在我们前面的是一片荒芜，静待人类的手带来丰足与收获"。[30] 19世纪，那些手几乎全部来自南印度人。19世纪50年代，由于甘蔗的种植扩大到位于马来亚大陆与槟榔屿隔水相望的威斯利省，所以对印度劳工的需求也扩大了。[31] 长距离运输意味着前往马来亚的运输成本高于前往锡兰的运输成本：为了确保投资可以收回成本，经纪人和农场主坚持劳工要签3—5年的雇佣契约。农场主十分不乐见劳工逃亡，他们推行铁的纪律。印度的投机商人把自愿或非自愿的人都招募过来，把他们送到海湾的对岸，相信不断增长的劳工需求可以带来丰厚的利润。农场主也通过他们的印度代理人自行招募劳工，他们的代理人就是亚当森与塔加特公司（到处可见苏格兰的影子）及两家印度公司：加纳帕蒂皮莱和马都拉公司。除了招募农耕种姓之外，他们还会招募低种姓的印度教徒或达利特工人前往马来亚，这改变了孟加拉湾移民的组织形态，孟加拉湾曾经由说泰米尔语的穆斯林主导。从1866年有精确的统计开始，到马来亚在1910年废除契约劳工，有多达25万名劳工签下雇佣契约，从印度前往马来亚。19世纪70—80年代，有70%—80%的印度劳工签订了契约。不过，他们的经历引发了一连串反应，最后使得契约劳工制度无法持续，后文将对此进行详述。进入20世纪后，工头成了马来亚最主要的劳工招募来源。这一切与"拉惹橡胶"（Raja rubber）的兴起有绝对的关系。[32]

马来亚咖啡和糖蔗种植者的命运一直令人失望，因为这两种作物都不像投资者所期望的那样可以迅速获利。但是橡胶非常有利可图，所以到了20世纪早期，马来亚已经成为大英帝国版图中最值钱的热带殖民地。橡胶树原产于马来半岛，不过维多利亚时代对"改良"的追求，促使皇家农业学家和植物学家进行了移植试验。巴西的橡胶树比马来亚当地的橡胶树产量更高，对环境的适应性也更强。19世纪70年代，在亚马孙地区工作的英国淘金者亨利·威克翰（Henry Wickham）采收了许多野生橡胶树的种子，并将它们送到大英帝国最核心的植物园邱园（Kew Gardens）。1876—1877年，橡胶的秧苗被输出到锡兰，还有少部分出口到新加坡，苗木的潜力在这些地方得到了真正的发挥。亨利·里德利（Henry Ridley）是新加坡植物园的园长，他看到了马来亚种植橡胶树的商业前景。里德利建议用"人字形切除法，只剥除树皮上的一块，但是保持内部形成层的完整"，这样割胶就不会伤害树木本身。切痕的角度和深度、树液的难闻气味，都成了数以万计来自南印度的年轻人生活中必须习惯的事。橡胶的扩张速度很快。1905年，马来亚的橡胶种植面积为2万公顷。到1910年，种植面积扩大了10倍以上。[33]

橡胶种植者认识到工头制度是获得劳工最快且最有效的方式。马来亚的工头和锡兰不同，他们只为雇用他们的单一种植园效力，所以招募的规模也比较小。从工头招募到的劳工人数，就可以看出他们在马来亚的成功。到19世纪80年代末期，每年有2万多人从南印度前往海峡殖民地港口；1911年，人数更是超过了10万人。移民人口也快速往内陆迁移。1881年进行人口普查时，居住在马来亚的

4.4 万名印度居民中，新加坡和槟榔屿占了 3.9 万名；到了 1901 年，这两个城市的印度人合计有 5.56 万人，跟主要分布在雪兰莪和霹雳的种植园人口相当。[34]

桑德胡（Kernial Singh Sandhu）[①] 堪称研究马来亚印度移民史的先驱，他在 20 世纪 60 年代的研究中指出："几乎所有被询问的劳工……都把招募者或是中间人列入其移民的理由之中。"40 年后，我游历了马来西亚的种植园——从很多方面来说，我是在追随桑德胡的足迹——我的经历也是类似的。在大多数前往东南亚的泰米尔移民的叙述或家庭记忆中，他们的命运、机会和决定都因为工头而具体化。工头通常是个大家都知道的人；在村民的期待中，他偶然出现在村子里，开启了上百万次横渡孟加拉湾的旅程。工头创造了南印度村庄和特定的马来亚种植园之间的紧密联结，以及故乡的神庙和海外的种植园庙宇之间的联结。

工头有着不同的面貌，他们可能是欧洲农场主的鹰犬，也可能是为孤身在外的泰米尔工人提供群体归属感的人。[35] 到 20 世纪早期，英国官员和印度的民族主义者一致认为：工头是些油嘴滑舌的人。我们主要透过他们的眼睛，看到了孟加拉湾历史上这个重要但几乎看不见的人物。加尔各答民族主义者所办的日报《甘露市场报》（*Amrita Bazar Patrika*）嘲笑工头是"虚有其表的人，他们穿着华丽的鹅绒大衣，戴着花边帽子，耳朵和手指上都装饰着昂贵的珠宝"。另一份报纸评论说："他们向这些无知的财富寻求者"灌输了马来亚是个黄金国的观念："黄金像磁铁一样吸引人。"[36] 最近的一篇回忆录把工头的装模作样描写得更加谦卑，因此或许较为可信。帕

[①] 曾任新加坡东南亚研究所所长，著有《马来亚的印度人》。

拉尼赛米在20世纪头10年的晚期或20年代早期曾是一名工头,他的家人回忆起他时常前往印度招募工人的经历。当他前往印度的时候,会打扮得很惹人注目,穿着短裤和衬衫,留着短发,腰间还挂着一个口哨。[37]

类似的招募体制在缅甸也很盛行,只是名称不同,条件也不同,缅甸的招募者称为监工(*maistry*)。从印度前往缅甸的移民在19世纪80年代人数大增,而且比起前往锡兰和马来亚的移民,其组成也复杂得多。大多数前往缅甸的移民不是来自最南部的泰米尔地区,而是来自马德拉斯北部说泰卢固语的地区,也就是今天的安得拉邦海岸。来自泰米尔地区、奥里萨邦和孟加拉的移民也加入了他们的行列。除了这批由海路来的新移民之外,古老的陆上移民依然活跃,来来往往的人穿过水上边界,从吉大港进入缅甸,途经过去由阿拉干王国统治的领土。缅甸的发展并不太仰赖农业种植,印度移民在那里从事的工作十分多元,他们可能从事小规模的工业生产,也可能务农,而且他们比较少集中在特定的工作场所。从这个意义上来说,缅甸的移民是三个国家之中最自由的,不过这个体制中还是有债务和预付金,在促进移民和约束负债移民方面发挥着类似的作用。此外,缅甸与锡兰和马来亚之间还有两个明显的对比。第一是司法方面的。缅甸是英属印度的一个省,所以移居缅甸的印度人属于"国内"移民,虽然他们已经横渡了孟加拉湾。正因为如此,他们比较不会受到殖民地政府的控制和监视。第二,在缅甸,南印度的资本(而不只是劳工)对于19世纪晚期发生的转变是不可或缺的。

试想一下:19世纪80年代,一位年纪尚轻的切蒂亚尔中介横渡孟加拉湾来到缅甸,他的前任(他将接替的人)会带他入行。他们一起住在位于下缅甸的汉达瓦底(Hanthawaddy)地区一个与世隔绝的大院里,窗户上装着铁栏杆,四周被伊洛瓦底江三角洲翠绿的稻田包围着。切蒂亚尔人发展出来的亲密关系和直觉,会决定村子里谁值得信赖。这样的生活是很寂寞的。他们大部分时间伏案于写字台和记账簿前。记录必须完美,没有瑕疵。他们也是这个村落生活的一部分,却总是没有被算进去。我们不知道他们说什么语言,大概是混杂着英语、泰米尔语和印度斯坦语的混杂缅甸语。切蒂亚尔人会在收成之后来吸收存款,他们直接贷款给耕种者以及经营市场的缅甸放债人,后者以较高的利息把钱再贷出去。他们为来自英国和印度的小商品提供资金,如罐装牛奶、饼干、肥皂、玻璃器皿、陶器,"维多利亚女王和德皇威廉二世的肖像、圣诞贺卡,以及从当时的画报杂志上剪下来的图片"。[38]

虽然并没有同处一个空间,不过中介的消息流和资本流从来不曾断绝,它们就像是流贯切蒂亚尔社群动脉的血液一样,从印度南部腹地的心脏流向缅甸、暹罗、马来亚和印度支那的四肢。社群中的长老们每周会在仰光莫卧儿街的切蒂亚尔神庙聚集,这里就是"国际金融网络的中心,紧密连接起马德拉斯、科伦坡、槟榔屿、新加坡和西贡的银行系统"。他们在这里讨论社区事务,决定各种不同的贷款和存款的利率,尤其是切蒂亚尔公司之间的内部交易利率。他们也会评估市场状况,将战争的谣言、风雨飘摇的季风和新的运输路线状况归结成一个数字:利率。他们会与很愿意借钱给切蒂亚尔公司的欧洲汇兑银行做生意,此外,也与中国的贸易商和银行家有业务往来。人们来回流动。新加入的学徒很快就会变成一个人,因为指导他的人会返乡休息一段时间。

切蒂亚尔人原本是一个盐商种姓,他们在18世纪转向银行业,并累积了许多使用复杂金融工具的经验。切蒂亚尔人第一次到海外拓点就是前往锡兰,在那里他们投资了早期的咖啡种植。他们和泰米尔穆斯林一起,把稻米和纺织品输入岛内,并输出槟榔、肉桂和咖啡。在英国银行进驻之前,他们也处理货币兑换业务。切蒂亚尔人跟随英国军队进入东南亚,到海峡殖民地和丹那沙林,接着又比大英帝国更早一步,到达印度尼西亚和印度支那。东南亚的前沿市场为他们带来的投资回报比印度市场更好,而且他们在"狂野的东方"(wild east)所受的活动限制更少。20世纪初,越来越多的切蒂亚尔资本转投到海外,远远超过马德拉斯,而且这些投资大多集中在缅甸。[39]

切蒂亚尔银行家抵达下缅甸时,发现伊洛瓦底江三角洲遍地是黄金。统治缅甸的贡榜王朝(1752—1885年)原本限制从缅甸输出稻米,不过在第二次英缅战争(1852年)之后,英国当局解除了这项限制。1857年的印度叛乱、美国南北战争(卡罗来纳州的稻米供给被中断)等19世纪中叶的全球冲突,扰乱了国际稻米市场,使得缅甸成了主要的稻米出口国。缅甸的稻米经由苏伊士运河运往全世界。一开始,大部分大米被运往欧洲。大约在20世纪初,来自缅甸邻国的需求增加了。马来亚的种植园里有成千上万的移民劳工,他们都需要吃饭,但是马来亚无法生产这么多稻米。缅甸大米的生产量大增的时候,东印度的主要稻米产区刚好因为人口增长而备感压力,到20世纪20年代,缅甸大米也会涌入印度的国内市场。

缅甸信贷市场的积弱不振,给切蒂亚尔人带来了机会。19世纪70年代之前,缅甸的开拓者已经进入伊洛瓦底江三角洲,缓慢而稳定地增加稻米的种植。他们仰赖亲戚和店老板的贷款来渡过难关,直到收获季节，或是通过偶尔的现金交易来资助他们。苏伊士运河开通之后，突然有许多新的土地成为殖民地，对于贷款的需求变得十分迫切。切蒂亚尔人是唯一可以提供贷款的。出口经济由欧洲的外汇银行主宰，但是他们不愿贷款给缅甸的农民——虽然他们愿意贷款给予他们建立了良好关系的切蒂亚尔公司。缅甸本土的放贷者愿意提供资金，但是他们没有那么多资金，无法支持大规模的借贷。切蒂亚尔公司原本就和仰光关系密切，也会提供资金给邻近的内陆农场。到了19世纪80年代，切蒂亚尔人沿着缅甸铁路流动。他们会直接贷款给缅甸的耕种者，这些耕种者会以土地和财产作为抵押。结果十分引人注目。1855年，缅甸输出了16.2万吨稻米；1905—1906年，增长到200万吨。与此同时，水稻种植面积从70万英亩扩大至600余万英亩。在那些年间，稻米的价格从一百篮45卢比涨到120卢比。在20世纪初，缅甸有将近350家切蒂亚尔银行，营运资本达1.5亿卢比。

缅甸的稻米革命既是整个孟加拉湾变革的结果，也是促使孟加拉湾发生这些变革的原因。当印度移民大量涌入的时候，他们发现有各种不同的职业，收入也比在马来亚或锡兰的种植园工作更高。其中许多工人是在小规模的工厂做工：碾米、包装和加工稻米，或是在码头和铁路工作。前往缅甸的印度劳工会进行季节性流动，这和东印度、缅甸的农耕以及降雨周期密切相关。进入20世纪后，缅甸的印度居民超过一半住在仰光以外的地方，包括勃生（Bassein）和毛淡棉，兴实达（Henzada）、东吁和苗妙（Myaungmya）这样的集镇，以及低洼三角洲地带的农村，他们会选在农田边缘搭一些临时的简陋小屋住下来。不过，在仰光最可以看出缅甸的惊人变化。到1900年，仰光已经成为一个"印度城市"；这种情况一直持续到灾难性的 20 世纪 30 年代。最多印度移民前往的目的地是缅甸：总人数介于 1200 万—1500 万之间，其中大多数来自 1880—1940 年，他们的故事几乎仍然不为人知。[40]

总体来说，锡兰、缅甸和马来亚这三条路线各有其独特的社会和地理特征。缅甸的劳工大多来自泰卢固地区，与锡兰关系最密切的是泰米尔纳德邦的最南部，而坦贾武尔、蒂鲁内尔维利（Tirunelveli）以及马德拉斯周围地区与马来亚联系最紧密。不过，这些路线之间还是有相当的重叠，互有交叉，线路也交错在一起。在某些特定的村庄里，即使是同一个家庭里的男人，也会选择不同的目的地去冒险，一个兄弟前往缅甸，另一个则去马来亚。他们要分散赌注，尽量把巨大的风险降到最低。有些人的旅程可能一生都围绕着孟加拉湾：有几年在锡兰，有一段时间回到家乡，然后再出发前往缅甸或马来亚。选择权通常不掌握在移民手上，一些偶然或意外的事件，决定了谁会落脚在哪里。对一些人来说，启航之前的海外世界都很抽象，他们并不清楚自己将要前往什么地方。古老的"黄金大地"传说至今仍在回响，那是东方的神秘国境。锡兰和马来亚之间的关系特别密切，起因于种植者把咖啡从锡兰带到马来亚，两地也都偏爱泰米尔劳工。到了 19 世纪晚期，斯里兰卡的泰米尔家庭开始在马来亚寻找新的边疆，从事种植园经理和工头的工作；从 20 世纪早期开始，锡兰泰米尔移民中受过教育的阶层充斥着海峡殖民地的官僚机构和法院。我们不必从一个跳脱的视角去观察整个孟加拉湾，许多人的旅程、许多家庭的历史，都是建立在这个海洋世界的流动基础上的。

19世纪60年代,马克思写道:英国把爱尔兰土地上出产的产品作为食物或布料运到数千英里外的地方,相当于"间接输出了爱尔兰的土地";生产者没有再将这片土地所需的养分补足,破坏了它的"新陈代谢"平衡。[41]我们也可以想象,土地和劳动力一起随着洋流在孟加拉湾流动:缅甸的稻米出口到印度,马来亚的橡胶输往全世界,这些稻米和橡胶生长在种植园里,由印度工人负责劳作。

泰米尔移民对"热带的"马来亚气候的假想熟悉,为契约劳工提供了部分辩护之词。与马德拉斯政府的人道关怀不同,海峡殖民地的总督支持移民从印度前来,他坚持认为,"迄今为止,从印度来到海峡殖民地的移民都认为这是个有利的移民选择,因为这里的气候很适合他们的体质"。[42]相反的论点也很有用处:农场主主张,马来亚的泰米尔劳工之所以有很高的发病率和死亡率,是因为两地的气候差异,而不是因为过度劳动或受到虐待。海峡殖民地的官员为了向印度政府证明他们的政策是正确的,他们辩称之所以提供印度劳工免费回乡的船费,并不是因为这些劳工有此权利,而是考虑劳工们不适应气候。安森写道:"政府出于人道主义考虑将移民送回去,移民可能会通过回到家乡的气候环境来恢复健康。"[43]

特定民族和特定土地之间假定的契合关系,为从印度的各个地区寻找"理想"移民提供了依据。在盘算引进一波新移民到英属北婆罗洲时,一位马来亚的官员写道:"因为婆罗洲的气候和印度的西海岸类似,所以比起那些来自东南部干燥地区的人,马拉巴尔和南卡纳拉的土著应该可以发展得更好。"[44]另一位观察家更有力地指出了这一点。他坚称:"海峡的气候与大部分移民的家乡(印度东海岸)完全不同。""我听说海峡地区一年到头都在下雨。如果真是这样,我认为最适合招募的应该是西海岸的土著,他们已经习惯了强降雨的气候。"[45]但是，招募网络、航海路线和政府的移民站，都是从印度东海岸前往马来亚，而且移民继续从东海岸前来。

在殖民地理学家看来，印度和热带种植园殖民地之间的气候差异，使得移民似乎是人口自然重新分配到土地最肥沃的地方。格里尔森便认为，"简单看一下地图……就会发现引入印度劳工的殖民地都位于热带地区"，那些殖民地都拥有"稳定的气候，不会有突然或极端的改变，土壤也异常肥沃"。格里尔森在解释历史上的热带殖民地对于印度劳工的需求时，还提到文化与气候的因素。格里尔森总结道："当印度苦力被送到热带殖民地时，会发现那个地方与他过去的经验十分不同。那里的土壤几乎不用耕种就能长出很好的作物。"但是，格里尔森忽略了印度移民与新大陆的白人移民相比，要获得自己的土地将面临几乎是不可逾越的障碍，"肥沃土壤"种出来的产品都直接归农场主所有了。[46]

敏锐的观察家会发现：移民劳工改变了马来亚的生态和地貌，甚至改变了气候，而不只是被动地经历这些改变。早在1849年，博物学家詹姆士·罗就曾对槟榔屿的森林砍伐速度表示担忧，因为槟榔屿同时开放给了英国和中国的资本，这会对当地气候造成不利的影响。他呼应了当时大英帝国其他领地普遍存在的一种看法，这被称作"干燥主义"理论。詹姆士·罗写道："气候与整个社群息息相关，保护它免受伤害是政府的责任。"他也提出警告：如果"浓密的、枝叶茂盛的森林都被破坏了"，那么"接下来的每次干旱，都会带来比先前更大的危害"。在大陆的威斯利省，"平原上……森林被砍伐的严重程度，亟须人们立刻停止这种与自然宣战的做法，否则势必会在未来酿成重大的灾难"。[47]与自然的战争仍在继续，而对于那些用自己的劳动重新塑造马来亚地貌的人而言，未来充满了灾难。

在代代相传的集体记忆中，许多泰米尔移民仍记得他们与马来亚湿热气候初遇时的震惊；而移民到锡兰高地的人，甚至更难适应。马来亚一年四季的气候相对稳定，全年都是雨季，与南印度干湿季交替的气候非常不同；这种一成不变的气候非常适合种植橡胶。种植园一天的工作极为规律，清晨6点前点名，工作到正午再休息。气候决定了马来亚的泰米尔移民劳工对时间的感觉，形成了一种新的生活节奏。这种迷失感可以通过家乡的宗教仪式得到缓解。退休教师帕拉尼萨米，是一名精力充沛又热情博学的女性，对地方研究充满热忱，她收集并录制了马来西亚泰米尔族群中老年人传唱的许多民歌。泰米尔的丰收歌曲在马来西亚一直传唱到20世纪晚期，在那里，大部分泰米尔人都是工薪阶层，而不是耕种者，而且马来西亚一年中的大部分时间最不需要祈祷的就是下雨。这些歌曲是支撑移民富有想象力的转变的一部分。[48]

其他人则寻找熟悉的山丘，这些山丘会让他们想起故乡的风景，他们在上面建造小寺庙；相似的树木和药草，为他们提供治病的药材。岸边的庙宇香火鼎盛，不过现在还有马来亚丛林深处的神殿，延续着泰米尔人的信仰，美国印度学学者大卫·舒尔曼（David Shulman）称之为"根深蒂固的、完全本土化的神性"。如果在一个橡胶种植园新建一座神殿，会被视作"神明和这个地方早已存在关系"。工人觉得他们的神早已先一步渡海而来，因为他们感受到有神的力量存在，所以他们建造了神殿。工人们带来了泰米尔邦信奉湿婆教的传统，崇拜年轻的穆卢干和强大的马里安曼女神。这些移民信仰为大地带来生命的神圣力量，他们的仪式包括"暴力、死亡、血祭和不洁"。[49]一名研究印度宗教的学者曾说，南亚"到处都是神圣的"，"至高无上的神就在河流交汇的地方、苍鹭展翅飞过的地方、山丘隆起的地方"。印度这些神圣的地理也横渡孟加拉湾，植入了马来亚的风景中。这也是工人们对气候变化的感受和理解。[50]

图 13　马来亚橡胶园里的一座小树神龛。19 世纪，种植园里建造了数百座类似的神龛（苏尼尔·阿姆瑞斯　摄）

马来亚的第一代契约印度工人面对的是地狱般的环境：深受热病折磨，一停下工作就会遭到鞭打，因丛林中潜在的未知危险而饱受威胁。东南亚早年的种植园农业生动再现了马克思的观点："资本主义来到世间，从头到脚，每个毛孔都滴着血和肮脏的东西。"[51]大部分横渡孟加拉湾的工人与几个世纪以前横渡这片海域的穆斯林商人和船员不同，他们并不以航海为业，这也是孟加拉湾的历史在 19 世纪 70 年代呈现一个断裂的原因之一；另一个断裂是 20 世纪 20 年代，当时初次有大量女性横渡这片海洋。大部分移民劳工是印度本土或其他地方的农民，他们的努力重新塑造了东南亚的森林和河谷。美国历史学家理查德·怀特（Richard White）提醒我们，"可以通过劳动了解自然"；泰米尔工人也是通过劳动开始了解孟加拉湾的东海岸，"这片土地的真实结构，它的骨骼与肌肉系统"。[52]移民学习他们在这片土地上的工作，刚开始是要清理土地，然后不断地除草。糖蔗的种植是最艰巨的工作，对环境的破坏也最大。茶叶需要一年四季照看，采摘、分拣、干燥；割胶工学会了在哪里割下切口才能够导出树液，而不至于伤害树木，这些都像是嵌进身体里的本能。

1930年，福科尼耶（Henri Fauconnier）凭借小说《马来亚》（*Malaisie*）获颁龚古尔文学奖，《马来亚》是根据福科尼耶在马来亚的亲身经历所写的。他在1906年抵达马来亚，负责管理一个种植非洲油棕的种植园。他以极富感情的笔调描写了早期种植园的恐怖。清理土地的工作是由一群马来合同工及泰米尔和华人劳工完成的。福科尼耶见证了他们的奋斗史，他写道："他们着手砍倒森林里的树木，我听到四面八方都传来斧头砍向树干的声音。""我听到了旋风的嘶吼声；其后又是一阵风的呜咽，一种拉长的嘶鸣，最后转为呼啸之声。大地就在我的脚下颤抖"；"在一片漫天的烟尘之后，一大片森林被摧毁了。"早年的种植园工人没有留下任何文字叙述，从而可以平衡一下农场主（如福科尼耶）脑海中的浪漫幻想，不过，他们在口头传统和歌曲中回忆起他们亲手开创种植园的过程。20世纪30年代中期，当耶鲁大学医学院神经外科医生、飞行员赖特降落在这片"新月形的广大地区"时，他写道："半岛上的植被并没有像槟榔屿那样发生太大变化。"不过，"从那里到新加坡的荒野之地都被驯服了，并开始种植橡胶，精心整理过的种植园整齐排列着"。在某种意义上说，这幅陆地的航拍图是孟加拉湾移民历史的记录。[53]

森林对劳工生命带来的另一个巨大威胁是疾病。19世纪时，人们普遍认为马来亚的丛林里充满瘴气；新发展起来的细菌学告诉我们，当地的生态环境会滋生病原体，移民劳工对此没有多少天然的抵抗力。痢疾、腹泻和热病挥之不去。劳工宿舍供水不足，维护不善，而且"无疑是造成腹泻和痢疾的原因之一"。[54]虽然支持者和劳工招募者夸耀马来亚有"健康的风土"，但种植园里的死亡率几乎比大英帝国的其他任何领地都要高。其中尤以疟疾带来的威胁最大。和南印度不一样的是，这种疾病在马来亚的丛林中极为流行；泰米尔移民劳工对它几乎没有天然的免疫力。因为开垦土地造成的生态失衡，可能使问题更加恶化。死亡率直到20世纪的头10年才逐步下降，这可能是因为废除了契约劳工，卫生条件得到了改善，又或是更习惯马来亚环境的工人的免疫力提高了。甚至到了20世纪20年代，马来亚的医官还在感叹："耗损得太快了；从印度带来苦力的做法并不值得，无论多么严格地要求他们履行合同期限，事实上，他们都在合同期满之前就死亡了。"[55]

人们对印度和马来亚的指责是不同的。为了证明签约劳工的高死亡率是合理的，农场主辩称，这些从印度雇来的人一开始的健康状况就很差，没有足够能力适应马来亚的气候。这些泰米尔种植园的劳工要为他们自己的病痛负责。一名马来亚的官员为了替农场主辩护，这样写道："大家都知道土著有些肮脏的习惯，这不需要解释。"[56]相比之下，印度的官员则主张，虐待和糟糕的环境使得健康的移民变成了"病弱"的回国者，他们的主张原本只是微弱的声音，但是后来声音越来越大。一位纳加帕蒂南港口的外科医生在1880年严厉地指出，"海湾对岸的当局谎称这些拖着病体、面黄肌瘦、过度操劳，从槟榔屿回到本港的可怜人……搞成这副样子是因为他们移民出去时状况就不好"，他写道，这根本就是"荒谬到了极点的争论"。[57]

　　许多在种植园工作的工人没有耕种食物这种人类与土地最重要的联结。马来亚的种植园以从缅甸或是泰国输入稻米为生；与锡兰（或阿萨姆邦）相比，马来亚只有很少的种植园劳工有自己的一小块土地，用来种植蔬菜或饲养家禽。营养不良是虚弱甚至死亡的潜在原因。一位泰米尔劳工从威斯利省恶名昭彰的马拉科夫种植园被救出后，检查人员发现他患有"前所未见的消瘦症"。虽然马来亚政府认为，印度移民应该感谢马来亚让他们逃离饥荒，但是印度港口的一名外科医生却有完全不同的看法：他看到工人从马来亚回来后，"身体状况比在难民营里看到的那些饱受饥荒和疾病侵袭的人更加糟糕"。[58]

　　对于那些最不走运的工人来说，他们努力开垦的土地，反而拖垮了他们虚弱的身体。19世纪70—80年代，马来亚条件最恶劣的种植园惨无人道的程度，堪比加勒比地区的奴隶种植园。当地的验尸官开始调查马来亚种植园的死亡情况时，工人们的证词勾勒出一幅恐怖的种植园景象，其中满是乱葬岗，工人被暴打或是凌虐之后，被就地埋在那里。一位验尸官的调查结论是："有些人死于鞭笞，然后被就地埋在那里。"工人们对这片土地的了解，还包括知道哪棵树下埋着他们的伙伴。[59] 45岁或50岁的虚弱男子拉玛萨米就埋在他所在种植园的几棵椰子树下的一个浅墓穴里。验尸官在其尸体上发现至少14处被藤条（或竹杖）抽打造成的伤口，还有证据指出，拉玛萨米又被九尾鞭抽打了上百下。目击这场谋杀的穆图萨米在三个月前与拉玛萨米一起从马德拉斯来到这里，他带着验尸官到朋友埋葬的地点。[60] 泰米尔语中的种植园（thottam）一词，有"花园"的意思。

"血和肮脏的东西"为东南亚的边疆带来了活力,移民劳工的苦难重新塑造了这片土地。我们倾向于认为环境历史是发生在我们身上的事情,塑造人类社会的自然力量创造了最大规模的环境历史:人类与植物和病原体都是"生物行为者",在争夺霸权。又或者,如果以人为中心思考,我们会认为国家推动了环境历史,尤其是它在现代主义的化身中,是为了征服自然,让它不计一切代价地进行生产。[61] 不过,如果我们把横渡孟加拉湾的人视作为环境改造的推动者,这又意味着什么呢?他们漂洋过海改变了陆地。家庭内部的小决定、强制的小举动——债务的动机、工头光鲜亮丽的承诺——这些累积起来,足以改变孟加拉湾的"新陈代谢平衡"。

对印度移民来说,横渡孟加拉湾的同时,也越过了许多边界:生态的、文化的和法律的。[62] 进入 20 世纪时,海湾移民受到许多规则的限制,而这些规则时常互相矛盾。对于切蒂亚尔放贷者或是欧洲投资者,以及来自坦贾武尔或哥达瓦里的移民家庭来说,孟加拉湾是一个完整的地区,人口和资金在其中来回流动。对于帝国主义国家来说,它是一个被边界——英国、法国和荷兰帝国之间的边界——割裂的区域;不同类型的英国领地之间的边界,统治方式也各不相同。对于移民的控制,也随着移民数量的增长而展开。

1875 年,奥克塔维奥·休姆(Octavio Hume)写道:海峡殖民地的"泰米尔移民,并不会完全觉得自己是个陌生人"。那时休姆还是一名殖民地的官员,但 10 年后就成了印度国民大会党的创始成员。休姆认为,不论是在历史上或是地理上,孟加拉湾周围的联结都属于自然秩序的一部分。[63] 但是,这个观点渐渐改变了。在接下来的半个世纪里,印度和东南亚之间的移民受到双方的严格管制。新规则把孟加拉湾沿岸更紧密地联结在一起，同时也使各种移民——自由的和不自由的、依附的和独立的、华人和印度人的新区别——以及移民和土著居民之间有了新的区别。到19世纪80年代，海湾移民的规模引起了官方介入。在横渡孟加拉湾的三个主要移民目的地中，前往马来亚的移民受到的管制最严格。只有在马来亚，除了契约劳工之外，还有自由的移民，他们是由工头招募而来的劳工。20世纪早期，前往马来亚的泰米尔移民是大英帝国统治最严密的人群之一。

英国当局投入时间和精力来维护自由劳工的意识形态，满足了自由主义者的良知，即劳工们都是自愿横渡孟加拉湾前往马来亚的，也完全知道在海的另一边有什么在等着他们。印度政府采用19世纪30年代建立的监督移民前往毛里求斯和西印度群岛的法律制度，且在1873年引入了移民保护者一职，监管从马德拉斯前往马来亚的移民，这坐实了哈萨威的批评，哈萨威认为这是"一种经常性、有组织的绑架行为"。几个世纪以来，孟加拉湾的迁徙都畅通无阻，保护者在这里的任务比起在遥远的糖蔗殖民地要复杂得多。

从一开始，要对移民进行审问，就让马德拉斯政府坐立难安，但它仍在继续，这几乎就像是一种表演，每天都要对帝国的决策者上演一遍。官员无法确定能不能相信移民的说辞，也对这些说法传达出来的移民意图感到不安。鲍内斯·费舍尔从法国管控的开利开尔港写信给马德拉斯当局："当地人移民的原因往往都非常不充分。"这些不充分的原因包括"债务、家庭不和"以及短暂的时运不济，而其根本原因则是"无力做出选择"。所以"自由的"移民"很容易成为狡诈中介的猎物"。在这种情况下，移民根本称不上是行为者。费舍尔据此认为，每位移民都应该"接受一些有经验和明智的官员的调查，动机也要经过分析测试"，这些事情应该在"他还没有在移民站引起传染疾病，或是将他承诺的优越舒适性与其抛弃的生活相比较之前"。[64] 殖民地官员发现到处都是伪装，而且并不清楚到底是谁在背后操纵，是中介还是移民自己。他们诉诸一般性的假设，认为农民"很容易受骗"，"印度苦力被带到保护官面前时，可以诱使他们说出任何话"，而且"移民"倾向于做出"可能不利于自己"的陈述。[65]

英属印度政府通过确认每位印度移民在法律上都能够为自己的移民决定负责，从而免除他们对移民福利应负的责任，虽然明知道这些移民已经进入另一个管辖区域，他们的雇佣契约十分繁复，而且是不公平的，还受到严厉的惩罚性劳工法的约束，即使是轻微的"不当行为"也会受到惩罚。[66] 检查会使移民因官员的诡计而供认。许多官员也不信任这个程序。就算官员让所有移民都要在法律上为自己的行为负责，国家还是缺乏在时间和空间上确认个人身份的信息。要输入移民的姓名远不是一件简单的事：有些人会附有他们父亲的名字，他们的故乡、种姓和职业等详细的历史，而有些人则只能靠种姓加以识别，甚至连拉玛萨米这种常见的名字都成了一个名词，这是对于马来亚所有种植园工人的贬义称呼（拉玛萨米在田野里很快乐），很刻意地抹去了他们的个性。正如约翰·伯格（John Berger）所写的："最残酷的情况下，家不过是一个人的名字，而大部分人是没有名字的。"[67]

保护官不可能对每个移民都进行检查，"他势必常常通过别人的眼睛去看，通过别人的耳朵去听"。很少有英国官员像费舍尔这样对这一进程持批评态度。费舍尔是马德拉斯军队的一名老兵，因此他在1880年被任命为开利开尔的英国领事，直到1888年退休，他一直努力增加自己的领事权力。他一直对从法属印度来到海峡殖民地的非法移民感到很困扰，因为移民会躲避英国的掌控。费舍尔身处英属印度领地之外的边缘地带，开始思考法律上的弱点。好战而自负的费舍尔写下了一篇关于开利开尔和本地治里移民的即时评论。他坚称，没有哪个术语比来自南印度的"自由"移民"更加被误用，或更偏离事实"。他认为，"大部分离开我们的海岸前往海峡殖民地的人，不管怎么说，毫无疑问都是不自由的"。有些人"会说他们是自由的"，而且"一直机械地重复某些观点"；费舍尔认为这很荒谬，因为这些移民不论是"出身或是环境，都不可能"自由。[68]他还写道，更大的问题是，"我们现在所知的印度农业工人是否真的能够顾好自己的利益"。他觉得不行。印度的移民，也就是印度的农民，需要"自我保护和他人保护"。[69]

从理论上讲，整个孟加拉湾地区的移民体系都认为移民是自愿的，而不只是作为奴隶或人类货物。这与他们通过签订契约或长期合同，自愿放弃某些自由的观点完全一致。事实上，负责管理移民的英国官员怀疑印度移民不具有中介能力（agency），这个词有两个意思。自洛克开始的英国自由主义理论家们认为人格"只属于理性的行为者，他们懂得法律、快乐和悲伤"，费舍尔不认为招募站里的人有这些特质。他们认为那些叫作"苦力"的人没有能力评估自己的欲望，也不知道自己移民的理由是否"正确"。[70]再者，官员认为真正的"代理人"，其实是招募者，一般称为"中介"。这些代理人代表他们自己，或代表他们的委托人——马来亚或锡兰的农场主——进行欺骗，用虚假的承诺诱骗劳工，使他们成为被动的受害者。

招募劳工的中介继续享有不受英国控制的自治权，这点让国家最为忧心。横渡孟加拉湾的移民和前往遥远糖蔗殖民地的契约移民之间最大的差别在于，向东的移民从很久以前就开始了，虽然现在它是在前所未有的规模和不同的条件下发生的。长久以来存在于孟加拉湾沿岸的招募制度，一直持续到 19 世纪晚期。殖民母国对移民机构的焦虑，至少在一定程度上反映了对其自身控制限制的担忧。在整个区域，"大量劳工的流动存在于欧洲势力所不及的地区……爪哇人、波亚尼人（Boyanese）、班加尔人（Banjarese）、婆罗洲的达雅克人（Dayak）、泰米尔人和华人都在流动"。[71] 哈萨威所谓孟加拉湾周围充斥着人的"非法交易"，其实指的是互有重叠的两件事：首先是人道主义焦虑，担忧这些人遭到绑架、奴役，或违背本人的意愿；其次是人贩子（如海盗），他们独立于英国的控制，比起官方途径，这些由非法途径载运的人，也不见得更受压迫（或更不受压迫）。

由航运商人、劳工中介和金融家组成的连接起南印度和东南亚的土本商业安排，在空间和时间上进行了重组；或许我们也可以说，他们的记忆历史悠久。这些横跨孟加拉湾的联结，很多都起源于科罗曼德尔海岸几个互相竞争的港口：这个世界的逻辑是一旦条件或赋税变得苛刻，商人就会收拾行李搬到邻近的沿海定居点。当英国对纳加帕蒂南的航运管制和移民管控变得过于严格时，泰米尔穆斯林航运商人便和他们的祖先一样，改从邻近的法属开利开尔港出海——这正是费舍尔所担心的事。从纳格尔到开利开尔的海岸，是玛拉依喀雅尔社群的核心地带，也是切蒂亚尔人的故乡拉姆纳德地区；殖民边界对这些群体而言没有什么意义。欧洲人通常难以分辨的移民和移民中介会任意对调护照，例如，费舍尔极不信任的开利开尔移民"从当地警察那儿得到护照，该护照使其变成法国的臣民！"[72] 令印度政府官员深感苦恼的是，1878 年，新加坡最高法院确认来自法属印度的移民不受印度和海峡殖民地之间的移民法规约束。[73] 区分英国国民和法国国民绝非易事，尤其"以法院判决所需的严密司法精确度来说"。深受挫折的英国官员将此归咎于"苦力对国籍问题漠不关心";同样看似合理的是,许多人相当策略性地使用了"国籍问题"。

愤怒的费舍尔抱怨自己无法掌控开利开尔的局势:法国人看起来并不在乎。他写道:19世纪中叶,"满载的船只"已经"让位于汽船……不过Lubby种姓中的领班或是投机商人依然存在",这很贴切地总结了早期孟加拉湾网络中经久不衰的活动。"苦力"和"自由"移民之间的明确区别,给那些负责执法的人带来了进一步的问题。"苦力"是"根据劳动协议"移民的,而"自由"移民在大英帝国境内的旅行是不受限制的。其实苦力通过混在"为了赚点小钱不断在这片黑水之间来来往往的小商人"之间来躲避侦查,这些小商人包括"不满的厨师、管家和仆从","投机的理发师、洗衣工和苦力",以及"一群熟练工"。[74]

殖民地当局一再发现,当地的经纪人无视英属印度的命令。切蒂亚尔和勒巴依的穆斯林商人都会自行招募,在槟榔屿的报纸上公开刊登广告。卡纳帕迪皮莱公司在《槟榔屿标准报》(*Penang Standard*)上宣称:"如果有任何人需要印度农工服务,都可以在告知后的合理时间内,获得所需的健壮劳力,佣金很合理。"[75]他们把工人从开利开尔运出,逃避英国当局加诸的限制。[76]虽然该区域是由英国控制的,不过孟加拉湾仍然是一个有许多玩家的舞台。19世纪80年代早期,西班牙和德国的船只把移民从开利开尔带到马六甲海峡:西班牙船只"三宝颜号"(Zamboga)、德国船只"塞蒂玛号"(Septima)和"德西玛号"(Decima)都会定期前往开利开尔,"后来取代这些外国汽船的船只的船长和船员,完全不受(英国)领事当局的道德影响"。对英国人而言更糟的是,一艘名为"公司号"的荷兰私人船只会直接从开利开尔驶往苏门答腊。

横渡孟加拉湾的移民和中介很快便跨越了政治的边界,以致政府还根本来不及追踪他们的移动。前往海峡殖民地的数千名泰米尔移民,却被"非法"运送到大英帝国以外的苏门答腊岛的烟草种植园。在那里,他们与人数多得多的华人一起工作,这些华人是在新加坡中转之后,以合法或非法的方式过去的。[77]也有印度劳工逃离他们的农场,往北越过边界进入暹罗。马来亚的移民保护官注意到,"从种植园逃走的苦力,总是可以在边界以北找到工作,任何想要找到他们的人,一路上会困难重重"。保护官戈特利布要求他办公室的职员同时"兼任探员,找到违法者并确保证据,从而可以起诉";他还获得了槟榔屿警局的蒂明斯督察的协助。当地的官员就没那么积极了:"曾经有一个人因此而丧命,所以其他人拒绝再横跨边境。"[78]

间接统治造成了司法管辖上的差异,即使是在马来亚的英国领地内,移民和中介还是会利用这种差异。从种植园逃亡是很常见的事。有些逃跑的种植园工人也从记录上消失了。口述历史中说他们之中的一小部分人在马来人村落定居下来,其他人则死于逃亡途中。最幸运的通常是那些设法从霹雳或雪兰莪逃往海峡殖民地的人,因为他们可以利用直接统治和间接统治在司法上的差异,找到对自己有利的方式。1913年,以"瑟勒"之名为人所知的塞拉潘·喀凡丹从雪兰莪的布劳斯顿种植园逃到新加坡。他在新加坡遭到逮捕,农场主希望通过引渡将他带回去,因为他离开雪兰莪之后就横渡到海峡殖民地,在另一个司法管辖区内算是逃亡者。地方法官做出了有利于农场主的判决,但是新加坡最高法院推翻了这个判决,认为瑟勒的罪行"微不足道",引渡的处罚"太过严厉"。第一次世界大战爆发时,也曾发生一个类似的案子:7名工人因为他们的雇主积欠薪水未发而从巴生的米德兰兹种植园逃往新加坡。在这个案件里，新加坡的法官同样站在逃亡者这边，拒绝将他们引渡。值得注意的是，这些逃跑的案例出现在《英属亚洲帝国引渡法标准手册》中，该手册由果阿律师戴迈乐（Aloysius de Mello）执笔。戴迈乐在剑桥和巴黎受过教育，也是伦敦格雷律师学院的成员。[79] 讨论移民时，我们现在视为理所当然的许多区别，例如，国内与国际移民的区别、合法与非法移民的区别等，都源于20世纪早期的争论，其中许多具有启发性的辩论，即试验案例，都发生在孟加拉湾地区。

到20世纪的第一个10年，印度劳工中介和英国当局暂时达成了协议。不论是在锡兰还是马来亚，工头制都显得很有效率，殖民母国也不再试着直接干涉雇用的过程，总督和农场主都看不到契约劳工制度还有更多的价值，现在只有极少数的顽固保守派还在为其辩护。1903年，马德拉斯政府证实工头的招募在过去会由纳加帕蒂南移民站的负责人进行检查，现在也都有意放松了。工头凭借其信息、信誉和亲属关系的网络，占了上风。另一方面，殖民地国家也依靠债务和预付款制度，确保影响力。1901年，锡兰引进"通行证"（tin ticket）制度，政府支付移民的旅费，再向农场主收回这些钱；1907年，马来亚也引进类似的制度。[80] 随着殖民控制达到目的，"贩卖人口"和持续存在的各种形式的奴隶制就不再那么普遍了。[81] 通过一种奇怪的方式，哈萨威和他的敌人都赢了。

印度移民的生活保存在大英帝国错综复杂的档案中，跃然纸上。文件和人一样，会从一个殖民地到另一个殖民地，从一个部门到另一个部门，从一个海岸到另一个海岸。我开始利用印度国家档案进行这个项目的研究时，充满了困惑，因为有一大堆列表和目录摆在面前。每隔几年,负责移民的机构就从一个国家机构换到另一个:从"税收与农业部门"到"家庭、税收与农业部门",再回到"税收与农业部门",然后又换到"商业与工业部门"。行政逻辑的每次转变都显示国家在农业生产、税收、土地或工业化方面,对移民"问题"的设想和界定发生了变化。在缅甸、马来亚和锡兰,关于移民的争论会发生在劳工部和印度移民保护官所属的部门。移民的故事则出现在其他记录中,如领事和外交信函中,因为移民的旅程跨越了政治边界。移民档案所属的机构会告诉我们,那些决定谁应该为数百万人前往海外的旅程负责的选择和事故。

在公民权广泛普及之前,法律提供了一种方式,让最弱势的人可以寻求保护,获得公众的尊重,并维护其神圣不可侵犯的习俗(即使常被虐待)——尽管可能性总是有利于有钱有势者。只有当移民的声音以特定的方式出现时,在他们(依循惯例提出)的请愿书里、法律证词里(虽然他们的证词通常不被相信),他们的声音才会在马德拉斯或是加尔各答被"听到",而且最重要的是,必须通过英国的中介:医疗官员、地方法官和传教士。[82] 随着马来亚和印度之间的通信越来越频繁,种植园生活不人道的一面也变得越来越难以忽视;证据显示,马来亚的泰米尔劳工"经常遭到鞭打"。[83] 有勇气坚持信念的英国官员——其中包括坦贾武尔的收税副官哈萨威——总结道,政府应该阻止更多移民前往东南亚,因为这个系统太容易造成虐待。但是,马来亚的农场主依然需要劳工,而且他们在伦敦有很强大的后台。

农场主援引维多利亚时代的自由贸易原则来为不受限制的移民辩护:帝国内部的迁徙自由十分重要。他们还进一步强调:孟加拉湾的循环迁徙根植于地方上的传统。他们认为"马六甲海峡与印度的传统联系,应该足以确保移民的利益",而无须政府进一步介入。[84]不过自由的语言是一把双刃剑。印度官员和人道主义者主张限制移动自由将强化印度臣民的人身自由,让他们免于签订不公平的契约(因为他们从来没有真正自由地签订过这些契约)。而且,即使是单纯赞同自由的经济论点,也可能在支持的同时削弱种植园主。

哈萨威的继任者托马斯于1874—1878年担任坦贾武尔收税官,这名行政官员日后写了一篇印度钓鱼竿史的专文。他认为:"原则上,对于劳工自发性地从廉价市场流动到高价市场,除适度除去对其加诸的障碍外,什么都不应该尝试或鼓励。"与农场主声称劳工在印度和马来亚之间的流动是自然且自发的相反,他指出,如果没有政府在这个过程每个阶段的介入,这是不可能的,马克思清楚观察到"原始积累"必须仰赖国家的力量。正因如此,托马斯写道:"如果政府合法化并以低于目的地市场价的价格帮助一种盲目的契约,那么就是在直接伤害移民,并间接伤害这两个国家。"他特别提出:"如果把劳工送往世界各地对印度而言是个好政策,那就应该……把劳工分配到印度人口较少的地区,那里最需要的是咖啡和茶叶种植产业。"托马斯提出一个明确的结论:"如果在缅甸、马六甲海峡、锡兰或是其他地方,必须消耗印度才能够支撑英国的资本,那么这种不公平的生态应该尽早发现,越早纠正越好。"托马斯的确有先见之明:关于孟加拉湾移民是否自由的争论一直持续到20世纪,而且到了20世纪30年代,印度民族主义者将提出与托马斯概述的完全相同的反对移民的论点。[85]

虽然官方担忧的动机通常是出于自己的利益,甚至还带点反讽——通过将制度的恐怖归因于个别的"虐待"案件来维护制度——不过,政府对于海外印度劳工的关心还是达到了一个预期外的结果：让移民劳工有机会对帝国表达主张，要求国家遵守自己承诺的正义。刚开始似乎是马来亚的农场主占了上风，哈萨威和托马斯之流只是少数。因为马来亚的农场主不希望招来"不便"，所以印度官员"没有立刻下令禁止移民"前往马来亚，虽然摆在他们眼前的大量证据表明，他们应该这么做。[86]不过，即使殖民地官员无视调查结果，印度的民族主义者和社会改革家也决意捍卫改革。

到20世纪的第一个10年，印度和中国的记者、社会改革家、民族主义者和政府官员，开始注意到世界各地的印度和中国苦力的状况。对于印度和中国的政府领导人来说，无力保护他们在海外的国民，正是国家积弱的体现。当"自由"的亚洲移民在移居的殖民地和美国遭受法律上的歧视和排斥时，苦力让各地的印度人和华人被烙上了不自由和屈辱的污名。[87]

在资深的自由主义政治家戈卡莱（Gopal Krishna Gokhale）的带领下，印度的知名人士再次提出印度移民劳工生活状况的问题，就像英国的人道主义者和反对奴隶制的运动家在19世纪40年代所做的那样。1912年，身为帝国议会议员的戈卡莱在演说中提到了契约劳工制度造成的"普遍且严重的苦难"，以及由此带来的"个人暴力"和"痛苦"。[88]他利用帝国政府关于饮食、工资和死亡率方面的统计，来吸引大家关注印度移民的苦难。除了移民劳工所受的苦难之外，世人会以"耻辱"的眼光看待他们，这是印度精英对移民劳工最为诟病的事。[89]1912年，戈卡莱宣称契约劳工"从国家的角度来看是可耻的"，因为"只要那个地方有这个体制，那里的印度人就只会被当成苦力，而不论他们的实际地位如何"。[90]他暗指海外那些受人尊敬的印度商人和律师，因被与他们的工人同胞相提并论而败坏了名声。

南非的印度人被剥夺政治权利一事在越来越著名的律师甘地的

推动下，成为一个刻不容缓的议题。殖民地的种族歧视对许多印度精英而言尤感困扰，但那不是唯一迫在眉睫的议题。[91]对于印度移民的担忧，引发了对印度贫穷问题和经济发展潜力的更广泛担忧，包括印度边界及其与更广泛地区的联系的担忧。因为马来亚邻近印度，两者具有跨越孟加拉湾的历史联结，所以相较于与遥远的加勒比海蔗糖殖民地或印度洋的关系，马来亚与印度的关系非比寻常。在马来亚的背景下，远离家乡、孤立无援的印度社群形象几乎没有分量。不过，全世界对于印度移民劳工的新认识，让工人们的处境被放到帝国主义和国际政治的改革中：苦力的问题立刻变得更有感染力，也更加普遍。到20世纪的头10年，马来亚有文化的印度人开始加入与他们自己权利有关的关于契约劳工和种植园劳工的论争。[92]住在吉隆坡的印度作家萨米（J. D. Samy）写道，在马来亚，"苦力是不会被看到的"，他详细描述了"穷人、文盲和无知的苦力每天所遭受的痛苦"。[93]

印度的政治家和社会改革家将移民劳工的苦难公之于世，对20世纪早期帝国范围内的契约劳工移民制度构成了挑战。最终，大英帝国的内部争论导致了契约劳工的废除，英国历史学家廷克（Hugh Tinker）对此进行全面探讨之后认为，人道主义者、传教士和印度的自由主义改革者的联合，首先"谴责"了印度契约劳工的全球输出，然后又"瓦解"了这种输出。[94]对于印度反对契约劳工的政治势力，帝国政府感到忧心，这种反对在1912年戈卡莱介入之后逐渐加强。[95]契约劳工的收益性也在下降，因为大英帝国各领地的农场主找到了利用血缘和债务关系招募"自由"劳工的新方法。[96]

这些更大范围的帝国压力促成了终止契约劳工前往马来亚的具体决定，不过其中尤以反对契约劳工的经济观点特别有力。[97]由于橡胶产业的快速崛起，农场主现在发现契约劳工制度无法为他们提供足够多或稳定的工人。1910 年，最后一批契约劳工抵达马来亚，他们的契约在 1913 年到期，这标志着该制度在马来亚的终结。当然，契约劳工制度其实从来不曾在锡兰和缅甸施行。契约劳工制度的终结在孟加拉湾沿岸的影响有限，因为这个制度本来就在走下坡路，而且早在该制度之前已经有工头，持续时间也更久，这种方式足以取代契约劳工制。

19 世纪 70 年代至 20 世纪早期，孟加拉湾周围的联结经历了一次大规模的变化。虽然没有精确的统计，不过可以确定横渡孟加拉湾的人数与横渡大西洋的人数相当。与大西洋的移民相比，印度和华人移民永居海外的较少。但这是否就意味着他们一定更不自由呢？许多当时和之后的观察家都认为，确实如此。19 世纪 70 年代，一位马德拉斯的英国官员写道：把前往东南亚的印度移民与"英国及其他地方自由而理性的民族的自发移民"相提并论，都是"荒谬而虚幻的"。[98] 不过，借用蕾贝卡·斯科特（Rebecca Scott）研究奴隶制后的古巴和路易斯安那的话说，成千上万的年轻人以"不同程度的自由"横渡了孟加拉湾。[99]

人类学家阿萨德（Talal Asad）提出了超越一般想法的有力解释，这种观念普遍存在于今天的社会科学和 19 世纪晚期的英国官员头脑中，即人类既非行为者，也非受害者。他写道：在"一个累积了许多可能性而不是恒常确定性的世界中，行为依赖于无意识的惯例和习惯"，而"情感为行为带来互相矛盾的描述"。19 世纪的官员和 21 世纪的口述历史学家提出了一个简单的问题："你为什么移民？"在回答这个问题时，这种"互相矛盾的描述"比比皆是。阿萨德认为，我们应该换个角度，"用人与居住世界之间的习惯性约定来思考道德上的主体"。[100]康提高地、马来亚种植园、伊洛瓦底江三角洲的景观因印度移民的劳动变得不可辨识，通过其与这些景观"习惯性的关联"，确立了他们在孟加拉湾的作用。我们可以认为他们是道德的、政治的，甚至是环境的行为者。就像投资者会重新调整"土地的价值"，再看着它们不可阻挡地上涨；劳工也会赋予土地价值。他们在每座橡胶园和茶园所建的庙宇就表现了这一点，有时候仅仅是树下的小神庙。就像那些穿越北美平原一路向西的人一样，孟加拉湾地区的工人们也从险恶的大自然中，衍生出他们自己关于耕作和带来文明的叙事。一首20世纪早期的泰卢固歌曲这样唱道：

> 那是在19世纪，我们来到了马来亚
> 那是英国统治马来半岛的日子
> 那是繁荣的橡胶和椰子种植园的日子
> 英国人从安得拉带来泰卢固人
> 到种植园工作
> 我们砍伐森林、开垦土地、种植作物
> 我们努力工作，把国家建设得绿意盎然、繁荣昌盛。[101]

清理土地的时候，马来亚的泰米尔工人偶然发现了埋藏在这片土地深处的古代记忆。当他们在吉打的巴都河种植园工作时，发现了"一个广阔但是很低的土丘，在土丘的河岸上有一条排水沟，里面有红土和石块"。附近"在从事现代（以及古代）卵石采集业"的其他人，发现了一个小型的青铜神龛。在兴建种植园时，苦力们又发现了象神（Ganesha）的雕像、硬币和圣物。1937—1938年，考古

图14 马来西亚最重要的考古遗址布秧谷发掘出土的寺庙遗址。该遗址的许多地方最初是由当地的种植园工人发现的（苏尼尔·阿姆瑞斯 摄）

学家韦尔斯在毕业于伦敦大学法律系的妻子多萝西的帮助下，对此展开了挖掘，最后确定这座种植园坐落于马来西亚最重要的考古遗址布秧谷，这个遗址证明了1000多年前孟加拉湾的商业繁荣。

随着时间的推移，布秧谷就像东南亚其他的"印度教"遗址一样，被殖民地的东方主义者和印度精英的公关人员所利用，辩称东南亚是"大印度"文明的延伸。但这其实是后话。从这里，我们只能想象挖掘涵洞、采集卵石的工人偶然发现这些深埋在地下的遗迹时，他们会经历什么：一眼认出它们？跟随强大祖先的脚步横渡孟加拉湾的感觉？或者，只是觉得这片土地也是他们的归属地。[102]

第五章
大海的十字路口

1930年,14岁的男孩纳拉亚纳萨米登上"拉祖拉号"前往新加坡。虽然经济不景气阻挡了前往东南亚的印度劳工潮,不过纳拉亚纳萨米还是通过他的叔叔找到了工作,在新加坡实龙岗路附近为尊贵的卡迪尔苏丹放牛(时至今日,实龙岗路依然是新加坡小印度的中心)。后来他到克里希纳喜乐和阿南达宫餐厅工作;他从擦桌子做起,在那里学会了磨米、做印度煎饼,之后他就在街边摆摊卖煎饼,一个10美分。他住在白杨路40号,处在一个瞬息万变的世界中。人们从印度前来,又回到印度去。他们的行李箱中装着布料和黄金;一些人的内心则承载着梦想破灭的辛酸。

城市生活比遗世独立的橡胶园开放得多。城市里的家庭联系就像劳工中介一样,可能让新来的人找到工作,工资还不错——足够买电影票、香烟和其他乐趣。作为一个移民城市,20世纪早期的新加坡和纽约、布宜诺斯艾利斯有许多类似的地方,城市的近郊都住满移民。旅馆和娱乐场所为新移民提供支持、信息和社交生活。新加坡咖啡店里的棕榈酒每桶10美分,对于像纳拉亚纳萨米这样寂寞又认真工作的年轻人来说,这是一种忘记烦恼的好选择;他们会吃"咖喱鱼、印度圈圈饼、炸豆饼、蒸米浆糕和印度煎饼",也会喝酒。

他们收听来自家乡和周遭世界的新闻。纳拉亚纳萨米记得,"会有人大声读报纸。一大群人围在读报人旁边,大家听完之后就上床睡觉了"。声音也横渡了孟加拉湾。"人们会在食品店里打开电台,让艾索克·库马尔(Ashok Kumar)①的歌声回荡在空气中。"

纳拉亚纳萨米发现自己身处亲人和陌生人之中。乍看之下,他们的世界就像是南印度的缩影:来自坦贾武尔的人会聚集在一个街角,来自蒂鲁内尔维利的人则聚集在另一个街角。不过,他们的领域并不固定,会互相争夺。这个大部分由印度移民组成的社会——大多是男性,而且是流动人口——在新加坡遇上了更大的华人移民世界:一个在某些特征上和印度世界非常类似的世界,但社会结构和制度却不尽相同。1

印度人和华人在马来亚相遇,引起了遥远彼岸的关注。1905年,甘地在印度洋对岸的南非撰文评论道:"新加坡与中国的距离,可以说就像它(与印度)一样近。"甘地继而哀叹道:"虽说如此,但是我们的人在那里根本无法与华人相抗衡。"新加坡的华人比印度人富有,甘地指出,"有些人甚至拥有汽车"。他告诉《印度舆论》(*Indian Opinion*)②的读者:前一年来到新加坡的华人人数,几乎是来自印度的10倍。"这表明我们的人民在移民和定居国外领地这件事上,还有许多要做的,落在中国之后,是件令人遗憾的事。"由于印度和中国的重要人士都很在乎他们在各国和帝国世界中的地位,所以移民对他们而言是一件自豪和焦虑的事情。2

贸易和移民在20世纪早期达到高潮,但随之爆发的第一次世

---

① 印度电影演员。
② 甘地在南非主办的周刊,几乎每期都刊有甘地的专稿。

大战阻断了横渡孟加拉湾的交通。1914年9月,德国的"埃姆登号"轻巡洋舰班师印度洋东部,袭击英国的商船,并关闭了科伦坡与新加坡之间的航道。9月22日,在穆勒舰长的指挥下,"埃姆登号"偷袭了马德拉斯港的储油罐和商船,并在10月底将炮口指向槟榔屿。1914年11月,"埃姆登号"在和澳大利亚巡洋舰的对战中,在科科斯群岛与基林群岛附近搁浅。近一个世纪以来,英国对孟加拉湾的统治地位第一次遭到威胁,但这只是短暂的威胁。[3]1915年2月,新加坡的马德拉斯轻装步兵第五军团爆发叛乱,这加剧了帝国的不安全感。这支军队以旁遮普的穆斯林占绝对多数,他们的行动受到卡塔尔运动(Ghadar movement)①反殖民主义宣传的鼓舞。该运动是由流亡北美的印度人领导的,他们希望用这次战事掀起印度的反叛。这次叛乱最后遭到镇压,36名反叛者在1.5万名围观者面前被处决。[4]大约在同一时期,移民的风潮也开始消退:1914年,离开马来亚的印度移民人数超过新抵达的人数。[5]战争结束不久,全球流感疫情因印度洋和南海航线的重启,席卷马来半岛,给种植园造成重大的移民人力损失。[6]

随着战后不景气的结束,横渡孟加拉湾的贸易和移民达到并很快超越了战前的最高水平。1926年和1927年,亚洲移民达到一个前所未见的高峰。这两年有超过15万人从印度抵达马来亚,更有近30万人来到锡兰。1926—1929年,从印度前往缅甸的人数每年都超过40万人次,1927年更是一个高峰,有42.83万人次抵达缅甸。同一年,到达东南亚的华人移民数量也达到高峰,超过了50万人。华人移民的活动范围比印度人更广,印度人倾向于留在大英帝国境内;

---

① Ghadar 为乌尔都语,有"造反""起义"之意。

华人移民则前往印度尼西亚、越南、泰国、澳大利亚、北美和南美，但抵达马来亚的人数还是最多的。1926年，当数十万来自印度和中国的移民从港口的轮船上下来时，他们在码头工作的同胞为他们卸下船上的牛和燕窝、咸鱼和烧酒、价值数百万美元的鸦片、近400万本书籍和地图、48391部电影胶片、232台印刷和装订机、2448台打字机、46848台缝纫机、8454辆汽车，以及将近300万吨汽车零件、531把手枪和左轮手枪。[7]

两次世界大战期间，是孟加拉湾的生活与"亚洲地中海"（从中国南部延伸到印度尼西亚的海上世界）完全融合的关键时刻。[8]这样的相遇，带来了新型的城市生活以及大量的文化融合和知识创新，但同时也积累了冲突，这前所未有的融合与更强烈的国家或文化差异的主张之间的冲突日益逼近。

孟加拉湾的商业经济改变了整个沿海地区的生态，这种改变也沿着伊洛瓦底江的河岸深入内陆，到达马来半岛的高地。这片海洋的"新陈代谢"把稻米、橡胶和茶叶运到很远的地方；它也让印度东南部的年轻人离开原来的地方，展开他们环游海湾的旅程。为了满足对贸易和市场扩张至关重要的交通需求，在移民劳工的推动下，孟加拉湾的港口城市发展成大型都市。城市的网罗对象比种植园更广。贸易商跟随祖父辈的脚步横渡海洋；商人创办企业和商店；技师和工匠为他们的技巧找到新的需求；劳工把握机会，开展海外冒险。移民劳工让渔村和古老的帝国所在地变成了现代城市，就像今天他们也在波斯湾的沙漠地区建立城市一样。那时也像现在一样，这些城市中到处可见说不同语言、吃不同食物的外地人。[9]

虽然有许多人在城市中找到了他们的曙光，不过对其中一些人而言，这些城市是不可思议的、让人迷失的地方。港口城市的迅速发展让一些人坐立不安，对他们来说，港口城市像是乡村社会之上异质的成长力量。1916年5月，泰戈尔在前往美国途中停留仰光时，看到"仰光城根本不像是缅甸的城市，它与整个国家完全不同……这个城市不像是从这个国家的土壤中孕育出来的"。[10]泰戈尔的反应不足为奇，在20世纪早期，仰光几乎在每个方面都是一座印度城市。这座城市中75％的非熟练工和70％的熟练工是由印度工人构成的。槟榔屿，尤其是新加坡，主要是华人；来自许多地区的南亚人在这两个地方来来往往，也有越来越多的人留了下来。在这三个城市中，所谓的本地人，也就是缅甸人或马来人，反而是少数。

比起印度南部的城市，东南亚的港口城市（尤其是新加坡和仰光）的成长速度更快。它们既是印度和中国海外城市的边疆，也是它们的内陆腹地。孟加拉湾两岸的联系如此紧密，以致仰光、新加坡、槟榔屿和科伦坡人口中马德拉斯出生的人口，比大部分南印度城镇的总人口还多，后者的城镇人口很少有超过10万人的。住在孟加拉湾沿岸城市的南印度人口，多过任何一个印度城市（除马德拉斯辖区之外）的南印度人口，甚至包括孟买在内。对于数百万住在印度东南沿岸的人来说，他们所熟知的世界是向东延伸到孟加拉湾，而不是向北或向西延伸到印度次大陆；他们第一次到这座城市的旅程，通常也是他们的第一次海外之行。

1933年，一位英国劳工官员写道："直到最近，仰光作为一个移民港口的重要性仅次于纽约"，仰光"现在作为世界上第一个迁居和移民的港口占据着引以为傲的位置"。[11]傅尼凡（John Sydenham Furnivall）通过对仰光社会生活的观察，提出了"多元社会"的说法。他在缅甸当了多年学者型的行政官员，于20世纪30年代退休；他一边在仰光的昂山市场摆摊，出售费边主义文学作品，一边把他几十年来发表的社会观察做更有系统的汇编。谈到东南亚的港口城市，傅尼凡第一个想到的总是仰光："让游客留下深刻印象的第一件事，是这里混杂着来自世界各地的人，有欧洲人、华人、印度人和当地人"，不过"这是一种严格意义上的混杂，他们混居在一起，却没有融合。每个群体都有自己的宗教、自己的文化和语言、自己的思想和习惯。他们以个人的身份相遇，但只在市场上，在买卖中"。即使经过了几十年，傅尼凡的叙述依然能引发共鸣。它是东南亚城市研究的试金石；即使身处21世纪的伦敦，我的学生也经常把它视为预言性的描述，也适用于他们今天所居住的城市，高度多元但各自分裂。[12]不过，傅尼凡的描述是特定时代和地点的产物：20世纪30年代的仰光，经历严重的经济紧缩和族群之间的暴力。我们不应该把傅尼凡的描述扩大解释成对东南亚港口城市的永恒叙述。

移民来到仰光所搭乘的船只依然拥挤不堪，而且往往脏乱不堪。1929年，甘地视察过一艘移民船只后写道："中层和最底层的甲板，并不比一个黑洞好到哪里去。"当他们抵达的时候，大部分人"只有一床毯子和一个装着航行所需食物的陶制容器"。在他们上岸的港口，那里的驳船夫、操作员、船具商和码头工人也都来自印度。他们抵达之后，还会被印度脚夫（或搬行李的苦力）诈骗。20世纪20年代早期，一起恶名昭彰的法庭案件曝光了港务局保管的一本"行贿手册"，该手册揭露了港务局各阶层串通起来，向船上的乘客勒索钱财的丑闻；被指控的人试图否认他们这么做，甚至以诽谤罪起诉原告，但是没有成功。[13]

图 15　横渡仰光港前往达拉。20 世纪 20 年代，达拉是一个繁荣的造船厂，仰光是世界上最大的移民港（苏尼尔·阿姆瑞斯　摄）

仰光有很长的河岸线，"仰光河由西往南流，在东北方注入班梭坦溪（Pazundaung Creek）和勃固河"。这些河流的沿岸布满码头，工人们就在这里为汽船和舢板装货、卸货。从市中心出来，一路上会看到缅甸的工厂、磨坊和炼油厂的烟囱。到 1928 年，缅甸已有近 1000 家工厂，雇工超过 10 万人，其中有近一半的人在碾米厂工作。劳工市场依族群、地区出身和阶级划分。到 20 世纪早期，一种自我复制的专业化模式变得很明显。前往缅甸的印度移民中，泰卢固人占明显多数，他们构成了仰光的主要劳力——在磨坊和工厂工作，担任脚夫、搬运工以及黄包车和手推车的车夫。不过，还是有一些其他地区的人，来自内洛尔区（Nellore）的男人（和一些女人），承包了"仰光及其近郊的大多数清洁工作"。仰光的泰米尔人专门从事文书工作，如果在市郊，他们会在碾米厂和煤矿工作。欧利亚人（Oriyas）构成了"铁路和公共工程的主要劳动力"，仰光的港口到处可见奥里萨邦的船员。吉大港人（他们中的大多数是跨越陆地和河流的疆界，而不是由海路抵达的）在船坞工人中占主导地位，担任领航员和装卸工，负责下水。伊洛瓦底轮船公司雇用了"1万—1.5万名（人数视季节而定）吉大港人，负责甲板和机房的工作"；相比之下，该公司的工资名单中只有不到100名欧洲人，虽然他们势必占据着"指挥官和高级工程师"这样的高级职位。[14]中产阶级的孟加拉人（大部分是印度教徒）担任殖民地的行政官员，以及铸造厂和工厂的熟练技术劳工；旁遮普人在铁路、汽车车间和造船厂担任"技工、车工和监工"。进入这些领域的工作机会都被小心翼翼地控制了。[15]

数十万前往仰光的印度劳工都会离开家乡一阵子，短则几个月，长则几年，但是其中很少有人会待到5年以上。抵达城市之后，他们发现自己不得不住在狭窄且卫生条件很差的合租宿舍里，一个房间要住20个人，甚至更多。英国和印度的观察家用伦敦或芝加哥的"黑暗撒旦工厂"的比喻来描述仰光贫困工人的苦难。安德鲁（E. J. L. Andrew）曾对仰光的黑暗面进行了详细的描述。他曾经担任仰光的助理移民保护官，并在20世纪20年代仰光公司（Rangoon Corporation）的许多调查委员会中任职。他写道："任何人只要愿意在晚上10点之后参观这个城市中一些苦力居住的小巷，就会明白他们的生活真相，否则他势必是不会相信的。""顺便一提"，安德鲁讽刺地补充道，这位大胆的访客将会"看到这座伟大城市夜生活的另一面"。"房价和物价的持续上涨"，让大部分工人买不起像样的房子。安德鲁举了一个又一个住在"破旧不堪的"房屋里的劳工例子；

他们的房子"沉闷、阴暗、肮脏、通风不良"。他对于仰光"这样一个工商业重镇"的雇主和地方政府，竟然如此疏于提供经济适用房感到十分惊愕。当仰光的调查委员会向仰光公司的卫生官员达拉勒博士询问这个城市的公共卫生情况时，后者认为公司的清除贫民窟计划是"暴敌"，因为人们别无选择。当委员会再问他为什么不把居民赶离不合标准的房屋时，达拉勒反问道："那么人们要去哪儿呢？""难道要我把他们丢到街上吗？"随着委员会的问题越来越不切实际，达拉勒开始用黑色幽默回应。一名委员问道："如果2/3最不卫生的阶层被赶出这个城市，您不觉得仰光的卫生会成为一个很简单的事情吗？"达拉勒回答说："如果您赶走了这里所有的穷人，就不需要卫生部门了。"新加坡的情况也没有好多少：刚从印度过来的人，四五十人挤在丹戎巴葛或实龙岗路的一间房子里。结核病是他们长期面对的威胁。[16]

在仰光的移民中，出现了拉奥（Narayana Rao）这位无畏的斗士。拉奥是一位来自马德拉斯讲泰卢固语地区的经济学家，于1920年抵达缅甸。抵达之后的三年内，他就以仰光东部代表的身份成了立法会议员，他断断续续地任职到1928年。拉奥的声音总是慷慨激昂，语气辛辣嘲讽。在一场关于是否应该对入境的旅客征税的辩论中，拉奥说："印度人不受欢迎，不过他们的钱大受欢迎。"[17]拉奥编辑了一份周刊《卡尔米卡报》（*Karmika Patrika*），专门揭露监工和中介的不法行为。他也被牵扯进"行贿手册"的案子中，成为其中的一名被告，那是英国印度轮船运输公司提起但最终败诉的一桩诽谤罪诉讼。为了支持仰光的泰卢固三轮车夫的事业，他于1923在立法会上提出了一项规范该行业的法案，并于1928年成立了司机和脚夫协会。英国当局认为他是个危险人物，对他进行监视；1930年，仰光码头爆发族群间的暴力事件后，英国当局将他驱逐到印度。一年之后，他回到缅甸继续斗争，发表了一篇详尽而充满激情的关于印度劳工在缅甸的报道。他说："如果没有这些愿意忍受艰苦、吃苦耐劳、顺从、忠诚、值得感谢却被污名化的印度子民，缅甸根本不可能兴建如此发达的铁路系统，也不可能把那一大片难以进入的森林辟成良田，更不可能有人在尘土、烟雾和高温中运营工厂。"[18]拉奥的传记还不完整，他对于身处的孟加拉湾世界有着深刻的洞察，是一名勇敢的移民劳工权利倡导者，但他的故事仍不完整。

在不断活动的表象下，紧张的局势一触即发；1930年5月，当世界经济萧条席卷仰光时，紧张局势爆发了。印度的码头工人为抗议减薪发起罢工，于是航运公司用一群缅甸工人取代了他们。协商之后，印度码头工人重回工作岗位，却发现他们的缅甸同行也在那里。双方爆发了冲突，而且很快愈演愈烈，暴力席卷了仰光，许多暴民把印度人作为目标。在这场冲突中，至少有120名印度人丧生，约900人受伤。根据拉奥的估计，多达2.5万名印度"妇女、男人和儿童不得不离开他们的家园，到公立学校或公共建筑内寻求庇护"。由于这个城市的大部分清洁工是印度移民，"所以卫生服务陷入瘫痪，城市脏臭不堪"。[19]仰光的暴力冲突只是一个孤立的事件，但是它戏剧性地反映出海湾关系网络下的政治和经济断层。

几个世纪以来，孟加拉湾的世界都是男人的世界。男人横渡海洋前往外地，女人则留在后方。18世纪和19世纪，南印度的穆斯林商人在孟加拉湾的两岸同时拥有家庭，因为他们娶当地女性为第二个太太。一旦成千上万的印度和中国年轻人来到东南亚，异族通婚的可能性就更小了。他们中的绝大多数出身低下，收入有限。在

1911 年的马来亚印度人社群中,男女比例是 10∶3,在缅甸甚至更低;海外华人社会的性别比例则更加失调。印度的民族主义者担心移民中缺少女性,会导致"严重的不道德行为":在关于契约劳工的争论中,他们经常重复这一点。20 世纪 20 年代早期,一份印度报纸谈到在马来亚的种植园工人时,表达了一个普遍的观点:"他们的道德沦丧简直无以名状,很少有地方的男女比例超过 10∶1。"[20] 正如印度精英们所看到的,英国官员也看到了无处不在的邪恶。一位马德拉斯的官员声称:"没有一个泰米尔女性从马来联邦回来时,还会有一丁点的好名声。"[21]

住房问题与家庭生活的问题密不可分,在一个流动人口的社会中,它会出现什么样的新形态呢?这里除了有工厂工人与人力车夫的奋斗,不乏女性劳工在海外讨生活的挣扎;街上的公开暴力也反映出关起门来后家庭内部的暴力。在印度洋和南海的交汇之处,在数百万年轻人远离家乡努力讨生活的地方,皮条客、妓女和妓院老板也找到了他们的机会。20 世纪初,东南亚对中国的年轻女孩有庞大的需求,几乎无法满足。贫穷迫使年轻男性到海外寻求致富之道,也驱使绝望的父母为金钱所惑,把他们的女儿送到在乡间四处游荡的中介那里,所谓的中介就是"裁缝"或是鸭母。工作的妇女通过一个熟悉的经纪人和债权人网络获得工作。不过,女性在性交易中的确容易受到伤害,甚至比男性锡矿工人或橡胶采集工所面临的糟糕处境还更糟。大部分中国妓女最后去了新加坡的妓院;许多人又从那里再前往其他地方。她们遭受了难以想象的暴力和虐待,离新加坡越远的地方越糟糕。[22] 同样有越来越多的女性横渡孟加拉湾到海外从事妓女工作,到缅甸的人数最多。这些妇女的生活充斥着暴力,不过就和契约劳工一样,她们只不过是大环境的受害者。

在孟加拉湾的移民世界中，男人和数量少得多的女人之间发展出一种复杂的关系，从各种形式的短暂关系到婚姻。一边是商业上的性工作，另一边则是家庭或娱乐的工作，两者之间的界限会随着时间和环境的变化而变化。正如经常发生的那样，绝大多数横渡孟加拉湾的女性没有留下关于她们旅程的任何文字或口头记录，我们通过特权男性的眼睛和偏见去看待她们。不过，还是有些观察家比其他人更具洞察力，如退休的移民保护官安德鲁。安德鲁写道："妓女的生活极为悲惨。"他详细叙述了劳工中介在这条（以及其他所有的）横渡孟加拉湾的移民之路中，扮演了什么样的核心角色。他指出："只要在管理人的势力范围内，女孩们就不可能有任何形式的自由"，"她们最终只剩下一副残躯"。

不过，安德鲁也承认这个移民社会发展出了各种不同的关系，甚至可能有真爱存在。对于普遍存在于缅甸社会生活中的暂时关系，他写道："在很多情况下，这种关系是建立在感情基础上的"，不过在其他情况下，"贩卖妇女的特殊制度也很常见"。如果一名劳工要回到印度（通常是回到妻儿身边），他会把他在当地的女人卖给另一个男人，"并保留日后回来时买回来的权利"。根据安德鲁的观察，一个女人为一群男人煮饭并照顾他们，这是很普遍的事，不过他坚称，一个女人与屋里一个以上的男性保持性关系是不正常的。有些印度观察家怀疑情况并非如此，一位记者指称："一群码头工人会雇用一名妇女为他们煮饭，而且这名妇女也为他们提供性服务。他们很公开地告诉我这些事，讲的时候也不觉得羞耻。"[23]印度的民族主义者在讨论散居海外的女性时，不时会提到"羞耻"这个主题，倒是很少谈到女性的奋斗和抱负。不论当时还是日后，最不会讨论的就是男性间的性关系。在数千页的官方信件、大量的新闻报道和数小时的采访中，只有一次，我看到了提到同性恋关系的可能性，而且被含沙射影的讽刺和族群的刻板印象严重歪曲。安德鲁写道：据说缅甸吉大港的移民"沉迷于一种邪恶中，从事这种事是不会被法律接受的"。

招募劳工的模式也强化了族群的区分。工头制度适合在印度南部招募劳工，而且是前往特定的马来亚种植园的劳工；印度人在橡胶种植园工作，华人则在锡矿工作。妇女的流动也是如此。东南亚港口城市移民人口的多样性，也反映在性交易上。例如，许多东南亚的日本妓女（唐行小姐）只为日本客户提供服务。缅甸的情况也很类似。仰光的"欧利亚旅舍"会为"路过的成千上万的欧利亚人提供慰藉"，包括提供欧利亚人妓女。仰光的一些泰米尔妓院"只开放给切蒂亚尔人"：大多数切蒂亚尔人并没有足够的钱，"养不起从马都拉和邻近的马德拉斯地区前来的织工阶级的女性"，只有一些比较有钱的人才做得到。[24] 不过，总体而言，性交易并无种族之分。一名广东妓女在新加坡法庭作证时直言："我的客户来自不同的国家，包括泰米尔人。"[25]

那些描写女性的男性浸淫在父权制中，痴迷于"不道德"的女性时，以怀疑的眼光看待印度和中国移民女性的独立举动。不过，在港口城市的开放世界中，感情的关系蠢蠢欲动，同时伴随着失去和离别的痛楚。通常情况下，这些感情的细节只有在事态严重恶化时才会被列入档案。它们最常出现在验尸报告中，在验尸官的笔下，我们可以一窥那些死因可疑或不明死亡者生前发生过什么事。[26] 新加坡国家档案馆至今仍保存着数百件这样的案例，每个悲惨的故事都依序号加以分类；其实这个系列并不完整，浏览它让我有一种不舒服的感觉，好像在偷窥别人的苦难。但是这些记录触及了官方报告中没有的东西，其触及的生活领域是一般的口述历史会隐瞒的部分，因此，它们为我们提供了一幅更丰富的画面，展现了亚洲各大洋交汇处的社会图景。

对于许多新加坡工薪阶层来说，家庭生活遇到的紧张状况，通常会因为债务和缺乏隐私而愈演愈烈。仨鲍街（Sambau Street）27-1号的房东说，"房间都是用包了纸的木闩隔开，木头隔板上面是粗麻布"。此前，他的两名房客死于暴力事件：一名泰米尔男子在杀死妻子后自杀了。隔壁房间的住户——一对印度马拉雅里（Malayali）夫妻、一个泰米尔男子和一个华人男子——声称什么都没有听到，不过他们依然在私下谈论着被杀女人在丈夫外出工作时接待的访客。这个地方的人每年都会搬家，甚至还会改名字，所以关系通常建立在欺骗的基础上。许多暴力事件的发生，都是因为一方发现另一方在别的地方（如大洋彼岸的印度、中国或马来亚腹地）有配偶和孩子。在验尸官的报告中，关系破裂和债务是自杀的最主要原因，而且两者之间常常互有关系。一名妇女在伴侣死亡之后作证说："他在印度有妻儿，所以他可能把钱寄给了他们。""我只是他的情妇。他太太不知道这里还有我。"团聚可能和分离一样具有破坏性。一位中国妇女写信给远在中国的婆婆说："我离开之后，就不回来了。"她来到新加坡和丈夫团聚，却发现"（丈夫的）生活方式发生了很大变化。沉迷于赌博和嫖娼，对于日常事务漫不经心"。于是她怀着腹中的第三个孩子上吊自杀了。这起悲剧性的死亡提醒我们：当我们把移民抽象成统计数字，只谈论网络、联结、流动时，其实当中有多少生命陨落了。[27]

爱情可以超越族群，但会因为不诚实而失败。例如，一位在新加坡公共工程部工作的泰米尔职员爱上了一位来自棉兰的女演员，但是他没有告诉对方自己已经在霹雳州的橡胶种植园结了婚，还有了孩子。恋情告吹之后，这名男子在1937年1月3日因悲痛而自杀。他的一位华人朋友和公共工程部的同事告诉验尸官："他爱上了一位马来女性，但是那女子离开了他，加入了剧团。"不过，女方的说法是对方要她回棉兰看望父母，因为他要解决某个问题。那名男子在死前给中国朋友留下了非常详细的指示，让他"用罗马化的马来文给那名女演员写信，告诉她发生了什么事"。他在霹雳州的太太"以贫穷为由"，请求不参加验尸官的调查。[28]

如果跨越族群界限的关系是普遍存在的，那么族群本身就是可塑的。在法律记录中，同一群人常被不同的证人认成"泰米尔穆斯林"或"波亚尼人"（来自苏门答腊巴韦安岛），也可能是"马来人""中国穆斯林""印度穆斯林"或"爪哇人"。不论殖民地人口普查的分类多么严格，实际上，族群是可塑的，而且很难被归类到其他种族，尤其是在人际关系方面。20世纪30年代最悲伤也最离奇的案例之一，是一桩"海南妇女"谋杀案，她也被描述为"马来人"和"中国穆斯林"，并以许多名字而闻名。她的熟人网络生动体现在验尸官所做的调查证人名单中，就像新加坡移民社会的一个缩影，包括欧亚混血的船员（谋杀她的头号嫌疑人）、华人运水工及其妻子（被害人两岁女儿的养母）、泰米尔市政建设苦力（被害人遭破门而入的目击者）、华人病理学家，以及马来人、欧亚人、华人和印度警官。[29] 最后，被害人和证人所处的充满友情、偶遇和暴力的世界被证明过于复杂，以致验尸官无法破案，所以他将这个案子定为"未决案"。

马来亚的橡胶改变了世界。1910 年,马来亚生产了 10 万吨橡胶,占全球市场的七八成;到 1930 年,产量增至 100 万吨。美国的汽车市场在 20 世纪 20 年代迅速扩大,平均每个家庭拥有一辆汽车;1929 年,美国生产了 530 万辆汽车,在经济崩盘之前,生产轮胎、管道和垫圈共需要 75.2 万吨橡胶,这些橡胶大部分来自马来亚。[30] 孟加拉湾移民的迁徙路线在世界大多数地区的城市文化中都留下了痕迹,其本身也是古代和现代流动的产物。雪兰莪和霹雳的橡胶种植园支撑了底特律的兴起。橡胶最终可以找到其他来源,包括合成的,不过在汽车时代的黎明,孟加拉湾的劳工和北美制造业之间的联结,开启了人类对石油近乎致命成瘾的依赖。

南亚和东南亚的城市,也成了汽车技术的狂热消费者。马来亚森林的产品通过从美国、英国以及越来越多的从日本进口的汽车、公交车和自行车回到新加坡街头。1905 年,仰光出现第一辆私人汽车。1908 年,有轨电车取代了嘈杂又污染严重的蒸汽有轨电车;几年之后,又出现了公交车,"到 1915 年,仰光已经有 8 辆公交车、139 辆摩托车、28 辆出租车、426 辆私人汽车和卡车,它们行驶在 183 英里长的公路上"。有轨电车串起了港口、码头和市郊,十分受欢迎,甚至僧人也会搭电车去接受布施。在新加坡,无轨电车比有轨电车更受欢迎,不过,新的交通方式也完全改变了这个城市的地理。[31] 印度也发生了汽车革命:到 1936 年,英属印度已经有 123315 辆登记在册的汽车,混乱交通——嘈杂、无序、危险——的幽灵萦绕在街道上。[32]

城市生活中的交通速度带来了新的风险和乐趣。交通事故是令人担忧的现代新病征,许多人在新加坡的街头丧命。1921 年 4 月 19 日,帕瓦迪在"麦肯西路愉快兜风后的回程途中",喝醉了酒,从一辆卡车上摔下来，被后面的卡车撞死了。同年10月2日，大东公司电报员斯纳帕在半夜被阿卜杜勒·拉赫曼驾驶的车辆碾过；当天是带着两个孩子的一对夫妻雇用拉赫曼把他们从海景饭店送到尼尔路。"感觉到一个颠簸，像是压过了一块木头。"[33]不管道路多么平整，车开得多快，司机们都必须与路人、牛车和人力车共享空间，这无可避免会造成交通事故。仰光公司的一名职员抱怨："人力车的增加影响了仰光的交通状况，甚至势必使得街头交通事故的增加。"问题在于"人力车是一种普遍的交通工具，被称作'穷人的汽车'"。它可以把乘客带到目的地，在雨天尤其方便，不像电车和汽车被限制在固定的路线上。

即使汽车在路上到处都是，新加坡和任何一个孟加拉湾沿岸的港口城市一样，人们在这里可以看到其他更古老的公共街道使用方式。1931年，《国家地理杂志》作家兼摄影师伊丽莎白·路易丝到访新加坡，见证了一年一度的蹈火节，这是一种让信徒在滚烫的炭堆上行走的赎罪行为。她写道："我们坐进一辆20世纪的汽车，被带去观看一项古代的仪式。"在观看蹈火节祭典的拥挤人群中，有"印度教徒、华人、马来人等"，蹈火节仪式包括在公共街道上进行的考验意志的行为，歌颂朵帕娣女神（Draupadi）在囚禁中表现出的坚韧意志。路易丝发现这个仪式进行得非常虔诚。她回忆道："当一切就绪之后，我们会听到鼓声，以及群众发出的兴奋骚动声……最后，本来挡住信徒的僧侣开始用鞭子抽打他们，让他们一个接一个光着脚冲过火红的木炭，最后进入一个牛奶池中。"她发现"女性看起来比男性平静得多"。

看过蹈火节之后，路易丝决定留下来观看大宝森节的祈祷，这是一个忏悔仪式，以纪念战神穆卢干在帕拉尼山上战胜恶魔伊同潘。

路易丝断言："人们绝对相信这些仪式的有效性。"她描述了一位"殉道者"在准备前往坦克路神庙的三英里"朝圣"时，他"把针刺进了身体里。他的胸部、背部、前额和大腿上全是闪闪发亮的'V'形小针"。她写道："信徒们一开始的步伐还很灵活，但是越走越慢。追随者有时会跳舞，有时会合唱一首奇怪的歌曲。"

路易丝也成了人群当中的一员，这是她始料未及的。她写道："这个仪式带给人一种不可磨灭的印象，当仪式的主持者走近时，我按下快门，试图把这种印象放进一部电影的框架中。"她不小心被其中一位参与者身上携带的"矛状针头"刺伤，摔倒在地："我和我的摄影机器处在一群激动的群众中间。"我曾经试着找出她的影片，但是没有找到。路易丝一直强调观众的重要性："一群人穿上他们最亮眼、最好的衣服……满怀希望地凝视着。"在描述完信徒的"自我虐待"之后，她得出了一个奇怪的结论："这个场景与乡村集市有着高度的相关性。"槟榔屿也有类似的游行，吉隆坡也有，而且可能是最引人注目的，队伍行进到吉隆坡近郊的石灰岩山丘黑风洞（Batu Caves）① 时达到最高潮——直到今天仍是如此。[34]

男男女女远道而来，在艰苦甚至难以忍受的环境下工作。不过，新型交通方式的出现，打破了族群隔离的地理环境，这座城市也为人们提供了新的休闲和娱乐。一份新加坡的泰米尔报纸在大萧条刚开始时这样写道："商人没有生意，工人没有工作，橡胶也失去了价值"；不过，这并没有减少电影票的销售，烟草的销售也保持了稳定，酒类的消费也没有减少。记者甚至想知道："所有的钱都是从哪

---

① 黑风洞是吉隆坡附近最知名的观光和宗教圣地，每逢大宝森节，都会吸引大批信徒和游客到此。

里来的?"20世纪30年代的经济大萧条,对于仰赖出口的马来亚造成极大的冲击,与此同时,当地广告业的发展推动了大众消费的增长。对于仍保有工作的人来说,价格下降让他们更容易得到自己想要的商品。在新加坡的马来人、泰米尔人、华人媒体中,经济不景气促使公司推销新产品。报纸、杂志和戏票的销量在经济困境中反而上升了。[35]

女性——港口城市的"现代女性"——是填满报纸版面、充斥街头广告牌的新广告的明确目标:黑猫香烟可以抚慰你的喉咙;健力士黑啤可以增强体质;1933年上市的本土品牌虎牌啤酒对健康大有益处。这些广告专门针对泰米尔和马来女性。许多广告是关于治疗药剂、补药、泻药和肥皂的。在亚洲和非洲的许多地方,要变得现代化,就必须保持清洁。至今仍在新加坡和世界各地广受欢迎的虎标(Tiger Balm)万金油,通过三种语言(英文、中文和泰米尔文)的广告向泰米尔消费者推销。广告本身就是商品流通的证明,现在则是品牌在孟加拉湾流通的证明。位于吉隆坡峇都路(Batu Road)212号的雅利安图书公司出版了一系列来自印度的泰米尔小说;哥伦比亚唱片公司的授权经销商在每个月的进货中,都会列出要增加的品种,其中最引人注目的是著名的卡纳蒂克(Carnatic)歌手苏布拉克希米(M. S. Subbulakshmi)的唱片。在20世纪30年代,电影广告是最突出的。电影胶片横渡孟加拉湾,在新加坡和马来亚的影院中可以看到泰米尔语、泰卢固语和印度语的电影,这些影院也会放映英语、华语和马来语电影,使它们成为当时世界上使用语言最多的影院之一。

移居城市的移民会记得20世纪30年代是消费的年代。许多口述历史的主人公对于旅行、一杯咖啡、一碗咖喱饭、一台晶体管收音机、一辆脚踏车的价格记得很清楚，虽然其他许多细节都已经褪色了。"这是因为那难以忍受的饥饿。"麦丁来自以织布为业的泰米尔村庄卡塔尔耶纳卢尔（Kadayanallur），1920 年，7 岁的他跟随父亲和其他 4 个人一起来到新加坡。不过，他的故事比我们所期待的移民环境要开放得多。麦丁出版了一本回忆录，20 世纪 80 年代，他用泰米尔语接受过几个小时的采访，那是新加坡国家档案馆一个大型项目的一部分，该项目希望收集汇编普通人的生活史。我坐在档案馆开着空调的阅览室里聆听麦丁的口述历史，录音里满是刺耳的交通噪音和鸟叫声。麦丁特别记得大众消费和娱乐场所。他还记得有许多泰米尔穆斯林从事餐饮行业，他们的摊位是各个族群的工人阶级互相交流的地方。他们提供"咖喱饭、印度炒面、啰喏（rojak，蔬果色拉）、米暹（mee siam，暹罗炒米粉）、冷饮"，这些食物混合了泰米尔穆斯林、泰米尔印度教徒、马来人、中国人和泰国人的料理风格。麦丁经常去安顺路足球场，"加尔各答金卡纳队曾到过那里，印度教徒和穆斯林也会在那里一起踢球"。麦丁也常去看赛马会，他（和其他人）会在那里赌上一把。

对于麦丁来说，电影定义了那个时代，就像一到货他就会购买的印度故事书和期刊。"对我们来说，电影、书籍和电影金曲集都是必需品"。帝国剧院在每天的 7 点到午夜都会放映无声电影，票价是 15 美分；英国电影每次上映都会持续一周，在中场休息时，小贩会挤满影院的大厅，贩卖冷饮和炒面。他说新加坡放映的第一部印度有声电影是《迦梨陀娑》(Kalidas)；电影的配乐部分是泰米尔语，部分是泰卢固语。新片会在阿尔罕布拉剧院（Alhambra Theater）和首都剧院（Capitol）上映，大部分人会一起挤在长椅上，因为他们买不起一个单独的座位。胆子大的黄牛——来自各个族群——会把热门电影的门票全部买下来，再以高价卖出，赚取黑市利润。麦丁的阅读量惊人，这是他的老师拉赫曼灌输给他的习惯。"我一直在关注甘地的非暴力不合作运动。他特别喜欢短篇小说集，一本20个故事的小说集，每篇由不同的作者写成，合起来卖25美分。""一个摇铃的人"会告诉大家，有船只从孟加拉湾对岸驶来或驶离；新来的人会带来家乡的消息，以及马德拉斯的杂志和报纸。[36]

辛加拉姆（P. Singaram）的《暴风雨中的船》（*Puyalile Oru Thoni*），或许是唯一一部描述20世纪前半叶东南亚经历的伟大的泰米尔小说。小说开篇生动描述了这个众多移民的城市世界。辛加拉姆的小说故事发生在苏门答腊的城市棉兰；他的想象是根据20世纪30—40年代在槟榔屿生活的经验形成的。在辛加拉姆的描述中，棉兰清真寺街上的人群中，"混杂着各种语调"：有马来语的悦耳语调，也有在说泰米尔语的人听来十分尖锐而短促的华语（他用拟声词"巴啦巴啦"来形容）。[37]

20世纪20—30年代，一场悄无声息却意义重大的转变在马来半岛的种植园发生。1936年，马来亚劳工专员威尔逊写道："最近的不景气暴露了一个长久以来被掩盖的重要社会现象……在马来亚的西部各州，都有一定规模的印度人口定居在那里。"他援引报道指出，即使没有足够的工作，橡胶种植园的工作者也"拒绝"被遣送回印度，而是坚持要求给他们一小块土地自给自足，等到再有人力的需求为止。20世纪的头10年，女性移民到马来亚的比例缓慢增加；到20年代中期，在横渡孟加拉湾前往马来亚的人口中，女性平均占了1/4，虽然其中仅有很小一部分移民到达城市。30年代是个转折点。不景气造成大量的失业，马来亚政府首度对新移民劳工的入境加以限制。因为妇女和儿童不在这些移民法规的管制之列，所以在 30 年代，马来亚的印度和中国妇女的数量大幅增长。有许多妇女前往与她们的丈夫团聚，不过也有很大比例的中国（和一些印度）妇女是以劳工身份自行前往的。分离在孟加拉湾两岸的家庭团聚了，他们意识到原本的移民往来模式现在被任意逆转了。

20 世纪 30 年代，马来亚的印度人和华人的性别比例获得了很大的平衡。在 30 年代中期的马来亚种植园中，男女性别比为 1000∶515，而在 1911 年，这一比例仅为 1000∶308。在当地出生的泰米尔儿童人数也证明了这种转变，1934 年有大约 1.73 万名儿童出生，1936 年更是超过了 2.1 万名。人口普查专员指出，当地出生的人绝大多数可能定居在马来亚。这让马来亚与锡兰更接近，在锡兰种植园工作的泰米尔工人中，有相当比例是女性，而且已经存在了很长一段时间，举家移民到锡兰的情形很普遍，劳工们也更永久地定居下来。之所以形成这个模式，一方面是因为锡兰与印度比较接近，另一方面是因为茶叶种植和橡胶生产的需求不同。

最乐观的英国观察家认为，移民会使种姓制度消失。1931 年，马德拉斯人口普查专员写道："移民可以让人学会自重，印度移民漂洋过海后，极有可能会抛弃种姓制度。"他还认为，"印度贫困阶级的觉醒，大概是被移民潮的存在所推动的"。[38] 其实种姓差别并没有消失，不过就像在印度一样，它们发生了改变。纯净与肮脏的壁垒被强加在种植园里，嵌入工人住房的建筑中、贱民和较高种姓之间的阶级关系中。不过，种植园的社交生活可以让他们平等一点。一份回顾性的研究依旧是目前最好的证据，那就是 20 世纪 60 年代在马来半岛种植园所做的人种学研究，印度人类学家杰恩（Ravindra Jain）据此得出结论：种姓之间的差别随着时间推移缩小了，种植园的寺庙及其仪式发挥了整合作用；工人们不管是什么种姓背景，都为维护每个种植园里的马里安曼神庙做出了贡献。种植园里的婚姻变得日益普遍，而且越来越多地跨越种姓界限。工头的权威仍然不容置疑：工人之间的婚姻通常需要工头的祝福，而且总是他来主持婚礼，不论是否有神职人员在场。[39]

泰米尔工人对于土地的所有权，来自分散在这片土地上的庙宇的力量，也源于土地景观本身，是他们的劳动把丛林变成了井然有序、种植着单一作物的种植园。那里曾经矗立着简单的树龛，现在工人们建造了更宏伟、更永久的庙宇。这些寺庙证明了种植园和工人的泰米尔村庄之间有一个想象上的地理，将两者连在一起，并牢牢扎根于当地。20世纪30年代，马来亚的南印度寺庙以意想不到的方式变得更具马来亚特色。1936年，马来亚政府社会研究部门的一名员工发现：内格里·森美兰（Negri Sembilan）的一座寺庙的祭坛上陈列了"一只'米老鼠'"；根据他不无道理的解释，因为雇佣劳动承诺要实现现代化和消费的世界，而这就是工人召唤这种世界的方式。锡兰的种植园工人也是出于类似的理由，把缝纫机摆在祭坛上。[40]20世纪30年代，印度和中国的宗教圣地不约而同地试图在马来亚扎根。华人也会旁观一年一度的大宝森节游行，成了其中的参与者；沿岸的庙宇依然是不同的精神传统之间的交流场所。

社会生活中最大的创新或许是简易的脚踏车，因为它可以让泰米尔劳工发展种植园工作之外的社会生活。20世纪30年代，市场中到处可见日本制造的脚踏车，它们的轮胎大概就是用种植园工人生产的橡胶制成的。根据一名劳工部官员在1937年的估计，有一半的种植园工人拥有脚踏车，他指出：脚踏车"改变了他们的习惯"。机动性让泰米尔种植园工人可以"轻松地与马来人或华人邻居相处"，可以"积累信息",并"提升自己的标准"。他认为:"近几年来,泰米尔人对于马来人的认识越来越多。"[41]

更永久的泰米尔海外定居点的建立,并没有减少移民与其村庄之间的联系。移民的"习惯"通过源源不断的人员、投资和思想的流动,改变了他们在印度的家乡,从某种意义上说,马来亚、缅甸和锡兰成了南印度乡村景观更永久的一部分。如果说印度移民只占人口中的相对少数,那么可以想见,在蒂鲁吉(Tiruchi)和蒂鲁纳尔维利届工作年龄的男性人口中,约27%的人至少是在1921—1931年间移民来的。1918年,首次对南印度乡下进行详细的社会调查,其中一直提及移民对村庄的影响。另一项在1940年所做的研究也得出类似的结论。例如,在埃鲁菲利佩特村(Eruvellipet)的调查显示:"对于没有土地的劳工或土地很少但须照顾一大家子的小农来说,移民到锡兰,可能带来非常可观的经济利益。"在坦贾武尔的喀许德拉兰普拉姆村(Kshetralampuram),研究者发现:"村里的所有贱民都至少移民过一次,前往槟榔屿、新加坡和毛里求斯。他们在那里待了一两年之后,又都回来了。"20世纪30年代早期,一位英国观察家注意到,返乡的移民"为村庄带回一些他们在国外学到的关于清洁、食物和舒适的观念";他写道:"一个人曾经多次向我指出,有一所房子与它的邻居截然不同,那是一个去过马来亚或锡兰的人的房子。"即使在今天的泰米尔纳德邦,还是看得到这种住房上的差别,又如喀拉拉邦这种有大量劳动力前往中东的地区。[42]

到20世纪早期,亚洲移民的规模和速度已经为世界带来了新的想象。科技缩短了距离，公民身份的新观念重塑了土地、移民和政治代表之间的联系。报纸关注并在这个过程中创造了新的公众：它们的争论以及它们的读者，跨越了殖民地和国家的界限。本尼迪克特·安德森分析了日报如何形塑国家的意识，这个分析到现在依然是一块试金石：除了报道具有同时性的感受之外，在一个想象中的但天生有限的社群中唤起了同时性和集体仪式的感觉。不过，从孟加拉湾的有利位置来看，安德森假设"想象的共同体"只有国家，似乎是错误的。东南亚城市的本地媒体谈到许多"想象的共同体"，而且与之对话，它们是当地依区域、宗教和族群定义的选区，彼此之间也并不总是互斥的。[43]

1900 年，港口城市的地方性报纸已经发展起来了。活字印刷术的引进，使得 19 世纪 70 年代开始起步的东南亚小型出版业更加蓬勃发展。[44]新加坡和槟榔屿的出版社大量发行报纸（大部分存在的时间都很短暂）和书籍（从伊斯兰的教义手册到圣徒的家谱）。[45]媒体会使用多种语言，就和它所服务的社会一样。海峡殖民地的第一份泰米尔报纸《吾人之友》（*Tankainesan*）创刊于 1876 年，由穆罕默德·塞伊德编辑，爪夷峇峇娘惹公司出版。正是这些出版商创办了当地第一份马来语报纸《爪夷峇峇娘惹》，与出版公司同名。[46]马六甲海峡的泰米尔—马来人社群起源于异族通婚，所以自然也跨越了泰米尔人与马来人的文化世界。早期的城市报纸在内容上反映了他们动态的世界。《爪夷峇峇娘惹》的代表性议题包括市场价格、政府公告及来自政府公报的通知；在地方新闻和通讯报道之后，是来自周边地区的新闻；"在马来亚可以听到这么多地方的新闻是很值得注意的。

我们会在新闻中看到三宝垄、苏腊巴亚①、茂物②、帕里亚曼③、美娜多④、万丹、契汶、安汶、卡拉旺⑤和班达岛的名字。"世界新闻来自其他报纸（包括《仰光时报》《伦敦快报》和《中国快报》）；它们还会使用《海峡时报》的电报，其中会有法国、俄国、爱尔兰和玻利维亚共和国的报道。[47]

海峡两岸的华人报业起步较晚，但在19世纪80年代开始腾飞。有些报纸是用罗马化的马来文印刷的，受到土生土长的马来亚华人的喜爱，也有一些仍以中文出版，还有一些使用英文，包括《每日广告报》(*Daily Advertiser*)和《海峡华人杂志》(*Straits Chinese Magazine*)。《叻报》(*Lat Pau*)的创办人是薛有礼（See Ewe Lay），他是曾在香港和上海银行工作的海峡华人，这份报纸到19世纪90年代已经有800位订户，从仰光到西贡都有通讯记者。[48]海峡早期的报纸十分国际化：大部分出版社以多种语言大量出版报纸和书籍。许多早期的泰米尔穆斯林出版社得到了泰米尔印度教徒或中国资本的支持。[49]槟榔屿的第一份泰米尔报纸 *Vidya Vicarini*（1883年创刊）是"流动"的：这份报纸跟随它的创办人、诗人纳瓦拉（Ghulam Kadir Navalar）一起横渡孟加拉湾，回到了纳格尔。[50]

在早期的泰米尔报纸中，第一份存活下来的是《新加坡之友》(*Singainesan*)。1887—1890年，德诺达雅出版社（Denodaya Press）以英文和马来文印刷发行这份报纸。它的第一版（英文）宣称其"目的是庆祝维多利亚女王登基50周年"，并要献给"这位统治了全

---

① 又名泗水，位于爪哇岛东部。
② 又名博果尔，爪哇岛城市。
③ 苏门答腊岛城市。
④ 又名万鸦老，苏拉威西岛城市。
⑤ 爪哇岛城市。

球 1/4 领土的君主，她慈爱的统治必将在世界历史上留下光辉的一页"；其中有一小篇献辞以泰米尔文写成，献给奥斯曼帝国苏丹阿卜杜勒·哈米德二世，他也是世界各地穆斯林的精神领袖。港口城市的文化是多变的，在这样的世界中，忠诚也分层级，这并不是什么奇怪的事。恰赫（Torsten Tschacher）对《新加坡之友》的内容做了极具洞察力的分析，他发现《新加坡之友》的订阅用户遍布马来半岛、苏门答腊、爪哇、暹罗、印度支那（中南半岛）和印度。他还指出，报纸作者针对的是不同的受众，所以他们会采用不同的自我认同术语。在该报纸的用语中，"泰米尔人"主要指印度教徒；而"泰米尔穆斯林"一词并不常出现。不过，这份报纸的确会提到"吉宁穆斯林"，以及"吉宁印度教徒"。[51]

《新加坡之友》在早期写给订阅用户的话中，承诺"从现在开始，我们会报道新加坡、槟榔屿、马六甲、欧洲……纳加帕蒂南、那孤儿（Nagur）①、开利开尔、马杜赖、金奈和贾夫纳的新闻"，以满足用户的需求。这份报纸的版面与其他报纸无异，像一幅拼贴画。各个事件并列，从大事到琐事、从近距离的到远距离的，都传达出一种同时性和世俗性的感觉：世界就呈现在眼前的字里行间。新闻的顺序是从当地新闻（当地清真寺和寺庙委员会的政治活动，新加坡高等法院的案件，新加坡华人协会为女王登基 50 周年举办的庆祝活动，赛马结果，抢劫、谋杀和人群冲撞事件）到区域新闻（包括马来各州、荷属印度、暹罗和印度支那），再到印度、中国和欧洲的新闻。《新加坡之友》常从其他的报纸借用内容，通常是英语报纸，并且复制世界各地路透社的电报，内容包罗万象，从战争报道到保

---

① 位于苏门答腊岛。

加利亚国王的新闻。它不仅会告诉读者关于马来亚的殖民历史，甚至还有祖鲁人的历史。第二年，这份报纸吸引了更多的广告商，包括孟买药房和荷兰贸易公司。[52]

早期的泰米尔报纸，如《新加坡之友》，因为受众少而受到限制，没有一份报纸能持续发行很久。到 20 世纪 20 年代，因为移民人数达到巅峰，因此新加坡、槟榔屿和吉隆坡的泰米尔语报纸都有了较深的根基，许多在那 10 年间创办的报纸至今仍在发展。新闻记者、编辑和排字工人在各海岸之间移动。不过，在世纪之交，说泰米尔语的穆斯林控制了媒体，到 20 世纪 20 年代，婆罗门和非婆罗门的精英泰米尔人互争领导权。媒体成了东南亚泰米尔社群未来激烈辩论的战场，特别是两大报的出现，主宰了泰米尔的公共领域。《泰米尔之友》(*Tamil Nesan*) 的编辑是泰米尔婆罗门纳拉辛哈·艾扬格 (Narasimha Iyengar)，他受到印度民族主义政治的深刻影响。[53] 它的主要竞争对手《前进报》(*Munnetram*) 的编辑是萨兰伽帕尼 (G. Sarangapany)，该报发出强烈的达罗毗荼式要求社会改革的声音，认为南印度的"达罗毗荼"(Dravidian) 人与来自北方的"雅利安"婆罗门侵略者是互相对立的，还提倡泰米尔文化复兴与社会改革。[54]《前进报》第一年的发行量是 1500 份；第二年，这个数字翻了一番。[55] 20 世纪 30 年代，萨兰伽帕尼创办了《泰米尔钟声报》(*Tamil Murasu*)，一直到今天，这份报纸仍是新加坡主要的泰米尔报纸。

两份报纸的编辑都与孟加拉湾两岸有联系。艾扬格出生于蒂鲁吉拉帕利 (Tiruchirapalli)，1912 年成为马德拉斯印度国民大会党的志愿者。他于 1915 年前往仰光，在总会计师办公室工作。他还涉足新闻业，不时以笔名为《仰光邮报》(*Rangoon Mail*) 撰稿，偶尔还为"时事话题"专栏撰稿。英国当局担心他是"政治可疑分子的亲密战友"。艾扬格于是又从仰光搬到吉隆坡,在那里他担任《泰米尔世界》(Tamilakam)的编辑。他"总是任意引用前卫印度报纸的言论",严密监控艾扬格活动的英国特工抱怨并警告说:"他的文笔将受到非议。"和当时的其他许多家庭一样,艾扬格的家人生活在孟加拉湾对岸:他有亲戚住在南印度,兄弟拉贾姆·艾扬格是吉隆坡工业出版社的经理,另一个兄弟瑟夏迪比·艾扬格是仰光财政长官办公室的职员。[56] 1924年,纳拉辛哈·艾扬格创办了《泰米尔之友》,该报也成为当时东南亚最大的泰米尔报纸。后来成为他最大竞争对手的萨兰伽帕尼也走上了类似的道路,从事新闻业。1924年,21岁的萨兰伽帕尼前往新加坡,在一个泰米尔穆斯林的公司担任会计,继而被吸引到新闻界。1929年,他创办了《前进报》,以挑战婆罗门对于海峡地区公共生活和新闻业的控制。[57]

港口城市的报纸抓住了那个时代最主要的问题:民族主义。20世纪早期的"中国、日本和其他地方的民族主义改革者将统一的民族国家视为全世界而不只是欧洲的现代政治形式"。[58]讨论亚洲的自由和政治行动的问题时,民族主义提供了最具说服力的方式,但事实证明,如果要解决移民引发的特殊归属困境,民族主义的作用更为有限。虽然民族主义靠借用和盗用两种方式传播到全世界,不过其意识形态从来都不是纯粹的。它与许多其他类型的社群和从属圈子共存。民族主义政治沿着孟加拉湾的航线和邮政路线传播开来,不过移民的经历让民族主义的确立变得更加复杂,虽然在其他方面它增强了国家的吸引力。[59]到20世纪20年代,东南亚港口城市的民众已经坐在印度民族主义和中国民族主义好戏的前排,这些大戏已演变成大规模的群众运动,不过在很大程度上,他们仍然只是旁观者。

在亚洲民族主义政治发展的早期，国内和海外社群之间的联结更为密切。在20世纪早期的动乱中，梁启超、孙文等中国的改革者和革命家都来到东南亚，寻求海外华人的支持；卡塔尔运动起义时，他们向环太平洋的印度社群募集了武器装备和资金。发生在1911年的辛亥革命，让中国走上了一条新的道路和一个新的方向，但又因为内部的冲突和巩固新国家的斗争消耗了能量。到第一次世界大战结束时，印度的政治也经历了一场大规模的转变。在甘地的领导下，印度的民族主义运动动员了大批民众，印度国民大会党也成了高度组织化的政治机器。在这种情况下，国内的民族主义政治与印度及中国的海外社群的联系变得更难维系。州议会、地区和各地的党支部等大众政治的机构，把政治焦点放在既定的殖民地和国家领土范围内。甘地的转变也深具启发，虽然他的政治生涯是在南非成形的，但是在他回到印度之后又得以重新塑造，使其更加深植于印度土壤，更贴近印度农民，而不是向心怀大海的商人群体靠拢，如他的出生地博尔本德尔（Porbandhar）的族群。

虽然具体的政治联结削弱了，但象征性的联结却兴盛了起来。在这个"机械复制的时代"，大量影像横渡了孟加拉湾。[60] 20世纪20年代早期，甘地及其他印度民族主义领袖的照片风靡马来亚，他们的肖像出现在印刷品或日历上。民族主义者的图像经由马德拉斯的出版商传播到遍布海峡和马来半岛各地的泰米尔穆斯林商人手上，这让英国当局着实捏了一把冷汗。来自祖国的"颠覆性"报纸紧随其后。根据马来亚情报人员的报告，巴生的店主卡西姆"引进了几本泰米尔书籍，书名为《自治》（*Swaraj*）"。警方密探毫不松懈地盯着泰米尔穆斯林店主的名单，看他们手上是否持有有害的资料，警方密探还会追踪印刷品横渡孟加拉湾之后的去向。这些密探写道：

"赞颂印度领袖的歌本和诗集在三个西部州都十分常见",而且"目前可以得到的都来自马杜赖的出版社"。印度民族主义的象征可以到达槟榔屿每一个家庭的书桌上。槟榔屿有三家店出售"左上角印着甘地照片的"便笺纸,一家是坎贝尔路上的小餐馆,一家是国王街兑换银钱的商店,还有一家是槟榔屿街的杂货店。便笺纸来自马德拉斯的书商象神公司(Ganesh and Company),第一批货很快就卖光了。[61] 文本的流动是双向的——既有来自印度的,也有流向印度的。特努什戈迪的英国海关邮政官员忧心忡忡地看着"令人不悦的"泰米尔书籍,就这样通过了与锡兰的海上边界。[62]

印度思想家和政治领袖前往东南亚的旅程吸引了大批群众,也让图像上的人出现在现实生活中。1927 年 7 月 20 日,泰戈尔在新加坡登上法国船只"昂布瓦斯号"(Amboise),前往越南的海防。他受到了热情的接待,"吸引了许多小商人、汽车司机、警卫等印度平民",以及当地的各种印度社群,包括泰米尔印度教徒、穆斯林、锡克教徒和信德族。泰戈尔会见了海峡华人社群的杰出人物林文庆医师(Lim Boon Keng)。他从新加坡一路前往马六甲和槟榔屿,还冒着危险发表了民族主义的公开演说。[63]

在这方面更有影响力的当属埃罗德·拉玛萨米(Erode Venkatappa Ramasamy)的马来亚之行,此人以贝里亚尔(Periyar)之名为人所知,是马德拉斯自重运动(Self - Respect Movement)的领导者。1929 年 12 月,50 岁的埃罗德·拉玛萨米从纳加帕蒂南启航前往槟榔屿,同行的还有妻子娜加玛和一名年轻随从。4 年前,贝里亚尔脱离泰米尔纳德邦的国民大会党(他曾担任该党的主席),接着就发起自重运动,以激进的方式改革种姓制度,推动性别平等。他的目标是推翻婆罗门在南印度社会的支配地位。[64]贝里亚尔受一个马来亚的印度社团之邀,把他的改革主张带到马来亚的城市和种植园,"每次都有上千人前来聆听他的演说"。1929年12月,他在马来亚出席怡保(Ipoh)①举办的泰米尔改革会议上,呼吁马来亚的泰米尔人"摒弃种姓差异及他们从家乡带来的差异","热爱他们的母语"。他号召马来亚的泰米尔人改革他们的宗教程序,以"符合他们所生活的时代和国家"。之后他前往新加坡,在新世界娱乐中心的一个大型招待会上发表演讲;又从新加坡穿过马来半岛,对太平(Taiping)和双溪大年的群众进行演讲,并参观了橡胶种植园。贝里亚尔的到访,暴露出种姓、信仰和社会阶级之间的紧张关系,这些因素造成了马来亚泰米尔社群的分裂,反映出印度民族主义在海外的局限性。他在马来亚和泰米尔纳德邦的呼吁跨越了宗教的藩篱。槟榔屿的正统印度教徒被贝里亚尔对于种姓制度的攻击激怒,请求殖民地政府禁止此人到访马来亚;槟榔屿的泰米尔穆斯林则热忱欢迎他的来访。[65]

对于贝里亚尔来访的两极反应,反映出印度政治的断层,马来亚的环境让它们有了不同的面貌。反殖民主义倾向在马来亚比较不明显。对他们而言,距离使得印度政治的喧嚣只是隐约的存在。因为远离政治冲突的核心,这让新加坡的泰米尔记者更容易关注大众政治本身的刺激性,忽略了自重运动和甘地之间,以及国大党和穆斯林联盟之间的紧张关系,似乎大众政治本身就值得关注,尤其是从沉睡的马来亚来看。编辑和记者虽然担心受到审查甚至遭到驱逐,不过他们之中仍有许多人对于英国统治者保持着更积极的忠诚,并

---

① 今马来西亚霹雳州首府。

设想将这种忠诚与他们对印度民族主义者的同情相结合。一个由来已久的想法认为,海峡殖民地政府公正而有效率,允许多个社群在没有过度干预的情况下生活在一起。更重要的是,散居在东南亚的印度人(和中国人)所关心的事,至少在某些方面和他们在家乡的同胞非常不同。

直到 20 世纪 20 年代,孟加拉湾周围世界的往来流动率依然很高,难以让东南亚有长期定居的印度移民。直到媒体和新的社会、政治组织在公共生活中给了他们一个具体的现实和存在,这种情况才有所改变。泰米尔移民意识过滤了印度民族主义的倾向,把它们与当地的政治争论混为一谈,还加入了对孟加拉湾泰米尔语世界的区域想象,而不是将其视为一个印度的世界。移民意识的形成,不仅体现在对民族主义和本土主张的区分上,也体现在多个移民群体的互动上。[66]流动性在很大程度上塑造了东南亚的港口城市,到 20 世纪 30 年代,身为离散社群的这个特点,成了现代社会的重要组成部分。

对印度民族主义运动的自豪感让许多移居马来亚的人比以前更愿意认为自己是"印度人",海外的其他印度人社群在这方面的意识也越来越高涨,并渐渐发展成全球移民共同的意识,这种意识在横向和纵向上都有联系。在对南非、斐济、锡兰和缅甸的印度人的描写中,泰米尔报纸的编辑唤起了这样一种感觉:马来亚的印度人其实是一个更广泛世界中的一部分,这个世界中的人有着相似的问题,一起为争取平等的地位和认同而奋斗。

透过许多细节的积累,海峡殖民地的泰米尔报纸以或悲伤或平铺直叙的语调,描绘出一个海外印度人的世界。在南非,印度人被白人至上主义剥夺了权利和尊重的处境经常受到关注。⁶⁷一篇关于在斐济的印度移民的文章采取了不同的策略，引用了一系列的统计数据：那里有 76722 名印度人，共拥有 11 万英亩土地、776 间店铺、196 台机动卡车、6 个音乐厅和 2 家报社。⁶⁸在更靠近印度的地方，20 世纪 30 年代，在缅甸的印度人面临着"抢劫和谋杀"的威胁。缅甸毕竟与马来亚同属孟加拉湾世界的一部分，它的命运预示了一个黑暗的未来。《前进报》一篇慷慨激昂的社论描述了缅甸的切蒂亚尔放贷者的苦难，他们成了激进的缅甸民族主义者的眼中钉；报纸写道，切蒂亚尔人"不理解为什么缅甸人这么仇恨他们"，但也承认切蒂亚尔人积聚了"无尽的"财富。这位编辑写道：就像华人和僧伽罗人一样，缅甸人也宣称遵循佛教的信条，但似乎远没有达到这些要求。《前进报》宣称，在缅甸政府将残酷的罪犯绳之以法之前，全世界的"印度报纸"都有责任引起人们对这一局势的关注。⁶⁹侨民中间产生了同胞感情与共同责任的意识，同时还有一种这样的意识，即海外印度人分享了印度国内政客无法理解的经验。

如果说与世界各地的印度社群的比较，可以为讨论马来亚的印度人提供一个全球架构，那么当地的争论其实凸显的是马来亚的泰米尔离散社群碰到其他族群时，一种更特殊的泰米尔离散社群的意识。泰米尔离散社群自封的代言人直面强硬的马来民族主义，质疑他们在马来亚生活的权利。1932 年初，马来报纸《议会》(*Majlis*) 对马来亚的"外国人"展开攻击，宣称政府应该告知马来亚的印度和中国移民："马来人提供的'保护'，不像猎物管理员保护森林中的鹿，管理员会留心鹿不被猎人猎杀，但是不会阻止森林中的老虎或其他肉食性动物猎食。"⁷⁰《泰米尔之友》的编辑很快做出了回应，并在这个过程中更明确地界定了马来亚的泰米尔离散社群的边界。

《泰米尔之友》的编辑严厉谴责《议会》如此"幼稚的"社论，看起来像是在要求一个"马来人的马来亚"。该报提醒读者：来自南印度和中国的移民"艰难开垦森林……受到老虎的攻击和蚊子的叮咬"，还有那些在锡矿和橡胶园工作的人，他们对马来亚的繁荣和发展做出了不可磨灭的贡献。《议会》担心马来亚的泰米尔人和华人依然与出生地或祖先保持联系，抨击甘地和孙文等"伟人"，谴责他们让马来亚受到外国政治思想的影响，对政府造成了威胁。《泰米尔之友》的编辑对此表达错愕。《议会》似乎认为"人民可以对周围的世界不闻不问"，但是一个人是否真的可以对整个世界"坐视不理"，编辑们对此表示质疑。文章的结论是："既然印度人和华人不曾在他们的出生国生活"，他们便不可能"献身于国家"。对于那些在马来亚出生的人，"上帝的法庭中不存在"歧视马来人和其他人的法律。[71] 马来亚公民权利的冲突——移民的权利主张受到土著的反对——让介乎两者之间的人面临严峻的选择。泰米尔穆斯林，尤其是那些几代都与马来家庭通婚的泰米尔人，发现自己不被马来民族主义者所接纳，因为他们认为自己不是"真正的马来人"，而是被划在泰米尔移民的范围之外。[72]

对马来亚泰米尔居民权利的捍卫而反对当地民族主义者的要求，很快就转变为对公民权更为强硬的主张。争论的核心是，马来亚的全部历史都是由移民创造的，公民权利必须承认这一点；在大量移民从印度和中国到来之前，没有文明，只有丛林。1935年，一位泰米尔记者写道："让我们试着理解，就在不久之前，马来亚还只是一大片丛林，只有一些零星的渔村，没有文明，没有文化，也没有传统。"[73] 为了找到历史论述来支持他们的观点，马来亚的泰米尔作家引用"大印度"（Greater India）的概念（即马来亚和东南亚的大部分地区都深受印度文化的影响,甚至印度的殖民),认为"印度人在这片土地上并不是外国人……而且他们的传统对这片土地并不陌生"。[74] 在这些泰米尔作家中,有许多人用英文写作,他们反过来开始挑战马来人声称的原住民的主张,认为"'马来'一词的真正含义",是"来自爪哇或苏门答腊的移民,属于'马来'种族"。[75]

1930年之后,经济不景气重创了橡胶产业,马来亚的泰米尔领导人呼吁,在经济仍未复苏之前,应该减少来自印度的新移民数量。[76]因为他们主张限制来自印度的新移民,这使得马来亚"当地出生"(即在海峡殖民地或马来亚出生)和"外来"(或印度出生)的泰米尔人之间的区隔变得更加明显。用驻新加坡的泰米尔婆罗门记者克利希南(R. B. Krishnan)的话说,当地出生的泰米尔人和他们印度出生的兄弟在"态度和心智能力"上是不同的。他在谈到当地出生的人时写道:"他们的祖国是马来亚,他们的兴趣、生活和社交完全是马来亚和当地的。"他坚信,这个"马来亚印度人比起他在印度出生的同胞,有着更好、更具包容性的人生观。例如,对孟加拉湾对岸的种姓制度和宗教信仰一无所知,即使知道,也会不屑一顾"。[77]

1937年,尼赫鲁到访新加坡时,成千上万的人夹道欢迎。他坚信,马来亚印度人的未来"与印度的未来有着密不可分、毋庸置疑的关系,而印度的自由取决于他们的地位、他们利益的保障,以及他们在世界上的地位"。[78]不过,他也警告在马来亚的印度人,他们的未来系于马来亚,而不是印度。尼赫鲁成为印度第一任总理时,也说了同样的话。新加坡的一位泰米尔作家写了封信给新加坡的欧洲精英报纸《海峡时报》的编辑,敦促马来亚的泰米尔人重新思考他们与海湾对岸的关系:

如果他认为自己在这里只是一个旅居者，只有死后才能够到处走动，只有灵魂才能够横渡印度水域，在那里焦急地等待终于可以回家的那一天，那么他一定始终带着怀疑，从不认为自己是这个国家的定居公民或是户籍公民。

尼赫鲁认为，马来亚的泰米尔离散社群"必须勇敢地做出选择，要么获得旅居者可以享有的机会，要么成为正式的公民"。[79] 在新加坡和槟榔屿定居的海峡华人社群中，也出现了类似的声音。槟榔屿立法会成员林成荣（Lim Cheng Ean）在当地一所学校演讲时告诉他的听众："你们必须尽最大努力，抛弃这不是我们的国家的想法……如果你不想这么做，你大可以收拾行李回到中国，留我们这些在海峡出生的人在这里，以免我们的地位受到威胁。"[80] 对许多人来说，这真是一个极为困难且痛苦的选择。

在数百万横渡孟加拉湾的人当中，很少有人加入政治运动，他们之中的许多人是诉诸工作场所的抗议（详见第六章）。更多的人则是写请愿书给当局，详述他们的斗争和面临的不公，甚至诉诸法庭表达他们的不满和诉求。民族主义情绪激起了数以千计或暂时或永久远离家乡的游子的心。但"国籍"——一个在大英帝国广泛使用却从未被完整定义的术语——是一个更实际的问题，它与政治代表问题息息相关。

从 20 世纪初起，马来亚的印度专业人员、公务员和商人组成一些小型协会，向当局表达他们的诉求。[81] 第一个是 1906 年成立的太平印度人协会，1909 年成立了雪兰莪印度人协会。[82] 新加坡和槟榔屿有无数的社交和体育俱乐部,包括峇峇娘惹俱乐部、伊斯兰板球俱乐部、穆斯林康乐俱乐部,以及新加坡伊斯兰足球协会;此外,还有村庄及地区性的团体,如滕卡西穆斯林协会和卡塔尔耶纳卢尔穆斯林协会;商业、文化和种姓组织,包括槟榔屿穆斯林商会,以及纳都柯泰切蒂亚尔人(Nattukottai Chettiar)的许多组织(这些组织分布在从仰光到新加坡和整个马来亚的广大地区)。这些协会为各种宗教和世俗的目的架起了桥梁,有着相互重叠的关切和成员关系。[83]

对于那些远离家乡的人来说——印度人、华人、缅甸人或马来人——国籍的选择都具有切实的重要性。公民身份的问题,比民主的扩张更具优先性。从实际意义上讲,公民身份之所以重要,是因为它决定了人们可以求助于谁来伸张正义。印度和中国的帝国政府都声称自己更有能力支持其海外的臣民,并借此要求臣民效忠,对他们的行动加以限制。第一次世界大战之后,印度当局加强了对孟加拉湾的介入。1922年的印度移民出境法决定在马来亚和锡兰设立印度政府办公室。这些代理人现在是印度官员,而不再是英国官员了,他们在外国领土上越来越以领事之姿行事,虽然他们仍在英属的亚洲帝国内部。在接下来的10年里,驻马来亚的印度官员收到了数以千计来自印度劳工的信件、请愿书、上诉和探访,以寻求官方介入他们的工作和家庭纠纷。1925年,马来亚的第一位印度官员比莱收到一封紧急电报,一名年轻女性声称她几天前刚与家人从印度来马来亚工作,结果被柔佛的坦邦种植园农场经理扣留并强暴了。女孩的父兄没有去找警察,而是直接写信给印度官员。几天之内,所谓的"坦邦强奸案"就成了丑闻,新德里的帝国政府还对马来当局施压,要求他们尽快调查;对印度妇女在海外面临危险的普遍担忧,似乎因这个案件而得到了证实。[84] 遭指控的农场经理最后被判无罪，不过这起案件清楚地表明，在20世纪20年代，许多种植园工人对于印度和马来亚的政府架构可谓了如指掌；当遇到困难时，许多人选择直接向印度政府求助。

最具代表性的例子出现在1924年，三名来自森图尔（吉隆坡郊区）的泰米尔铁路工人写信给牧师安德鲁斯。后者是为海外印度人争取权利的资深活动家，也是甘地和泰戈尔的亲密战友和知己，曾在1924年造访马来亚。那些铁路工人说："我们生活在异国他乡，离我们的祖国有几百英里远，生活在不同的种族、文化之中，毫无疑问，我们正在慢慢失去我们的道德修养。"他们直接呼应了印度改革者的声音，后者哀叹海外印度劳工的"道德败坏"。安德鲁斯在回信中抨击了他们这些印度人出国工作的动机，哀叹道："我们活着就是为了金钱，金钱，还是金钱。"三位写信者要他们在印度的"同胞不是在物质上，而是在道义上给予帮助"。他们请安德鲁斯鼓励"一些在国会中享有盛名的同胞经常到访这个国家"。泰米尔铁路工人信中的内容加深了印度改革者和民族主义者的担忧，他们写道：其最大的耻辱就是"不仅对欧洲人，而且对中国人、马来人、欧亚混血儿和锡兰的部分泰米尔人而言，印度人（尤其是印度泰米尔人）只不过是一个苦力的民族"。[85]这些写信人的担心表明，殖民地人口普查的族群分类是多么强大，"泰米尔人"现在是一个单一的代表性分类，包括城市精英和乡下的种植园工人、穆斯林和印度教徒、高种姓和低种姓。[86]

但印度当局很快意识到他们的权力其实十分有限，移民一旦离开，尤其是当他们被困在种植园时，要介入就太迟了。殖民地政府与大种植园主走得太近，不可能是移民劳工利益的可靠保护者。许多人觉得比较好的介入方式是完全断绝移民。这是英属印度政府在

19世纪30年代对毛里求斯和西印度群岛的契约劳工最初的强烈抗议之后做出的反应——虽然这个决定很快就被推翻了。几个世纪以来，中国政府一直试图禁止移民，尽管实际上并没有什么效果。日益高涨的民族主义情绪加剧了印度和中国政府对移民的敌意：既然只会带来剥削和屈辱，为何要允许印度人和华人到海外去呢？

从印度的角度来看，出现了一种新的想法来支持海外移民的经济合理性，在此之前，海外移民被视为印度人口增长的必要"安全阀"。第一次世界大战是印度开始思考其工业未来的时刻，也是在封闭的国民经济中"发展"的愿望占据了政治想象的时刻。[87] 一位帝国的官员写道："印度的总财富增加了，现在还在增加，未来也会继续增加，如何对财富做出较好的分配，将是我们主要的关切点。"在这个背景下，"归国移民可能带回来的数千卢比无关紧要"；它们对印度发展的贡献"微乎其微"。坦贾武尔的收税官托马斯早在19世纪70年代就看出了这一点。[88]

泰米尔人——或者更广泛地说，是散居在世界上的印度人——的概念是最近才出现的。直到20世纪70年代和80年代，学者才开始用"离散社群"（Diaspora，一度用来指散居海外的犹太人）一词来形容帝国时代在世界各地旅行和定居的印度和中国移民群体。在学术写作和公共话语中，"离散社群"一词几乎用来指称各族群的移民群体；到了今天，"几乎每个族群、国家或是分裂主义运动都有其离散社群"。[89] 有海外移民史的地方必定有离散社群的历史，而且它们很强调流动人口与其原籍国之间的持久联结，不论这种联结是想象的、家族的、经济的或是政治的。这在分析上是有用的，尽管不合时宜；不过，或许"离散社群"的过度使用，让它变得没什么力量了。

然而，当时的人们使用的是什么语言和词汇呢？20世纪20年代和30年代的泰米尔作家用各种不同的表达方式来形容现在我们所称的东南亚泰米尔离散社群，经常出现的词汇包括"海外印度人""南印度工人""南印度苦力""泰米尔人""泰米尔大众""马来亚印度人""马来亚泰米尔人""锡兰泰米尔人""锡兰泰米尔苦力""缅甸的印度人"和"帝国的印度人"。虽然最近有比较多的学术成果开始使用"印度洋"这个词，不过这个词汇还不常出现，体现出更加特定的、区域性路线的重要性。这些术语中的每一个都为社群划出了不同的边界，也都唤起了不同的地理概念，从强调与印度的远近，转变成强调国家而不是地区的起源，以及在海外扎根的不同程度。作为海外帝国一部分的这种意识与一种更具体的感觉形成了对比，即泰米尔语世界连接着南印度和东南亚，这是一张环绕孟加拉湾的想象地图。

英国传教士萨格特（Norman Sargant）是世界上最早明确描写世界各地泰米尔离散社群生活的人之一。他在1941年的著作《泰米尔教会的传播》（*Dispersion of the Tamil Church*）的开篇引用了《以西结书》第35：6的话。这句话唤起了 *diaspora* 这个词的原始含义："我的羊在全地上分散。"萨格特描述了"分散在各地的泰米尔人"，他们在锡兰、缅甸、马来亚和更远的地方建起了小教堂。他满怀希望地写道："有人说，犹太人分散在各地，是古代世界为基督教先做的准备。""我们是否也可以说，泰米尔教堂分散在各处，是19世纪传道先驱者的一大助力？"在横渡孟加拉湾的人当中，泰米尔基督徒只是少数，但是萨格特认为，如果要了解泰米尔离散社群的分布，最好的方式便是看他们在遥远土地上留下的精神印记，许多印度教徒和穆斯林对此可能也有同感。[90]

20世纪20—30年代孟加拉湾所经历的现代性，没有留下多少经得起时间考验的文学或艺术作品。虽然底特律和马来亚的种植园有着千丝万缕的关系，但马来亚没有什么能与墨西哥画家里维拉（Diego Rivera）画在底特律艺术学院庭院围墙上那令人惊叹的壁画相提并论。1932年，埃德塞尔·福特委托他创作了这些壁画，描绘了推动底特律工业现代化的技工、经理、打字员、会计师和机器。不过，如果我们看看大众的流行文化、社会的生活模式、广告牌和报纸，就会看到移民努力让自己"在瞬息万变的世界中找到家"。横渡孟加拉湾的人们试图用自己的方式在现代世界的惊涛骇浪中安身立命，"在潮流中试着前进，寻找真实、美丽、自由和正义"。[91]但即使是在20世纪20年代的移民高峰期间，都不曾出现要统一孟加拉湾的政治叙事。不曾有哪些政治家像谈论他们想象中的国家那样谈论海湾的海岸，"这是我们共同的世界，我们的命运是相连的"。相比之下，孟加拉湾是一个市场王国，它的节奏只受"买卖"支配。

孟加拉湾的生活的确产生了哲学家查尔斯·泰勒（Charles Taylor）所说的"社会想象"（social imaginary）。泰勒将社会想象描述为人们"想象他们的社会生活方式，如何与他人相处，他们与伙伴之间的关系，一般要符合的期待，以及这些期待背后更深层的规范概念和形象"。横渡孟加拉湾的移民共同塑造的社会想象中的元素，是由纳拉亚纳萨米、麦丁及数以千计和他们一样的移民共有的，他们也与华人和马来人邻居共有这个想象，"他们是如何与其他人相处的，如何让事情在他们与同胞之间运作"。泰勒坚持认为，这类社会想象"通常不是用理论术语表达"，而是"体现在图像、故事和传说中";它们代表一个"普遍的理解,让普遍的做法成为可能"。[92]港口城市街道上的"普遍做法"由来已久,通过一起吃饭、共享公共空间、参与他人的庆典,产生了许多交流、互动。或许"通常能满足"的主要"期望"是流动性的期望,在这个世界中,人们期望自己能够在大洋两岸来来去去。然而,在 20 世纪 30 年代,这个期望落空了。

第六章
横渡的中断

在经济竞争的压力下,在价格下跌的挤压下,在民族主义抬头的刺激下,支撑起孟加拉湾世界的联结断裂了。1939年初,印度政府驻缅甸的代表在报告中写道:"在过去6个多月里,曼德勒的印度人……不得不忍受有组织的迫害;他们的生意遭到抵制,他们的商店被设置了纠察队。"随着政治浪潮席卷而来,他们遭到孤立,被困在上缅甸。许多受到影响的店主是说泰米尔语的穆斯林或朱罗人,他们来自科罗曼德尔海岸。他们横渡孟加拉湾已有几个世纪了。那些店主的家人在19世纪与磨坊工人、煤矿工人和三轮车夫一起搬到了缅甸。而现在,那些曾经让他们选择到缅甸的安全和繁荣都已不复存在。

支持民族主义的僧侣(pongyi)在门前的台阶驻守,不让缅甸客人进他们的店里。在永道吉的拉希姆公司购买商品的一名僧侣遭到其他三名僧人的羞辱,他们骂他是"狗娘养的";还发动一群人,逼他把所买的东西退还给印度商店。另一名泰米尔店主穆罕默德也说:一名当地妇女正在他店里买东西时,"一名僧侣走过来,把东西从她的手上抢走,丢在地上"。在曼德勒市政市场H区摆摊的伊瑟夫表示,他的一名顾客遭到僧侣持刀威胁。他写道:"我也很同情那位女士,她只因为在我们的商店买东西就遭遇了麻烦",所以"我只好把钱还给她"。[1]

1930 年,仰光的码头曾出现暴力事件,并在 1931—1932 年的千禧年叛乱中蔓延到缅甸乡间,这场动乱由僧侣萨亚森(Saya San)领导,暴徒主要针对印度家庭和企业发动袭击。动乱后的时局仍不太稳定,不过缅甸民族主义的道路自此确立了。缅甸于 1937 年脱离印度,这是第一次也是最不受注意的南亚"分治"。孟加拉湾周围的政府现在将移民定位成"离开了正确位置的人"。如果说缅甸经历的变化最为剧烈,那就是它渗透到了马来亚、印度尼西亚和越南的政治语言中。如今,谁又属于这片这么多人横渡过的水域呢?孟加拉湾以惊人的速度关闭起来,它的边界收紧了,各国之间互相猜疑。移民成了一场零和游戏。这就是第二次世界大战所摧毁的紧张局势下的世界。

布鲁诺·拉斯克(Bruno Lasker)出生在德国,是伦敦和纽约社会改革运动的资深人士,他在 20 世纪 30 年代游走亚洲各地,为总部在夏威夷的太平洋国际学会工作。他写过一篇关于亚洲移民模式的精彩文章:回顾第二次世界大战之后的情况,他发现在 20 世纪 30 年代,"很多东亚的国际移民被逮捕了,甚至遭到了遣返"。创造出"多元社会"一词的英国行政长官约翰·富尼华甚至更快就下了判断。在 1939 年的著作中,富尼华宣称:"我们已经可以看到,1930 年标志着一个 60 年的终结,这 60 年始于苏伊士运河的开通,也是从达·伽马登陆加尔各答算起的那 400 年的终点,虽然这一点没有非常明确。"[2] 富尼华十分有先见之明。不过许多经历过这些变化的人,对于 20 世纪 30 年代的变化不会有这么明显的感觉。不景气带来了失业和通货紧缩以及对于移民的新管制，但是它感觉更像是一次严重的挫败，而不是一场持久的转变。事后来看，第二次世界大战结束后，联结孟加拉湾周围人们生活的网络出现了断裂，这似乎是一个持久性的倒退。情况在20世纪30年代一下子变得不同了：专制的规则阻止了流动，市场的波动让财富化为乌有。不过，规定不一定总是执行无碍，市场也很快恢复了。在个人和集体的记忆中，这仍然是个开放且充满机遇的时代，尤其是和接下来的时代相比。

用一位经济史学家的话说："几乎没有几个经济体经历过比20世纪30年代马来亚大萧条更严重的宏观经济冲击。"也没有几个经济体会如此依赖非食品类商品的出口，如橡胶和锡。两者的市场都在1929年后崩溃了。橡胶的价格暴跌，几乎完全是因为美国汽车工业的需求减少；工业化国家经济的整体衰退，也削弱了对锡矿的需求。1929—1932年，新加坡的橡胶出口额下降了84%，整个马来半岛的实际工资也减少近一半。[3]大米的市场价格比其他大部分商品跌得更快，而且需要更长时间才能恢复。[4]缅甸和东南亚的稻米产区互相争夺市场；稻米的低价，避免了经济萧条在这个亚洲人口最密集的地区，造成更大的生存危机。

缅甸的稻米种植者所面临的压力，在农村引发了社会关系危机。当世界大米市场跌到谷底时，切蒂亚尔高利贷者赖以发财的债务网络出了问题。由于无法收回贷款，加之借钱给他们的欧洲银行也对其施压，所以切蒂亚尔人的公司取消了抵押品的赎回权，并收购了大片缅甸农地。1930年，切蒂亚尔人占据了缅甸被占领土地的6%；到了1938年，这一数字达到25%。在切蒂亚尔人的商业模式中，拥有流动资产是很重要的；现在他们却发现自己握有许多无法变卖的财产。负债累累的缅甸种植者失去了赖以为生的土地。在殖民委员会的证词中,一位克伦族(Karen)证人形容切蒂亚尔人的银行就像是"火龙一样,会烧焦每一块不幸落入它们邪恶蠕动之下的土地"。在这种恐惧的氛围下,一些缅甸人不只是反对他们的切蒂亚尔债权人,也敌视他们土地上的所有印度"移民"。[5]

如同拉斯克的观察,大萧条"阻断了亚洲移民,有些甚至被遣返了"。虽然孟加拉湾和南中国海的流动一向是循环的,但整体模式属于净迁移,换言之,一直以来那里的入境人数稳超出境人数。当危机爆发时,这个模式发生了逆转。1930—1933年,离开缅甸和马来亚的印度人数超过到来的人数;整个东南亚的华人数量也是如此,虽然当时中国国内普遍内乱,日本军队的入侵更是加剧了内乱程度。1930—1933年,有超过60万人离开马来亚;在那几年,也有大约24万名泰米尔工人从马来亚遣返印度,其中将近20万人是政府出资的。但这已经是政府援助的极限了。他们回到家乡之后,几乎没有任何生活补助。在马来亚的印度政府代表指出:在困难时期把人送回印度,"越来越不是一个应对失业的有效补救措施"。对泰米尔工人而言,遣返意味着"没有提供……任何救济","他们只是从在马来亚受苦,换成回到南印度受苦而已"。继续留在马来亚种植园工人的工资则被单方面削减。在整个东南亚,没有被遣返的移民劳工以非法居留者的身份搬到了边境地区,为生存而苦苦挣扎,并且感受到了经济独立的滋味。[6]

立法又使得劳工市场的发展愈加恶化。东南亚在大萧条期间,首次实施正式的移民限制。1930年,马来亚和新加坡立法禁止新的华人移民。前往马来亚的印度移民则受到更多间接的限制,因为印度人既然作为大英帝国的臣民,理论上他们可以在大英帝国境内自由迁徙。1930年,由于橡胶种植园的失业人数持续增加,国家暂停核发工头的执照。这些规定是史无前例的,但是没有得到彻底执行。因为殖民国家对移民社会的性别不均依然感到担忧,所以女性移民不受管制,这造成了新一波前往马来亚的女性移民;这是迈向印度和华人家庭在孟加拉湾对岸永久定居的重要一步。在印度移民之中,可以重新看到19世纪"自由"和"受到帮助"的移民的古老区别。只要移民负担得起自己的旅费,就没有法律可以阻止他们横渡孟加拉湾,也还有数以千计的人继续迁往海峡殖民地城市。[7]

印度地主与缅甸佃户、种植园移民劳工与当地种植者之间的族群区隔,有部分通过帝国经典的"分而治之"政策被计划出来,也有部分是无计划的。从这个意义上来说,不论是有意或无意建立起来的,这些模式都会自我复制。经济恶化加剧了对于稀缺工作的竞争。当地人的怨气便转向了东南亚各地的移民,不过这已经不是什么新鲜事了。对移民加诸限制和遣送回国,目的是要预防出现紧张情势,但是这却造成了新的问题。缅甸经历的冲突最严重,因为印度工人主导了仰光的城市经济,印度的高利贷者又拥有许多土地。1930年,缅甸爆发了一场大规模的反殖民主义暴动,领导者是具有领袖魅力的僧侣兼传教士萨亚森。这是20世纪30年代亚洲最大的反殖民主义起义之一,最初只是要抗议殖民地的人头税,最后却发展成一场千禧运动。随之而来的是对印度高利贷者和商店的袭击,尤其是在下缅甸的汉达瓦底、永盛、勃固、皮亚朋、苗妙。一位驻当地的英国官员写信到仰光,表示他"很难阻止村民在晚上外出,他们都一次去一两个人,放火烧毁印度人搭在偏僻田间的棚屋"。[8]

英国当局镇压叛乱的手段十分残忍。萨亚森在受审后被处死刑。缅甸的乡间勉强恢复了平静,不过那次叛乱对于社会关系造成的破坏却越来越大。所经历的事让许多在缅甸的印度人感到惊恐，所以他们中的许多人乘船回到了家乡，但是大部分离开的人计划在事态平息后重新返回缅甸。到 1934 年，一切恢复如常似乎指日可待。[9] 那一年前往马来亚的人再度超过 10 万人；前往锡兰的移民"达到 1927 年的最高纪录"。当年也有超过 20 万名华人抵达东南亚。不过，工头的招募体系再也没有从萧条中恢复。1933 年之后前往马来亚的大部分移民，要么是"回头客"，要么就是有朋友或亲戚住在马来亚。官方对移民的控制减弱了。1935 年，马德拉斯移民专员指出，"许多人以一般旅客的身份往来马来亚"，他们自付旅费，不属于殖民地政府认定的劳工移民。前往马来亚的移民会携带种植园管理人的信件或受雇的证明，证明他们以前曾经在那里工作，还要确认他们在该种植园有家人或是朋友。这类信件带来了一个繁荣的市场。一名英国官员抱怨道："老劳工会把移民站关口那些不相干的人说成是自己的亲戚或是朋友。"这是一个熟悉的问题。不论在马来亚或锡兰，持续的移民现在已成了常态。对许多南印度的家庭而言，移民成了生活经历中一个不断重复的部分，几乎成了一种习惯。[10] 在当时看来，前往东南亚的印度和华人移民看起来会重新开始，并继续下去，且愈演愈烈；几乎无人预见到 1936 年或 1937 年，这一趋势很快就停滞不前了。如果经济不景气后的复苏趋势持续下去，那么在马来亚的人口中，印度裔移民的比例应该可以从 1/8 上升到 1/4，华人说不定会成为半岛人口的大多数。这看起来很可能实现的愿景，使得马来人开始害怕，他们担心会"在自己的土地上陷入困境"。但事实并非如此。

经济不景气过后，市场慢慢回温。但是政治结构和意识形态的转变,重新塑造了印度和东南亚之间的关系,以及居住在孟加拉湾附近及两岸的不同社群和族群之间的关系。正如我们所看到的,散居海外的印度人和华人的渴望已经在20世纪初期的民族主义话语中得到了表达;现在,他们发现缅甸、马来亚以及整个地区的民族主义情绪日益高涨,而在这股浪潮中,自己成了目标。当地的年轻人发现自己在殖民地政府谋得一官半职的道路受阻,成为企业家的前景有限,于是,他们将此归咎于移民。一位深富同情心的英国观察家写道:"透过眼睛和耳朵,缅甸人不断地、敏锐地意识到外国人对该国商业活动的控制,以及移民工人的持续渗透。"[11]意识到不平等之后,对于权利的竞争就展开了。大萧条的冲击激化了20世纪20年代出现的谁该属于哪里的争论,但是现在这些争论不再只是抽象的,也不再局限于报纸专栏,它们实实在在地存在于生活中。

　　缅甸和马来亚的民族主义都不是突然出现的。两者都是从英国的征服和旧君主制世界的毁灭(缅甸)或是臣服(马来亚)引发的危机中成长起来的。19世纪,在马来人和欧洲人、马来人和其他亚洲人之间的文化碰撞推动下,关于"马来种族"的辩论在海峡殖民地的多语种世界中蓬勃发展。印度公职人员吴顶图(U Tin Tut,曾主管缅甸的外交和财政)指出,缅甸的民族主义根植于对土地和人民的深厚感情。他说:"缅甸的孩子是在以过去的辉煌为背景的历史和传统中长大的,当他们长大后,得知自己的种族只是次等的,将大受冲击。"直到20世纪20年代,缅甸民族主义才成为群众运动;马来民族主义则在20世纪40年代才达到这个水平。但是两者都在稳步成长,他们的报纸、期刊和书信写作俱乐部在别人的归属感中叫嚣着要求得到承认。20世纪30年代,马来人的新闻业迅速发展:"报纸可以在任意一家马来人书店买到,有些还能在各种马来人俱乐部买到,甚至连汽车司机也能读到。"缅甸长久以来是亚洲识字率最高的社会之一,有自己的文字,并借由世俗僧侣无远弗届的影响力,传播了一种新的、自觉的民族主义。20世纪20年代早期,阿拉干出身的僧侣吴欧德玛(U Ottama)到缅甸旅行,并多次代表佛教青年会发表慷慨激昂、越来越多反殖民主义倾向的演说。[12]

到20世纪20年代末期,缅甸民族主义的目标已经很明确了:要从印度"分离"出来。这比摆脱英国殖民统治更能激发他们的努力。在不景气造成的破坏和萨亚森的叛乱觉醒之后,他们的要求变得更强烈。1929年初,缅甸立法委员会首度提出分离法案;1931—1932年,缅甸圆桌会议(Burma Round Table)为"分离"设了一个日程,并于1937年4月1日生效,这是对印度政治未来所做的一连串宪法协商的一部分。缅甸的印度居民不知道该做何感想。许多人觉得政治上的改变不会对他们的日常生活造成什么影响;另一些人则对未来感到害怕。20世纪30年代,剧作家兼记者萨尔马(V. Swaminatha Sarma)曾为仰光的泰米尔报纸《光明报》(*Jothi*)撰稿,并在1936年针对即将发生的分裂出版了一本书。该书的开篇追溯了缅甸与印度最早期的联结,通过佛教青年会追溯缅甸的民族主义兴起,并概述即将发生的宪法变革,最后以一个最大的问题结束:"这两个民族有共同的未来吗?"[13]

到20世纪30年代末,年轻而坚定的"德钦党"(Thakins)运动为缅甸民族主义注入了新的活力,该运动的主力是仰光大学的学生。年轻的昂山是学生领袖之一,日后他将带领缅甸走向独立,但却遭到暗杀。1936年的一次长期罢课让这所大学陷于停顿。1938年,学生激进分子带头攻击当地的印度人,起因是一位印度的穆斯林作家在一本小册子中"侮辱"佛祖,刚开始局势还不明朗,后来这本小册子就像野火一样蔓延到缅甸的书市。这种族群和宗教上的焦虑，以一种有害的方式与性方面的焦虑结合在一起，因为人们的注意力都集中到与缅甸女性结婚的印度男性穆斯林身上：他们的家庭构成了阿拉干的混血社群缅族混血穆斯林（Zerbadi）。印度族群间的紧张关系蔓延到缅甸：印度的右翼印度教领袖支持他们在缅甸的佛教徒"兄弟"对抗伊斯兰教。不过，缅甸民族主义者则将"印度人"组织在一起，不论他们的宗教信仰如何。

与民族主义者类似的愤慨之声也在孟加拉湾周围回响。1938年，缅甸出版了一本用语粗俗的小册子，猛烈抨击kala，这个词是当地人对印度人的称呼，源自"外来者"一词。

卖锅的店里有kala；卖饼的店里有kala；卖袜子的店里有kala；打鞋底补丁的地方有kala；内衣工厂有kala；供应砂皂的店里有kala；卖礼服的店里有kala；借钱的地方也有kala；kala，kala，到哪里都有kala；有的脚夫是kala；高等法院的法官是kala；卖药粉的是kala；有的医生是kala；官员里面也有kala；狱卒里面也有kala。

缅甸的民族主义者希望未来能够脱离印度统治。1941年初，缅甸一家报纸在讨论"印度问题"时，赞许地引用了希特勒的话。该报现在还记得希特勒上台前的一次演讲。希特勒说："我研究过所有国家的历史；发现妨碍一个国家进步的，并不是它的经济状况，而是外国人的大量涌入。"文章最后认为，希特勒所说的话给缅甸上了一课。这也是世界各地的反移民积极分子的主张，尽管亚洲很少有人能预见到希特勒将把他的愿景带到一个血腥的极限。马来亚的本土主义情绪也在高涨，就像在印度尼西亚和越南一样，虽然缅甸的确是最激烈的。[14]

横渡孟加拉湾的印度移民的愤怒，反映在印度民族主义者对于移民与日俱增的敌意上。作家和政治家谴责印度劳工一直前往不欢迎他们的地方，觉得他们在那里所受的屈辱将使国家蒙羞。国大党党报《探照灯》(Searchlight) 对大萧条后恢复向马来亚的移民表示遗憾，认为印度有可能成为"欧洲农场的黑人苦力的最大来源国"，他们在那里只会被当成"禽兽"，而且无法享有"其他移民或定居者（不论肤色是黑或是白）的权利和优待，不论在经济或是政治上都没有"。该文作者断然表示，印度移民"不是出于自愿前往的，而是受到招募、劝说、哄劝和诱骗"。记者也主张：如果海外的印度工人无法有尊严地生活，那么他们根本就不应该去；如果有必要，国家应该介入，阻止他们移民，这不仅是为了保护他们，同时也是保护印度在海外的声誉。印度的民族主义评论家对于殖民地出生的印度人持严厉态度，不鼓励他们回到印度，这样未来国家的公民就不会和海外的苦力沾边了。[15]

孟加拉湾被一次又一次地穿越，但它依然是政治归属的基础。虽然孟加拉湾沿海城市之间的联结和它们与内陆的联结一样接近，但是这既没有产生一个连贯的政治动员空间，也没有让环孟加拉湾的人产生一种集体感，就像他们与印度同胞、马来或缅甸同胞之间的集体感。虽然孟加拉湾沿岸地区大多在英国的统治下，但还是被划分成不同的管辖区域。各地区都有不同的统治方式：作为殖民地和保护国，通过直接和间接统治，对移民和本地人、亚洲人和欧洲人做出不同的规定。印度、缅甸和马来亚在政治和理解上不断加强的区域一体化，突显出沿海地区虽然不乏经济和文化的联系，却缺乏政治整合。印度庶民研究学者查特吉（Partha Chatterjee）写道，在 20 世纪的头几十年，尤其是 20 世纪 20 年代和 30 年代，"民族国家作为现代国家普遍正常、合法的形式，在广泛的政治观点中得到了接受"。[16] 即使在大英帝国境内，殖民统治者和民族主义政治家也开始按照这些规范行事；1930 年，印度经济学家桑达拉姆（Lanka Sundaram）提出，印度政府应该利用"其国际联盟成员的身份"，将其作为"海外国民受到不公平待遇时的报复或仲裁"手段。[17]

20 世纪 20 年代和 30 年代的民族主义激起了一种对土地和陆上景观的强烈归属感，但对海洋的依恋并不强烈，海洋仍然只是一个空白的空间，人们穿越海洋却未居住其中，没有可以标志的纪念物，也不会被记忆困扰。孟加拉湾是一个存在于脑海中的区域，一个由圣地旅行和渴望映射出来的"社会想象"。对于许多生活在其中和周围的人来说，它是一种直观的感觉；对他们来说，它是世界上一个连贯和相连的部分，这是不言而喻的，然而当这个世界被撕裂的时候，就免不了出现冲击。

1937 年，约翰·克里斯蒂安（John Christian）在《当代历史》杂志上写道："缅甸与印度离婚了。"这标志着缅甸在一个世纪后脱离印度的控制，实现了自治。这个隐喻很贴切，不只适用于缅甸。孟加拉湾世界渐渐瓦解，就像一场旷日持久的离婚，未来几年内，还有不止一场监护权之争。这也是一场有学术意义的分离。对 20 世纪后半叶而言，1937 年，英属印度变成英属缅甸，标志着"南亚"的结束，"东南亚"的开始。一直到最近，学术部门、研究机构和地区会议仍坚持这个分期。[18] 孟加拉湾周边国家在 20 世纪 30 年代都实现了自治，虽然仍受大英帝国的束缚。印度政府（更具体地说，是马德拉斯省政府）推行类似"外交政策"的政策，与缅甸、马来亚和锡兰谈判，讨论印度移民劳工的未来和移民的权利。孟加拉湾世界的统一性即使还没有从日常生活中消失，但从法律和宪法上讲，也已经从人们的视野中消失了。

围绕缅甸与印度"离婚"最直接的问题是关于到缅甸的印度移民的未来，以及已经在缅甸的印度人的地位。印度人的社群、居所和忠诚，困扰着整个地区的地图绘制者和宪法律师。20 世纪 30 年代曾住在仰光并任职于缅甸立法机构的泰米尔穆斯林记者阿卜杜勒·卡里姆·加尼（Abdul Karim Gani）认为，两者之间的区隔很明确，一边是已经在缅甸落地生根的印度人，另一边则是忠于孟加拉湾对岸的旅居者。加尼也指出下面两者的区别，一方是"与印度没有利害关系的印度人"，另一方是"既得利益者"；他是看着辩论厅中的切蒂亚尔代表说出这些话的。加尼批评缅甸民族主义者"永远"想把这些不同的印度群体混为一谈的倾向，还要求缅甸公民的全部权利要开放给"任何出生或永久居住在这个国家的人，只要他对国家有贡献并且忠诚"。[19]

印度与缅甸的殖民政府进行了长时间的谈判，旨在草拟出两国的移民协议。[20] 印度政府"取消了将护照作为入境缅甸的条件的提案"，但它对缅甸当局几乎没有什么权力。争议的核心是关于"定居"（domicile）的定义，1945 年之后，这个概念依然在移民议题中引发争论。当大家都在印度和缅甸之间往来移动时，其实很难证明他们有定居或返回的"决心"。律师们试图区分在缅甸"定居的印度移民"和那些拥有不同程度永久居留权的"有用处的临时居民"，后者享有"作为英国臣民的公民权利和政治权利"，而不是作为缅甸公民。不过最后还是失败了。战争前夕，帝国公民、殖民地公民和国家公民等各种不同的公民身份引起了争论。[21]

面对驱逐，切蒂亚尔人哭喊着他们受到了不公平待遇。他们写道：移民协议"引起了切蒂亚尔人和所有印度人的不安和担心"。他们在缅甸投资数百万美元的设想已被推翻；他们不能再立于帝国的基础上。到处都有不乐观的征兆。20世纪30年代中期，随着法国殖民政府颁布新法约束债权人，许多切蒂亚尔人从印度支那被赶了出去，他们也在缅甸遭受了损失和暴力。移民协议没有考虑海湾地区长期存在的循环移民模式。凡是此法施行时正好在印度的人，就算他"已经在缅甸多年，也娴熟使用当地语言，熟悉当地状况"，还是会被"排除在外……被当成新移民处理"。自由流动结束了。印度和缅甸之间的谈判一直拖延到1941年。有些切蒂亚尔人担心出现最坏的结果，所以将资金转移出缅甸；另一批人则反其道而行之，为免未来入境会受到限制，现在他们更频繁地往来缅甸。[22]

随着在缅甸的讨论没有得出好结果，横渡孟加拉湾的其他航线也关闭了。从印度前往锡兰和马来亚的移民受到严格的控制，而且这是从印度开始的。1937年的选举，国大党政府在有限的选举权下控制了印度11个省中的8个。印度人的职位提升，可以在行政部门承担较大的责任，尽管终极的权力依然掌握在英国人手中。政策越来越不是出自英国官员之手，而是印度人制定的，其中还有许多人对民族主义感到同情。长久以来，印度精英都认为海外印度人的地位令他们脸上无光，这种情感开始直接影响移民政策。此时的国大党除了发起大规模的抗议运动外，也像是处于等待状态，一直在关注印度的经济发展计划。要发展的是殖民地（很快会成为国家的领地），而不是孟加拉湾周围更广泛的区域。20世纪30年代，殖民地国家放弃了自由发挥市场力量的自由放任政策，转而投身于农业和工业发展事业。[23]如今，有关印度经济未来的讨论很少涉及移民问题，这似乎根本无法解决贫穷这个压倒一切的大问题。

在此背景下,印度官员对于前往马来亚和锡兰的移民劳工有何未来也产生了质疑。马来亚的印度代表宣称:除非有迹象表明"马来亚人和非马来亚人没有任何区别",否则印度政府"在任何情况下,都不应鼓励印度人在这片土地定居"。[24] 德里的长官巴杰帕伊则有不同的担忧。他担心"一旦有了稳定的当地劳动力,农场主就不必再依赖印度",那将导致"我们失去确保居住在这里的印度居民享有平等的经济和政治地位的唯一制裁权"。[25] 同年,驻马来亚的官员呼吁印度和英属马来亚之间签署一项正式的移民协议,"赋予在外国领土上代表移民劳工进行干预的充分自主权"。孟加拉湾的"离婚"正在进行。马来亚的泰米尔工人现在也和其他人一样,都是"移民劳工",马来亚也成了"外国领土"。只有透过两国之间的外交政策工具——条约,印度政府才觉得它可以介入海外事务。1938年,随着印度和马来亚政府之间停止对工资和工作条件的谈判,印度移民委员会宣布:禁止印度人"以劳工目的"移民马来亚,这一措辞与19世纪有关契约的立法不谋而合。限制非技术移民前往锡兰的类似规定,也在翌年生效。[26] 但是两者都没有让移民就此打住。和过去一样,这些规定也没有限制自费的"自由"移民,所以贸易商、商人和城市工人的流动并没有停止,家庭成员的流动也在继续。尽管如此,移民出境法还是悄无声息地扭转了一个世纪以来的格局。

关闭孟加拉湾,带来了意料之外的政治开放。随着移民受到限制,以及印度政府在马来亚的影响力的减弱,泰米尔工人在政治上越来越激进。20世纪20年代,他们曾以哀怨的语气向印度的政府代表和劳工专员请愿,但到了30年代末期,就直接展开抗议了。政治意识的转变始于城镇，这是常有的事。早在1924年，就发生了铁路工人的罢工；到30年代，这些活动的范围和规模都扩大了。[27] 1936年底，约7000名在新加坡市政服务部门工作的泰米尔工人举行了罢工，这是当时为止最大规模的一次劳工运动。马来亚中国工人的自主性也越来越强。马来亚共产党的主要成员是华人，该党也日益发展壮大。1937年3月，发生了一连串针对小型橡胶种植园的罢工，这些都是马来亚共产党通过其总工会支持的。警察前往围捕煽动者时，惊讶地发现其中一人是在种植园学校教书的泰米尔教师坦伽雅（Thangaya）。一名警官在报告中提到，"坦伽雅的案件应该得到更多关注，因为这是马来联邦第一次发现有南印度人积极参与共产主义运动。"当局断言坦伽雅因为同情中国工人，所以鼓动数个种植园的泰米尔工人参与罢工。[28]

这种压力在1940年升级，当时欧洲爆发战争，对马来亚橡胶的需求猛增。工会抓住机会，要求提高薪资。这次又是由华人占据主导地位。他们于当年初掀起罢工潮，并在占领新加坡的泛世通（Firestone）轮胎工厂时达到巅峰。1940年5月1日，工会号召发起总罢工。这一天充满象征意义，罢工本身让人想起19世纪美国伟大的铁路工人罢工，以及全世界工人的共同奋斗。警察对群众开火，造成2人死亡，多人受伤。[29] 他们没收了一些材料，其中有几本支持罢工者的泰米尔小册子。"五一劳动节将把所有劳工团结在一面旗帜下，种姓和信仰将不复存在。"上面的署名是"印度社会主义共和军"。英国当局对此感到震惊。[30]

在马来亚泰米尔工人阶级中蔓延的激进主义，让印度城市的领导阶层措手不及，也让他们争先恐后地迎头追赶。20世纪20年代初期，新加坡和槟榔屿的城市精英想要和种植园工人走得更近，但是两者之间总有一道鸿沟。党派之争盛行，城市记者和公众人物的最大关切依然是官方机构的代表权，而且他们纠缠于内部纷争。社群仍然是一个主要的纽带，泰米尔人、马来语人、锡兰泰米尔人和北印度人争先恐后地成为殖民地母国将他们聚集在一起的印度社群的代表。1936 年成立的马来亚印度人中央协会（Central Indian Association of Malaya）控制了所有紧张局势，但它也包括了一群更年轻、更大胆的声音。[31]

R. H. 内森（R. H. Nathan）便是其中一个。内森是讲泰米尔语的婆罗门，在马来亚的印度社群崭露头角时甚至不到 30 岁。他在 20 世纪 30 年代中期来到马来亚，和他的兄弟一起住在巴生，他的兄弟是一名警察法庭的翻译。内森曾是帕特森西蒙公司的职员，失去工作后，他转到日资报纸《新加坡先驱报》（*Singapore Herald*）担任通讯员，这引起了英国情报部门的注意。内森之后又到马来亚最大的泰米尔报纸之一《泰米尔之友》工作，成为助理编辑。20 世纪 30 年代末期，马来亚的泰米尔媒体更加倾向反殖民主义路线；在内森的影响下，《泰米尔之友》对于种植园工人的斗争产生了更大的兴趣。内森试图在整个半岛建立一个印度机构的基础架构。1940 年，他协助建立了巴生地区的印度协会，为从事市政建设的工人、铁路工人和营业员组织了工会。他告诉听众要为脱离英国、"完全独立而祈祷"，并"鼓励印度苦力和华人劳工联合组成协会"。[32]

到了 1941 年，种植园已经变得动荡不安。英国官员还是盲目认为泰米尔工人都很顺从——这是从锡兰最早期的咖啡种植经验中得来的刻板印象——他们觉得橡胶种植园的罢工一定有煽动者在背后鼓动。他们锁定了内森和梅侬（Y. K. Menon），准备逮捕两人。但是在他们行动之前，罢工就爆发了。殖民地政府内部对于如何处置产生了分歧。劳工专员认为，工人对工资的合理要求不应被忽略，所以支持发展工会；但是主张采取强硬路线的一派持相反观点，认为应该加以惩罚和镇压。1941年3月，整个巴生河流域有多达5000名工人参加罢工，要求他们的工资和华人劳工一样（马来亚的泰米尔工人从来不曾拿到和华人一样的工资）。种植园主答应小幅增加工资，但是没有达到工人的要求。罢工在4月仍呈蔓延之势，殖民当局对此严重关切。警察在5月初逮捕内森时，泰米尔工人发动了马来亚种植园史上最大规模的罢工。[33]

内森被捕的次日，警察局局长巴戈特在日记中写道："出现了数百名苦力……以棍棒、鱼叉、铁棒、碎瓶子和砖头武装自己。"他命令警察以警棍驱散群众。一名受伤的劳工在送医后死亡。5月12日，"几乎所有沿海地区的橡胶种植园都罢工了"。军队以及一个印度军团都出动了。军队对抗议的群众开火，造成3人死亡、4人受伤。劳工专员曾经称赞的20世纪30年代的社会变迁，现在变成了对种植园主和国家的反对。关于罢工的报告强调了工人使用脚踏车和汽车作为交通工具。巴戈特指出，罢工者"乘坐公共汽车和脚踏车在该地区到处走动"，于是出动军队防止"苦力不受限制地使用道路"。罢工者"骑着脚踏车，沿着种植园的道路和小径，从一个种植园到另一个种植园"，逃过侦查；警方在一次突击搜查中，"抓获8名抗议者和22辆脚踏车"。抗议者的目标是象征性的：种植园里的许多棕榈酒商店遭到了袭击。警方指出："选择棕榈酒商店是很有意思的，这表明破坏行动的背后有政治动机。"镇压行动在风声鹤唳地进行，有近200人被捕，包括内森在内的"领导人"被驱逐到印度，种植园里的生活也从此改变了。[34]

直到20世纪20年代之前，孟加拉湾的政治风向都是指向社会改革和平静的生存，而不是反殖民主义革命。但在 1941—1945 年，这种情况发生了改变，而且是戏剧性的变化。不过，即使是在战争之前，孟加拉湾周围互联的世界已经被卷入政治行动。马来亚的泰米尔种植园工人迫于生计上无法承受的压力而成了激进分子。长久以来，往来孟加拉湾的安全感现在却遭到了挑战。孟加拉湾充斥着许多互相竞争的意识形态，包括民族主义、社会主义和共产主义。它被全面战争以新的方式撕裂，又以新的方式整合在一起。

1941 年 12 月 8 日清晨，日军在马来亚东海岸的哥打巴鲁登陆。这时候，太平洋的另一岸还是 12 月 7 日早晨，所以这次登陆距离把美国拖进第二次世界大战的珍珠港偷袭事件还有几个小时。欧洲在东南亚的势力在几周内就崩溃了。日本军队从哥打巴鲁出发，用卡车和脚踏车一路沿着马来半岛的柏油路往南挺进。日本的炸弹如雨点般投向新加坡。12 月 10 日，日本轰炸机在马来半岛东海岸击沉了英国舰艇"反击号"（Repulse）和"威尔士亲王号"（Prince of Wales）；帝国在东方"坚不可摧的堡垒"瓦解了。荷兰在爪哇和苏门答腊的势力也很快瓦解。日军从泰国一路开到缅甸南部，泰国在战时是日本的盟国。日本轰炸机袭击仰光，引起一片恐慌。1942 年 2 月 15 日，英军总司令白思华在新加坡向日本投降。这是英国军事史上最重大、最屈辱的一次战败，超过 13 万名盟军成为战俘，其中大部分是印度人。

日本大胆袭击东南亚，主要是为了确保石油、锡矿和橡胶的供应安全，这些资源在稍早前的半个世纪，让这个地区的森林对移民和投资者具有莫大的吸引力。日本所需的原材料必须仰赖进口，在美国禁运令的包围下，日军必须采取行动夺取资源。日本与德国、意大利结成轴心国同盟，为他们在欧洲战事爆发之后取得先机铺平了道路：1940年，日本军队在法国维希政权控制之下的印度支那建立了战略基地。日本一路向东南亚推进的消息非常振奋人心。他们在军事上迅速取得的胜利，削弱了欧洲帝国对政治霸权和种族优势的主张。欧洲帝国不合时宜地仓促撤退，丢下他们的亚洲子民独自面对命运，这对他们的声望造成了不可弥补的损害。亚洲的许多年轻人深深地被日本泛亚主义的言论吸引。毫无疑问，日本领导人使用这样的政治语言来追求他们的目标，不过在缅甸、印度尼西亚和马来亚，与日本人合作的亚洲民族主义者也未尝不是如此。[35]

战争破坏了孟加拉湾的权力平衡。过去一个世纪，这里是属于"不列颠的湖"；而现在，这个地区再度成为战略战场，如同它在18世纪时一样。一位英国空军指挥官说："在新加坡和爪哇沦陷之后，日军就掌握了这些水域的控制权。我们在孟加拉湾没有足够的海军力量。"[36]日本想利用他们的优势征服孟加拉湾。1942年3月，他们占领有着重要战略地位的安达曼群岛，接着推进到锡兰。1942年3月31日至4月10日，日军在第一航空舰队司令南云忠一的指挥下，进行了"印度洋空袭"；第一南遣舰队司令小泽治三郎指挥的辅助部队从丹老群岛出发，攻击孟加拉湾的商船，一天之内击沉了23艘商船。小泽的舰队对印度港口卡基纳达和维沙卡帕特南展开突袭，数百万移民从这两个港口乘船前往缅甸。对于印度东部的攻击并没有造成什么损害；日军对科伦坡的攻击比较严重。锡兰坐落于孟加拉湾和阿拉伯海之间，亭可马里是孟加拉湾最好的港口之一，它在过去的几个世纪让英国、荷兰和葡萄牙彼此争夺不休。1942年4月初，南云忠一的航空母舰袭击了科伦坡，对英国军队造成了严重的损害。几天后，他们又对英国在亭可马里的海军基地发动攻击。海军上将萨默维尔担心日军再次攻击新加坡,迅速把舰队撤到蒙巴萨。[37]

不过,令人担心的日本入侵锡兰事件并没有发生。不到两个月,日本海军在中途岛海战遭到美国军队重创,使得他们必须把海军力量调离印度洋,派往太平洋。至于英国,几乎已没有多余的兵力了。锡兰的指挥官、海军上将莱顿写道:"继续保有对缅甸海域的控制权,实在超乎我们的能力。"[38]即使战争局势转向对盟军有利之后,但因为地中海和大西洋战区的航运需要,让英国留在印度洋的海军力量疲软,而且他们无法通过从锡兰发动潜艇攻击,或是在缅甸海岸埋设水雷来截断日军的海上运输路线。盟军计划从孟加拉湾的对岸对缅甸和马来亚发动海上攻击,但最后还是决定由陆路推进。战争使孟加拉湾陷于瘫痪,这还真是史无前例。

日本占领东南亚不仅是一场政治革命,也是一场军事革命。战争之前,除了泰国之外,孟加拉湾沿岸都在英国的统治下,虽然各地的管理方式不同:有殖民地、保护国,以及不同管理形式的领地。其他许多帝国(法国、荷兰、日本)的臣民也会通过这些国境。日本征服东南亚之后,政治上的稳定被打破,地图也要重新绘制。几个世纪以来,曾被西方帝国瓜分的领土——英属缅甸和马来亚、荷属东印度群岛、美属菲律宾——首度在同一个政府的管辖之下。不过,在这种新的统一之下,一条横跨孟加拉湾的线被划了出来,把印度与"东南亚"分隔开来。因为日军从来没有挺进到印度的东部边境,印度与海湾对岸的划分遵照日本占领和同盟国重新占领的界线。1943年,蒙巴顿勋爵领导下的东南亚司令部的成立,赋予了"东南亚"这个概念新的现实意义,有别于印度而真正存在;这个区别是出于战争的偶然性和战时的管理决策,却一直持续至今。1945

年和1946年，总部在锡兰的东南亚司令部几乎控制了孟加拉湾大部分地区，但是不包括印度。[39]

许多亚洲人看到日军一路高歌猛进，感觉自己即将获得解放，但是这种感觉很快就消失了。日本军队不断实施的暴行，破坏了他们对于泛亚主义的承诺。占领新加坡不久，日本军队就对当地的华人社群发动了恶名昭彰的肃清大屠杀，大屠杀专门针对那些据称是民族主义同情者、知识分子，以及最近才从中国来的人，对他们处以酷刑或公开予以处决。日本人的战争目的与他们的亚洲民族主义合作者的目标之间出现了紧张关系。日本占领军必须处理东南亚多元文化带来的挑战，就和他们之前的欧洲人一样。战争中受苦最多的，通常是移民或移民的后代。不过，欧洲势力在东南亚的突然崩溃，也带来了新的政治可能性。

在战争期间，印度和东南亚的联结没有被遗忘。这对于印度国民军向英国宣战，从英国手中解放印度的使命，具有核心意义。印度国民军一开始是由被俘的英属印度士兵所组成，日本也支持他们成立军队对抗殖民主义。成立之初，来自老一辈反殖民主义激进分子和流亡者的印度国民军领导人与日军指挥官之间的冲突，使得印度国民军的力量被削弱。直到印度国民大会党前主席苏巴斯·鲍斯（Subhas Chandra Bose）抵达新加坡，该组织才重获力量。为了逃避印度的追捕，鲍斯取道西北边境和阿富汗，出走德国，为反抗英国在印度的统治寻求支持。鲍斯在德国没有得到什么支持，这让他十分沮丧，于是转搭潜艇前往日本，他在那里获得了较为热情的接待。他在东南亚看到了印度革命的基础。在鲍斯的领导下，印度国民军吸引了不同阶级、种姓和宗教背景的印度人热心加入。女性也在军队中发挥了核心作用，还有一支专门的女性联队，名为"章西女王"

(Rani of Jhansi)军团,以 1857 年叛乱中的传奇女英雄为名。[40]鲍斯宣布成立自由印度临时政府时,日本给了这个流亡政府一小块象征性领土——位于孟加拉湾中心的安达曼—尼科巴群岛。印度国民军追求的是印度的自由,而在战争的压力下,其领导人没有什么时间去想象这个自由的印度如何与孟加拉湾对岸的土地联系起来。他们其实并不清楚,印度国民军的步兵在他们要建立的新世界中到底归属何处,其中许多步兵视马来亚和缅甸为自己的家乡。

由于横渡孟加拉湾的交通停止了,出于安全考虑,取道丛林替代了海上路线。在那个全球战争的年代,开发自然资源成了孟加拉湾重整军备的核心考虑,这既加强了同时又阻断了 19 世纪的进程(19 世纪,这个区域首次被拖入全球资本主义的核心)。士兵、难民和强迫劳工都经历了这场战争,认为战争是对亚洲边远地区的极端入侵。战争的记忆笼罩在强烈的热带气候中:在丛林中兴建铁道,穿过缅甸山口前往阿萨姆邦,在战斗中跋山涉水。许多战争故事都借由丛林的湿热,描绘出流离失所的创伤、生命中的不可预测性或命运之手。

印度国民军中的许多士兵,包括"章西女王"军团中 4/5 的女兵,以前都是马来亚的种植园工人。他们在缅甸丛林的战争经验,与他们在马来亚开垦森林和种植的艰苦经验遥相呼应,现在因为同盟国的炸弹,使马来亚的森林变得更加危险。他们在富有魅力的鲍斯的鼓舞下,怀着为了印度自由的热情展开战斗。种植园的生活让他们已经准备好可以面对军旅生涯的牺牲。[41]印度国民军穿越缅甸后,在英帕尔(Imphal)和科希马(Kohima)战役中吃了败仗;鲍斯下令四面楚歌的军队撤退,不过,他们的勇敢从未因此而受到质疑。

那些在这两场战役中到达印度边境的人，可以说是从陆路来到了他们从未见过的祖国边陲，他们的父母或祖父母几十年前曾经由海路离开了这里。"章西女王"军团副指挥官德娃尔（Janaki Thevar）在印度国民军撤退时写到了"从仰光到曼谷的马拉松行军"："在 23 天的时间里，行走在原始丛林和最险峻的地形里，在伸手不见五指的黑暗中，还要渡过暗潮汹涌的河流和小溪，穿着湿透又破烂的军服，脚上都起了水泡，头顶还有敌机如兀鹰般始终不离的监视。"[42]半个世纪后，她还记得缅甸夜空中的月光，这让她想起美国影星多萝西·拉莫尔（Dorothy Lamour）在 1940 年的歌曲《缅甸之月》（*Moon Over Burma*），那是一个来自更纯真年代的不合时宜的回响："缅甸之月在天上微笑，他们说你就是美丽的爱之女神。"[43]

　　他们走过的那片风景，与东南亚的印度离散社群有着亲密的联系，风景中的绿色稻田分布在马来亚呈锯齿状分布的缅甸河谷中。鲍斯信任的副官哈桑记得，他与德娃尔有过关于风景和记忆的对话。他写道："记得有一次，在离仰光不远的地方，我与'章西女王'军团的德娃尔上尉一起散步。我们走到一个小山丘，坐在那里看着周围的土地。我问：'乡下不会让你想起家乡吗？这里看起来真的很像印度。'"但德娃尔的回答让哈桑感到很惊讶，她淡淡地说："我不知道，我从来没去过印度。"[44]德娃尔加入印度国民军时只有 18 岁；她出生在马来亚的一个城市中产阶级家庭，那里就是她唯一认识的土地。

　　形势转变后，威廉·斯利姆将军的十四军团率领近 10 万盟军，重新从陆路占领缅甸。经过两次灾难性的入侵阿拉干，盟军终于在 1944—1945 年取得了成功。他们在英帕尔和科希马重创了由印度国民军增援的日本军团。到 1945 年 3 月，盟军已经攻克曼德勒，并沿着伊洛瓦底江推进到仰光；昂山将军领导的缅甸国防军（一开始与日军结盟）在 1945 年 3 月发起革命，阻碍了同盟国的推进。在共产党军队马来亚人民抗日军游击队的带领下，对马来亚的重新占领也是在森林中进行的。

印度国民军与他们战时的敌人共享这片土地；在与同盟国并肩作战的印度士兵的记忆中，这个地带十分重要，也具有象征性。同盟国在 1944—1945 年的冬天重新夺回缅甸，再由陆路向伊洛瓦底江推进。虽然环境已大不相同，不过他们的推进再现了资本家、探险家和劳工在 19 世纪对缅甸边境地带的征服。经过几年全面战争的蹂躏、英国在 1942 年撤退时焦土政策的实施，以及日本的沉重剥削，这片土地似乎回到了往日未曾开发前的原始状态。在印度武装部队的战时官方历史中，伊洛瓦底江"这条宽阔而变幻莫测的河"，被描述成"第二次世界大战中敌对双方面临的最艰难的河川险阻之一"，这段历史被描述为印度和巴基斯坦官员在分裂 10 年之后的感人合作。在曼德勒以北，"河流在茂密的森林和丛林中蜿蜒了 40 英里"，地势平坦之后，"沙洲又增加了航行的难度，因为每次季风之后，沙洲都会改变位置"。英国的规划者们讨论了这条大河带来的后勤困难，他们注意到，"哪怕是一点点阻碍，比如一根搁浅的树干，都会导致沙洲改变位置"。他们多少有些怀念以前的专业知识：伊洛瓦底轮船公司曾"雇用缅甸领航员监视这条河流"，但是"他们现在大概都被解散，再也不可得了"。[45]

当军队和补给品都无法通过孟加拉湾时，军队临时在陆上开辟了一条道路；当来回运送难民横渡海洋的船只不能再航行，更多的难民开辟了一条穿过丛林的道路。1942 年初，随着日本密集轰炸缅

图16　伊洛瓦底江三角洲鸟瞰图，这里曾是第二次世界大战的战场（苏尼尔·阿姆瑞斯　摄）

甸，在恐慌的氛围中，数十万住在缅甸的印度人决定离开。缅甸政府也垮台了。缅甸的英国统治者是第一批离开的，这让印度人很担心自己的安全，20世纪30年代的暴力记忆现在因日本暴行的传言而膨胀了。

泰米尔记者和剧作家萨尔马是其中一位难民，他在1932年从马德拉斯搬到仰光，为切蒂亚尔人的泰米尔报纸《光明报》工作。萨尔马的泰米尔作家之名早因1922年的戏剧 *Banapurathy Veeran* 为人所知，该剧的剧情受到罗伯特一世（Robert Bruce）故事的启发，被英国当局列为禁书。他还有一些受欢迎的传记作品（笔下的人物包括希特勒和墨索里尼），并把柏拉图的作品从英语翻译成泰米尔语。在生命的最后几年，萨尔马执笔写了一本关于他从缅甸"长途跋涉而来"的回忆录。1941年12月，在日军向仰光投下一枚炸弹作为"圣诞礼物"之后，城市里饱受恐慌的居民开始外逃。因为只有欧洲人和英裔印度人可以走空路离开，情急之下，许多绝望的印度家庭试图假冒英裔印度人，想要依靠肤色和化名骗过别人："拉玛萨米成了拉姆齐……拉克希米则成了露西。"飞机客满之后，就会开始分配船上的席位，但是仍然保留给欧洲人和一些有钱的印度人。危急之时，殖民地社会的种族等级制度和根深蒂固的阶级区分便赤裸裸地暴露了出来。

萨尔马夫妇在没有其他选择的情况下，开始了从曼德勒前往蒙育瓦的旅程，再从那里乘船沿着钦敦江到葛礼瓦，再乘卡车和步行穿过丛林，抵达印度边境的塔木。他们一路上仰仗陌生人伸出的援手：奥利亚劳工为他们指明正确的方向；来自蒂鲁内尔维利的泰米尔基督徒乔开着他们的敞篷货车，前往塔木。他们自始至终都受到歧视，甚至当难民抵达塔木之后，通过边界进入印度的队伍还被英国当局分成"黑人队伍"(印度难民组成的)和比较快的"白人队伍"(留给欧洲人)。[46] 萨尔马是数千人之中的一员。克里希南·古鲁墨西博士的家人也是步行逃出缅甸的,他向高希谈起过这段漫长的旅程。古鲁墨西的祖父在1902年移居缅甸;他的父亲在那里出生,并在铁路公司工作。1933年,古鲁墨西出生于东吁。1942年2月,他们举家前往印度,当时古鲁墨西只有9岁。他对那次远行的最后一段路程的记忆特别深刻,他们"走了50英里路才通过茂密的森林"。他回忆说,"我累到双脚重得几乎抬不起来";"经常踢到路上的石头,以致指甲流血"。[47] 他们的旅程是第二次世界大战中一段"被遗忘的长征";在当时,这是有史以来最大规模的人口流动之一。[48]

超过14万名印度难民展开了这段长途旅程。他们必须艰苦跋涉,在危机四伏的环境中,饱受疾病和流氓民兵的攻击,约有4万人死于途中。仅是因筋疲力尽而死的人就不计其数。58岁的男子阿雅尔因"饥饿、曝晒和疲惫",死在塔木以西4英里的地方。1942年7月,难民阿卜杜拉死于"心脏衰竭和过度疲倦,还断了一条腿"。[49] 这只是获得阿萨姆的救济和安置当局注意的两个名字;数以千计的难民成了无名氏。雨季一来,疟疾迅速流行,把许多难民逼向死亡的深渊。1951年,英国作家诺曼·刘易斯(Norman Lewis)在缅甸旅行时,听到许多关于难民恐怖之旅的故事,伤痛历历在目:滂沱大雨从半夜开始下,直到难民进入印度都未曾停歇。他写道:"他们眼里所见、空气中所闻,尽是死亡。"[50] 我们可以从印度国家档案馆撤离者名单中看到不同身份的难民,包括渔民、布商、清洁工、挤奶工、苦力、农夫、船员、机械工、赋闲司机、卖槟榔的小贩以及邮差。他们之中的大多数人回到了马德拉斯讲泰卢固语的城镇,以及缅甸边境说孟加拉语的地区,尤其是吉大港。不过,难民的目的地也包括泰米尔南部地区,甚至是巴基斯坦的拉合尔和印度西北部的阿姆利则。[51]

抵达印度的撤离者被安置在"茶农协会"资助的阿萨姆临时难民营。难民营的条件极为糟糕,粮食和水都不足。一位难民营官员的报告指出,"卫生设施一开始就处于瘫痪状态,不过难民中不乏卫生清洁的人力",许多难民战前就是在缅甸担任清洁工和夜间挑粪的工人。每天都有人死于"曝晒、营养不良和精力衰竭"。[52]一名驻孟加拉的英国官员如此描述从缅甸越过边境大量涌入的难民:"他们正在想方设法通过阿萨姆,向这个国家涌来。他们来到这里时都害了病:带来一种特别致命的疟疾,引发了一连串令人恐惧的悲剧和苦难。"他认为,难民让整个孟加拉地区弥漫着一种普遍的恐慌气氛:"这自然而然会对孟加拉地区的人造成一种影响……让他们觉得这个时代充满不确定性,说不定会发生什么很可怕的事。"[53]东印度处于一片混乱中。"退出印度运动"始于1942年8月,并逐步升级成1857年以来规模最大的一次反殖民主义暴动。东印度的大部分地区都失控了,地方政府也瓦解了。缅甸的英国势力已经垮台和日军即将入侵的传言,更使得这场运动一发不可收拾,回国的难民带回来的说法更是火上浇油。[54]英国动用了包括空投炸弹在内的大量军力镇压这次运动。不过,孟加拉地区的噩梦其实才刚刚开始。

强迫劳工也有着不遑多让的残酷经历。他们被投入补给线的建设中,以弥补航运受到的损失,但是许多人却在建设过程中死去。其中最致命的是日本在东南亚最大的建设项目:泰缅铁路,这条铁路可以说是建立在强迫劳工的鲜血之上。铁路由大约6.2万名同盟国战俘,以及近20万名来自泰国、缅甸、马来亚、印度支那和印度尼西亚的亚洲工人一起建造,其中大多是来自马来亚的泰米尔种植园工人。多亏了幸存者的回忆录以及电影《桂河大桥》(The Bridge on the River Kwai),同盟国战俘的故事才得以广为人知。相比之下,亚洲工人的命运却被遗忘了。铁路的建设投入了数万人力,他们或是挤在运货车厢里搭乘火车而来,或是穿过茂密的丛林步行而来。日本中介也和他们之前的欧洲农场主一样,通过工头和领班来推动他们在马来亚种植园的工作。随着日本当局越来越极端化,他们采取愈发强制性的招募手段。他们会放映免费电影,把来看电影的人一网打尽;或者到街上、餐厅和游乐场抓人,运气或命运决定了谁会被这些强征活动盯上。库玛兰记得他曾经差点被中介抓住,他急忙脱身,过程中他弄丢了脚踏车。战后,一名建设铁路的幸存者为了控诉日本在战争中的罪行,向调查人员讲述了他的故事:[55]

我当时在瓜拉雪兰莪种植园工作。一天,我沿着我家附近通往武吉罗丹的路走着。一辆日本军用卡车停下来,车上的士兵用日语和我说了什么。我听不懂他们的话。那些士兵就把我强行押上车。车上已经有30人了。我只穿了一条短裤和一双拖鞋。我拜托他们让我回家,换件好一点的衣服,拿一条毯子。但是日军没有允准;他们直接把我送到吉隆坡,把我塞进了一列开往暹罗的货运火车。在那里,我们开始砍伐茂密的丛林。7个月里,日本人都不肯给我一件好一点的衣服或是一条好一点的毯子。我结束在丛林中的工作之后,不得不半裸着睡在一间简陋小屋的竹地板上,没有毯子可盖。[56]

处于半饥饿状态的劳工每天工作很长时间,住在没有卫生设施的狭小屋子里。[57]战后,同盟国估计泰缅铁路的工程共动用了182496名亚洲劳工,其中只有21445人在战后被遣返,74025人被证实死亡,其余的人下落不明。几乎可以肯定,这个死亡人数被低估了,因为同盟国的统计数字没有考虑到许多人在中途就逃跑了,而那些逃跑的人的死亡率可能更高。

战后,铁路工程的幸存者撤离到泰国和缅甸的救济营,理查德·米德尔顿-斯密少尉的日记呈现了他们在那里的悲惨生活。米德尔顿-斯密在海峡殖民地的义勇队服役,说得一口流利的泰米尔语,其后几年成了剑桥大学考试委员会驻新加坡的泰米尔语主考官。他潦草写在中文练习本和账本上的手写日记提到,泰米尔劳工"不得不终日痛苦地清理丛林,搭建各种各样的营地……日本人从马来亚强行带来的15万余名亚洲劳工(主要是印度人),面临的都是这种处境"。根据他的观察,"当问及想要被送回印度还是马来亚时,所有人都说是马来亚";"他们最大的愿望就是回到马来亚,看看他们的亲人"。他提到了安南武吉(Anak Bukit)救济营多年来第一次庆祝屠妖节(Deepavali)的动人场面。米德尔顿-斯密估计泰米尔劳工的死亡人数达10万,远高于后来历史学家认定的数字;或许是出于他自己的战俘经历,因此他热衷于强调日本人的残暴。[58]

整个20世纪,可以说是一个创伤的年代,人类的苦难交织着对环境造成的伤害。在这方面,第二次世界大战绝不是个案。[59]对第二次世界大战的许多幸存者来说,肉体的痛苦与对森林的极端侵犯密不可分,许多人都参与了这场侵犯。对于经历过战争的许多人来说,这场战争就像是东南亚边陲整部移民劳工史的浓缩版,把他们祖先开垦马来亚丛林的经历,压缩成6年。当横渡孟加拉湾的交通中断之后,成千上万人的鲜血渗入了那片土地——这片土地就是早期移民开拓成种植园和稻田的地方。在记忆中,战争的迫切性和流离失所在这段更长的历史中变得模糊不清。

水稻种植一直是孟加拉湾周边地区之间的文化和生态纽带。缅甸和泰国的稻米贸易，让孟加拉湾的经济和社会紧紧依附在一起。战争期间，稻米贸易中断，灾难接踵而来。20世纪的头30年，出口到印度的缅甸大米增长迅速。马德拉斯居民，特别是加尔各答的城市居民，必须仰赖这种进口的稻米。1891—1910年，印度每年进口57.1万吨稻米；这个数字在20世纪20年代进一步增长，达到每年近80万吨。[60]经济大萧条期间，缅甸和泰国大米的出口量增加。虽然价格下跌让耕种者深受其害，但粮食价格的下跌却是不景气并未在东印度和东南亚酿成大灾的原因之一。当时许多观察家都认为，便宜的稻米有利有弊。缅甸大米经过深加工，质量相对较差；20世纪30年代的专家认为，南印度的许多人患有营养缺乏症，罪魁祸首就是缅甸大米。[61]而且仰赖进口，让印度稻田的生态环境愈发恶化。

日本在1942年入侵缅甸，使得英属印度一下子失去了15％的稻米供给。这并不是不可避免的灾难。在一些大量进口缅甸大米的地区，如马德拉斯，当地生产的大米补足了短缺。然而，在孟加拉地区，长期和当下的一连串因素交织在一起，造成了灾难性的饥荒。孟加拉湾贸易崩溃的悲惨结果之一，是孟加拉地区的食物短缺。食物短缺带来的饥荒，造成300万人死亡，究其原因是政治上空前的处置失当，再加上大自然的暴怒、生态的衰退，让人口中地位最不稳固的一群人，逐渐地、继而突发地丧失了他们应得的权利。[62]

1942年冬季季风期间，孟加拉东部受大型风暴侵袭，农田受淹，农作物受损。那一年孟加拉湾一样惨烈。当时的一则报道指出："就猛烈程度和造成的破坏而言，这次风暴超越了这个国家经历过的任何一次自然灾害。""它掀起的孟加拉湾海啸"达到 140 英里/小时。风暴"刮倒了直立的农作物,掀翻了屋顶,把大部分的树连根拔起,把简陋的房屋也摧毁了";随之而来的洪水,"冲走了将近 3/4 的牲口,还有大约 4 万人"。[63] 当地官员很害怕日本人会从阿拉干攻来,于是他们决定实施无情的焦土政策,不让当地的耕种者把稻米运到市场上。孟加拉政府内部产生了分裂,所以也无法做出反应,或是做出的反应很不力。英国内阁故意选择无视印度官员的警告。丘吉尔对印度的敌意众所皆知,他坚称饥饿的孟加拉人只会"继续出现"。英国当局继续出口印度的稻米,提供给其他战区的军队,并且拒绝用同盟国的船只运送救济物资到印度。鲍斯因为不忍自己的同胞受苦,从新加坡弄来稻米,却被英国当局拒绝了。随着稻米越来越匮乏,最容易受影响的一群人开始挨饿,包括没有土地的劳工、渔民、妇女和儿童。加尔各答的财富,掠夺自孟加拉农村地区供当地人食用的大米。[64]

几十年来,孟加拉地区的穷人变得愈发悲惨;到了 1942 年,情况变得极为严峻。数十年来,他们一直无法得到土地。在 1942 年的危机中,他们的老板也抛弃了他们,当通货膨胀让工人再也买不起大米时,老板选择用现金而不是其他实物支付。地主辞退了佃农和按日计酬的临时工;家庭也抛弃了能力较弱的成员。与此同时,生态也慢慢遭到破坏。20 世纪以来,由于铁路的路堤阻挡了河流流动,入侵的水葫芦堵塞了河流,导致孟加拉地区的土地生产力下降,生态失衡。[65] 孟加拉的经济和社会受到进口损失的接连打击,国家没收当地的船只,以阻止它们在日军入侵、破坏力极大的风暴袭击,以及缺乏救济品的情况下被使用。[66]

结果导致民众均陷于饥荒。保守派报纸《政治家》(Statesman)

刊登了饥饿儿童和被遗弃者的尸体照片,那些场景令人联想起19世纪70年代和19世纪90年代发生的事。一种道德沦丧的感觉笼罩着那些饥荒中的人们。孟加拉小说家宝华尼·森(Bhowani Sen)写道:"女人成群结队地推销小男孩到军队去拉皮条。我们容忍了偷窃、贿赂和欺骗,之后,甚至连野蛮未开化的状态都不会拒绝了。"[67]英国政府要直接为饥荒负责。尼赫鲁在艾哈迈德纳格尔监狱中写道:"这场饥荒是人为的,它完全可以被预见和避免。""在任何一个民主或是半民主的国家,这样的灾难绝对能够让政府倒台。"但是,印度富人的麻木不仁却更让人不安。数百万人正在忍受饥饿,与此同时,加尔各答的"马照跑,舞照跳,富人们依然在晚宴上炫耀财富"。尼赫鲁对此感到十分憎恶。[68]支持共产主义的萨德赛(S. G. Sardesai)谴责囤积商人和投机商人"没有节制的暴利行为",他认为"全面动员意味着积极而公正地从农村地区采购真正的盈余,进行有力的价格控制,并在城市中实行全面配给"。[69]1943年秋天,为了确保伦敦最终会提供救济物品,印度官员必须强调孟加拉地区持续存在的饥荒,会对他们在战争中贡献的努力造成影响。

孟加拉地区的饥荒造成的持续影响之一,是战后任何不受监管的市场和区域间大米贸易的旧方式都遭到断然拒绝。在印度,不论是规划者、政治家、技术官僚或民粹主义者,都强调未来必须自给自足。在"粮食增产"运动下,英国政府也要求印度多靠自己的资源。饥荒的景象使人们有一种灾难来临的想象,这让尼赫鲁那一代的印度领导人心惊胆战。尼赫鲁及其同时代的人宣称,建立主权国家就可以缓解饥荒的问题,所以他们也面临"只许成功不许失败"的压力。尼赫鲁写道:"在印度,我们一直生活在灾难的边缘,有时候灾难的确让我们不堪重负。"[70]

有三个时刻标志着孟加拉湾作为帝国和全球资本主义核心地区的兴衰。第一次是在 19 世纪初的革命剧变中,英国征服东印度,于孟加拉湾对岸建立起槟榔屿和新加坡。第二次是 19 世纪最后 25 年间的蒸汽革命,让孟加拉湾的互联互通达到了新的水平,相较于之前,人流、物流和思想可以更快速且更大规模地往来交流。第三次是第二次世界大战,孟加拉湾内部的联结在战时突然且决定性地画下了句号,打破了大萧条已形成的联系。

这场战争赋予了在这些变革中挥之不去的问题新的生命:在这个变动的世界中,个人到底属于哪里?一个人的出生地、居住地和旅行方式是如何映射到到处都需要忠诚的新型政治社区的呢?政治家、律师和移民各自设想有哪些形式的公民身份——帝国的还是国家的?个人的还是集体的?战争期间,在鲍斯的自由印度临时政府的支持下,对公民身份进行了一项试验。临时政府名义上的领土位于孟加拉湾中央——安达曼—尼科巴群岛,临时政府宣称住在这个东南亚岛上的大约 200 万人也效忠于它。被控叛国罪的印度国民军士兵在德里的红堡①接受审判,德赛(Bhulabai Desai)为他们辩护时,超过 20 万名马来亚印度人宣誓效忠临时政府。他们之中的许多人来自马来亚的种植园,第一次被承认为某一类型的公民。虽然因为日本的控制及本身缺乏资源导致国家的权力受到限制,但对于未来公民身份的想象,仍然是一次大胆的实验。[71] 接下来还会有许多其他实验。

---

① 莫卧儿帝国时期的皇官。

第七章
追求公民身份

在 1947—1950 年动荡不安的几年间，法国摄影记者亨利·布列松（Henri Cartier‐Bresson）两次横渡孟加拉湾。布列松旅居亚洲的日子里，拍下职业生涯中许多具有代表性的照片：共产党胜利前夕在上海银行外排队的人群、甘地骨灰巡回印度之旅、亚洲新领导人的肖像。纽约现代艺术博物馆 2010 年的回顾展"现代世纪"展出了一幅大型地图，上面标出了布列松的旅程。他的旅程多半走海路和陆路，沿着在他之前横渡孟加拉湾的数百万"朝圣者"、劳工和士兵的脚步。他乘船从科伦坡前往特努什戈迪，就像种茶的泰米尔工人几十年来所做的那样；乘船从加尔各答到仰光，这是一条泰卢固泥水匠和孟加拉律师走过的老路；从新加坡到科伦坡的旅途中，他途经巴生港、槟榔屿和棉兰，这是泰米尔穆斯林商人和切蒂亚尔高利贷者的停留港。然而，随着飞机时代的到来、新的民族国家的形成、贸易模式的重新定位，这些路线正在成为历史。

在布列松的作品中，"最重要的故事是亚洲的剧变——中国的革命以及印度、巴基斯坦、缅甸、马来西亚和印度尼西亚的独立"。不过，"布列松的大部分照片……想要表现的是传统生活的形态"。[1] 如同伊丽莎白·路易丝在 1931 年为《国家地理杂志》拍摄的照片，1950

年布列松在新加坡停留时，拍下了大宝森节的游行庆典照片。大宝森节游行一度因为战争而中断，战后得以恢复。马来亚附近的丛林并未解除紧急状态，但是城市街道上离散社群举办的仪式似乎是永恒的。布列松拍摄了环孟加拉湾的水稻景观，这些景观被定格在了那一刻，它们似乎并没有受到国家五年计划和"粮食增产"运动的大规模干预。他拍下了地区和宗教变革中的印度尼西亚传统生活。布列松克服对飞行的厌恶，从苏门答腊飞了4个小时前往爪哇，他从上空看到了未曾改变的爪哇海，它"呈现着如焦糖般的古铜色"。但变化从来不会太远。摄影师镜头下的蒸汽疏浚船标志着即将到来的工业时代，这些蒸汽疏浚船在苏门答腊海域填海造地，开采海底的锡矿。他从棉兰前往科伦坡的行程，因为码头工人罢工的政治因素而耽搁。

在布列松的摄影作品中，不变的是一个处于变化边缘的亚洲。战争结束后，古老的文化模式得以复兴，百叶窗被拉起，房屋得以重建，生意重新开张，家人再次团聚。受到轰炸的东南亚城市，还是会唤起"对其他国家和人民的记忆"。[2] 不过，一个新的世界正在形成。1947—1957年，孟加拉湾沿岸国家纷纷摆脱殖民统治，获得独立。他们开始重新对彼此的关系展开谈判，在被冷战紧张局势分裂的世界中竞争彼此的地位。几个世纪以来凝聚在一起的孟加拉湾——一个相互竞争的帝国和海外离散社群的世界——让位于一片国家分立的海洋。沃尔特·本杰明（Walter Benjamin）写道："每一座文明的纪念碑，同时也是野蛮行为的纪念碑。"[3] 文明的纪念碑矗立在旧殖民地首都的林荫大道和广场上，它们颂扬着新的强国，这些强国既将某些人排除在他们建造的世界之外，也将某些人包容在内。到20世纪30年代，移民好像已经找不到他们的位置了，因就业枯竭而被遣返，还被边境管制排除在外，遭到低级趣味的报纸凌辱。移民及其后裔现在成了"少数族群"，他们为新国家的缔造者带来了困扰，新国家建立起高墙保护国民珍视的东西。

在革命和政治过渡时期，孟加拉湾的历史被尘封在国家档案馆的密室里。在整个南亚和东南亚，国家档案是独立机关的一部分。随着欧洲帝国的崩溃，他们的档案文件由其各组成单位整理打包，一些档案被运回伦敦，另一些文件则从德里搬到了卡拉奇，或从加尔各答搬到了仰光。正如最近所披露的，这个过程并未完成；在马来亚，英国竭尽全力阻止某些文件落入继任国之手（在肯尼亚亦是如此）。[4]文件在不同部门之间辗转，一路被添加批注，并因此获得了它们的意义，从马德拉斯到仰光，再到新加坡，然后又回到德里或是伦敦。这些文件现在又有了新的排列。档案架构本身就把20世纪40年代出现的政治边界视为自然而且是永久的。根据这个逻辑，缅甸、马来亚或印度的全部历史，现在都包括在了这些国家的档案中，除此之外，散布在其他档案里的东西就不再重要了。在新的国家档案的索引和手册中，某些对殖民地档案来说是重要组成部分的条目，如"孟加拉湾""移民"，甚至"印度洋"，在20世纪50年代之后都已消失不见。

战争撕裂了孟加拉湾的结构，当冲突结束时，我们不知道如何才能重新厘清这些头绪。战争刚结束时，孟加拉湾还处于空窗期，直到1947年才解除对民用航运的管制。每一个决定、每一项行动、每一桩计划，都充满了不确定性。孟加拉湾会恢复到原有的移居模式吗？"撤离的人"会回来吗？他们将回到哪个家？没有受到这场战争波及的家庭少之又少。上百万人死亡，被迫背井离乡，家庭破碎，身陷绝望,只有零星的人能够跨过去。他们试图重建自己的生活,但是战争的改变已经无可挽回。比以前更具侵略性、更好战的新意识形态对战后的秩序提出了主张,但是它们鲜少为不同的家庭、不同的国家、不同的旅程之间的人留有空间。马来亚当局坚称他们"不希望马来亚成为中国或印度的一个省",他们赞成"输入爪哇劳工,因为他们与马来人一样都是穆斯林,说同样的语言,容易融入马来人当中"。[5]缅甸政府对于准许"撤离的人"回来,抱持警觉的态度,对于接受新移民则更加谨慎。孟加拉湾周边的未来人口仍然不稳定,仍需要在旧移民与新移民之间、移民与归国者之间、旅居者与定居者之间取得平衡。战争扰乱了主权与领土、公民与居民之间的关系。在这些相互竞争的计划中,存在着截然不同的地区架构;随着亚洲的后殖民主义革命与殖民主义企图之间的斗争,计划发生了改变。

战争结束后,印度人开始返回缅甸。1945年底,缅甸的印度劳工已经"遍布许多职业领域,如码头、稻田、锯木厂、炼油厂、公共工程部、铁路部门和人力车行业"。[6]在战争刚结束的那段混乱时期,政策几乎无法推行。回归后的缅甸政府急于重启工厂,让稻米尽快恢复生产,所以带回了"数百名印度人,他们不是撤离者,甚至也不是熟练或半熟练的工人":这些人就是在1941年的移民协议下,禁止进入缅甸的那几类印度人。[7]印度和缅甸当局努力区分回国居民和新移民。驻仰光的印度公使概述了战后缅甸的不同类型的移民,包括"战后军方招募的移民",以帮忙战后重建,"日本战败后从印度招募的撤离者",以及"其他从印度带到这里的非撤离者"。同时还有境内流民的问题,这是指那些战时留在缅甸的印度人,他们出于个人

的安全考虑，被迫离开居住地而迁移到不同的地方。⁸

事实证明，类似的不稳定流动人口增加了管理的困难。根据驻仰光的印度公使贾姆纳达斯·梅赫塔（Jamnadas Mehta）的估计，到1946年4月，缅甸已经有60万—70万名印度人"分散在全国各地"。其中多数人忍受着"极度恶劣的"居住环境，且"几乎没有医疗救济"。梅赫塔感叹道："在一个面积达26万平方英里的国家，数千名不幸的工人流散各地，完全任由他们的雇主掌控。"⁹华人网络恢复得比较快。1946年中，在仰光的英国官员注意到，已经有数千名中国撤离者带着关于中国云南的商业信息回到缅甸，其中许多人在战时撤到了那里。当缅甸的日常必需品短缺，他们"组成辛迪加（syndicate）①，从陆路推动缅甸和中国云南之间的贸易，出口罐头食品、盥洗用品和奢侈品"。随着市场越来越饱和，这些业务的利润从300%降到仅为100%。仰光的华人社区中有1/4的房屋在战时遭到轰炸，1946年才缓慢展开重建。当时的租金很贵，平均一个月要50卢比，而且预付的订金高达1000卢比。在物资匮乏的时代，香烟、罐头食品和其他小型奢侈品的黑市也兴旺起来。¹⁰

老缅甸人对移民的恐惧再次浮现。缅甸的民族主义媒体又老调重弹：这个国家已经被印度人和华人"淹没"了。驻缅甸的英国劳工专员宾斯期待未来缅甸可以不再依赖印度劳工。他写道："欧洲和印度企业在这里的工作……需要严密的组织，而不是自由放任的方式。"他对国家计划引导经济转型充满信心。他写道："这意味着雇主的想法要调整，它们大多是过时的。"除此之外，"这也意味着要用推土机和挖土机取代用篮子装土顶在头上的苦力……如果我们想

---

① 企业联合组织。

要快速重建公路和铁路，当然必须求助于现代的方式，而不是用那些当今每一个进步国家都已经觉得过时的方法，而且那根本是这个国家在战时就已经抛弃的做法"。[11]宾斯的愿景是对孟加拉湾自由贸易经济的控诉。缅甸当局重新审视了1941年生效但因战争而延迟的移民法案，借鉴世界各地的规定来修改立法，让他们的法律向美国和有白人移民的殖民地看齐，明确排除"不受欢迎的人"。根据1947年的非常移民法，"不受欢迎的人"包括"智力低下者、弱智者、低能者、癫痫症患者和精神病患者"，以及"道德败坏、犯罪的人"，"支持或提倡以暴力推翻缅甸政府或法律的人，不相信或反对政府的人"。过去对于无政府主义者的恐惧，现在依然存在。[12]

缅甸的法案并非毫无争议地通过。印度政府对新法案中的歧视条款表达了担忧。仍掌控缅甸的英国当局也担心国际压力："若因我方的因素，而无法在原则上接受流离失所者回乡，那么就会很难提出辩护。"他们甚至更担心印度的反应，如果缅甸对于重新接纳华人，表现得比接纳撤离的印度人更为积极。莱比亚特·麦克杜格尔爵士在给缅甸行政会议的信中写道："如果认为流离失所者的问题可以一直和缅甸在整个国际世界的地位问题割裂开来，那么这是愚蠢的。"英国官员处于一个不同寻常的位置，随着英国国际地位的不确定性崩溃，他们不得不规划缅甸未来的国际关系。缅甸官员在制定自己的路线时，依然执着于帝国（英联邦内）合作的愿景。麦克杜格尔宣称："我们必须努力确保民族主义的兴起，不会导致对纯粹民族主义目标过于狭隘的关注。"但为时已晚。他的意见读起来像是帝国世界主义的墓志铭，而这个承诺从未兑现。

移民法的最大限制在于南亚新边界的脆弱。由于横渡孟加拉湾的航运还没有恢复，因此新的边境线是通过陆路进行检验的。1946

年中，缅甸和中国云南之间"没有任何形式的护照检查，也没有任何入境限制"。因为缺乏个人身份文件的"全面登记系统"，对边境的控制付之阙如。独立的边防哨所警卫让新的边境有了实质存在，不过他们哀怨的调度表明，他们其实没有什么权力。缅甸有史以来的第一任移民官派驻吉大港的一间小办公室，他每周向仰光提出报告：1948年1月10日那周结束时，他共签出了207张撤离者的身份证，向印度人核发了65份再次入境许可，并收取了299卢比的移民费用。但即使持有他的报告，也未必过得了边界。他抱怨道："这已经是第三次了，从这个办公室发出的报告没有被送到仰光"；"为了避免在运送途中遗失，这份副本必须用挂号信寄出"。[13]缅甸对其边境的表面控制在邮件中消失了。

在马来亚，战后印度人的角色问题围绕着两个相关方面：首先是长期定居的印度人的政治地位，其次是未来印度劳工对马来亚的供应。在战后的马来亚，"回流移民"和因应战后的重建需要而来的新移民之间存在着可渗透的边界。与缅甸相比，战时离开马来亚的印度人少了许多，不过返回和安置的问题是普遍存在的。在战时，有超过18万名亚洲劳工被迫投入泰缅铁路的兴建，其中有很大比例是泰米尔的种植园工人。战争结束后，兴建铁路的工人中只有21445人被遣返，而且几乎可以确定盟军对整体死亡率的统计被低估了。除了死亡者之外，还有数万人在前往铁路工地的路上被"遗弃"了，许多人在丛林里失踪，下落不明。[14]驻马来亚的印度代表切图尔参观了种植园，看到许多家庭都因失去健全的劳动力而毁灭。国大党派到马来亚的医疗团发现，种植园的状况已经很糟糕，营养不良的情形普遍存在，卫生条件也很差。对于许多种植园家庭而言，最为悲痛的是无法得知她们的丈夫、父亲或是儿子发生了什么事。马来亚的橡胶种植园里到处都是寡妇和孤儿。[15] 有些家庭比较幸运，虽然家人在战争中被迫分离，但在 1945 年后得到了第一次团聚的机会。战争爆发时，橡胶种植园工头帕拉尼萨米的家人正前往印度。直到 1946 年，他们才得以回到马来亚的家园，重建他们的生活。他们回去的时候，发现种植园里的女性正穿着白色衣服哀悼死去的家人。[16]

马来亚是大英帝国战后复苏不可或缺的一部分，因为世界上相当大部分的木材和橡胶是马来亚生产的。这个殖民地赚取美元的能力对于英国的经济重建至关重要，为重新引进印度移民劳工创造了大好机会。[17] 马来亚和印度当局之间的宿怨仍挥之不去，即将独立的印度政府坚持并延长了对印度非技术移民的禁令。1946 年后，每一个要离开印度海岸的人，被核发的印度护照上都会区分熟练工和非熟练工，只有熟练工会有一个戳，以免除他们向国家取得正式移民许可证的需要。马来亚政府几经思考之后，仍然有一种矛盾的心理：他们知道稳定引进印度移民劳工有其吸引力，但还是不愿意鼓励持续移民，因为这可能会让保守的马来民族主义者感到不安，后者已成为英国在马来亚最重要的潜在盟友，也是最危险的潜在批评者。[18]

不过，战后的大兴土木把泰米尔移民劳工带到了新加坡和马来亚，他们是电缆铺设工人、筑路工人、食品小贩、小商贩，还是英国军事机构里的基本劳动力。在新加坡经营杂货店的泰米尔穆斯林阿卜杜勒·阿齐兹仍记得，在 1946—1947 年间，展开旅程非常容易："印度还是英国的属地，所以印度人还是英国的臣民，我们可以畅通无阻地前往大英帝国境内的任何地方。"就算是在帝国崩溃前夕，英国在印度的统治摇摇欲坠，印度人还是充分利用所有向他们敞开的帝国关系。阿齐兹记得，护照是从德里核发的，只会做最基本的身份检查。他回忆说:"你可以骗他们,你的名字可以是拉玛萨米、库普萨米,或是(你喜欢的)任何名字。"[19] 20 世纪 40 年代末期的泰米尔报纸充斥着新加坡的招聘广告。对轮船的管制在 1947 年解除,这些报纸上的定期公告刊登了轮船的班次表。1946 年,博希来到新加坡,他记得迁移是很容易的:"那时候没有限制,对移民也没有管制;你只要买张票,就可以到新加坡了。"[20] 1946—1947 年住在新加坡的印度人当中,只有不到一成的人是战后首次抵达新加坡。大部分人已经在新加坡待了很多年,甚至几十年;还有一些人则是战后第二次、第三次,甚至第四次移民返回那里,在新环境中恢复了他们在 20 世纪 30 年代所遵循的流动模式。[21]

印度当局承认边境和身份的检查不足。印度护照办公室承认,有大量护照"发给了前往马来亚的印度公民",而且完全是"根据法定身份声明"和护照申请者所在村庄村长的"诚意证明"进行核发的。在马德拉斯管理移民事务的塞尚直言:"根据我的经验,10 份法定声明里,有 9 份要么是伪造的,要么是不真实的。"他认为护照既然是"国际性的文件,势必需要比现在更加受到重视"。[22] 塞尚指出,旧日的移民招募网络的持久性超出了当局的控制。当中的各个角色是大家熟悉的:"他们存在于各处,向上岸水手行骗的骗子也有各种名称,如代售票的黄牛、旅行代理、导游等",他们都是"秘密的招募"。塞尚相信:"只要有相当数量的合法劳动力从印度流向马来亚,这就很难预防。"[23]

此时,形势已经逆转:马来亚对于移民的控制变得严格起来。1948 年宣布的紧急状态,标志着马来亚从战后重建转向平息叛乱。殖民国家和马来共产党之间一直存在的低级别对抗,后来持续升级成公开冲突,双方都无法掌控冲突的扩大。[24] 安全方面的担忧会强化对移民的控制，从 21 世纪的有利位置来看，这是个莫名相似的过程。移民局认为："从政治和经济的条件来看，马来亚有必要防范大量的外来人口涌入。"因此，"对邻近国家的严格管控格外重要，一直有大量来自这些国家的潜在移民在施加压力，其中也包括印度"。[25]对马来亚的印度社群所做的一项著名研究认为，"1947 年后，印度人口出现了内在的自然增长，没有受到战前几年里不断变化的流入和流出的影响"。[26]对于那些已经横渡孟加拉湾的马来人子女而言，下一步是要争取公民身份。

1947 年 3 月，几位亚洲未来的领导人在德里的旧堡（Purana Qila）会面。他们还没有走到独立那一步，但自由已指日可待。会议的舞台被布置得让参观者对亚洲的历史纽带肃然起敬：他们展示的是这些新兴国家共有的文明纪念碑，都是历经殖民暴力后修复的。向"黄金时代"致敬的同时，亚洲关系会议讨论的主题是未来。讲台后方矗立着一幅发光的亚洲地图，其上标出了各国首都之间的航线。尼赫鲁在开场致辞中缓慢而庄重地说道："我们正处于一个时代的终点，站在另一个新时代的起点上。"他接着说：欧洲的统治导致了"亚洲各国的孤立"，不过现在"陆路已经恢复了，航空旅行突然让我们彼此之间变得很近"。但是，在兄弟情谊的背后潜藏着战争。

当各国领导人齐聚德里时，亚洲未来的政治前景依然扑朔迷离。最终导致印巴分治的谈判正在进行——亚洲关系会议就在蒙巴顿勋爵作为印度最后一任总督到达之前召开——但是没有人预料到分治的最终形式，或者它将以何种暴力的方式发生。印度尼西亚的民族主义力量和越南胡志明的军队正在对抗殖民势力的重新占领；他们想向德里的民族主义者同僚寻求支持，但是获得的反应却很冷淡。

当欧洲帝国正在进行最后一搏或准备撤退时，亚洲的领导人继而建立起新的国家。许多旧堡会议的代表正忙着起草宪法：筛选来自世界各地的典范，提供法律意见，消除意识形态诱惑的冲击（社会主义、共产主义和自由民主的阴暗），考虑宗教和世俗政治以及单一制和联邦制之间的平衡。他们共同面临的一个关键问题是公民身份。

几个世纪以来的跨地区移民，造成人口之间纠缠不清的关系，因此任何一个亚洲国家的国籍法都会影响其邻国。亚洲关系会议的与会代表也认可这一点。会议的组织者承认，"许多亚洲国家都存在这样的大型群体或是少数群体，其种族与大多数人不同"，"这带来了一些种族和移民的问题，必须在全亚洲的基础上解决"。他们很愿意打开这个"潘多拉的盒子"，但是才不过几年，他们的继任者就不愿意了，而宁可选择忽略这个问题。这次会议组成了一个委员会，审议"种族问题和亚裔移民"。

该委员会的讨论要解决两个相关问题，一是过去的移民及其后代的公民身份，二是对未来跨过亚洲边境的移民的管控。会议全体一致认为，未来的移民应加以限制，不会回到20世纪20年代自由流动的状态。锡兰的代表坚称，一方面，"任何国家都有权力决定其未来的人口"；另一方面，"法律不应该歧视已经在这个国家定居的任何群体"。从理论上讲，亚洲的新国家可以重新起草移民和公民身份方面的法律；实际上，每个国家都继承了混杂人口的现状。几代人以来已经习惯了来回移民的社群，现在面临一个有约束力的选择。亚洲关系会议"普遍同意：一个人在任何时候，都只能有一个国籍"。一位马来代表直接指出："印度人和华人必须做一个至关重要的最终决定，就是他今天到底要不要成为马来亚的公民。"面对"只有一个"国籍的"最终"选择，许多人觉得自己被夹在中间，左右为难。一位代表表示:"印度没有空间接收"无法取得锡兰公民资格的锡兰泰米尔人口,而且这些人已经"失去了与印度的所有联系"。他希望他们能够被"公正"而且"慷慨"地对待,但是被谁这样对待呢?印度人指出,公民身份的问题因为存在于孟加拉湾沿岸大部分地区的"英国国籍",而变得更加复杂了;一位锡兰代表坚决地提出了反对意见,在独立之时,"就应该认为英国国籍也随之不复存在了"。[27]

实际上,这些异常需要更长时间才能消除。印度和其他许多邻国一样,在它的公民法制定之前,已经实现政治独立。1949年11月,印度宪法中的公民权条款出台,并于1955年最终确立,在那之前,《英国国籍和外国人身份法案》一直有效;也就是说,在印度独立的前两年,即使英国势力已经离开南亚,印度、锡兰、巴基斯坦、缅甸和马来亚因为"共同的英国国籍"而团结在一起。就算事后看来充满矛盾,但在那个重新出发的年代,这种绝对的实用主义支撑着新开始的最崇高宣言。1948年12月,驻仰光的印度大使馆核发护照给会计师纳塔拉詹,他和妻子的护照一直被保存在新加坡国家图书馆,作为20世纪40年代孟加拉湾周边曲折的公民政治的见证。虽然护照是在印度和缅甸独立之后核发的,护照上的纳塔拉詹仍是"英国国民",不过"国籍"一栏又确认他是"印度人(出生地)"。更复杂的是,持有这本护照只能前往"印度、缅甸、巴基斯坦、锡兰、暹罗、印度尼西亚、新加坡、马来亚联邦、英国"。这些国家有三个空间和主权概念:基本上都是英属的亚洲帝国,印度尼西亚和暹罗除外;是环孟加拉湾的海洋地区(再加上英国);以及一个主权民族国家的集合。他护照上的"住址"是泰米尔纳德邦的古达罗尔古城,不过护照上还附有"身份证明",让纳塔拉詹可以"永久"居住在马来亚。护照上有孟加拉湾周边国家的过境签证,以及一份外汇交易列表。如果这看上去类似人类学家在今天这个全球化时代所提出的"弹性国籍"(flexible citizenship)概念,那是因为20世纪40年代公民身份的基本类型和确认的文件尚在建构中。[28]

模棱两可的空间渐渐缩小了。20世纪30年代关于移民的冲突早在亚洲关系会议就重新浮现了,不过它现在是在国际层面,而不是帝国层面。缅甸的代表宣称:"缅甸未来的国家政策必然无法摆脱对被印度人或华人包围的恐惧的影响。"即使这段话是从会议纪要中间接引用(以被动语态表述),仍然可以明显感受到他的情绪。对于移民的恐惧,碰触了人们对帝国崩溃之后的世界更深层的担忧。缅甸代表还说:"缅甸自然会害怕,担心印度的帝国主义会取代英国的帝国主义。"[29]到了1948年,印度始料未及地面临了史无前例的难民潮,难民来自巴基斯坦。尼赫鲁政府不愿陷入与邻国的冲突,他们也和缅甸一样,立刻在公民和外国人之间做出了区分。

亚洲关系会议的翌年,亚洲的新兴国家又面临另一个截然不同的愿景的直接挑战:一个因同时发生革命而联系在一起的地区。共产党组织的加尔各答青年会议在1948年2月19—24日召开,会议预示了几个月后将在缅甸、印度尼西亚、马来亚和菲律宾爆发共产主义起义。最近的证据强化了这样的共识,即苏联没有直接介入协调这些亚洲起义,只是让各地共产党认为有全球起义的紧迫感。除了最广义的团结之外,在这个"广大的新月形地区",共产党之间并没有跨区域的联系;他们适应了一个由民族国家组成的世界,并按照国家的界线组织革命,虽然是在冷战的更广泛背景下。[30]对政治颠覆的恐惧、对非法流动的恐惧、对外部影响的恐惧,共同促成了1948—1949年边境的关闭。

从一开始，印度宪法制定者就选择以城市和地区来定义公民的身份，即根据属地原则，"每一位在联邦出生或是依法入籍者……都是本联邦的公民"。[31] 随着大量难民跨越1947年印巴分治的边界涌入，印度公民身份的意义发生了变化，他们对国家的主张和要求反映了互相冲突的权利和归属感。印巴分治后，印度政治文化中充斥着对穆斯林忠诚度的不信任，让印度穆斯林处于"少数族裔公民"的地位。大屠杀平息之后，许多印度穆斯林试图返回他们在印度的家乡，但是强行征用"撤离者财产"的法律让他们很难这么做，这些人为了寻求安全而暂时迁居巴基斯坦的行为，常被国家视为有意移居巴基斯坦。[32] 印度土地上出现的"外国"穆斯林引起印度官员的焦虑。1948年9月，海得拉巴邦国被强行并入印度联邦，军队和民政当局决定找出阿富汗、普什图和阿拉伯血统的穆斯林，把他们遣返回国，虽然这实行起来有困难。[33] 印巴分治的余音一直萦绕在环孟加拉湾地区。

东巴基斯坦和缅甸之间的边界是另一个边界，整个社群都觉得他们正处于"错误的"一边。17世纪，吉大港还在阿拉干王朝的统治下，佛教社群的祖先搬到了吉大港，现在这些人的后代很焦急地写信给仰光的缅甸政府，请求把他们遣返回国。在缅甸，就像在孟加拉或旁遮普一样，少数族群担心，如果另一边发生暴行的消息传开，他们的邻国会对他们进行报复。阿拉干的一名代表写道："我们担心以社群暴乱形式跨越边界在阿恰布地区出现的小火花，势必会激怒穆罕默德的追随者，将我们的生命和财产置于极端的危险之中。"[34] 仿佛在一面镜子里，在边境缅甸一侧的罗兴亚穆斯林

(Rohingya)① 社群中，许多人选择了相对安全的东巴基斯坦，而那些留在缅甸的人则面临着迫害，直到今日仍是如此。³⁵

印度决定自我封闭，排除那些不属于他们的人时，这些横渡孟加拉湾和其他地方的大型印度社群的存在与其说是资产，倒不如说是一种负担。1948 年 3 月，尼赫鲁在印度制宪议会发表讲话，表明了他的政府将对海外印度人问题采取的态度：

> 不过，真正困难的是公民身份的问题。现在这些海外的印度人——他们是什么？他们是印度公民吗？他们到底会不会成为印度公民？如果他们不是，那我们对于他们的兴趣，应该止于文化或是人道上的，而不是政治上的……议会希望将他们视为印度人，同时也希望他们在居住的国家享有完整的公民权。当然，这两件事不是同一回事。³⁶

这呼应了他在 1937 年和 1946 年访问马来亚的印度社群时的建议：海外的印度人应该致力于获得居住地的公民权，在当地积极争取自由，而不是向印度寻求支持。但是，孟加拉湾对岸的许多印度社群都在努力融入他们生活的社会。就像其他许多处于不同环境中的人一样，如犹太人、亚美尼亚人、华人、欧亚人，他们成了"帝国的孤儿"，因为他们的孟加拉湾世界分崩离析了。³⁷ 哀悼一个失去的世界，势必伴随着对自由的追求、对公民权的获得，以及对归属感

---

① 缅甸若开邦阿拉干地区的一个穆斯林族群。缅甸民族主义者声称，罗兴亚人主要是 19 世纪英国控制缅甸之后，作为英国殖民当局"以夷制夷"的帮凶移居到缅甸的南亚人与当地部分土著融合后形成的混血民族，此后他们又融入了 1971 年第三次印巴战争后逃往缅甸的孟加拉国难民。

的认同。对于那些夹在边界之间的人，帝国世界中最基本的安全——一种来自向外寻找家庭生存和繁衍的安全——被各个国家最基本的安全所取代，而新的公民权便是确保这种基本安全的方式。

东南亚的"移民少数族群"面临着不同的选择和强制力。在锡兰，独立的准备工作没能解决谁会成为新国家公民的问题。1944年，准备起草新宪法的苏伯里委员会（Soulbury Commission）回避了公民权问题；与伦敦谈判时，锡兰独立运动的领导人森纳亚克（D. S. Senanayake）坚持由未来的民选政府来制定公民权的法律。锡兰印度人大会党（Ceylon Indian Congress）要求锡兰的印度人享有完整的选举权，所有能够证明生活在这个岛上的人都享有公民权，立法机关中要有一定比例的印度代表。政治浪潮向另一个方向发展。1947年12月，尼赫鲁和森纳亚克的谈判破裂，两人对锡兰的印度人可以享有的公民权未能达成共识——印度担心又有另一波移民回国潮，希望尽可能多的锡兰泰米尔人获得公民权。由于双方没有达成协议，锡兰制定公民权法时采取了最严格的定义。[38]

一连串的法律条文掩藏在最平淡无奇的标题下，剥夺了数十万人的公民权。随后，《锡兰公民身份法》（*Ceylon Citizenship Act*，1948年)、《印度与巴基斯坦居民法》（*Indian and Pakistani Residents Act*，1948年)、《锡兰国会选举修正案》（*Ceylon Parliamentary Elections Amendment Act*，1949年），都拒绝让泰米尔种植园工人享有公民权，这大约占12%的人口。它们也否定了所有非公民的投票权。公民法把血统公民和登记公民区分开来。含蓄地说，只有"血统的"公民，才是真正的公民；"登记的"公民一直都遭到质疑。两种类型的公民都会有选择性地被要求提供书面证明，也就是说，印度出身的人都被这样要求，而大部分僧伽罗"本地人"则不会。如此一来，便自动排除了泰米尔的种植园劳工。泰米尔种植园人口中的一些人来来回回地穿越漏洞百出的保克海峡边境时，身上没有任何证明文件。另一些人虽已定居在锡兰好几代，但是也没有证明文件。许多人是在种植园出生的，但是在国家考虑登记出生人口之前，所以也没有证明。不过，虽然有这些难以克服的障碍，但还是有超过80万在锡兰的印度人申请成为公民，大部分申请者是住在城市、受过教育的。不过，在1951年截止日期之前收到的申请中，只有16％的申请者获得了批准。[39]在其后的数十年间，锡兰的种植园里留下了强烈的集体记忆，包括在邮寄途中"丢失"的申请表格、受到的恐吓，以及被官僚主义阻碍的合法诉求。[40]

　　锡兰的泰米尔人面临无国籍的窘境，以及政治上的边缘化。锡兰不承认他们是公民，其中也只有少部分人符合印度公民的资格，而且甚至没有什么人申请印度公民身份。种植园里的泰米尔人（他们或其祖先已经搬到锡兰）和定居时间久得多的贾夫纳泰米尔人之间有越来越大的政治裂痕；此外还有一个独特的社群，他们是说泰米尔语的穆斯林，被称为"摩尔人"。泰米尔的精英领导阶层放弃为种植园里的泰米尔人争取选举权，转而专注于国家层面的让步。他们集中于关注能从国家那里得到什么，如内阁的职位和说泰米尔语的权利。不过，斯里兰卡政府仍然强制执行支持多数族裔的政策。1956年僧伽罗语被确定为这个岛国唯一的官方语言，引发了公众抗议和年轻的僧伽罗民族主义者对泰米尔社群的报复性暴力事件。1958年，针对泰米尔人的骚乱是暴力的征兆，这将破坏斯里兰卡的政治未来。

　　锡兰的泰米尔人得不到公民权，也没有地位，他们认为自己的未来必须仰赖印度和斯里兰卡政府之间的协商。在拖延了10年之后，双方终于在1964年达成协议，同意将印度泰米尔人从斯里兰卡的种植园送回国。其后的20年间，有超过33万人被送回印度。他们之中的许多人在斯里兰卡出生，与他们要回到的印度"家乡"并没有什么联系，甚至大部分人并非出于自己的意愿。来自斯里兰卡的泰米尔工人回到他们"祖先的村庄"之后，发现自己只不过是个陌生人，没有得到认可，也没有工作机会。他们中的许多人在斯里兰卡的高地出生、长大，所以无法适应南印度的干燥气候，在他们的叙述中，就像在他们19世纪的祖先的描述中一样，对气候的不熟悉，造成了他们的流离失所。[41]后来，斯里兰卡政府才慢慢勉强承认所有留在这个岛上的泰米尔种植园工人都享有公民权，不过，对他们来说，就像孟加拉湾周围的许多少数族群一样，这是一种不公平和不完整的公民权。

斯里兰卡泰米尔人的政治诉求在20世纪70年代愈演愈烈，并于20世纪80年代升级为武装斗争，他们像区域国家一样对领土有要求：领土自治是泰米尔伊拉姆猛虎解放组织"泰米尔之虎"的目标。80年代，印度通过国与国之间不怀好意的外交手段，灾难性地介入斯里兰卡的冲突。过去那种移民在各个国家之间往来流动的情况已不复见。不过，跨越斯里兰卡和南印度之间水域的流动从未完全停止。继续往来流动的渔民、难民和移民劳工产生了"非法船工"（kallattoni）这个标签，这个词泛指斯里兰卡的印度泰米尔人，也包括世代居住在那里的人；印度与斯里兰卡之间的所有流动都备受怀疑。[42]

在缅甸，寻求公民权一样困难重重。1947年的宪法规定了两种公民权，再次区分了"血统公民"（缅甸的所有原住民）和"登记公民"。后者必须在 1950 年 4 月之前提出公民身份申请。缅甸也和锡兰一样，文件的标准很高，许多印度居民囿于时代的不确定性，也不知道区区的几张纸竟然有这样的重要性。仰光大学历史系退休教授德塞（W. S. Desai）回到印度后，以遗憾的语气写道："想在缅甸获得公民权，需要经过繁复的程序。申请者必须向所在地区法院提交一份有关其在缅甸居住详情的誓章。"那些缺乏旅行记录和意图的人，必须提供一个可信的说法。不过，在提出申请后的 6 周内，任何一名当地的居民都可以反对这份申请，即使只是邻居之间的竞争或个人恩怨，都可以阻止一个人申请公民身份。[43]

缅甸独立后不久，缅甸政府对公民和外来者做出了有力的区分。1948 年的"土地国有化法案"剥夺了非公民的大部分财产权，有关租佃和土地出让新法的出台，标志着缅甸"清算印度人土地权益的全面措施"的开始。[44] 极其烦恼的印度地主写信给印度外交部，力陈他们因缅甸新法所受的损失。原本在仰光高等法院担任辩护律师的班纳吉写道："在缅甸的印度人拥有近 1/4 的可耕地……如果失去这些土地，将是一大悲剧。"在当时的大环境下，印度政府也要把柴明达尔手中的土地重新进行分配，对缅甸的印度地主，尤其是切蒂亚尔人的外部同情是有限的。尽管他们损失惨重，但他们似乎恰恰是自由和社会主义席卷新亚洲各地的既得利益者。意识到这一点之后，其他请愿者转向不同的方式，他们强调切蒂亚尔社群中的"穷人及中产阶级"也遭受了损失，"因为他们无法偿还战前在印度为缅甸的生意筹集的债务"。[45]

巩固缅甸这个地区性民族国家的下一步努力是确保边境安全，阻止从 19 世纪晚期开始构成缅甸主要人口的往来移民。没有成功申请成为缅甸公民的印度人被允许以临时居民的身份留下来,但是他们必须向警察登记,取得身份证。如果临时居民离开这个国家超过60天,"身份证明就会失效,其在缅甸的居留权也随之失效"。移民的往来突然变得不可能了。钱的流动也和人一样,被果断地阻止了。1948年,来自缅甸的汇款初次被限制在1500卢比,之后变成仅为250卢比。每笔外汇交易都必须有外汇管制员的同意,后者并不认为在缅甸的印度人有义务养活回到印度的家人。在限制汇款方面,"缅甸政府破坏了印度家庭制度的根基。"[46]

限制人员的进出以及货物和现金的流动,反而刺激了各种形式的过境。20世纪40年代,缅甸作家、记者、民俗学者乌拉(Ludu U Hla)在永盛监狱服刑期间收集了许多口述历史,其中有这样一个例子。受访者之一是他的狱友、名叫坎尼亚的泰米尔青年,他讲述了1945年后印度商人和劳工是如何维持孟加拉湾两岸联系的:

在莫卧儿街做生意的印度商人通常会用往返仰光和印度港口的远洋轮船,把钻石和珠宝运送到印度。船上的官员充当信使,宝石就装在一盒盒科蒂库瑞(Cuticura)蜜粉盒子里。记得有一次,我看到一位欧洲船长收到了这么一个盒子。其他最受欢迎的藏匿之处还有行李箱的暗格、欧式鞋子的镂空鞋跟,以及雨伞和自行车的把手。

坎尼亚本人在马德拉斯的父亲家,以及缅甸的母亲和继父之间来回奔波,延续移民往来迁徙的长久传统。只要清楚运作的方式和漏洞在哪里,对于入境和居留的限制就可以被克服。非法流动只是增加了它们的危险性;边境从未被封锁,但毫无疑问,跨越边境确实变得越来越难了。[47]

从独立开始，缅甸接二连三地发生多次（"红旗"与"白旗"）共产党的起义，以及克伦族和其他少数族群间的暴动，缅甸被恐惧的气氛笼罩着，许多人选择一劳永逸地越过边界回到印度。一位切蒂亚尔商人写信给印度政府："因为各地暴动纷起，经济状况不稳定，地主发现几乎不可能收到租金。"他详细列出了在席卷缅甸的暴动中，切蒂亚尔人遭受攻击、绑架，甚至被杀害的例子。印度政府担心他们不得不收容更多难民。1948年，印度总统普拉萨德（Rajendra Prasad）访问缅甸时，警告印度种植者不要回国，强调那些回国者在印度谋生是多么困难。然而，随着情况越来越糟，尼赫鲁的态度软化了。1949年初，他安排疏散了居住在永盛附近的4000名印度人，并让近3万名比哈里出身的印度人（他们在19世纪移居缅甸）在吉阿瓦迪种植园建立起生产蔗糖的农业基地。[48]像往常一样，计划外的迁移总是走在官方的安置计划前面。1949年，一名印度军官在缅甸与印度边境附近的一个小情报站写道："据报道，许多印度人正准备重返印度。"他再次担心"除了严重的安全问题之外，这些难民也会为救济和重建带来困难"。[49]

随着迁移的停止，缅甸与印度之间的国际关系冻结了。尼赫鲁担心国内的共产党会颠覆其政权，于是支持缅甸吴努（U Nu）政权打击叛乱。1951年，缅甸和印度签署友好条约。条约反映出孟加拉湾被划分成几个封闭单元的事实，并由边防警卫执行。另一方面，旧世界还是在那里。极力推动印度贱民自主的领导人、印度宪法的卓越法律建构者阿姆倍伽尔（Bhimrao Ambedkar），在孟加拉湾的对岸为印度旧日的"不可接触者"寻找精神上的其他选择，因为他相信印度教只会给他们带来羞辱。阿姆倍伽尔考虑过伊斯兰教和基督教，但最后还是觉得，佛教是对他及其追随者而言最适当的路径。

他在1954年访问锡兰,并两度前往缅甸;他从过去寻找,希望从连接孟加拉湾的古代佛教"高速公路",为印度贱民提供一个更美好的未来。1954年,阿姆倍伽尔来到仰光参加世界佛教徒联谊会,在那里他会见了埃罗德·拉玛萨米。拉玛萨米当时正在巡回缅甸和马来亚,宣扬他的理性主义和改革思想。两年后,也就是阿姆倍伽尔去世前不久,在印度中部城市那格浦尔(Nagpur)举办了一场大规模的佛教皈依仪式,有50万名贱民皈依佛教。[50] 在后殖民时代,国家主宰了孟加拉湾两岸的关系,不过一种古老的普世主义依然存在,并继续推动各种思想的传播。

在移民的生命中,印度与缅甸之间的关系出现了永久的裂痕。许多人回到他们在印度安得拉、奥里萨和泰米尔纳德邦等地的家乡,对他们来说,记忆中的缅甸"遍地黄金"。最贫穷的人,也就是那些家庭关系因移民而破裂的人,由印度邦政府重新安置,而记录他们安置的许多档案已经遗失,详细的故事仍有待历史学家厘清。[51] 地主和劳工曾在20世纪40年代末期大量撤离,1962年缅甸的军事政变再次迫使印度人离开;接着又有第二波印度人回流,有近20万人。[52] 他们的历史足迹依然留在这片土地上。许多泰米尔城镇仍然保留有"缅甸区",虽然大概已经不是"从缅甸回来的人"住在那里。不过,回国后的几年,在这些侨民聚集区明显可以看见缅甸在物质方面的影响(如一些穷人带回来小型柚木家具和独特的厨房用具),以及在文化上的影响,最重要的就是烹饪风格。在金奈,回国的人建起了缅甸集市,贩卖一些从缅甸进口的产品;这里逐渐发展起来,最后成为一个兴旺的市场(而且通常是黑市),人们在这里买卖从东南亚各地进口的电子产品,让人想起孟加拉湾沿岸一个非常古老的商业世界。有些回到印度的人还留在印度的东北部：直到今天，印缅边境还有说泰米尔语和泰卢固语的村庄，一些人离开缅甸之后就定居在那里，现在则是他们的子孙居住在那里。20世纪80年代，随着难民从缅甸持续涌入（其中包括许多缅甸学生中的激进分子），他们的人数一直在增加。

在一般的想象中，对印度而言，缅甸是一块"失去"的土地。对泰米尔语世界的电影迷来说，失去缅甸的故事通过20世纪最具代表性的泰米尔电影之一《女神》(Parasakthi，1952年)成了传奇。故事始于第二次世界大战前夕仰光的一场泰米尔文化表演。电影的主人公是三兄弟，他们是仰光泰米尔社区的富裕居民。其中一人以热情洋溢的演讲介绍了文化节目，讲述了在海外艰苦生活的泰米尔儿女的牺牲，以及他们对祖国的向往。日本用炸弹袭击仰光时，三兄弟走散了。大哥后来终于回了家。二哥在回到印度的"长征"途中被抓，最后死于一个条件极差的难民营。扮演最小弟弟的是印度著名演员加内桑(Sivaji Ganesan)，他以这个角色出道。这个最小的弟弟在泰米尔纳德邦乡下遭到抢劫，之后开始流浪，继而走失；他乞求庇护，然后走向犯罪。最后他终于找到已成寡妇的妹妹，把她从一名堕落僧侣的魔掌下解救出来，他也因此而受到审判。这个故事的寓意清楚明了，泰米尔纳德邦要成为无愧于其勇敢子民的家园，社会改革、正义和消除种姓压迫是必不可少的。缅甸的毁灭性损失表明，泰米尔纳德邦不得不欢迎散居海外的侨民回家，把另一面对海敞开的门关起来。随着泰米尔纳德邦成为印度民族国家的一部分，这种真实发生的损失无疑助长了一种不那么明确的文化上的失落感。这种失落感激发了人们对传说中的地理环境的迷恋，包括对于利莫里亚(Lemuria)这块失落土地的追寻。[53]

虽然联系中断了，但仍然有一个印度社群留在缅甸，他们的人数有 50 万，语言和宗教信仰多元，其中大部分人住在仰光。毛淡棉的旧港口城市也保留了一些贸易和迁徙的海上联结。20 世纪 50 年代，缅甸印度人的政治机构——缅甸印度国民大会党和工会被去政治化，成为单纯的文化组织。但即使如此，孟加拉湾两岸的政治联系还是存在的。1952 年，当地的泰米尔人成立了达罗毗荼进步联盟（DMK）的缅甸分支，该政党是印度泰米尔民族主义的载体。[54] 仰光的印度人社群仍然是这个城市生活中不可或缺的一部分，直到今天仍然如此。仰光的小印度位于市中心苏雷塔（Sule Pagoda）附近拥挤而狭窄的街上，是一个活生生的移民档案。食品小贩卖着印度当地的特产，尽管他们的服务生现在很多都是缅甸人了。印度教寺庙、伊斯兰教清真寺、泰卢固人的卫理公会教堂，以及"朱罗人"的圣陵，都有一席之地，信徒可以前往礼拜。从服饰来看，缅甸的大部分印度人和其他居民没什么区别，这些人都选择了无处不在的罗衣（longyi）。这已经不能说是传统意义上的侨民，因为他们与印度的大部分联系从很久以前就不存在了。许多住在仰光的印度人告诉我：他们是在"很久很久以前"从印度来的（说这句话时，他们甚至连肢体语言都指向一个很遥远的过去），只有年纪很大的人才在年轻时到过印度。他们与祖先的村庄和大家庭里的其他人，早就没有什么联系了。也就是说，定居在缅甸的印度人与那些离印度很远的蔗糖殖民地，如特立尼达、圭亚那和斐济等地的印度社群最为相似，从他们身上，已经看不出孟加拉湾过去是如何紧密联系在一起的。

印度人在战后马来亚的地位与英国人要全面改革公民身份的计划息息相关。事实证明，在王室统治下建立一个统一的政治共同体马来亚联邦的追求是短暂的。在拿督翁惹化的领导下,马来人对马来亚联邦的计划做出了政治上的回应,强烈程度让英国人大感惊讶。马来民族统一机构(UMNO,简称巫统)成立于 1946 年 3 月,他们的团结是为了保卫马来人的权利和马来统治者的主权。失去保守派马来人的支持后,英国统治者退缩了。他们放弃马来亚联邦的计划,转而提出马来亚联合邦(Federation of Malaya),这个新计划未充分考虑印度人和华人少数族群的需求。华人占多数的新加坡没有加入联合邦。[55]

图 17 仰光朱罗人圣陵清真寺的招牌。仰光市中心的街道仍然是一个长期定居的庞大印度社群的家园(苏尼尔・阿姆瑞斯 摄)

保守的英马协议引发了强烈反对,其他对于政治未来的愿景也吸引着人们的注意力,他们对公民身份和归属感的描述同样具有说服力。另一个政治形式,包括受英国教育的知识分子组成的左倾马来亚民族联盟（Malayan Democratic Union）、共产党支持的工会、新成立的马来亚印度国民大会党（MIC），一起组成了全马联合行动理事会（AMCJA），主席为资深的华裔商界领袖陈祯禄。全马联合行动理事会与反对巫统的马来民族主义的激进派结盟，让殖民地当局深感震惊。马来民族主义运动由马来国民党领导。受马来左翼联盟人民力量中心的保护。1947年中的一连串会议后，全马联合行动理事会对于马来亚公民身份有了新的提案，提出了另一种愿景，更真实地反映了马来亚的移民史，比缅甸和锡兰的任何提案都更有创造性。最重要的是，全马联合行动理事会的公民权提案，"消除了国籍与公民身份之间的区别——原住民与非原住民的区别"。[56] 考虑到马来民族主义者的意见后，在移民"马来联邦人"（Malayans）和原住马来人（Malays）之间做出区别的"马来联邦"（Malayan）公民身份的概念被舍弃，而是提出一个统一的"马来"（Melayu）国籍，可以开放给任何人，不论其血统和出身，只要他把马来亚当成家。这个词有许多意思。几个世纪以来，"马来"一直是个灵活的识别标志，将新来者纳入这个流动的海洋世界；对于公民身份的提案，可追溯到19世纪那个更加开放的世界。议会的提案在寻找一个新的开始，要从历史为马来亚沿海带来的多元人口中重建现代意义的马来人公民身份。但这不是一种散居海外的公民身份愿景。议会与反对多重效忠的人一样不能容忍，坚持认为"分类效忠是一种自相矛盾的说法"。相反，他们认为忠诚不是族群或是出身的问题，而是一个有意识的政治选择的问题。他们写道："一个人决定埋骨的国家，一个人愿意誓死保卫的国家，才是他真正的家园。"[57] 人们对于公民身份的概念容纳了过去移民的复杂遗产，但却牢牢扎根于民族国家的世界。

战后，马来亚的印度政治领导层软弱且分裂。虽然马来亚印度国民大会党加入了全马联合行动理事会,马来亚印度国民大会党的许多领导人还是认为,印度才是他们政治上的寄托及忠诚的对象。一则洞察敏锐的现代报道指出,马来亚的印度政客"似乎正在极力解决那些印度社群中普遍存在、略显混乱的意见纷争"。"混乱"包括"分散的印度国民军支持者、印度国民大会党的有力支持者和印度社群中联系紧密而有活力的工党",以及"以印度商会为代表的规模不大却财力雄厚的印度商人阶层中的核心力量"。[58] 战前的旧领导——马来亚中央印度人协会的城市精英——想要夺回控制权,当中的许多人在战时活跃于印度独立联盟和印度国民军中,想趁机鼓吹鲍斯所提倡的印度团结意识。但旧日的紧张局势又回来了:存在于城市精英与工人阶级之间、北印度人与说泰米尔语的人之间、以印度人为中心的战略和以马来人为中心的战略之间。

战后,印度的种植园劳工深受整个马来亚的社会和政治骚动影响。"马来亚之春"是指公共领域前所未有的开放,比以往任何时候都自由。马来亚共产党在联军重新占领马来亚过程中扮演了重要角色,他们在历经几十年的地下活动后公开露面。在英国当局与新兴政治势力持续不断的角力中,开放的界限被重新定义。工会激增,并结成联盟。无数的报纸和期刊涌入公共领域,然后以同样快的速度倒闭。在这个开放和不确定的时代中,"妇女、年轻人、劳工和农民等许多之前被剥夺权利的社会群体,都取得了政治上的主动权"。[59] 战争的创伤过后,有许多泰米尔种植园工人死亡,更多的人和家人离散,新一代的劳工领袖组织起种植园的劳动力。

虽然马来亚的橡胶、锡矿和木材对英国战后的经济复苏十分重要,但橡胶工人的薪资仍维持战前的水平。从1946年底开始,橡胶种植园爆发一连串罢工,第一次罢工发生在吉打,这是1941年的巴生河流域罢工以来规模最大的种植园抗议活动。哈佛种植园的货车司机萨米是这次运动的领导者，虽然我们对于他的了解甚少，不过到了1947年初，周围种植园已经有大约1.5万名工人处于他的领导下。萨米以印度国民军在战时的动员为基础，把这些人都编进桑达尔百代（thondar pedai）编组，他们会进行军事操练，发动罢工，在酒店外设纠察队。酒店是农场主和国家的收入来源之一，是抗议活动时的避雷针。与1941年相比，这次泰米尔工人和华人劳工团结在一起。当一名华人劳工因为同情泰米尔橡胶园工人参加罢工，被都柏林种植园的警察击毙后，骚乱升级。1947年，仅橡胶园就发生了280起罢工。种植园的工会被吸收进共产党主导的泛马工会联合会，它的两位领导人加纳帕提（S. Ganapathy）和维拉瑟南（P. Veerasenan）是泰米尔的劳工运动家。[60]

到1948年中，马来亚共产党和英国当局之间的紧张局势日渐升温，最后演变成公开的对抗，由于双方都无法控制"周边的反叛"，所以殖民地当局宣布进入紧急状态，马来亚共产党则开始策动起义。[61]在镇压和随之而来的报复循环中，马来亚印度劳工运动的激进派被粉碎。少数参加马来亚共产党革命运动的印度活动家是这场紧急状态的早期受害者：加纳帕提因持有爆炸性武器被判有罪并被绞死，维拉瑟南则遭到枪杀。除此之外，1949年之前，有超过800名印度人根据紧急状态法遭到逮捕。泰米尔橡胶工人和华人劳工之间的团结原本就不堪一击，现在也因为恐惧和猜疑而毁于一旦。填补这个真空的，是各种类型的领导人。在激进的工会被取缔后，担任马来亚政府工会顾问的前英国铁路工会成员约翰·布拉泽（John Brazier）宣布，支持"温和"的种植园工人工会。1954年，其中的几个工会走到了一起，组成全国种植园工人联合会（NUPW），领导人是务实的谈判者和坚定的共产主义反对者纳拉亚南（P. P. Narayanan）。他专注于确保工资和工作条件的改善，而且务求成功。在接下来的10年里，全国种植园工人联合会购买了欧洲人离开时低价抛售的种植园，并以合作社的方式经营。[62]

同时，这些工会也与马来亚印度国民大会党形成比较亲密的关系，后者试图摆脱精英、城市以及主要是北印度人带来的限制。20世纪50年代早期，在种植园主善班丹的领导下，马来亚印度国民大会党由说泰米尔语的人接管，他们吸收了许多种植园工人入党。善班丹在马来亚出生，20世纪30年代进入马德拉斯的安纳马莱大学就读。他像身边的许多人那样，在那里受到社会主义思想的吸引，阅读了许多左翼文学作品，"每次突击检查，他们都要把书藏到房梁上"。[63]他支持印度国民军，但没有直接加入。战后，善班丹作为一种和解的声音出现，就像马来亚印度国民大会党中极少数的保守派那样，他可以接触民主统治时代该党必须争取的泰米尔人为主的选区。马来亚印度国民大会党的关注焦点就是马来亚，一点印度民族主义的痕迹都不剩。1955年，该党展开最后一个革新阶段，在当时的立法机构选举中，它选择与马来民族统一机构和马来亚华人工会共同组成保守阵线。这个联盟最后赢得全面胜利，一直掌权到今天。这标志着现代马来西亚"族群交易"的开始。马来亚的大部分印度人和华人都得到了公民权，只要他们承认马来人在政治和经济上的优先地位，不过保守的政党还是想独占政府里代表"他们"少数族群的声音。不是基于族群而组成的政治组织，变得非常困难。[64]

战后，南印度与马来亚之间横跨孟加拉湾的文化交流蓬勃发展，甚至远超印度与锡兰或缅甸之间的交流。即使横渡孟加拉湾的人口流动从未恢复到 20 世纪 30 年代的盛况，但思想、出版物和空前的电影交流在战后仍在继续。正如我们所看到的，20 世纪 20 年代和 30 年代，新加坡和马来亚的泰米尔出版物提供了泰米尔地方主义和印度民族主义的混合物。战后几乎完全是泰米尔文化的复兴流行。许多战前的文化组织恢复了活动，其中包括泰米尔改革协会。新的期刊《达罗毗荼钟声》(*Dravida Murasu*) 和《宝石》(*Ina Mani*)，开始了由泰米尔教师协会和劳工领导人带头的种姓制度改革。源自马德拉斯自重运动的达罗毗荼联盟 (Dravida Kazhagam)，在马来亚各地成立分支。没有高级种姓牧师的自重婚姻在马来亚越来越受欢迎，并跨越了宗教的界限：1948 年 4 月，一名泰米尔穆斯林年轻女性以自重婚姻为契机，"为妇女争取权利和平等地位大声疾呼"。[65] 1949 年 8 月，一个文化协会联盟举办了为期三天的马来与泰米尔庆祝活动。从 1952 年开始，马来亚每年都会举办的泰米尔文化庆典与庞格尔丰收节（Pongal）同时举办。虽然社会改革者从中作梗，但这些古老的仪式不论规模还是虔诚度，在战后都得到了强化，尤其是每年举办的大宝森节，也就是布列松于 20 世纪 50 年代在新加坡街上看到的庆典。[66]

社会改革的信息通过电影胶片、传单和巡回剧团的演出，传到新加坡和马来亚。这类表演多在新加坡的娱乐殿堂"快乐世界"和"新世界"（这两个名字的灵感来自 20 世纪 20 年代的上海）里进行，其他表演者还有马来传统舞蹈久贾舞（joget）的音乐家、华人戏剧团和国际摔跤选手。战后的新加坡在文化上依然如一阵旋风，各种语言和风格的表演在舞台上同台竞技，竞相博取观众的注意力。一位 20 世纪 50 年代在"快乐世界"工作的年轻泰米尔售货员仍记得当时的场景：

"快乐世界"里都是印度人、华人、马来人，他们全都在那儿。外面有酒吧和时髦的玩意儿，都是露天的；马来人都在跳久贾舞。人们跳着各种舞蹈……而最后，政府把它们都关掉了！许多人会从柔佛赶来，就是为了到"快乐世界"来。那个大人物，那个饼干工厂的家伙，经常来，带着一群保镖。

……还会举办拳击赛。金刚！塔拉·辛格！还有摔跤。不过，拳击比赛吸引的观众最多。[67]

其中有南印度的改良戏剧，1955 年 11 月，在新世界的"日光厅"，来自马德拉斯的帕阿里剧团（Paari Group）向大批观众献演了《幸福在哪里？》(*Inbam Engai*)；翌年，拉玛萨米的剧团在"快乐世界"剧场演出《少女》(*Velaikkari*)，该剧讲述了关于虐待和剥削的故事。[68] 改良戏剧从城市的舞台一直演到内陆的种植园，喜爱戏剧的工人将反映社会真实的内容融入泰米尔传统经典剧目。[69]

20 世纪 50 年代，电影院已经成为最受欢迎的媒体。泰米尔电影充斥着新加坡和马来亚的市场。[70] 马来电影产业在 20 世纪 40 年代末期至 50 年代发展迅速，但仍然依赖印度的故事和明星，以及华人邵氏兄弟的资金。这类电影的故事情节通常是发生在不受外界影响的马来亚乡下的田园诗篇，不过，马来电影的制作倒是完全国际化的。20 世纪 50 年代，马来电影界最多产的电影导演之一是克里希南（L. Krishnan）。他出生于印度，1928 年随家人来到槟榔屿，当时正是印度与马来亚之间的移民高峰期。战争期间，他加入印度国民军，并担任日军的翻译。被英国遣返印度后，他投入泰米尔的电影产业。他在僧伽罗电影《阿玛》(*Amma*) 中担任助理导演，当时斯里兰卡电影多半还在马德拉斯拍摄。他在 1950 年搬回马来亚,执导比南利(P. Ramlee)主演的第一部电影《虔诚》(*Bakti*)。比南利日后成为他那一代人中最具代表性的马来演员。在电影世界中,孟加拉湾的多语言世界仍在继续运转,即使在政治领域已不复存在。[71]

1954 年 12 月,埃罗德·拉玛萨米(即贝里亚尔)回到他 1929 年第一次造访的马来亚。贝里亚尔来自缅甸,他在那里的世界佛教徒联谊会上遇到了阿姆倍伽尔。贝里亚尔第一次造访马来亚,就对该国的泰米尔政治产生了戏剧性的影响,不过在 1929 年,他的听众与印度的联系远比 1954 年时密切得多。到了 1954 年,大部分横渡孟加拉湾的泰米尔人已经觉得马来亚是他们的家了。马来亚的泰米尔社群一直存在贫穷、派系斗争和分裂,所以贝里亚尔对社会改革的信息具有爆炸性的威力。他的造访鼓舞了当时完全陷于停顿的泰米尔文化复兴,壮大了它的声势。他的许多演讲及其支持者所写的著作,专注于马来泰米尔社群的社会边缘化,他们诊断病症,并以社会改革和教育作为处方。[72]不过,政治背景完全改变了。战后不久,"泰米尔民粹主义,尤其是表现在达罗毗荼运动中的,很快和左翼的工人阶级联盟联系在一起,或被其吸收";到了 20 世纪 50 年代,民粹主义已经非政治化,"成为政府唯一可以接受的泰米尔政治形式"。[73]

文化政治(cultural politics)的政治棱角只有在新加坡依然鲜明。在整个 20 世纪 50 年代,新加坡的革新派反殖民主义联盟都很强大,新加坡没有马来亚在非常时期对人权的剥夺,相较之下更为自由。新加坡工人阶级运动的许多中坚分子是印度人,头脑最敏锐的智囊之一是普都遮里(James Puthucheary),他在战时是印度国民军的一员,左翼的代表声音拉库玛博士(Dr. M. K. Rajkumar)来自马来亚大学的社会主义俱乐部。一片亚非团结的声音和承诺在政治思想的喧嚣中蓬勃发展。码头工人在劳工抗议运动中发挥了领导作用。他们中的很多人刚从喀拉拉邦移民过来，这是战后开始的马拉雅里技术工人移民新加坡和马来亚的一部分——他们的技能需求十分巨大，以至于避开了新的移民限制。他们带来的激进主义政治文化受到兴起中的喀拉拉邦共产党鼓舞。马拉雅里人会在新加坡的英国海军基地工作，聚集在三巴旺（Sembawang），那里有着人数差不多的泰米尔人、华人和欧洲人，他们开了不计其数的酒吧，出售炸豆饼、印度圈圈饼和拉茶（sarabat）的小吃摊。他们之中的一些人是行动派，通过印刷品和定期举办读书会来激励他们的码头工人、油漆工和装配工，有时候他们的影响甚至超出了马拉雅里社群。[74]这一代人的政治愿景是由尼赫鲁的《尼赫鲁世界史》一书中那令人惊奇的世界主义塑造的，也是由甘地、泰戈尔以及马克思或列宁的普世思想塑造的。不过，到20世纪50年代末，新加坡的政治世界也缩小了。由国家管理的"多元种族主义"以及对异见人士的打压，为一个以经济增长为中心的城市国家铺平了道路。[75]

剩下的是文化的离散。政治和家庭的联系在20世纪30—40年代还十分牢固，但现在逐渐减弱，东南亚的泰米尔离散社群稳定下来，成为永远的社群，他们主要靠语言、文化习惯和记忆与印度联系在一起。1966年4月，吉隆坡举办了首届泰米尔研究国际会议。130名代表和40名观察员出席了这次会议，他们来自印度、锡兰、欧洲和美国。会议选择在这个地点举办极具象征性，它肯定了马来亚是泰米尔语世界的一部分，但其实这个世界主要存在于过去。马来西亚总理东古·阿卜杜勒·拉赫曼在开幕式上提到了孟加拉湾长久以来的历史联系。除了阿拉萨拉南（Sinnappah Arasaratnam）之外，少有人提到印度和东南亚之间的近代移民史,更没有什么人讨论马来西亚或斯里兰卡的泰米尔少数族群的政治和经济状况。相反,这次会议侧重泰米尔传统文化的辉煌,小心地避开了战争的创伤,以及后殖民世界艰难的公民政治。[76]

  从19世纪开始,马来亚的泰米尔移民通过他们与这片土地的亲密关系形成了一种归属感。马来亚的种植园景观是由孟加拉湾的世界塑造的,那个世界分裂之后,种植园经济随之发生了改变。马来亚泰米尔人的社会和经济保障,变得与他们的政治权利一样脆弱。马来亚的土地使用在20世纪50年代发生了根本性的变化:随着天然橡胶市场的萎缩,合成橡胶的发展,高度机械化的油棕种植取代了大面积的橡胶园。大部分的欧洲农场主离开时,把种植园进行划分,然后卖给了华人买家。1950—1967年,超过32万英亩的土地以这种方式被分割开来;相比之下,泰米尔合作运动仍维持着很小的规模。对泰米尔工人来说,这意味着大量失业。1950年,受雇于橡胶种植园的泰米尔工人是14.85万人,20年后减少为8万人。许多泰米尔种植园工人是在种植园出生、长大的,现在被重新安置在城市的廉价公寓里;在种植园学校所受的教育让他们无法适应工业经济,在重新安置过程中,原本脆弱的社群联结也被打破了。结果使得很大一部分马来西亚泰米尔少数族群陷入了持久的结构性贫困,虽然对包括一些贱民在内的其他许多人来说,离开种植园带来了社会和经济的流动。[77]这个过程带来了许多创伤,以致与我交谈过的许多前种植园工人都带着怀旧的心情回顾着欧洲的种植园。

  后殖民时代马来西亚泰米尔种植园工人面临的不安全感,在1969年5月吉隆坡市内和近郊爆发"种族暴动"时显露无遗。在华人主导的反对党获得普选胜利后，1969年5月13日，公众游行演变成暴力事件（史称"五一三事件"）。那次事件导致近200人死亡，无数的人受伤或无家可归，暴力事件的大部分受害者是华人。暴动源于马来工人阶级的挫败感，他们没有享受到独立的果实，而且执政的马来民族统一机构内部野心勃勃的年轻政客鼓动他们抗议。一场政治革新以新经济政策和全面有利于马来人的平权行动而告终，其中包括一项土地再分配计划。根据紧急法令设立的国家行动理事会通过立法，规定非公民必须获得特别的工作许可证，而且只有在没有公民可以做这份工作的前提下，才会核发特别许可证。种植园里的印度人是这项立法的主要受害者——他们之中的许多人在20世纪50年代没有申请公民身份，虽然多数人本来是有资格的。就像他们在斯里兰卡的同行，"因为地处偏僻、未受教育……或官僚阻碍等"，没有获得公民身份。现在有数以万计的人为此承受压力。约6万名印度工人就此永远离开了马来西亚；许多未取得公民身份但留下来的人发现，他们的经济地位更加不保，只能依靠一些非正规或短期的就业。故事还没有结束，在马来西亚乡间，直到2012年，仍然有一些老年人没有公民身份，这使得他们在这个比大多数国家更依赖身份的生物识别文件获得福利的国家，丧失了这类资格。[78]

其实，想象一个帝国终结之后的世界，除了民族国家的选项之外，还有其他的政治可能性。[79]如果说这些另类愿景到了20世纪50年代逐渐消失，除了它们本身不够有说服力之外，原因还包括国家建设的政治约束及冷战的国际形势。到了20世纪50年代中期，大家很自然地认为孟加拉湾是一片以民族国家为边界的海域，但它还能否被视为一个连贯的地区，还不是那么清楚。19世纪，当人们谈到

"孟加拉湾"时，不论是英国统治者或泰米尔移民，他们的意思是很清楚的。到了20世纪中叶，这种想法却不再是理所当然。

孟加拉湾逐渐从人们的视野中消失了。即使是在印度独立之后，尼赫鲁仍继续谈到建立"亚洲同盟"的可能性。尼赫鲁不是唯一一个相信1947—1948年的国界只是暂时的：缅甸的昂山将军亦提到，在"不太遥远的未来"建立一个"亚洲联邦"。[80] 1948年，孟加拉资深民族主义领袖苏巴斯·鲍斯之兄萨拉特·鲍斯（Sarat Chandra Bose）写道，他希望建立一个包括印度、巴基斯坦、锡兰和缅甸在内的"南亚联合国"。这是一个超国家的机构，尊重各成员国家的主权，走向经济一体化，他同时"阐释了一个类似印度洋门罗主义的学说"。[81] 事实证明，这些政治一体化的愿景都不长久。印巴分治带来的暴力和难民潮、无法确定的国际边界、少数族裔问题、频繁的暴动，这些问题结合在一起，让亚洲的新兴国家确实对自己的边界感到焦虑。马来亚依然在殖民统治和英国反制暴动的控制中。1955年，在印度尼西亚万隆召开第一次亚非会议时，主权已凌驾于一切价值之上：万隆会议是"主权民族国家之间的秘密会议，而不是民族之间的会议"。[82]

对国家建设的关注，反过来重塑了人们的认识，让孟加拉湾不再是一个直观的区域。"南亚"和"东南亚"之间出现了明确的区分，在孟加拉湾中间划出一条众所周知的界线，穿过东巴基斯坦（现在的孟加拉国）和缅甸交界的海湾。"东南亚"这个概念起源于第二次世界大战，被用来描述殖民地理所称的地球上的一个部分，如"大印度""印度群岛""印度列屿"或"孟加拉湾的对岸"；中国一向称它为"南洋"。日本对东南亚的占领使过去分布在各个西方帝国之间的领土处于共同统治之下，包括缅甸、马来亚、印度尼西亚和菲律宾群岛。于是盟军在反攻时,把这些地区集结于东南亚司令部。东南亚的边界依然是灵活的,毕竟东南亚司令部的总部在锡兰。不过,20世纪50—60年代发展出的地区政治结构,继续加强了南亚和东南亚之间的区隔。第一个区域性组织东南亚条约组织,是一个与北大西洋公约组织对等的亚洲组织,包括巴基斯坦;亲美、反共的亚洲成员国家,遵循了冷战时期的政治版图。1967年,东南亚国家联盟(简称东盟,ASEAN)的成立,进一步推动了区域一体化进程。东盟让东南亚确定的独特身份制度化,使其与南亚和东亚区分开来。直到20世纪90年代,东盟才恢复其与东西方国家的关系。比起战后的其他区域性组织,东盟或许更强调国家主权,以及不可干涉其他成员国的内政,这是它的指导原则。

战后,政治和学术组织的区域研究,也强化了东南亚的边界。由于美国的决策者将东南亚视为对抗共产主义的主要战场(事实证明确实如此),所以资金流向了康奈尔大学、加州大学伯克利分校等的东南亚研究所。20世纪60年代,学者们出于学术上的理由(绝不仅仅是对物质刺激的反应),试图撰写东南亚"自己的"历史,从"大印度"或"大中华"的阴影中解放出来;他们主张这个地区有足够的文化和政治的共通性,足以与周边的两个地区——南亚和东亚区分开来。[83]对学者和政策制定者来说,这个时代最大的任务是理解东南亚民族主义的起源和本质。东南亚国家和其他地区一样,需要有用的过去来让它们现在的架构合法化。东南亚研究部门倾向于将东南亚视为单一民族国家的集合体,它们的当代边界投射出过去的时光。这个兴盛的学术领域带来了许多深刻的观察,我们所知的许多现代东南亚的历史,都来自战后那一代的区域研究者。不过,学术上仍有不足之处。一位历史学家说道:"创造这些弗兰肯斯坦怪物

（区域研究领域）时，我们必须赞誉它们的美丽，而不是勉强承认它们有限的功能。"这表示确定属于"东南亚"的缅甸和马来西亚的历史，已经彻底与印度的研究分离；它们分属不同的部门，由参加不同会议的学者研究。那些如此显著地塑造了他们历史的深厚、密集的联系，从人们的视线中消失了。[84]

由于护照和签证遏制了海湾地区的人口流动，经济联系萎缩了。把孟加拉湾联结在一起的物质交换结构也分裂了。民族国家成了经济计划的基本单位。贸易找到了新的渠道。因为大米是孟加拉湾最重要且最具代表性的商品，所以我们可以通过大米的故事来追溯其规模的缩减。战后，沿海地区互相联系的稻米经济让位于自给自足的经济。除印度之外，东南亚的其他地方也发生了战时饥荒，这让亚洲的新领导人深刻认识到自给自足的重要性：在后殖民时代的亚洲，"生产更多的大米"成了经济管理的基本原则，不论社会主义国家还是资本主义国家，都是如此。

在战争结束后的几年里，围绕缅甸的大米重新运到印度展开了密集谈判。对于1946年和1947年的印度决策者来说，饥荒是真实存在的恐惧。[85]政府会管制食物的供给。战争结束不到一年，一支访问印度的美国经济学家团队宣称："在这个世界上大概没有一个国家，除了俄国，会在控制基本食物配给方面走得这么远。"[86]缅甸恢复了对印度的出口，但由于受到缅甸多起叛乱的影响，印度政府致力于提高国内的粮食产量。横跨孟加拉湾的大米贸易现在完全在政府的掌控之下，建立在国与国之间的基础上，而不再是切蒂亚尔资金、华人中介、欧洲代理商和英国运输公司在20世纪30年代建立起来的大米贸易了。20世纪50年代，缅甸是世界上最大的稻米出口国，不过,其每年的平均出口量只有20世纪30年代的1/3:国际大米贸易大幅减少,因为越来越多的国家寻求满足本国的需求。战后的亚洲,扩大种植面积的可能性较小,边境已经关闭了,于是意识形态迥异的各国政府寻求技术进步和机械化以提高生产力。高产变种的出现,开启了"绿色革命",这场革命于20世纪40年代在墨西哥拉开序幕,在60年代蔓延到亚洲。新科技让整个亚洲的稻米产量都有了极大提高,印度尤其如此,虽然这些收获通常分配不均,并加剧了农村的不平等。

到20世纪60年代末期,孟加拉湾周围并不存在有意义的经济一体化。稻米贸易模式的改变,反映的是冷战的新地理以及国家资本主义的支配地位。最大的转变是美国崛起为世界上最大的稻米出口国之一,其中许多是通过四八○公法(即"粮食换和平"计划),以"优惠贸易"的方式进入亚洲市场的。该计划是在双边基础上建立的,目的则是要加强冷战战略所依赖的同盟关系和依赖关系,同时为美国农业生产中因补助造成的农产品过剩寻找专属市场。中华人民共和国也作为出口大国重返市场,通过签订双边协议赚取硬通货,或通过易货交易,满足进口需求:50年代,中国与锡兰签订的橡胶与稻米交换协议,完全垄断了这个市场。[87]现在连海里的鱼都是"国家的财产"。以东印度洋为重点区域的一项重大国际努力——联合国粮食及农业组织的孟加拉湾计划,试图以一种调节相互竞争的国家利益的方式来管理孟加拉湾的渔业。[88]近海石油勘探刺激了进一步划分海洋的尝试,1964年生效的《大陆架公约》规定:"我们感到有一种新的需求,将海底以及其上的水域划分成有边界的国家领土、编号区块……或是'海洋分区'。"在后殖民时代,海洋也成了一种领土形式。[89]

亚洲国家设想了一个与海洋联系较少的未来。人口迁移将受到限制，经济将自给自足。科技，尤其是建造水坝，使得孟加拉湾周围的国家不再受制于变幻无常的季风。后殖民时代，许多发展项目的核心，便是寻求超越几个世纪以来推动孟加拉湾的自然能源的边界：风力、太阳能、可自由流动的劳动力。马来西亚重新展开对森林的采伐，但是它现在不再与孟加拉湾的经济有关，而是与国家的发展计划和旨在满足世界对木材和棕榈油的新需求有关。[90]人类对自然的侵犯在20世纪后期愈演愈烈，人类的行为也开始对海洋造成影响。

布列松在1950年横渡孟加拉湾时，主要是通过海路；喷气式飞机时代即将来临，不过至少在下一个10年，走海路还是最常见的。到20世纪末，美国摄影师和艺术评论家艾伦·塞库拉（Allan Sekula）认为：海洋已经成了"被遗忘的空间"。虽然绝大部分的全球贸易仍然通过海路运输且持续至今，但对于海洋的认识已从大众的意识中淡出。港口城市的海上劳工逐渐消失，因为新港口盖得离海岸越来越远。20世纪60年代末，全球流行的集装箱化让"工厂变得机动化，就像船一样，轮船则变得与卡车和火车越来越难以区别，海路和陆路也失去了区别"。这带来根本性的历史转变，颠覆了"陆地和海洋之间的传统关系，即认为陆地是固定的，海洋是流动的"。塞库拉用一个简单的指标描绘出海洋的"消失"：20世纪60年代，《纽约时报》用一个版面来报道航运新闻，"旁边是气象信息，一直标示到大西洋深处"。20年后，航运新闻从国际报纸中消失了，"气象地图也换到了别的地方，而且大多只报道东部沿海"。[91]

20世纪60年代，孟加拉湾在许多方面都"被遗忘了"，就像是塞库拉笔下的大西洋，它从孟加拉湾沿岸的国家报纸专栏中消失了。国家档案馆的索引没有整理后殖民时代民族国家的历史（"孟加拉湾"在殖民地档案中是常见条目）。20世纪60年代，英国海军部完成了它的最后一版《孟加拉湾领航员》。不过，如果《纽约时报》的气象地图拿掉了大西洋，印度和东南亚的气象观察员便无法享有这项信息。直到今天，南亚的气象地图仍然包括孟加拉湾，这里是孕育生命的雨水和毁灭性气旋风暴的发源地。

然而，孟加拉湾的"死亡"是显而易见的，因为它的许多港口城市都在衰落。科罗曼德尔海岸在现代早期因为诸多港口而为人所知，随着竞争对手的出现和竞争者分流交通，这些港口的命运起伏不定。1950—1975年，那些曾经让人联想到海上探险的港口名字，现在却令人想到衰败的城镇和被遗忘的地方。如今的卡基纳达（Kakinada）或纳加帕蒂南、默苏利珀德姆或帕朗格伊佩泰（Parangipettai，旧称波多诺伏）、特兰奎巴，几乎没有人会认为它们曾经是移民大港，曾经有数万或数十万人经过这里，虽然其中有些比较近期的记忆被唤醒。马六甲和槟榔屿也面临急剧的经济衰退，直到20世纪90年代通过"文化遗产旅游"而恢复活力。另一方面，新加坡发展成为世界最大的港口之一。不过，其贸易不再面向孟加拉湾地区，而且由于这个巨型的集装箱港口很少看到船员，几乎没有人再会认为它是个港口城市。印度港口维沙卡帕特南曾经是移民到缅甸的中心，在后殖民时代呈现爆炸式增长势头，不过它与缅甸的联系几乎为零。

由于其不可小觑的力量，孟加拉湾对于生活在沿岸的人来说，既是经常存在的威胁，也可以说是机会。塑造海湾历史的季风雨仍然变幻无常，尽管许多国家和学者可能会对此视而不见。1970年11

月,从孟加拉湾席卷而来的波拉气旋(Cyclone Bhola)重创了东巴基斯坦,这是有记录以来最严重的热带气旋之一,死亡人数高达50万。巴基斯坦政府在救济方面的不足,促进了孟加拉国人民联盟(Bangladesh Awami League)的发展,让该党在1970年12月赢得选举,埋下了双方冲突的种子,这场冲突以于翌年建立的独立孟加拉国而告终。南亚最年轻的民族国家是经过解放抗争才成立的,并将印度和巴基斯坦军队卷入第三次战争中——这场战争几乎完全沿着孟加拉湾北部盆地进行。独立之后,孟加拉国的人民几乎从来无法忽视这片海洋的存在,因为大海每隔几年就会给他们带来灾难。到20世纪80年代,科学家和许多当地居民都十分清楚地认识到,这片海洋最重要的特征就要开始发生改变。孟加拉湾的生活再次引起掌权者的注意:现在不是欧洲人,而是亚洲人。

第八章
海平面的上升

　　进入 21 世纪，印度洋重新成为一个具有战略和政治意义的区域。今天，连美国的领导人都认为印度洋在当今世界中的角色，不输其在大航海时代的重要性。2011 年 7 月，美国国务卿希拉里·克林顿访问了金奈，这是美国中断了半个世纪之后重新面对东方。希拉里在演说中讲述了金奈这个孟加拉湾港口城市的起起落落，引起了人们的共鸣："讨论印度在其东部地区的领导地位，金奈势必是最适合的地方。"她说，"从这个港口城市，望着孟加拉湾和更远的东亚及东南亚国家，很容易让我们想起印度在一个更广阔区域中的历史地位。"她告诉听众："几千年来，印度商人一直在东南亚及更远的海域航行。"她强调，"印度文化在孟加拉湾留下了印记"，吴哥窟的庙宇"受到泰米尔建筑的影响"，"印度教的伽内什神依然守护着爪哇的家园"。希拉里话锋一转，直接从远古的过去转到了最近的未来，阐述她想要塑造的世界。"今天，从印度洋到太平洋这片海域有着世界上最具活力的贸易和能源路线，联系着各个经济体，推动着经济持续增长。"孟加拉湾处于"连接印度洋与太平洋"的位置，这让它再次处于全球历史的中心。[1]今天，孟加拉湾成了印度、中国和美国互相竞逐在亚洲影响力的关键舞台。环境的变迁为这个区域带来新的波动,孟加拉湾周围重新出现的移民在形塑亚洲可能的未来时,势必会发挥不可忽略的核心作用。

在大英帝国鼎盛时期,印度是帝国的"节点"。资本、劳工和军事力量从印度分散到整个印度洋。环印度洋的前哨——从西部的亚丁一直到东部的新加坡——可以充作船只的燃料补给站和军事基地,从而确保了英国的统治地位。大英帝国的历史学家在强调"地缘政治的优先性"的同时,把英国势力在印度洋周围的扩张视为保卫印度的必然结果。18世纪80年代,东印度公司移至槟榔屿,是因为需要一个向东的港口,从而让孟加拉的贸易和中国的贸易连接在一起,同时也权充一路上提供补给和修复的港口。随着时间的推移,新加坡更显重要,它位于马六甲海峡的入口处。大英帝国在印度洋面临的战略挑战,荷兰和葡萄牙、莫卧儿和亚齐,以及沿海的许多小国都曾遇到过。能够控制海洋的"咽喉",如霍尔木兹海峡和马六甲海峡,是至关重要的,但也是最难维持的。[2]

许多观察家认为,今天这个区域正在崛起的大国便面临着相同的挑战。当代印度洋军事评论家同时借鉴 15 世纪中国舰队指挥官郑和、葡萄牙航海家达·伽马,或是英国总督寇松勋爵和 19 世纪晚期的美国海军理论家阿尔弗雷德·赛耶·马汉的著作和行动,从中总结出对当今有用的借鉴。[3] 要说这些是几个世纪以来存在的连续性,或许过于简化了,但是历史的回响还是不容忽视:过去曾经重要的地方,现在又变得重要了,其中一些地方甚至已经被忽略了好多年。想想斯里兰卡的例子。经过几十年的族群冲突和内战,斯里兰卡作为印度洋"枢纽"的战略地位,再度成为国际政治的中心。斯里兰卡境内两个产生共鸣的地方——一个是前殖民时期的,另一个是殖民时期的——是新发展的核心。

　　位于斯里兰卡南部海岸的汉班托特港,几个世纪来都有马来人和阿拉伯人的船只到访。它的名称来自"舢板"(sampan)一词,指的是印度尼西亚水域常见的一种本地船只:汉班托特是舢板停泊的港口。15世纪早期,中国的郑和率领舰队抵达汉班托特港。郑和的军队攻打了内陆的康提王国,并将康提的王室成员带到南京;斯里兰卡成了郑和远航非洲东海岸的基地。虽然大概已经被遗忘了,但明朝对锡兰的介入,开启了其后4个世纪一系列试图占领这个位于阿拉伯海和孟加拉湾之间的岛屿的尝试。郑和下西洋留下的唯一遗迹是汉班托特一块用中文、泰米尔文和波斯文字写成的碑文,内容为祈求神明赐福自由贸易和航行。一直到20世纪,汉班托特还只是个安静的滨海小镇。1908—1911年,伦纳德·伍尔夫(Leonard Woolf)在汉班托特地区担任助理政府官员。伍尔夫以他在汉班托特的经历为基础,写了一个偏僻乡村社区的虚构故事,其中几乎没有航海历史的痕迹。他在《林中村落》(Village in the Jungle)美国版的前言中写道:"这些消失的村庄和荒芜的丛林中有种奇特的魔力",不过,"几百年前,它曾经有众多人口,拥有强大的王权和自己的文明"。此时,这片海洋还有蓬勃发展的贸易。[4]

　　20世纪90年代末期以来,汉班托特一直是世界上最大的港口兴建项目的基地之一;一位美国观察家形容它是"一个大型的疏浚项目,字面意思是,建设一条新的海岸线"。在中国资金的支持下,汉班托特已成为"石油时代的加煤站",以及中国在孟加拉湾的立足点。[5]第一艘停泊在港口设施的商船"艾利森太阳号"(Ellison Sun),装载着一家韩国公司在金奈生产的汽车,准备转运到阿尔及利亚,这是以印度洋为中心的新的"南南"全球化的象征。不过这种互惠互利的愿景下还隐藏着紧张的关系：印度担心中国未来会在汉班托特建立军事基地。除了用来建设港口的资金之外，还有数十亿美元的军事援助，可能用之于购买武器，斯里兰卡政府用这些武器镇压了岛上泰米尔少数族群长达数十年的叛乱。[6]

中国的投资重建了殖民前的汉班托特港，印度的兴趣则是位于斯里兰卡东海岸殖民时期的亨可马里港，英国海军认为它是孟加拉湾最好的港口。日本在1942年对这个港口的攻击，被证明是英国海军在战争中最紧急的时刻之一。亨可马里在斯里兰卡的内战中被隔绝了几十年，如今正在经历21世纪的复兴。它的发展反映出印度和斯里兰卡政府之间一种新的经济和军事合作精神。对印度来说，现在对于战略利益的考量大大超过了来自印度南部的泰米尔政客所施加的压力，后者要求他们支持斯里兰卡的泰米尔少数族群的事业，尤其是印度于20世纪80年代对斯里兰卡进行了灾难性的干预之后。长期以来，亨可马里港的储油设施都是租给印度的兰卡印度石油公司经营。贾夫纳半岛的帕拉里机场（Palaly）也有印度资金投入。一位印度外交事务评论员写道："印度已经从过去强调论证的力量转向了对权力论据的新强调。"战略研究领域的学者赞同地引用了这句话。[7]印度和中国在孟加拉湾的战略竞争非但没有削弱民族国家的力量，反而增加了区域国家遏制他们认为有颠覆性的团结能力——跨越边界的团结根源于这个区域的历史，并由散居海外的人形成。

19世纪欧洲的工业革命改变了孟加拉湾。英国工厂的需求引发了对东南亚边境商品的抢购，包括橡胶、锡、矿产和石油，并带来大量的移民。人的流动重新塑造了土地景观，把海湾地区编织在一起，形成大米、劳工、资本和商品的往来流动。21世纪，是中国的工业革命为印度洋注入了活力。20 世纪 80 年代以来，中国的工业化——世界上速度最快的工业化——是在对于能源巨大的需求下推动的。1993 年，中国首次成为石油的净进口国，能源消耗量在 1995 年后的 10 年间翻了一番，预计下一个 10 年还会再翻一番；中国的能源现在约有半数是依靠进口，而且 80% 以上是通过马六甲海峡进口。对于印度洋航线的依赖，让中国前国家领导人慨叹中国的"马六甲困境"。[8] 中国的印度洋政策一直想要通过公路、铁路、管线或运河绕过马六甲海峡，在那里，美国（或许是印度）海军的干预太容易切断中国的能源供给。在这个过程中，中国重启了英国投资者在 19 世纪后半叶偏好的计划，将孟加拉湾直接和中国西南地区的云南连接起来。

一位美国的国防承包商在 2004 年提出一份关于亚洲"能源未来"的报告，其中第一次用"珍珠链"一词来描述中国对印度洋的战略；美国和印度的评论家很快就沿用了这个说法。[9] 从这个观点来看，中国对环印度洋地区从阿曼到缅甸的港口设施的投资，似乎是一种协同战略；评论认为燃料补给和港口设施只是开端，紧随其后的则是军事基地。特别引人关注的是中国对巴基斯坦靠近伊朗边境的阿拉伯海港口瓜达尔港所投注的资金。汉班托特和孟加拉国吉大港的中资集装箱港口设施，以及印度洋上星罗棋布的其他岛屿，构成了海岸沿线的其他珍珠。现实似乎更加复杂。[10] 没有什么确凿的证据证明中国的军事意图；以瓜达尔港为例，它以 40 年的期限租赁给新加坡国际港务集团，尽管最后因为缺乏盈利能力导致新加坡在 2013 年放弃了它。一位有见地的美国海军分析专家承认，对于中国在印度洋的意图的评论，只是建立在"狂妄的臆测"和"表面的证据"之上，并指出中国官方很重视自己作为一个非殖民（实际上是反帝国主义）

大国的形象。[11]故事是重要的。中国领导人在外交访问时强调郑和是出使印度洋世界的和平特使，尤其是与他之后的西方殖民者相较；这种对于过去的解释，为中国当代的崛起提供了合理性，也为中国在印度洋的势力铺陈了一脉相承的系谱。不过批评中国扩张的声音表示，这位宦官航海家的传奇故事笼罩在神话甚至错误的信息中，最近的一项学术研究声称，郑和下西洋远非和平出访，而更像是早期不那么成功的海上殖民尝试。[12]

在这种不确定中，对于中国要解决"马六甲困境"的战略以及印度要"东进"的策略，缅甸起了关键性的作用。近期有一个乐观的说法认为，缅甸是亚洲未来的支点，是"中国与印度相遇的地方"。但事实证明，这不一定是个舒服的位置：在1947年的亚洲关系会议中，缅甸的与会代表表达了他们对于"身处两大强权之间"的恐惧："被西方强权统治是可怕的，但被亚洲强国统治更可怕。"[13]现在，这些恐惧大多已让位于一种机遇感。在缅甸军政府宣布1990年的选举无效，并囚禁了民主运动的领导人之后，西方国家便对缅甸政府实施制裁与孤立，但缅甸却从中国的大规模投资中获利。缅甸沿着孟加拉湾的海岸线曾因遭到封锁而显得凋敝，现在则重新活跃起来。兰里岛上的皎漂新港位于缅甸沿海的北弧，由中国政府和私人投资者的投资兴建；实兑的旧阿拉干港也恢复了活力，虽然还有严重的淤积问题；另一个由中国出资兴建的新设施位于伊洛瓦底江三角洲的海基岛（Hainggyi），还有仰光以南的迪拉瓦（Thilawa）的大型造船厂。[14]中国和缅甸政府在2009年达成一项价值25亿美元的协议，修建通过缅甸直接连接孟加拉湾与中国云南的输油管和天然气管线。[15]有了这条输油管，中国可以避开马六甲海峡，直接从波斯湾进口石油。这条天然气管线把缅甸瑞（Shwe）气田的天然气直接输送到中国的贵州省和广西壮族自治区,以补充俄罗斯和哈萨克斯坦到中国北方的雄心勃勃的陆上管道建设计划。[16]从军事观点来看,历史记忆具有强大的力量:"北京无疑还记得缅甸在第二次世界大战中的角色,当时缅甸允许中国取道缅甸前往印度洋,从而维持了中国对日本帝国的抵抗。"[17]关键在于,虽然中国在西太平洋属于海上大国,但是它对于印度洋却是内陆国家。

在孟加拉湾,和南中国海(那里的紧张局势在加剧)一样,各国都急于宣称这片海域的某一部分是其国家领土的延伸。无人岛招来了各国竞相宣称主权。对于能源的争夺,更是加剧了各国的占有欲。孟加拉湾不只是中东石油的输油管,它自己就是个"能源宝库",富含石油、天然气和矿藏。[18]最近几十年来,孟加拉湾周围的国家一直在争夺它们的沿海边界。2008年,孟加拉国将其与缅甸的海上争端诉诸国际海洋法法庭。孟加拉国向法庭提交的文件宣称:"虽然两国已经协商超过35年,但还是无法对两国海上的边界达成协议。"这关系两国的领海、专属经济区和大陆架的范围。每当有新的"钻探或是其他勘探活动"试图控制海洋资源,都会对上述领域构成挑战。2012年,国际法庭做出了有利于孟加拉国的裁决,从而引发了勘探活动的热潮。[19]

在孟加拉湾的新国际政治中,印度的反应一直很重要,这牵涉军事战略的重新定位和对印度洋(尤其是东南亚)的外交。讽刺的是,这让某些印度军事分析人士重新把自己视为英属印度在海洋战略上的继承者,因此他们的目标是重新夺回英属印度在20世纪早期对于"东海"的支配。[20]在印度独立前夕,曾经预言"达·伽马时代"在亚洲历史的结束,并担任印度驻中国大使的历史学家兼外交官潘尼卡（K. M. Pannikar）写道，一个独立的印度将面临"战略挑战"。他认为孟加拉湾十分重要，"孟加拉湾的岛屿都有足够强大的海军保护，在本国海域进行适当的装备和保护，可以让对印度至关重要的那部分海域恢复安全"。[21] 因为邻近地区的纷争和外交政策上的不结盟原则，印度独立后的数十年间，军队都不涉足印度洋。印度海军是一支"黄水部队"，专注于保护印度沿海。现在，印度海军要转型为有能力在环印度洋采取行动的"蓝水部队"①，这表明，在印度当权者的想象中，海洋已经发生改变。[22]

在这里，历史的回声是深远的。印度拟建的果阿"海鸟"（Seabird）海军基地将是亚洲最大的海军基地，包括葡萄牙安贾迪普岛（Anjadip Island）的旧堡垒。印度军方在科钦这个靠近葡萄牙人第一次登陆的地方不仅维持无人机，也提供维修设施给美国海军（现在是盟友，而不是敌人）。印度海军在东海岸的基地是维沙卡帕特南，20世纪早期，有数十万人从那里搭船前往缅甸寻找财富。印度的海军力量现在也越过了孟加拉湾，2001年，安达曼和尼科巴指挥部的建立，巩固了印度散布在位于孟加拉湾中心的岛屿上的军事存在，这些岛屿在第二次世界大战期间曾是鲍斯领导的自由印度临时政府的象征性领土。[23] 2012年，位于大尼科巴岛坎贝尔湾的巴兹（Baaz）海军基地启用，印度军队"密切关注着具有重要战略地位的马六甲海峡"。[24] 除了与斯里兰卡拉近关系之外，印度还与中国竞争缅甸的沿海资源：在外海的天然气田中分一杯羹，并投资建设机场，资助土瓦（Dawei）的深水港建设。与此同时，印度与东南亚的贸易

---

① 海军部队可用黄色、绿色、蓝色来形容，分别代表相应的实力，黄水部队属于近海、近岸防御型的，这里的海水相对远海较混浊，所以是黄色。蓝水部队则具有较强的远洋作战能力。绿水部队次之。

快速增长，虽然远远落后于中国与该地区的贸易。尽管在国内面临强烈的反对声浪，但印度仍在2009年和2012年分别签署了商品和服务的自由贸易协议，让印度与东南亚的贸易总额在10年内翻了一番以上，2012年达800亿美元。[25]

一位学者评论说，印度洋新的国际政治正在"强化印度洋地区的认同感和凝聚力"，它们将"模糊一些亚洲传统次区域的边界，削弱他们的特色"。[26]从新近军事化的安达曼群岛来看，会发现南亚、东亚和东南亚之间的边界从来没有这么模糊过，因为它更靠近马来西亚而不是南印度，与中国云南的距离比从云南到北京还近。

各个国家的计划面临一种全新的不稳定因素。由于全球气候变化，季风变得前所未有地难以预测。联合国政府间气候变化专门委员会主席帕乔里（Rajendra Pachauri）写道："传统的假设是基于过去在水文学上的经验，有助于预测未来的状况，但是气候变化对这个假设提出了挑战。"近几十年来，我们看到平均气温和降雨量发生了变化，海洋的化学成分和海洋生物的多样性也发生了变化，并伴随有越来越多的极端天气事件。因此，这又是孟加拉湾最近历史中的另一个故事了，有别于军事战略家的计算：它已经不再是同一个孟加拉湾了。[27]

世界海洋的变化是极近期发生的。一位顶尖的海洋生物学家写道："人类的影响不断扩大，使得海洋在过去30年间发生的变化，较诸之前的整个人类历史都大。"[28]所以在我们的孟加拉湾传记中，海洋的变化放在最后。人类轻易横渡水面之后，也改变了地貌。资本的力量使原始森林变成了种植园。商业的需要让城市沿着河岸、河流的入海口兴起。从这种种改变看起来，"海洋似乎并没有什么变化"，而且"相比之下，水面上的面貌发生了巨大的改变"。但是，这种对比现在已经不再成立。[29]大约从20世纪50年代开始（并在70年代加速影响），一连串变化改变了海洋的本质：人口快速增长，大型沿海城市迅速发展并持续扩张；商业化拖网捕鱼推动捕鱼业向深海延伸，曾经处于欧洲殖民统治的地区经历了巨大但不平衡的工业化进程，杀虫剂的大量使用推动了农业生产；该地区对于化石燃料的欲望也变得无法满足。

现在正在扼杀孟加拉湾生命的力量，开始于国家和人民在新世界中所做的选择所带来的意外的、最初看不见的后果，这些选择产生于战争的废墟和帝国的残余。这只是一个对于结果视而不见的故事，或是"极端现代主义"的傲慢。[30]最终"将人类的统治延伸到海洋"的政策——确保粮食安全的计划，提供就业的工业化方案——代表人类在孟加拉湾沿岸自由的进步。这些政策的出现是对帝国主义世界的反应，帝国世界中的生命如此廉价：为了欧洲农场主的利益，劳工被赶出家园；移民劳工从未受到人道的待遇；殖民政策让数百万人忍饥挨饿。孟加拉湾的帝国世界和移民经过专门化之后，创造出了自己的自由空间：为了追寻财富而迁徙的自由，或者至少是为了避免家庭灾难的自由。这些空间在20世纪30—40年代变窄时，至少在一定程度上是为了确保一种不同的（许多人认为是更大的）自由：自由国家公民享有的政治权利，以及这些新国家将提供的生计自由。孟加拉湾的政治和经济分裂，从20世纪中期开始产生了重要的后果，这只有在回顾时才看得清楚。由于移民和跨区域贸易的渠道被新国界封锁，唯有大幅增加国内的农业产量才能够维持这个地区日益增长的人口。当他们决定从海洋贸易回归时，沿海城市发展迅速；港口城市转向内陆，成了工业中心。孟加拉湾最终被圈占，海洋被视为国家领土的延伸，便利了对其作为一种资源的过度开发。

每年流进孟加拉湾的污染物约有 4/5 来自陆地。它们随着几条汇入孟加拉湾的大河流入孟加拉湾，包括恒河、布拉马普特拉河、梅克纳河、哥达瓦里河、高韦里河、克里希那河和萨尔温江。这些慢慢流进海里的垃圾来自几个大型沿海城市，在航海和蒸汽动力时代，曾有数百万次旅程从这些城市出发，现在这些地方人口膨胀，并被全球化带来的新的不平等撕裂。孟加拉湾是"有机和无机废物的沉淀池"。由于流进孟加拉湾的河流数量很多，流量很大，其沿岸的人口密度也很高，因此"流入孟加拉湾的营养物质总量……很有可能是全世界最高的"。孟加拉湾每天都吸收各种有害的混合物，如"有机物、滋养物质、代谢药物、医疗废物、细胞毒素、抗生素和类似激素的物质、细菌、病毒和寄生虫、洗涤剂等化学物质和大量沉积物"。[31] 洪水和风暴潮移动了污染物，把它们带到很远的地方。一堆塑料漂向大海。河流本身已经极不健康。这个世界上 80% 的人口居住在人类用水安全和河流系统生物多样性不断受到挑战的地区。[32] 在流入河流的过多营养物质中，最有害的当属农业肥料及来自汽车和工厂废气中的氮造成缺氧的"死亡区"，虽然相较之下，孟加拉湾比起臭名远扬的墨西哥湾或日本周围的水域没那么严重。[33] 19 世纪早期，约翰·克劳福德在孟加拉湾东南隅观察到："世界上没有第二个地方比这里更盛产优质鱼类。"[34] 然而，两个世纪后，这些鱼正在消失。世界上有近 85% 的鱼类资源已被"完全开发、过度捕捞或赶尽杀绝"。[35]

海岸线一直在移动。森林砍伐和水产养殖侵蚀了红树林沼泽，这些沼泽可以为沿海地区提供最好的自然防洪功能。随着深海渔业的收益越来越少，水产养殖业不断扩张。蕾切尔·卡森（Rachel Carson）写道："红树林是植物王国中远走的移民，它们的年轻时代，永远都在建立开拓者的聚居地。"自从她在1955年以抒情的文笔写下这段文字，不论在哪里，她所钟爱的红树林一直在后退，它们的"聚居地"消失了。红树林擅长"在曾经是海的地方创造陆地"。随着它们渐渐被工业化的（通常是国家补助的）养虾场所取代，土地退化了，因为失去了"拦截和黏住沉积物从而让海岸线保持稳定"的"复杂的根茎基质"。[36]

图18 泰米尔纳德邦海岸的皮查瓦拉姆红树林。皮查瓦拉姆是世界上最大的红树林之一。孟海拉湾海岸的红树林已经迅速消失（苏尼尔·阿姆瑞斯 摄）

海岸线变得如此不稳定，以至于世界上有许多河流三角洲正在下沉。有一种说法认为，养育了世界上大多数人口的三角洲的下沉速度，是海平面上升速度的4倍。过去10年间，每年就有超过1000

万人因为风暴潮蒙受严重的洪灾，其中大多数人生活在亚洲沿海地区。由于人类的干预，到达河流三角洲的泥沙比自然形成的要少许多，这些泥沙是三角洲自我维持和供养所必需的。20世纪后半叶兴起的以大型水坝为代表的水利工程发挥了主导作用。水坝对泥沙的拦截效果远远超出土地的清理和建设对泥沙的置换作用；相反，它绕过了"一个自然的重要过滤系统"，风暴潮和洪水直接把泥沙带到海里，而大量泥沙会被水库拦截。试图把注入大河的小支流引开的努力，打破了"河道与泛滥平原之间的重要联系"，"使三角洲系统缺乏足够的泥沙"。水库让河流的蓄水量增加了600%或700%。[37]

图19 皮查瓦拉姆一块鼓励保护红树林的广告牌（苏尼尔·阿姆瑞斯 摄）

亚洲各国政府都热衷于兴建水坝，虽然他们必须为此付出许多社会和环境方面的代价；而且因为有这么多亚洲的大河都流入孟加拉湾，因此这里所受的影响更大。[38]由于大量河水已被分流用于灌溉，所以像高韦里河等河流在汇集支流流进孟加拉湾时，已经只是涓涓细流。另一个造成三角洲沉降的原因是，城市和农业用水需要而过度开采地下水，使沉积物变得紧实，这是印度和中国长期存在的问题。此外，这与从三角洲底层沉淀物中抽取石油和天然气也有关系。孟加拉湾愈发下沉的三角洲，特别是北部盆地周围，是世界上人口最密集的区域之一，而那里的海底钻探才刚刚展开。未来的几十年，将有5亿人口面临更大的洪水危机。[39]地质学家认为，世界河流三角洲目前的状况，"代表着自然历史、人类决策和海平面持续上升的遗产"；未来环境史的任务之一，是要完全解释这个过程，然而我们的探索才刚刚开始。[40]

孟加拉湾接收了印度东部大片地区的废弃物，以及亚洲大部分大河排放的垃圾，也接收了世界上的废弃船只残骸。孟加拉湾北缘的孟加拉国港口吉大港拥有世界上最大的废船拆卸厂，这里曾受阿拉干王国统治，也是19世纪移民前往缅甸的港口。这个行业起源于一次气候意外：20世纪60年代孟加拉湾一场最骇人听闻的龙卷风，把一艘2万吨级的油轮吹得偏离了航线，搁浅在了吉大港的海滩。当地人运用聪明才智回收了这艘船的零件，拆下最有价值的部分，并让投资者对这个新的机会眼前一亮。一艘油轮平均可以回收5万米长的铜电缆、3.5万千克铝以及2万千克锌。世界上80%的拆船业位于孟加拉国、印度和巴基斯坦，仅在吉大港，就有约3万人受雇于这个行业。拆船是世界上最危险的职业之一：年轻小伙子，甚至只有10岁的男孩，要费力挣扎穿过有毒的油污拆解船只。工人每天都在吸进危险的化学物质，包括铅和石棉。对于那些没有选择的人来说，拆船这份工作的薪水很好，很多人还对希望监管该行业的环保和劳工活动人士的介入表达了不满。加拿大摄影师爱德华·伯汀斯基

（Edward Burtynsky）镜头下的孟加拉国拆船厂见证了全球化过程中遗漏的真实，他看到了这大片海滩（船只的坟墓）的美丽与恐怖。[41]虽然拆船业已日渐发展为全球性的产业，但这是一个古老的行业。迈克尔·翁达杰的小说《猫的桌子》(*The Cat's Table*)伤感地反映出内维尔先生在20世纪前半叶作为一名拆船工人的人生："在拆船厂中，你会发现所有东西都可以有新的生命，可以成为汽车、火车车厢或铲子的一部分而重生。你接手了一个老旧的生命，然后把它导向一个未知。"[42]

在下一个世纪，因为全球变暖的缘故，全球海平面上升的速度可能是前所未有的。如果海岸侵蚀和海洋污染的原因，可以追溯到某些特定的河川和海洋周围的区域，那么海平面上升的原因，既是全球性的，也是累积性的。它们是大气层中累积了过多温室气体所造成的，也是人类自工业革命以来，尤其是20世纪50年代以来，过于依赖化石燃料所造成的。地球变暖导致海水受热膨胀，冰川融化流入海洋，使得海平面升高。根据政府间气候变化专门委员会的预估，到2100年，全球海平面会上升18—59厘米，有些科学家甚至认为这个预估太保守；如果我们到达"临界点"，让陆上冰川快速融化，这个数字会大得多，以米而不是以厘米为单位。正确地说，"过去约5000年来海洋水量大致稳定的时代即将结束"。[43]

气候变化的后果之一是，"排放源与对环境发生影响的地区在地理上是分隔的"，这也是我们这个时代在道德和政治上的难题。[44]虽然孟加拉湾地区只占全球温室气体排放的一小部分，但随着海平面上升，这里却是世界上受影响最严重的区域之一。印度有2350千米的海岸线面向孟加拉湾。沿海地区仰赖海中的生物获取营养，也仰赖

265　季风和洋流为远方的东南亚沿海带来机会。这些低洼地区有许多已危在旦夕：1990—2006 年，海岸侵蚀导致克里希那河与哥达瓦里河三角洲之间的安得拉邦海岸有 93 平方千米土地消失，并有近 450 千米海岸因为海平面上升而面临"非常大的风险"。[45] 孟加拉国可能是世界上因海平面上升而受到威胁最大的国家，因为它地势低洼，人口稠密；印度洋和太平洋上反而只有小岛比较容易受到威胁。[46] 喜马拉雅的冰川融化可能会为孟加拉湾沿海地区带来灾难。喜马拉雅的冰川融化后会注入亚洲的七大河：印度河、恒河、布拉马普特拉河、萨尔温江、湄公河、长江和黄河，其中有三条河流入孟加拉湾。政府间气候变化专门委员会提出的第四次评估报告的声明堪称草率，使得全球变暖对这个地区的影响引发了争议。该报告称喜马拉雅的冰川会在 2035 年前融化，这一说法随后被收回，但是被那些否认气候变化现实的人抓住把柄，冷嘲热讽了一番。不过，最近的研究显示，喜马拉雅地区的暖化速度确实比全球的平均速度更快。[47]

　　气候专家推断，不是只有平均海平面上升，它的极值水平——海面在风暴潮时达到的最高点——预计在未来几年会越来越频繁、更具毁灭性且更不规律。风暴对孟加拉湾和沿海居民带来的威胁绝对不容小觑，因为孟加拉湾一向是"产生热带气旋的温床"。正如我们所看到的，孟加拉湾以狂暴的气候为特色：不论对船员和渔民、诗人和先知，以及横渡这片汪洋的数百万移民而言，都是如此。1924 年，一份新加坡报纸写道："比起船员所知的世界上任何地方、任何形式的风暴，孟加拉湾的气旋都更令人恐惧。""如果要说有什么纯粹而混乱的危险，没有什么比刮气旋时的孟加拉湾更狂暴。"[48] 动乱看起来会有增无减。虽然近几十年来，孟加拉湾的气旋总数没有明显的改变，不过强气旋确实越来越频繁。[49] 2008 年 5 月，纳尔斯气旋（Cyclone Nargis）从孟加拉湾横扫过伊洛瓦底江三角洲，让缅甸沿海地区的人民经历了一场狂暴又极度恐怖的暴风雨。记者艾玛·拉金（Emma Larkin）比较了风暴前后的三角洲卫星影像，说："就像是提了一桶水泼到一幅水墨画上；（三角洲水路）小心标示出的线条被擦掉了，下面的纸张也弯曲变形了。"将近 8.5 万人丧生，另有数万人失踪；暴风雨后多达 200 万人无家可归。因为军政府无法提供适当救济，让这场大灾愈演愈烈。[50] 如果说这可以看作是孟加拉湾未来的预兆，不免让人坐立难安。

地球变暖对亚洲季风的影响是难以预测的。最近的经验表明，季风可能更加反复无常，而且干旱和洪水会交替出现带来灾难，平均降雨量可能会减少，异常强大的风暴发生率会增加。气候学家听到了关于未来不确定性的警钟："全球变暖……长期来说会使夏季季风增强，但是在细节上，还有很多潜在的复杂性。格陵兰冰盖的融化，可能会扰乱北大西洋的洋流，并导致该地区降温……这又可能导致亚洲夏季季风的减弱。"[51] 不可靠的季风和极端气候事件相结合，带来了"令人不寒而栗"的预估，印度和巴基斯坦的粮食产量会下降 20% 以上。[52]

如果季风的未来不可预料，那么人们因海平面上升而流离失所似乎是必然的。流离失所的人大部分应该在亚洲，而且很大一部分是在孟加拉湾沿岸地区。在关于气候变迁的政治讨论中，"气候难民"的幽灵占据了重要位置，对不受管束的移民的恐惧，使气候变化在世界许多地方被牢牢地置于"国家安全"的范畴。从某种意义上来说，气候带来的移民并不是新出现的，亚洲每年都有数百万人为了躲避洪水而逃离家乡。但是，这些大多是暂时的短距离移动。

危机的产生是因为必须永远放弃沿海地区。"气候难民"有地理,但是没有历史。他们流离失所的地方是"季风亚洲"——一个重新流行起来的殖民地术语。他们生活的地方永远处于非常时期,会因大自然的狂暴而遭受冲击。这引起了当权者对混乱的恐惧。一位美国评论家写道:"季风是大自然的写照,这种动荡的景象表明,在孟加拉国等地,环境对生活在日益拥挤和脆弱条件下的人类产生了影响。"穷人因为水灾或是居住环境下沉而被迫离开家园的赤裸裸形象,萦绕在富裕世界的气候变化想象中。[53] 当你看着地图想象在亚洲沿海流离失所的人,这时候再说这些地区有其他的联结形式、其他更深层的历史移民,几乎没有什么意义。

许多观察家认为,19 世纪孟加拉湾地区的人口流动也是由气候驱动的,不是由于气候变化,而是由于气候的周期性波动,在 19 世纪 70 年代和 90 年代,异常严重的厄尔尼诺现象加剧了这种波动。英国官员从自己的利益出发,认为迁往缅甸、马来亚和锡兰的移民潮是因为不宜人居的自然环境,而被"赶"出印度沿海的。好长篇大论的开利开尔代理领事费舍尔写道:季风的强迫作用意味着亚洲和欧洲移民之间没有"相似性"。欧洲移民是一群"自由而聪明"的人,他们的搬迁是出于理性的决定,而亚洲移民却是气候环境的受害者。把南印度的移民视作季风的难民,这让英国官员和橡胶农场主可以正当化他们的海外契约,因为这总比在家挨饿好,而且干旱也让工头和劳工中介的工作变得容易许多。面对 1870 年的旱灾,有些村民选择背井离乡,有些人则暂时搬迁到一个近距离的地方,还有些人仍然守护着自己的田园,虽然他们的环境也一样绝望,但是没有几位行政官员会问:"为什么有这些不同的选择?"事实上,19 世纪的气候和移民之间的关系和今天一样复杂。当移民这个选项是可以想象或可能的时候——因为有当地的经验，有海外联系人和亲戚，可以获得贷款（虽然是高利贷）——这类突发的危机才会掀起大规模的移民。19世纪的移民政策在鼓励、容忍、阻止移民之间摇摆不定。政策的迟疑，至今还存在于对移民的国际争论中。

今天，20世纪中叶划分的边界，让长途旅行变得更加复杂。在全球化时代，尽管资本已不再受到限制，但是对边境的管控较之以往任何时候都更严格。印度官员一直说要在孟加拉国的边境筑一道墙，遏制移民。巡守马六甲海峡的海军巡逻队对于"非法移民"的警备，不输对海盗或是敌船的警戒。人们试图要回到19世纪早期，封锁各地区"漏洞百出的边界"，巡逻艇和城墙只不过是这一连串尝试的最终结果。[54]这些尝试不太可能成功。决策者看到的是封闭的边界，而许多当地人看到的是更开放的边界。如果旧日的种植园边界早已关闭，移民们就会被吸引到亚洲经济增长不平衡带来的新边界。这并不令人惊讶。沿海地区一直以来都是由移民塑造的。最容易被环境事件威胁到的地区，也就是大河的三角洲，移民的历史十分悠久。

20世纪中叶的政治革命之后，海外移民减少了，国内的移民却增加了。不过，过去的跨区域网络并没有消失，它们只是暂时隐蔽，还在等待机会。它们在20世纪70年代重新崛起，并重塑了自己。例如，孟加拉国仍与孟加拉湾的东缘保持联系。与缅甸的联系，因为缅甸自绝于世界而中断，商人、毒贩和跨国团体早已跨越了孟缅边界。与马来西亚的联系也从20世纪80年代开始强化。20世纪80年代，由于马来西亚的建筑业和种植园兴旺起来，经济发展也为当地的劳工提供了更有利可图的就业机会，于是孟加拉国移民便被吸引到马来西亚及其邻国新加坡。在孟加拉国的社会想象中，马来西亚和中东一样,是一片充满难得机遇的土地。说泰米尔语的南印度和东南亚之间的联系也恢复了。大量泰米尔劳工前往新加坡和马来西亚,即使不到 20 世纪 20 年代的规模。今天,它发生在印度和新加坡之间日益增长的多元人员流动中,包括软件工程师、学生和投资银行家。

现在也还是和 20 世纪早期一样,泰米尔的工人阶级移民被排除在俱乐部、社团和报纸之外,可以说是这些团体构成了现代东南亚的"印度离散社群"。现在,就和当时一样,泰米尔工人不太可能从政府代表那里得到领事支持。在最近的一场关于现代东南亚移民劳工的讨论中,政治哲学家谢永平(Pheng Cheah)提出:"如果要在现在和不远的将来有效提升移民的权利,唯一的方法是在民族国家中确认公民身份或是资格在政治上的重要性。"他还进一步主张"劳务输出"国家的政府,"需有强大的谈判地位和政治上的意愿,为他们的工人争取公正的待遇。"[55] 20 世纪 30 年代,这类论点会让许多印度的民族主义者和改革者、英裔印度政府官员和泰米尔新闻记者感到合理和熟悉。但是到了 21 世纪,印度和孟加拉国政府都面临着他们的殖民前任在 20 世纪 30 年代隐约可见的两难困境:他们有什么权力以及有多大的成功机会可以干涉"外国",以保护或促进其海外国民的利益?他们的工人阶级国民所受的苛待,岂不会反映出他们的移民精英的全球野心?

移民工人的矛盾处境——无法从祖国得到保护,又没有权力改变工作所在地——可能直接造成毁灭性的后果。新加坡和马来西亚最困难、最危险的工作大多由南亚移民工人担任,他们的工资很低,但还是比在家乡赚得多。许多人没有明确的法律地位,这通常是因为雇主在工人抵达时就没收了他们的护照,然后威胁说他们是"非法移民"。从高处坠落导致肋骨断裂甚至瘫痪的工伤比比皆是,而且通常不会被通报。一位经验丰富的新加坡眼科医生告诉我,自20世纪80年代以来,她经常见到工人在建筑工地持续受伤,造成部分或永久失明。许多受伤的工人没有保险,虽然法律规定雇主必须为他们投保。20世纪90年代以来,因为受伤的工人甚至连最低额的补偿金都领不到,而是被直接送上下一班返国的飞机,才使得事情受到重视。像新加坡这样事事介入和高度发展的国家,虽然会寻求改善、培养和关照全国的人口,但外来务工人员不在其列,他们终究只是一群没有权利的人。

然而,在今天,就像20世纪20年代帝国主义的剥削世界一样,有些工人利用法律成功捍卫了他们的权利。他们求助不同的机构寻求补偿,包括他们原籍国政府、旅居国的劳工部门,现在则是国际非政府组织。他们熟知官僚权力如何运作,会善用国家的承诺、国家使用的话语和无处不在的文件来达成他们的目的。维克内什·瓦兰(Vicknesh Varan)的纪录短片《特制通行证》(Special Pass)中,充满魅力又健谈的主人公安东尼萨米·查尔斯(Anthonysamy Charles)16岁开始在泰米尔纳德邦一个小镇的一家餐厅从事打扫和洗盘子的工作。他20多岁移民新加坡,在当地一家餐馆担任厨师。有一天他被开除了,而且没领到工资,于是他开始了一场运动,为自己和其他同事争取赔偿。查尔斯得到当地一个慈善团体的支持,向各级政府发出呼吁,从不近人情的印度高级专员公署到新加坡人力部及各个劳资法庭。他们的案子拖延了两年,两年间,查尔斯和他的同事只得一直待在新加坡,虽然他们有"特别通行证",但是不能工作,甚至不能离开这个国家。查尔斯及其同事最后终于回到印度,他们争取赔偿的斗争只成功了一部分,不过他们的故事是孟加拉湾移民新世界中许多日常斗争的一个组成部分。[56]越来越多的非政府组织以新加坡和整个地区的移民为关怀对象，随着这类非政府组织的增多，我们看到了亚洲内部的新移民政治的开始，这种政治试图弥合跨国移民网络与坚定的国家移民政策框架之间的缺口，虽然并非总是成功的。[57]

今天，横渡孟加拉湾的移民劳工热情参与通过手机摄像头和在线社交网络传播的影像和故事的数字世界。比起一个世纪之前的工人阶级移民，今天的移民更能够讲出他们自己的故事。[58]不过在其他方面，男性移民的社会生活与20世纪20年代新加坡或仰光的社会生活惊人地相似。10年前，印度文化评论家巴鲁恰（Rustom Bharucha）描述了他在某个周日走过新加坡实龙岗路的经历，来自南亚各地的移民工人在他们唯一的休息日聚集在那里（现在依然如此），说那是他"人生中最悲伤的经历之一"。他继续说道：

当你在拥挤的人群中走着，不时会听到泰米尔语、孟加拉国语和锡尔赫特语的只言片语——关于家庭、回家的打算、购物中心里的特价、争吵和苦涩的遗憾——你会看到人们在混乱嘈杂的环境中谈论自己的生活。只有在这时，你完全不会觉得新加坡是个了无生机的地方。你必须面对外国工人最深刻的孤立，即使是在新加坡的多元文化话语中，也还没有得到充分解决。[59]

我一直都知道这个地区。除了真实存在的悲伤和孤立之外，来自不同出身的移民劳工还有一种强烈的渴望，就是要过更好的生活。他们喜欢社交带来的平凡乐趣，以及一种立即确认并超越他们的出生地的团结感。东南亚移民劳工很少显现出受害者的姿态，情况刚好相反。移民的故事通常是自我实现的故事。24 岁的马来人司机萨米 18 岁来到新加坡,他的第一份工作是泥瓦匠,他说:"新加坡是个赚钱的好地方,在这里你可以过得更好。"[60] 这些故事不是独立的事件,还有许多更古老的移民生活史被收藏在新加坡国家档案的口述历史馆中,在我与当代移民劳工的对话中,以及与几十年前横渡孟加拉湾的老年人的对话中,也出现了同样的相似之处。

南亚移民劳工向海外迁徙源于农村普遍存在的生产危机,这不能说是气候变化的结果,但也并非完全无关。许多移民劳工的家里只有小块不完整的土地;在大多数情况下,印度没有土地的劳工很贫穷,没有财力进行长距离移民。在泰米尔纳德邦和孟加拉国的许多地方,气候变化加深了农业危机,这是几十年来忽视和日益严重的社会不平等所造成的结果。就算不是大多数,也还是有许多移民设法偿还了他们家庭的债务;他们在海外工作几年后,甚至开始帮家人盖房子、购买土地。那些未能致富的人(这样的人有很多),又会因为他们在移民过程中背负的债务而变得愈发艰难。大多数离开泰米尔纳德邦或孟加拉国前往东南亚的移民,一开始就欠了中介或招聘者数千美元;许多移民的家人因为预期他们到了国外后会赚钱回来,会抵押甚至出售土地来资助他们的冒险之旅。这些债务给移民带来了巨大的压力,迫使他们不得不兑现承诺,当他们在孟加拉湾对岸的工作不如预期,或不相信自己能做到时,他们就是移民焦虑的主要来源。推动移民的网络有着悠久的历史,包括代理人和代理机构、"码头骗子那伙的"或 21 世纪的工头。他们又开始做生意了。[61]

不过,泰米尔工人和孟加拉国人依然觉得在新加坡这个地方,他们可以改变家庭的命运,只要他们够努力,运气够好。[62] 随着新的财富在东南亚的印度离散社群之间流动,对于古老的移民形式产生了新的需求,移民中又出现泰米尔僧人和寺庙建筑师及建筑工人。有时候,这些完全不同的行业涉及的是完全相同的人。吉隆坡一间小寺庙中的一位年轻僧人告诉我,他在马来西亚待了 4 年,拿的是"寺庙签证"(一种宗教游客签证);他最初是以学生身份来到这里的,接着从事建筑工作,其间曾短暂返回在泰米尔纳德邦的家。他希望能够去新加坡,他有一个兄弟在那里当起货机作业员,另一个兄弟则在新加坡修建体育场。他说:"新加坡是个好地方,不管你是什么种族,他们都会给你发放退休金、医疗保险。不像在马来西亚,生活很辛苦。"这个年轻人的故事中,有很多早期泰米尔纳德邦和马来亚之间的劳动力迁移的特征:游移不定的移民模式(有几年在国外,中间回到印度)和职业的灵活性,这个特点更像是缅甸的印度移民。

　　谈话进行到一半时,我们清楚地发现,这些不仅是相似的,而且是连续的。在这个年轻人的家庭中,可以看到南印度和马来西亚之间的往来流动只在 1950—1975 年曾暂时中断。他的母亲在 20 世纪 40 年代出生于马来亚;她的父母都是农场工人,20 世纪早期搬到那里。就像许多因为家庭成员各自选择了不同的公民身份而被拆散的家庭一样,他母亲的部分家人在 20 世纪 60 年代回到印度,她的哥哥则留在了马来西亚。随着印度乡间的生活越来越困难,经济起飞的马来西亚和新加坡则有越来越多的建筑工作,到了 20 世纪 90 年代,这个家庭重新恢复了在孟加拉湾两岸来回迁徙的传统。[63]他们的故事十分寻常。巴陆先生(Mr. Balu)在 21 世纪初到新加坡从事建筑工作,他的祖父在 20 世纪四五十年代曾在那里洗车;巴陆先生的母亲薇贾亚拉克丝米(Vijayalaksmi)的父亲和儿子都在新加坡工作了 40

年，她说："每次我在电视上看到新加坡，都觉得那里就是我的国家。"虽然她从来没有到过新加坡。横渡孟加拉湾的移民成了这个家族集体经历的一部分。[64]

在全球化时代，这个地区的许多移民来自的地方甚至是家庭，在过去都是流动的。几个世纪以来，商人和船员将纳格尔和东南亚联系在一起，现在纳格尔仍有许多年轻人以签约劳工的身份前往中东和东南亚。其他港口城市，如帕兰吉佩泰，恢复了横渡海洋的悠久移民历史，现代的移民之路位于这些传统中，在20世纪的部分时间里，这些传统被遗忘了。不论过去还是现在，讨论"气候移民"若抽离了对孟加拉湾周围移民的广泛讨论，都是错误的。就连亚洲开发银行也承认，"与气候变化有关的移民流动"，将利用"现有移民的通路……与过去家庭或社群成员使用的相同"。[65] 也就是说，人们会走老路——他们的姐妹、叔伯，甚至祖父母走过的路。移民不只是对气候变化的一种反应，也是一种保险和安全的手段，这是个选项，"不再是一种遗弃的行为，而是允许人们留下来的一部分"。有些家庭成员搬到国外之后寄回来的钱，足以让其他家人在海平面上升的情况下维持家园。[66] 不过，视移民为安全威胁的做法将产生效果，这通常包括将移民本身罪犯化，富裕的移民除外。"气候移民"的绝大多数都是国内的短距离移民，他们的目的地是城市。大部分负担因而落在大河三角洲的超大型城市身上：它们本来就已经很脆弱，已经不堪重负。[67]

研究后殖民理论的印度历史学家查卡拉巴提（Dipesh Chakrabarty）在这场辩论中提出一个重要的论点，认为全球气候变化的危机对历史的规律带来了挑战，历史"存在的前提是，我们的过去、现在和未来由人类经验中的某连续性联系在一起"。现在人类成了"地质学上的行为人",因为我们的行为改变了地球的基本结构,存在于"人类"与"自然"的历史之间的旧的区隔被打破了。我们对地球的影响是如此之大,以至于许多科学家认为我们应该从尽可能大的角度设想我们的角色:作为一个物种。查卡拉巴提正确地指出,历史学家"对他们在人类事务中经过精心打磨的偶然性和自由感到担忧,它们不得不让位于更具确定性的世界观"。如果我们想要理解人类是如何"慢慢确立"其地质角色的,这种"经过精细打磨的偶然性"可能会有帮助;区域间的历史能够阐明一个无意识后果在全球的历史。[68]

在前文中,我说过数以百万计横渡孟加拉湾的男男女女——橡胶工人、江河领航员、人力车夫和铁路工人——用马克思的话来说,"创造了他们自己的历史","但并不是他们所希望的"。他们的选择受到自然(季风及由它们创造的地质景观)、资本力量、殖民时期的契约法和帝国自由贸易意识形态以及野蛮武力的制约。在这些限制下,这些小角色在现代亚洲历史舞台上的每个小决定,都以他们看不到的方式改变了世界。如同前文所讨论的,孟加拉湾用橡胶喂食怪兽,如果说汽车工业的历史在推动我们对于石油的集体依赖方面产生了不成比例的影响,"这个吃油的机械杂种的需求如此之大,以至于到 21 世纪中叶,黑色的血液流经了我们躁动不安的文明的每一条静脉和动脉"。[69]东南亚的河流三角洲开垦出越来越多的稻田,以满足边境地区种植园移民劳工的需要;直到近期,我们才发现稻田是向大气层中排放最多甲烷的源头之一。甲烷作为一种温室气体,其威力为碳的 25 倍。无数的小决定和小规模的强制行为,再加上帝国层面的政策推动,造成了具有全球后果的大型迁移。

我们要明确一点:对于人类步入环境危机,欧洲帝国主义的政策和意识形态要负很大的责任。1870年之后，大英帝国的政策将孟加拉湾地区拖入了全球资本主义的核心角色达半个世纪之久。帝国和资本的力量，激发了海洋的活力，但是也种下了它慢慢走向消亡的种子。私人利益渐渐凌驾于公共利益，对环境的破坏也甚于对环境的保护，这些都是维多利亚时期帝国主义的组成部分，虽然偶尔也会出现鼓励共产主义的声音和早期环境保护论的迹象。尽管有一些反对的声音，但后殖民国家很好地汲取了这些教训，并试图更好地加以应用。殖民国家和后殖民国家都摒弃了公共福利的替代方案，不论各自的政治立场为何，都只专注于"发展项目"。我们不可以忘记人类的苦难和生态破坏之间密不可分的联系。在我讲述的历史上，对环境破坏最严重的时段，如19世纪70年代对于东南亚森林边疆的土地开垦，战时试图在孟加拉湾周围开辟一条丛林小径，这一切都是基于对劳动力的剥削到最大极限才完成的。在集体的记忆中，创伤和地貌的蜕变是密不可分的。除了极少数的例外，20世纪争取政治自由的抗争没有建立这种联系。

就像100年前的诗人、移民、劳工活动家和某些殖民地官员所做的，重新把孟加拉湾视作一个整体，可以让人们对孟加拉湾最紧迫的问题有新的认识。孟加拉湾的海平面上升是出于全球性的原因，但是其影响会在区域层面感受到。这个地区的文化资源塑造出帮助陌生人和热情好客的新伦理：储存集体记忆、跨文化理解，以及让人们想象跨越遥远距离的团结的故事，虽然其中许多已经被遗忘，或被埋藏在官方意识形态的表象之下。狭隘的民族主义在20世纪中期战胜了更广阔的政治愿景，但这未必是永久的。共有的水资源极有必要进行管理，这既可能带来跨越边界和地区分歧的新合作，也

276　可能引发"水的战争"。生态学家把这个地区视为一个整体,称之为"孟加拉湾大型海洋生态系统"。社会科学家和人文主义学者的地图,仍然依据区域研究的边界划分。这本书是向更完整的方向迈出的一小步。孟加拉湾沿海地带引发了恐惧的生态,不过它的历史也可能产生希望的生态。[70]

后记
横渡孟加拉湾

位于新加坡东北部的洛阳大伯公宫的设计,和我所知的其他庙宇都不同。通往大伯公宫的路两旁插着鲜黄色的旗帜,其屋顶(见下页图20)采用混合的建筑形式,同一结构内既有中式庙宇的屋顶,也有印度教寺庙的屋顶。

在寺庙建筑内,道教、佛教、印度教的神龛和一个穆斯林圣人的圣墓(keramat)相邻而设。信徒会围绕神殿走上一圈,每个人都以自己习惯的手势参拜:印度教徒双手合十祈祷,华人手里拿着香向神坛弯腰鞠躬。有些界限被跨越了,有些还保留着。印度教神坛和圣墓紧邻,圣墓边上贴了一个小小的标志,要求当天吃过猪肉的人不要靠近。大伯公宫每个月都会吸引成千上万人前来,二十四小时都是开放的。这类宗教上的混合足以让人感到惊讶,但似乎又十分自然,尤其是在每天凌晨。有一天我心血来潮,在凌晨3点来到这里,看到源源不断的人群在这个热带夜晚逐渐消退的炎热中驻足在灯火通明的寺庙前。

两片海洋和许多离散社群在洛阳大伯公宫相遇了。许多神灵住在这里:横渡了孟加拉湾和南中国海,在帝国边缘找到安身之处的

图 20　新加坡的洛阳大伯公宫。该建筑融合了印度教寺庙和中国寺庙的建筑风格（苏尼尔·阿姆瑞斯　摄）

神明。这座庙宇相对较新，但它体现了更古老的人和神灵的移动。20 世纪 80 年代的某个时候，"一群一起捕鱼的渔民偶然发现一些佛教、印度教和道教的神像，零星散落在洛阳工业区（Loyang Industrial Area）尽头与世隔绝的海滩上"，这些人"用砖头和锌板"盖了一栋小屋用于安置这些神像。不久之后，当地人在旁边建了一座穆斯林圣墓，因为他们"受到指示"，说要这么做。这座庙宇有一批追随者，刚开始就是当地工业区的工人。在一个崇尚理性、效率的城邦，神力依然有其魅力。由于新加坡的海岸随着填海造地而移动，海边的神庙被推到了内陆。最初的建筑群在 1996 年的一场大火中烧毁。这时庙宇已经有很多信徒，捐款蜂拥而至，所以建了一座新的寺庙；2003 年，它搬到了现在的位置。¹在大海被"遗忘"很久之后，随着新加坡的集装箱港口被推向离岸，海洋在物质和文化上都在消退，海洋的痕迹依然让人们意识到那些塑造了他们命运的潜在力量。

诗人德里克·沃尔科特在 1992 年的诺贝尔奖演说，唤醒了其故乡圣卢西亚印度契约移民历史的鲜活痕迹。沃尔科特邀请他的听众"想象整个亚洲缩小成这些碎片：清真寺尖塔的白色小感叹，或是甘蔗田中庙宇的石球"。面对这些像孤岛一样被困在甘蔗海洋中的"碎片"，"人们可以理解那些认为这类仪式是滑稽的，甚至堕落的人的自嘲和难堪"。沃尔科特不同意这种结论。他在甘蔗田里看到的，不只是一件历史文物，而是一种活生生的传统，这种传统在帝国时代传播到全球，因此而获得了新生。沃尔科特说道：

我通过甘蔗田、契据、消亡军队的召唤、庙宇、嘶吼的大象等历史可见的重复误解了该事件，而我周围的情况刚好相反：对男孩们的尖叫、甜点摊位和越来越多的装扮人物的出现的欢欣和喜悦；这是一种信念的喜悦，而非失去的喜悦。²

孟加拉湾沿岸随处可见这种"信念的喜悦"，它是过去的横渡者留下的鲜活遗产。在沿海和内陆的许多地方，如新加坡的洛阳大伯公宫，"亚洲的碎片"都变得鲜活起来。每一处都可让你窥见印度洋海岸的整个弧线，这些弧线上都分布着圣地，再由数以百万计的旅程连接在一起。"信念的喜悦"为新加坡、吉隆坡和槟榔屿每年举办的大宝森节游行带来生机；自横渡孟加拉湾的印度移民达到第一次高峰期以来，壮观仪式中的苦难表演一点都没有弱化。今天的新加坡政府就像 150 年前的殖民地政府一样，对游行中使用的音乐、击鼓、途经的城市路径加以规定，但是仪式年复一年，仍在进行。[3] 每年都有一些虔诚的华人信徒用自己的方式诠释着这个仪式——一个多世纪以来，这个仪式一直是他们的家人与印度移民共享的城市街道上一个熟悉的特征。

在孟加拉湾对岸南印度滨海城市纳格尔，仍留有旧日的朝圣之路。今天也还像几个世纪前一样，圣人沙乌哈密的圣陵会吸引当地的印度教徒和穆斯林前来。纳格尔因此也和东南亚产生了联结。在每年纪念圣人的节日期间，成千上万的朝圣者从缅甸和印度尼西亚，特别是新加坡和马来西亚，聚集到纳格尔。来自马来西亚的朝圣者包括泰米尔和马来穆斯林、泰米尔印度教徒，甚至还有中国佛教徒。圣陵的管理者在 2009 年的庆典邀请函上写道："也请让我知晓您内心的愿望，这样我就会在这个神圣的场合，衷心代表您向真主祈祷，祈求真主赐予您在人生的各条道路上取得成功。"数以千计的人都是这么做的，他们带着"信念的喜悦"。[4] 圣陵建筑群周围的许多标志纪念着一个多世纪以来，东南亚各地信徒的捐献：庭院地面用的大理石、为圣陵的户外学校遮风挡雨的顶篷。旧的地理也需要新的共鸣。19 世纪，蒸汽船和印刷机为昔日的宗教网络注入了活力，同时也引发了现代主义的世俗政治运动；21 世纪，则是廉价航空和电子通信让旧日的活动蓬勃发展。[5]

失去也是这个故事的重要部分，不过这种失去通常是最近才发生的，不是失去了原来的家园，而是失去了人们经过几代人的移民和定居形成的景观。对于许多马来西亚泰米尔家庭来说，旧日的橡胶种植园被赋予了多重记忆和意义：对痛苦和克服逆境的记忆、对工作的有形记忆、对机遇及其在塑造他们生活中的作用的记忆。从一开始，这些就是由于帝国主义、资本主义的扩张和大量移民的历史而产生的。它们变成了神圣的景观。小树神龛、远处仿建的庙宇，在马来西亚的土地上获得了精神力量。20世纪后半叶，随着印度和马来西亚之间的移民日渐减少，种植园庙宇的力量愈发来自它们的地域感，而不是唤起印度家乡的能力。当代马来西亚泰米尔社会中最具洞察力的学者认为，"泰米尔工人阶级正在构建一种马来西亚的印度人认同，虽然它模仿了巴克提朝圣传统，但与跨国文化交流并没有直接关系，也不涉及移民想要回到母国的渴望"。相反，他们是为了纪念"上帝存在于各地的庙宇和神龛"。[6]

而这种"存在"现在面临消失的威胁。随着20世纪90年代以来种植园被卖掉，重建成工厂或郊区住房，越来越多的种植园神社和庙宇被拆除。虽然与种植园景观相关的记忆有许多痛苦，但是它们的消失却让情况变得更糟。半岛各地的印度庙宇因修建高速公路或住房被拆除，引发了马来西亚历史上最大规模的泰米尔人抗议运动——2007年兴都权益行动委员会（HINDRAF，简称兴权会）领导的活动。因为马来西亚不同族群之间的暴力已经很少见，有些人夸大其词，认为这是针对泰米尔人的"小型族群清洗"，把泰米尔人在马来西亚的状况和他们在斯里兰卡的同胞的命运联系起来。2007年11月，超过1万人走上吉隆坡街头抗议；大规模警力以高压水枪和催泪瓦斯对付抗议者。运动的领导人被拘捕，依据的正是殖民时代马来西亚恶名昭彰的"国内安全法"（Internal Security Act）。[7]

虽然冲突的发生是因为族群和宗教上的少数派要争取权力，不过受到损失的并不只是这些人：在这个开发商主导的土地清理过程中,小型的清真寺也是受害者。对发展的贪婪渴求迅速毁灭了马来西亚的记忆遗址,和这里的森林覆盖率与生物多样性消失得一样快。另一些马来西亚人也感受到了马来西亚泰米尔景观的消失。最近有一批马来西亚华人艺术家用油画和水彩描绘了这个国家的印度教寺庙。李永发(Lee Weng Fatt)的画中,有怡保的华林(Falim)印度教寺庙,反映出这个建筑原本就是景观的一部分;这正是历代泰米尔移民所看到的。谭绍贤(Tham Siew Inn)画中的芙蓉市(Seremban)庙宇,用"晕开的水彩,来表现事物在记忆中已变得模糊不清"。[8]

"遗产"的国际政治决定了跨海湾和跨南中国海的移民所形成的城市景观截然不同的命运。全球观光业的需求、学术研究和大众对"多元文化主义"的普遍兴趣和持续的游说,让乔治市(槟榔屿)和马六甲在 2008 年被联合国教科文组织认定为世界文化遗产。联合国教科文组织称它们"证明了亚洲多元文化遗产和传统的存在,许多宗教和文化都在那里相遇并共存"。[9]尽管这种认识存在种种局限——"为什么'证言'中说的是这两个地方,而不是其他地方?"——但它表明移民的历史在学龄孩子学习历史或大众文化传播的历史中,还可以发挥更重要的作用,而这些历史在今天仍然受到民族国家的限制。

在 2007 年 11 月发起运动之前,兴都权益行动委员会的领导人写了一封信给当时的英国首相戈登·布朗,呼吁英国政府赔偿泰米尔人在马来西亚所受的痛苦。这是他们在一场强调马来西亚泰米尔人一直以来受到剥夺,处于"次等公民"地位的运动中的第一步。在信的一开头,他们讲述了共同的过去:"我们因为欺骗和暴力而离开自己的村庄，被带到马来亚，我们被迫开垦森林、种植和收获橡胶，为英国种植园主创造了数十亿英镑的收益。被英国奴役了一个世纪之后，殖民地政府撤退了……他们置我们于不受保护的境地，任由占人口多数的马来穆斯林政府摆布，他们侵犯了我们作为少数族裔印度人的权利。"这是人们记住孟加拉湾历史的一种方式，却也是唯一的一种方式。

库玛兰是缔造这个世界的人之一，而他对这个世界有着不同的记忆。他在 1937 年以割胶工的身份来到此地，当时除了身上的衣服之外，别无他物。他的辛勤工作有了回报，再加上好运的眷顾；他的故事是从贫穷到富有的移民故事，这种故事通常只出现在传说中，而不是现实。一开始我们就提到过库玛兰的故事，现在让我们来看看他的结局。今天，他的 5 个孩子和几个孙辈在马来西亚都已经是成功的医生。他在 20 世纪 40 年代建立的种植园商店周围有数英亩土地，他通过这个商店发家致富。他开着自己的路虎越野车，自豪地载着我在这些土地上转了一圈；即使已届 95 岁高龄，他还是会每天视察这些土地。他用自己的钱重修了种植园的寺庙，从印度请来工匠和建筑师，务求修得尽善尽美。一所新的种植园学校就是用他的名字命名的。他对自己所取得的成就十分自豪。土地是他自己的。马来西亚就是他的家。他的儿孙都在这里出生，他的家族也在这里得以兴旺。没有任何人的移民经历是所谓"典型的"，每个人的经历都很独特。将他们联系在一起的是孟加拉湾的地理，是一套帝国主义和后殖民主义制度，以及共同的文化符号。

19 世纪早期，当里加鲁汀横渡孟加拉湾时，他进入的是一个熟悉的文化世界。他旅行的世界被伊斯兰教和商业联系在一起。印度洋的贸易世界为不同种族的人——英国人、葡萄牙人、法国人、荷兰人、中国人、孟加拉人、缅甸人、泰米尔人和马来人——带来交流和碰撞。在他的旅行和我们这个时代相隔的两个世纪中，有数百万人沿着同样的路径，往来于孟加拉湾。其中许多人出身卑微，通常也没读过书；他们是去工作，既没有舒适的环境，也没有时间可以像里加鲁汀那样留下游记。他们旅行的痕迹只留在他们兴建的神庙中，以及他们制作的物件里。

他们横渡孟加拉湾，跨越了自然和政治的边界。他们的旅行创造了看待世界的新方式，不是地图上的世界，而是由移动的名字和故事所塑造的世界。想象中的距离变成了相对的，用横渡的长度来测量，用一封信到达的时间来衡量，用聚集在社区或海对岸的种植园的家乡人的密度来衡量。横渡孟加拉湾意味着不同民族和语言的第一次相遇。这些相遇不只是抽象的：它们会有一个地点，一种建筑物，一种味道。和理性一样，也会决定一个人要拥有什么而放弃什么。

1880年之后的半个世纪是很关键的时期：不间断的活动，永久地改变了整个沿海地区的社会和生态。在20世纪20年代越来越激烈的情况之后，紧跟着是更不和平的运动，孟加拉湾因不景气而撕裂，并因战争而遭到破坏。战争结束后，贯穿孟加拉湾的线又重新编织在一起，但是坚固程度已不复以往。虽然横渡孟加拉湾的移民在1945年之后有所减少，不过早期的移民流动速度产生了连锁效应，它们带来了永久的改变，留下了持久的回响。到20世纪后半叶，就像在陆地一样，在海上也可以清楚看到这种转变。几个世纪以来，陆地和海洋的共舞形成了海岸线的景观——这里是扩张的红树林聚落，那里是海浪侵蚀海岸线的力量。人类的介入最初是一道光，经过了几个世纪的积累；在过去的 50 年间，它已积累到不可逆转的规模。

无论孟加拉湾沿岸的联系多么紧密，却从来不曾有一套涵盖它的区域政治机构。即使是帝国主义的脚手架也无法将孟加拉湾连在一起，在维多利亚帝国主义时代，这里通常被故意分成好几块领土，分别统治。最近出现的一些机构，如环孟加拉湾多领域技术暨经济合作倡议（BIMSTEC），都是技术官僚型的，关注范围狭窄，涉及的事务也很有限。孟加拉湾激发了许多团结的想象和愿景（不论距离多么遥远），不过它从来不曾发展成一个具有领土民族主义（territorial nationalism）力量的想法。虽然许多人的生活都是由孟加拉湾周围的来往移动所塑造的，却很少有人认为这片海洋和海岸线是他们的家。这个区域拥有的是共生共存的实践伦理。哲学家凯姆·安东尼·阿皮亚（Kwame Anthony Appiah）写道："我们可以生活在一起，而不必就什么价值能让生活更好达成一致。"孟加拉湾沿海城市日常生活里的咖啡店和小吃摊、他们的公共表演和宗教互动的文化，证实了这个命题。[10]

孟加拉湾今天面临的道德和政治问题，和进入 20 世纪时碰到的问题没什么两样。孟加拉湾到底属于谁？是热衷于追求能源、资源和影响力的新兴强国吗？寻求从土地（现在是从海底）榨取价值的资本力量？还是居住在这个海岸的各种不同的人呢？我们不能再忽略我们对于能源的集体渴求——对人类、对赋予海洋生命的物种和对海洋本身——所带来的代价。孟加拉湾的海平面每年都在上升，带来了不平衡但确实是灾难性的后果。环境和政治挑战的急迫性为我们打开了一扇小窗，让我们重新想象孟加拉湾：用这个机会，把社群争取文化认同的努力与承认该地区超越国界的历史联系起来；用这个机会，把对抗环境破坏的努力与为以孟加拉湾为生的人争取福利的斗争联系在一起。孟加拉湾周围的移民再度增加了。全球气候变化的问题再也不能由各国政府单独解决。人们需要新的联系感。孟加拉湾历史中的资源、故事和记忆，可以帮助我们建立这种联系。

如果要重新看世界，我们需要新的地图。记者兼战略评论员罗伯特·D. 卡普兰（Robert D. Kaplan）向已经习惯于用麦卡托投影法①看世界的美国观众阐述了这一点，以美国为中心，印度洋"分开在地图的两端"。他认为"就像欧洲20世纪的地图一样，在这个新世纪，可以用大印度洋构成新的地图"。从一张地图上看到整个印度洋，让世界看起来不同。[11]卡普兰描述的地图是一张权力地图，一张亚洲世纪权力（可能）重新分配的地图。不过还有其他地图，用其他方式重新塑造了我们的想象。艺术家萨那塔南（T. Shanaathanan）那感动人心的作品《未完成的公有土地登记》(The Incomplete Thombu)，一开始就是一幅令人不安、上下颠倒的斯里兰卡地图，贾夫纳半岛位于眼睛的高度。这幅地图颠覆了官方的观点。翁达杰观察到，"这个岛屿的南部，原先是权力和各种叙事声音所在的地方，现在成了遥远的北方之外的一个地方"。这张"重新发明和调整过的地图"，"为读者和观众带来了新视角"，这是一份感人的艰苦记录，记录贾夫纳的泰米尔居民因内战而颠沛流离的情况。这只是孟加拉湾沿岸一系列颠沛流离中最新的一例。[12]

海洋史本身就是一种制图学。孟加拉湾由无数的旅程、记忆和权力联系在一起，把孟加拉湾放在最重要的位置，我们的视野就可

---

① 也叫等角正轴切圆柱投影法，1569年由荷兰地图学家麦卡托创立。

以超越今天各国的国界、由帝国的制图者和移民官员强加的边界，进入一个更不稳定、更不确定的世界：一个类似于我们自己的世界。随着大自然的愤怒向我们席卷而来，移民的命运也变得前所未有地难以预测。

谢 辞

本书进行的研究，要感谢英国科学院 2007—2009 年提供的大量研究资助，以及伦敦大学伯贝克学院的中央研究基金和剑桥大学历史与经济学中心额外提供的交通补助。这项研究的最后部分接受了欧盟第七期科研框架计划（FP/2007－2013）/欧洲研究理事会资助协议 284053 之下的欧洲研究理事会的资助。这是针对孟加拉湾沿岸环境变迁史的一个大型项目的第一阶段，这个项目持续至 2017 年。

我要对进行研究时帮助过我的许多档案馆和图书馆工作人员，致以最诚挚的谢意。我要特别感谢下列机构的职员：大英图书馆亚非研究馆藏、伦敦帝国战争博物馆、格林威治的国家海事博物馆、丘园的英国国家档案馆、新德里的印度国家档案馆、金奈的康尼马拉公共图书馆、金奈的罗亚穆蒂亚研究图书馆、金奈的泰米尔纳德邦国家档案馆、新加坡国家档案馆、新加坡国家图书馆、新加坡国立大学中央图书馆与法学图书馆、新加坡东南亚研究所图书馆、吉隆坡的马来西亚国家档案馆、仰光的缅甸国家档案馆、哈佛大学的怀德纳图书馆以及哈佛商学院的贝克图书馆。由于该地区的移民和公民权问题一直有其敏感性，因此获取档案并非易事。我要特别感谢为我向有关政治部门争取档案的保管员，不论他们的努力是否成功。

不论是印度、马来西亚、新加坡、缅甸或是印度尼西亚,都有许多人不吝与我分享他们的移民经验。有些是出于正式的访谈,但有更多则是经由非正式的对话,时间横跨好几年,许多会谈对象要求在书中不公开姓名。当我在马来西亚进行研究时,当地的泰米尔政治活动常出现在新闻和街头,人们向我表达的想法是偏向不具名。我尊重他们的意愿,然而我对他们的谢意丝毫不减。在所有的访谈对象中,我要特别感谢下列几位:Muthammal Palanisamy 和 Spencer Grant,以及他们在马来西亚万挠(Rawang)的几个女儿;Palanisamy Kumaran 和他的家人(尤其是 Sundar Ramasamy,在他的协助下,我得以与他那非凡的祖父顺利进行访谈),以及 Uma Sambanthan。

几位人士阅读我的原稿后惠赐意见,让我受益良多。哈佛大学出版社两位审稿人所做的工作已超越职责所需,我对于他们的评论分析中蕴含的关怀与注目,致以深深的谢意。感谢 Emma Rothschild 愿意阅读原稿全文,她的评论总是充满洞见,对我的帮助数不胜数。Amitav Ghosh 慨然同意阅读原稿(虽然我没有这个荣幸与他会面),他那动人的小说极大丰富了我身为一名历史学家的想象,他的意见让我获益匪浅。

我因这本书而欠下的人情债,势必将是我难以偿还的。我要特别感谢我的朋友,因为他们在各方面都是如此无私而慷慨:Sumit Mandal、Naoko Shimazu 和 A. R. Venkatachalapathy。他们帮助我丰富自己的学识,而且从一开始就鼓励我进行这个主题。他们的学养让我心生向往。Tim Harper 是我理想中的历史学家,他的友谊和坚毅让我得以完成许多事。与他共事让我感到愉快和荣幸,我们的对话让我得以完成许多想法。Sugata Bose 对本书的影响显而可见，我确实很幸运地从他的洞察力、智慧和慷慨中受益。Amartya Sen 能有几年的时间参与我的研究，让我深感荣幸；他对我的启发，远超本项目主题所涵盖的范围。打从我的学术生涯开始，Emma Rothschild 就是我最坚定的支持与指引，她一直都是我的第一位最忠实的读者。她的研究同样鼓舞我应该做到最好。如果本书有任何值得称道的地方，我都愿归功于从这些人身上学到的一切。

还有其他许多人慷慨地提供了他们的时间和建议。我要特别感谢下列人士（虽然可能有遗漏）：Sana Aiyar，Seema Alavi，Clare Anderson，Alison Bashford，Christopher Bayly，Susan Bayly，Dipesh Chakrabarty，Sharad Chari，Joya Chatterji，Chua Ai Lin，Patricia Clavin，Debojyoti Das，Prasenjit Duara，Mark Frost，Engseng Ho，Sarah Hodges，Isabel Hofmeyr，Iftekhar Iqbal，Riho Isaka，Ayesha Jalal，Andrew Jarvis，Khoo Salma Nasution，Michael Laffan，Rachel Leow，Su Lin Lewis，Loh Wei Leng，David Ludden，Kazuya Nakamizo，Eleanor Newbigin，Chikayoshi Nomura，Susan Pennybacker，Jahnavi Phalkey，Bhavani Raman，Ronit Ricci，Taylor Sherman，Benjamin Siegel，Kavita Sivaramakrishnan，Glenda Sluga，Lakshmi Subramanian，Eric Tagliacozzo，Torsten Tschacher，Kohei Wakimura，Kirsty Walker 和 Nira Wickramasinghe。写作过程中，我有过数次展示这项研究的机会，要感谢许多研讨会观众的洞见和批评，他们促使我厘清书中的论点。

我对本议题的研究始于 2004 年，当时我是剑桥大学三一学院的研究员，感谢三一学院的专家与同僚的支持。本书的研究和写作时间，大致与我在伯贝克学院的时间吻合，我自 2006 年开始在该校任教。我要特别对 Hilary Sapire，Chandak Sengoopta，Naoko Shimazu 和 Filippo de Vivo 致谢，感谢他们的亲切和坚定。John Arnold，Jessica Dunne，Sharon Durno，Catharine Edwards，Julian Swann，Alison Watson 和 Miriam Zukas 各司其职，多年来在各方面助我良多。我在伯贝克学院的学生们，以他们深入敏锐的问题和各自不同的观点，为本书贡献了许多想法，尤其是选修我的"亚洲离散社群"课程的优秀学生。特别感谢我的博士生 Joshua de Cruz 和 Catherine Stenzl。

10 多年来，剑桥大学历史与经济学中心为我提供了一个智识上的安身立命之处，我要对该中心深表谢意，尤其是 Emma Rothschild 和 Inga Huld Markan 对我工作的支持，他们还以卓越的能力让有趣的项目合并在一起。2010 年，我利用轮休的机会前往哈佛大学一学期，那学期对本书的发展意义重大。在那一学期，我得以有机会使用怀德纳图书馆并在里面写作。我很感谢哈佛历史与经济学中心和哈佛大学历史系的接待。

我要对我的编辑 Joyce Seltzer 所提出的建议和洞见深致谢忱。当我们第一次会面的时候，Joyce 对这本书的雏形就看得比我更清楚，她的支持和热忱，更是本书创作时不可或缺的。我相信不会再有比她更好的编辑了。我也要感谢哈佛大学出版社的 Jeannette Estruth 和 Brian Distelberg，他们在各方面都对我有莫大的帮助。Sue Warga 卓越的审稿功力，助我改善了文字；Edward Wade 以他的技术和效率，监督本书的制作，负责子午线制图的 Philip Schwartzberg 对地图的绘制贡献卓著。我要对上述人士表达最深的谢意。

我在印度、美国和英国的很多家人，在许多方面提供了诸多帮助。我想特别感谢岳母 Barbara Phillips，她总是热情地欢迎我到她家里。感谢我的父母 Jairam 和 Shantha，以及我的姐姐 Megha 的支持。我的感谢无以名状，我想特别指出他们对本书的特定贡献。我曾与 Megha 有过广泛的讨论，从她对移民的专业认识上获益良多。我的父亲在 2010 年与我一起前往马来西亚投入愉快的田野调查，并帮助我润稿；我的母亲帮我检查泰米尔文的翻译，给了我许多宝贵的意见，而且她通过医学院的老朋友，帮我介绍了许多在马来西亚的泰米尔家庭。还有我的妻子 Ruth Coffey，如果没有她的爱、慷慨和务实的态度，我势必一事无成。她也投入这个项目多年，对许多章节提出了意见，还陪伴了我的多次研究旅程，指引我们穿过乡间的道路，让我拍摄本书的许多图片；我对于环境议题的兴趣也是受到她的启发。最重要的是，工作只是我们一起旅行的一小部分：她让工作变得有价值，并提醒我什么才是真正重要的。我愿将本书献给她，以爱之名。

名词解释

玻里亚（Boria）：19 世纪，槟榔屿的穆哈兰姆月庆典的另类形式。
通行证（cartaz）：葡萄牙当局在印度洋实施的航运和贸易许可证。
注辇国（Chola）：南印度王朝，9—12 世纪达到鼎盛期。
朱罗人（Chulia）：源自"Chola"一词；在 19 世纪的东南亚，被用来指称泰米尔穆斯林商人。
达利特人（dalit）：当代用来指称印度过去"不可接触"群体的词汇，现在通常是自我描述时的首选术语。
圣陵（Dargah）：苏非派圣人的陵墓（在马来世界中称为 keramat）。
达罗毗荼（Dravidian）：属南印度语系；也用来指称达罗毗荼人，区别于雅利安人的"种族"；也用于描述南印度非婆罗门社群的政治运动。
厄尔尼诺（El Niño）："厄尔尼诺—南方振荡现象"描述了赤道太平洋海面温度的冷暖交替，具有全球气候效应。变暖的阶段称为厄尔尼诺；变冷的阶段则是拉尼娜（La Niño）。
朝觐（hajj）：穆斯林前往麦加的朝圣。
爪夷（jawi）：泛指东南亚的马来人，源自阿拉伯语爪哇（jawah）；也指用阿拉伯文字书写的马来语。
外来者（kala）：缅甸用以形容印度人的术语，原意是"外国人"，但带有贬义色彩。
工头（kangany）：泰米尔语中劳务招聘者的术语；通常是由现有的种植园劳工或领班回国招募工人，赚取佣金。可见于马来亚和锡兰。
甲必丹（kapitan）：各团体的首领；葡萄牙术语，也见于印度尼西亚的荷兰人使用。
吉宁人（Kling）：出自奥里萨海岸的古老帝国"羯陵伽"一词，用以形容 19 世纪东南亚的南印度人。随着时间的推移发展出具有贬义色彩的含义。

公司（kongsi）：华人社团或合作兄弟会。

印度水手（lascar）：指来自印度或东南亚的水手，源自乌尔都语士兵（*lashkari*）。

勒巴依（lebbai）：泰米尔穆斯林社群中受过教育的一般信徒；有些学者认为他们是独立存在的社群或种姓。

监工（maistry）：缅甸殖民时期用来称呼工头或中介的词汇（相当于工头）。

玛拉依喀雅尔（Maraikkayar）：泰米尔穆斯林的精英分子，声称有阿拉伯血统；这个词源自泰米尔语的"船"（marakkalam）；到了马来亚，Maraikkayar 变成 Merican，成为常见的名字。

穆哈兰姆月（Muharram）：伊斯兰教什叶派的节日，纪念先知穆罕默德之孙侯赛因之死。

南洋（Nanyang）：用来指称东南亚的中文词汇（意为"南方的海洋"）。

永久农奴（pannaiyal）：南印度受束缚的农业工人。

峇峇娘惹（Peranakan）：意为"本地出生"；用来指称东南亚的华人移民与当地女性结婚所生育的后代，其在文化上的表现亦呈现地方化的特质；也用来指称混血的印度穆斯林社群，如同爪夷峇峇娘惹。

僧侣（pongyi）：缅甸的佛教僧侣。

模拟（qiyas）：阿拉伯领航员用来描述观星测量的词汇。

舢板（sampan）：马来世界中使用的传统船只。

港口长官（shahbandar）：前殖民地时期东南亚港口城市重要的政治职务，通常由外国人担任。

大宝森节（thaipusam）：泰米尔人的印度教祭典，包括苦行的仪式和游行，常见于新加坡和马来西亚。

蹈火节（thimithi）：泰米尔的印度过火仪式，常见于新加坡和马来西亚。

多尼船（thoni）：南印度和马尔代夫使用的传统渔船；也称为 doni。

印度煎饼（Thosai）：南印度的薄饼，用扁豆和米粉做成，常见于东南亚。

瓦合甫（waqf）：穆斯林为宗教、教育或慈善用途所做的捐赠。

名词缩写对照

全马联合行动理事会　All‑Malaya Council of Joint Action　AMCJA
东南亚国家联盟（简称东盟）　Association of Southeast Asian Nations　ASEAN
环孟加拉湾多领域技术暨经济合作倡议　Bay of Bengal Initiative for Multi‑Sectoral Economic Cooperation　BIMSTEC
英国印度轮船运输公司　British India Steam Navigation Company　BISNC
东印度公司　East India Company　EIC
厄尔尼诺—南方振荡现象　El Niño‑Southern Oscillation　ENSO
印度国民军　Indian National Army　INA
印度事务部档案　India Office Records　IOR
马来亚共产党　Malayan Communist Party　MCP
马来亚印度国民大会党　Malayan Indian Congress　MIC
仰光缅甸国家档案馆　National Archives Department of Myanmar, Yangon　NADM
新德里印度国家档案馆　National Archives of India, New Delhi　NAI
新加坡国家档案馆　National Archives of Singapore　NAS
英国国家档案馆　National Archives of the United Kingdom　NAUK
英国格林威治国家海事博物馆　National Maritime Museum, Greenwich, UK　NMM
英国公共档案署　Public Record Office　PRO
金奈罗亚穆蒂亚研究图书馆　Roja Muthiah Research Library, Chennai　RMRL

海峡殖民地商馆记录　Straits Settlements Factory Records　SSFR
海峡殖民地记录　Straits Settlements Records　SSR
金奈泰米尔纳德邦国家档案馆　Tamil Nadu State Archives，Chennai　TNSA
马来民族统一机构（简称巫统）　United Malays National Organization　UMNO
联合国教科文组织　United Nations Educational，Scientific and Cultural Organization　UNESCO
荷兰东印度公司　Vereenigde Oostindische Compagnie　VOC

文献与特藏

大英图书馆,伦敦
亚非研究收藏
India Office Records
Bengal Political and Judicial Consultations
Burma Office Records
East India Company Factory Records
Emigration Proceedings
Madras Public Proceedings
Marine Department Records
Political and Judicial Records
Straits Settlements Factory Records
Straits Settlements Records
European Manuscripts
Papers of L. G. Pinnell
Papers of Richard Carnac Temple
地图收藏
Bay of Bengal Maps
帝国战争博物馆,伦敦
Papers of R. Middleton-Smith
英国国家档案馆,伦敦邱镇
Admiralty Records
Cabinet Office Records
Colonial Office Records

War Office Records
国家海事博物馆，伦敦格林威治
British India Steam Navigation Company Papers
Irrawaddy Flotilla Company Papers
亚非学院档案馆
Furnivall Papers
印度国家档案馆，新德里
Department of Revenue and Agriculture
Department of Revenue, Agriculture and Commerce
Department of Commerce and Industry
Department of Education, Health and Lands
Indians Overseas Department
Commonwealth Relations Department
Burma Evacuee Registers
Ministry of External Affairs
泰米尔纳德邦国家档案馆，金奈
Development Department
Fisheries Department
Department of Food and Agriculture
Public Department
罗亚穆蒂亚研究图书馆，金奈
Rare Books and Newspaper Collection
内塔吉研究院档案馆，加尔各答
Newspaper and Photographic Collection

新加坡国家档案馆
政府档案
Straits Settlements Records
British Military Administration, 1945–1946
Ministry of Education
Coroner's Court Records

私人文件
Mariyamman Temple
Singapore Indian Artistes' Association
Tamil Methodist Church
Tamils Reform Association

口述历史馆
访谈:
Abdul Aziz
Krishnaswamy Arumugam
M. K. Bhasi
Kasinthan Dandayodapani
Mohammed Ali Kader Ghouse
Varathar Gopal
Abdul Hameed
Shahul Hamid
Kanusamy
Nagore Maideen
Sundaresan Mariammal
Lakshmi Naidu
Karunakaran Nair
Ramasamy Narayanasamy
S. L. Perumal
Ramasamy Pillai
Thambyah Purushothaman
Alagappar Sockkalingam
Paramasiva Thambiraju

新加坡国家图书馆
Lee Kong Chiang Reference Library: Rare Books and Newspaper Collection

新加坡国立大学法学图书馆
Malaysia/Singapore Collection

马来西亚国家档案馆，吉隆坡
Federated Malay States：Commissioner for Labour
槟城州立图书馆，北海
Malaysiana Collection：Pamphlets and Periodicals
马来亚大学图书馆，吉隆坡
John Thivy Papers
缅甸国家档案馆，仰光
Indian Immigration Enquiry：Papers
Irrawaddy Flotilla Company
Ministry of Foreign Affairs，1948 - 1950

报纸期刊

Amrita Bazar Patrika

Desa Nesan

The Hindu

Ina Mani

The Indian

The Indian Emigrant

Indian Opinion

Jawi Peranakan

The Malaya Tribune

Munnetram

Nurul Islam

Reform！

Searchlight

Seerthirutham

Singainesan

The Straits Times

Tamil Murasu

Tamil Nesan

注 释

第一章 孟加拉湾的生活

1. *Ahmad Rijaluddin's Hikayat Perintah Negeri Benggala*, ed. and trans. C. Skinner (The Hague: Martinus Nijhoff, 1982), 21, 29, 51, 75.

2. Sanjay Subrahmanyam, "Connected Histories: Notes towards a Reconfiguration of Early Modern Eurasia," *Modern Asian Studies* 31, 3 (1997): 745.

3. 作者分别于 2007 年 8 月和 9 月在槟榔屿和双溪大年进行访谈。除非特别指出,否则本书所有翻译自泰米尔语的文字与访谈都是作者自己所完成。

4. E. G. H. Dobby, *Monsoon Asia* (London: University of London Press, 1961), 27.

5. William Methwold, *Relations of the Kingdome of Golchonda, and Other Neighbouring Nations within the Gulfe of Bengala, Arreccan, Pegu, Tannassery, etc. and the English Trade in Those Parts* [1626], in W. H. Moreland, ed., *Relations of Golconda in the Early Seventeenth Century* (London: Hakluyt Society, 1931), 1.

6. Willem van Schendel, *A History of Bangladesh* (Cambridge: Cambridge University Press, 2009), 3.

7. K. V. L. N. S. Sarma et al., "Morphological Features in the Bay of Bengal," *Journal of the Indian Geophysics Union* 4, 2 (2000): 185–190.

8. United States Geological Survey, Tectonic Summary: http://neic.usgs.gov/neic/eq_depot/2004/eq_041226/neic_slav_ts.html (accessed 21 March 2011).

9. Sugata Bose, *A Hundred Horizons: The Indian Ocean in the Age of*

Global Empire (Cambridge, MA: Harvard University Press, 2006), 3.

10. Peter D. Clift and R. Alan Plumb, *The Asian Monsoon: Causes, History and Effects* (Cambridge: Cambridge University Press, 2008), vii; Jay S. Fein and Pamela L. Stephens, eds., *Monsoons* (New York: John Wiley and Sons, 1987).

11. Clift and Plumb, *The Asian Monsoon*.

12. E. Halley, "An Historical Account of the Trade Winds and the Monsoons, Observable in the Seas between and near the Tropicks, with an attempt to assign the physical cause of the sail winds," *Philosophical Transactions of the Royal Society of London* 16 (1686): 153–168.

13. Clift and Plumb, *The Asian Monsoon*.

14. *Bay of Bengal Pilot*, 8th ed. (London: HM Admiralty, 1953), 28.

15. Pablo Neruda, "May Monsoon," in *Residence on Earth*, trans. Donald D. Walsh (London: Souvenir Press, 1976), 44–45.

16. *Oxford Dictionary of English*, 2nd ed. (Oxford: Oxford University Press, 2005).

17. J. F. Imray, *The Bay of Bengal Pilot: A Nautical Directory for the Principal Rivers, Harbours, and Anchorages, Contained within the Bay of Bengal* (London: James Imray and Son, 1879), 297–298.

18. *Bay of Bengal Pilot* (1953), 57.

19. K. Sivasubramaniam, *Marine Fishery Resources of the Bay of Bengal*, BOBP/WP/36 (Rome: FAO, 1985).

20. Francis Day, *Report on the Sea Fish and Fisheries of India and Burma* (Calcutta: Government of India, 1873).

21. K. N. Chaudhuri, *Trade and Civilization in the Indian Ocean: An Economic History from the Rise of Islam to 1750* (Cambridge: Cambridge University Press, 1985), 27.

22. James C. Scott, *The Art of Not Being Governed: An Anarchist History of Upland Southeast Asia* (New Haven, CT: Yale University Press, 2010).

23. Clift and Plumb, *The Asian Monsoon*.

24. John Edye, "Description of the various Classes of Vessels constructed and employed by the Natives of the Coasts of Coromandel, Malabar, and the Island of Ceylon, for their Coasting Navigation," *Journal of the Royal Asiatic Society of Great Britain and Ireland* 1 (1834): 1-14.

25. Chaudhuri, *Trade and Civilization in the Indian Ocean*, 138-159; J. H. Parry, *The Discovery of the Sea* (London: Weidenfeld and Nicolson, 1974), 3-26; Daniel R. Headrick, *Power over Peoples: Technology, Environments, and Western Imperialism*, 1400 to the Present (Princeton, NJ: Princeton University Press, 2010), 11-19.

26. Herman Melville, *Moby-Dick or, The Whale* [1851] (London: Penguin Classics, 2003), 415.

27. Leonard Y. Andaya, *Leaves of the Same Tree: Trade and Ethnicity in the Straits of Melaka* (Honolulu: University of Hawai'i Press, 2008), 22.

28. Jan Wisseman Christie, "The Medieval Tamil-Language Inscriptions in Southeast Asia and China," *Journal of Southeast Asian Studies* 29, 2 (1998): 239-268.

29. K. A. Nilakanta Sastri, *The Colas*, 2nd ed., 2 vols. (Madras: Madras University Press, 1955).

30. Christie, "Medieval Tamil-Language Inscriptions"; Hermann Kulke, "The Naval Expeditions of the Cholas in the Context of Asian History," in Hermann Kulke, K. Kesavapany, and Vijay Sakhuja, eds., *Nagapattinam to Suvarnadwipa: Reflections on the Chola Naval Expeditions to Southeast Asia* (Singapore: ISEAS Press, 2010), 1-19; Tansen Sen, *Buddhism, Diplomacy and Trade: The Realignment of Sino-Indian Relations*, 600-1400 (Honolulu: University of Hawai'i Press, 2003).

31. Kulke et al., *Nagapattinam to Suvarnadwipa*.

32. Victor Lieberman, "Charter State Collapse in Southeast Asia, ca. 1250-1400, as a Problem in Regional and World History," *American Historical Review* 116, 4 (2011): 937-963; Victor Lieberman, *Strange Parallels: Southeast Asia in Global Context*, c. 800-1830, vol. 2, *Mainland Mirrors: Europe, Japan, China, South Asia, the Islands* (Cambridge: Cambridge University Press,

2009); Victor Lieberman and Brendan Buckley, "The Impact of Climate on Southeast Asia, circa 950 – 1820: New Findings," *Modern AsianStudies* 46, 5 (2012): 1049 – 96.

33. 引用自 Andaya, *Leaves of the Same Tree*, 27。

34. H. G. Quaritch Wales, "Archaeological Researches on Ancient Indian Colonization in Malaya," *Journal of the Malayan Branch of the Royal AsiaticSociety* 18, pt. 1 (1940): 56.

35. A. Cortesão and A. Teixeira, *Monumenta Cartographica Portugaliae Cartographica* (Lisbon, 1960 – 1962), 1:79 – 81.

36. Ahmad ibn Majid al – Najdi, *Kitab al – Fawa'id fi usul al –bahr wa'l – qawa'id* [c. 1490], *Arab Navigation in the Indian Ocean before the Coming of the Portuguese*, trans. G. R. Tibbetts (London: Royal Asiatic Society, 1971), 124.

37. Alexander Dalrymple, *Memoir of a Chart of the Bay of Bengal*, 2nd ed. (London: George Bigg, 1787), 1.

38. Captain John Ritchie, *An Hydrographical Journey of a Cursory Survey of theCoasts and Islands in the Bay of Bengal* (London: George Bigg, 1784), 1.

39. Chaudhuri, *Trade and Civilisation*, 135.

40. Dalrymple, *Memoir of a Chart of the Bay of Bengal*.

41. *An Hydrographical Journey*, 19, 70.

42. W. Somerset Maugham, "The Vessel of Wrath," in *Collected Short Stories* 2 (London: Penguin, 1963), 9.

43. *The Bay of Bengal Pilot* (1879), 307 – 309.

44. *Journal of the Asiatic Society of Bengal* 16, 2 (1847): 848; Gisela Kutzbach, "Concepts of Monsoon Physics in Historical Perspective: The IndianMonsoon (Seventeenth to Early Twentieth Century)," in Fein and Stephens,eds. , *Monsoons*, 159 – 209.

45. C. W. Brebner, *New Handbook for the Indian Ocean, Arabian Sea and Bay of Bengal* (Bombay: Times of India Press, 1898), 95.

46. Joseph Conrad, *Mirror of the Sea: Memories and Impressions*

(London: Methuen, 1906), 43.

47. R. E. G. Davies, *A History of the World's Airlines* (London: Oxford University Press, 1964), 170 - 174.

48. Richard Upjohn Light, "Cruising by Airplane: Narrative of a Journey around the World," *Geographical Review* 25, 4 (October 1935): 565 - 600.

49. Diana L. Eck, *India: A Sacred Geography* (New York: Harmony Books, 2012).

50. 亦称"金岛"(Suvarnadvipa), 即"黄金大地"。引自 Paul Wheatley, *The Golden Khersonese: Studies in the Historical Geography of the Malay Peninsula before A. D. 1500* (Kuala Lumpur: Universityof Malaya Press, 1961), 182; Richard H. Davis, *Global India circa 100 CE: South Asia in Early World History* (Ann Arbor, MI: Association of AsianStudies, 2009), 13。

51. "Mahajanaka - Jataka," no. 539, trans. E. B. Cowell and W. H. D. Rouse, in E. B. Cowell, ed., *The Jataka, or Stories of the Buddha's Former Births* (Cambridge: Cambridge University Press, 1895 - 1913), 6:19.

52. Wheatley, *Golden Khersonese*, 179.

53. *The Travels of Fa -hsien*, 399 - 414 A. D., or *Record of the Buddhistic Kingdoms*, trans. H. A. Giles (Cambridge: Cambridge University Press, 1923).

54. "Nuranneha and the Grave," in Dineshchandra Sen, ed. and comp., *EasternBengal Ballads*, vol. 4, pt. 1 (Calcutta: University of Calcutta, 1932). 也请参见 Lakshmi Subramanian, *Medieval Seafarers of India* (New Delhi: Roli Books, 1999)。

55. Joseph Conrad, "Youth: A Narrative," in *Youth: A Narrative and Two OtherStories* (London: J. M. Dent and Sons, 1923), 37.

56. Bose, *A Hundred Horizons*, 109.

57. NAS, Oral History Department, M. K. Bhasi, interviewed by Ng Chang Wang, August 1985, A000590/09.

58. Derek Walcott, "Sicilian Suite," in *White Egrets* (New York: Farrar, Straus and Giroux, 2010), 15 - 22.

59. Chaudhuri, *Trade and Civilization*; Michael Pearson, *The Indian Ocean* (London: Routledge, 2003); Kenneth McPherson, *The Indian Ocean: A History of People and the Sea* (New Delhi: Oxford University Press, 1993).

60. Robert D. Kaplan, *Monsoon: The Indian Ocean and the Future of American Power* (New York: Random House, 2010), 10; Amitav Ghosh, *In an Antique Land* (London: Granta, 1992), 236; Bose, *A Hundred Horizons*; Isabel Hofmeyr, "Universalizing the Indian Ocean," *Proceedings of the Modern Language Association* 125, 3 (2010): 721 – 729; Mark Ravinder Frost, "'Wider Opportunities': Religious Revival, Nationalist Awakening and the Global Dimension in Colombo, 1870 – 1920," *Modern Asian Studies* 36, 4 (2002): 936 – 967.

61. Chaudhuri, *Trade and Civilisation*, 21 – 23; R. J. Barendse, *The Arabian Seas: The Indian Ocean World of the Seventeenth Century* (Armonk, NY: M. E. Sharpe, 2002).

62. Fernand Braudel, *The Mediterranean and the Mediterranean World in the Age of Philip II*, trans. Sian Reynolds (New York: Harper and Row, 1972), 1:18.

63. Orhan Pamuk, *The Naïve and the Sentimental Novelist*, trans. Nazim Dikbas (Cambridge, MA: Harvard University Press, 2010), 10 – 11.

64. Chaudhuri, *Trade and Civilization*, 23; Fernand Braudel, "Histoire et sciences sociales: la longue durée," *Annales: Economies, Sociétés, Civilisations* 13 (1958): 725 – 753.

65. Paul Ricoeur, *Time and Narrative*, trans. Kathleen McLaughlin and David Pellauer (Chicago: University of Chicago Press, 1984), 1:208.

66. "Bay of Bengal," *Encyclopedia of Oceanography* (New York: Reinhold, 1966), 110 – 118.

67. Ricoeur, *Time and Narrative*, 1:104.

68. David Blackbourn, *The Conquest of Nature: Water, Landscape and the Making of Modern Germany* (New York: Norton, 2006); Richard White, *The Organic Machine: The Remaking of the Columbia River* (New York: Hill and Wang, 1995); compare with, Timothy Mitchell, "Can the Mosquito Speak?"

in *Rule of Experts: Egypt, Technopolitics, Modernity* (Berkeley: University of California Press, 2002).

69. Kären Wigen, "Oceans of History: Introduction," *American Historical Review* 111, 3 (2006): 717–721.

第二章 辽阔海洋的商业中心

1. J. F. Imray, *The Bay of Bengal Pilot: A Nautical Directory for the PrincipalRivers, Harbours, and Anchorages, Contained within the Bay of Bengal* (London: James Imray and Son, 1879), 27.

2. Susan Bayly, *Saints, Goddesses and Kings: Muslims and Christians in SouthIndian Society, 1700–1900* (Cambridge: Cambridge University Press, 1989), 217–219; S. A. A. Saheb, "A Festival of Flags: Hindu–Muslim Devotion and the Sacralising of Localism at the Shrine of the Nagore–e–Sharif in Tamil Nadu," in Pnina Werbner and Helene Basu, eds. , *EmbodyingCharisma: Modernity, Locality and the Performance of Emotion in Sufi Cults* (London: Routledge, 1998), 55–76.

3. *Bay of Bengal Pilot*, 27–28.

4. "Petition from Nagore Merchants," Proceedings of Committee of Investigation into the State of the Revenue, 1797–1798, NAUK, PRO, CO 55/2.

5. Bayly, *Saints, Goddesses and Kings*; Richard M. Eaton, *Sufis of Bijapur* (Princeton, NJ: Princeton University Press, 1978); Richard M. Eaton, *TheRise of Islam and the Bengal Frontier, 1204–1760* (New Delhi: Oxford University Press, 1993); A. H. Johns, "Sufism as a Category in Indonesian Literature," *Journal of Southeast Asian History* 2 (1961): 10–23.

6. Anthony Reid, *Southeast Asia in the Age of Commerce, 1450–1680* (New Haven: Yale University Press, 1993), 2:133.

7. 同上注, vol. 2; Torsten Tschacher, "Circulating Islam: Understanding Convergence and Divergence in the Islamic Traditions of Ma'bar and Nusantara," in R. Michael Feener and Terenjit Sevea, eds. , *Islamic Connections: Muslim Societies in South and Southeast Asia* (Singapore: ISEAS, 2009), 48–67。

8. Ronit Ricci, *Islam Translated: Literature, Conversion, and the Arabic Cosmopolis of South and Southeast Asia* (Chicago: University of Chicago Press, 2011).

9. Sanjay Subrahmanyam, "'Persianization' and 'Mercantilism': Two Themes in Bay of Bengal History, 1400 – 1700," in Om Prakash and Denys Lombard, eds., *Commerce and Culture in the Bay of Bengal, 1500 – 1800* (New Delhi: Indian Council of Historical Research, 1999), 47 – 85; Engseng Ho, *The Graves of Tarim: Genealogy and Mobility across the Indian Ocean* (Berkeley: University of California Press, 2006), 189.

10. Edgar Thurston, *Castes and Tribes of Southern India*, 7 vols. (Madras: Government Press, 1909); Bayly, *Saints, Goddesses and Kings*, 80 – 88; Tschacher, "Circulating Islam."

11. Ricci, *Islam Translated*, 128; David Shulman, "Muslim Popular Literaturein Tamil: The Tamimancari Malai," in Yohanan Friedmann, ed., *Islam in Asia*, vol. 1, *South Asia* (Jerusalem: Magnes Press, Hebrew University, 1984), 175; Vashudha Narayanan, "Religious Vocabulary and RegionalIdentity: A Study of the Tamil *Cirappuranam*," in David Gilmartin andBruce B. Lawrence, eds., *Beyond Turk and Hindu: Rethinking Religious Identities in Islamicate South Asia* (Gainesville: University Press of Florida, 2000), 74 – 97; Ki. Nayanar Muhammadu, "Cirappuraanathil KaappiyaPanpugal," *Proceedings of the Second International Conference Seminar of Tamil Studies* (Madras, 1968), 3:95 – 103.

12. Umaru Pulavar, "Vilatattuk Kantam, Nattu Patalam," in *Cirappuranam*, ed. M. Seyyihu Muhammadu Hasan (Chennai: Ulatak Tamilaraycci Niruvanam, 1984), 26; translation from Narayan, "Religious Vocabulary andRegional Identity," 86.

13. Sejarah Melayu, *Malay Annals*, trans. C. C. Brown (Kuala Lumpur: OxfordUniversity Press, 1970), 70 – 71, 184 – 185.

14. Stewart Gordon, *When Asia Was the World* (New Haven, CT: Yale UniversityPress, 2008), 162.

15. Tomé Pires, *The Suma Oriental of Tomé Pires*, trans. Armando

Cortesāo(London: Hakluyt Society, 1944), 2:268.

16. Denys Lombard, "Pour une histoire des villes du Sud-Est asiatique," *Annales: Économies, Sociétés, Civilisations* 25, 4 (1970): 842-856.

17. Eric Tagliacozzo, "An Urban Ocean: Notes on the Historical Evolution of Coastal Cities in Greater Southeast Asia," *Journal of Urban History* 33, 6 (2007): 911-932.

18. 关于葡萄牙在亚洲的帝国主义,可参见 K. N. Chaudhuri, *Trade andCivilization in the Indian Ocean: An Economic History from the Rise of Islamto 1750* (Cambridge: Cambridge University Press, 1985); Sanjay Subrahmanyam, *The Portuguese Empire in Asia 1500-1700: A Politicaland Economic History* (London: Longman, 1993); Sinappah Arasaratnam, *Merchants, Companiesand Commerce on the Coromandel Coast 1650-1740* (New Delhi: Oxford University Press, 1986); Om Prakash and Denys Lombard, eds., *Commerce and Culture in the Bay of Bengal,1500-1800* (New Delhi: Manohar, 1999); Sanjay Subrahmanyam, *ThePolitical Economy of Commerce: South India, 1500-1650* (Cambridge: Cambridge University Press, 1990); C. R. Boxer, *The Portuguese SeaborneEmpire, 1415-1825* (London: Hutchinson, 1969)。

19. 引自 Subrahmanyam, *Political Economy of Commerce*, 92。

20. Luiz Vaz de Camões, *The Lusíads*, trans. Landeg White (Oxford: Oxford University Press, 1997), 120.

21. William Methwold, *Relations of the Kingdome of Golchonda, and OtherNeighbouring Nations within the Gulfe of Bengala, Arreccan, Pegu, Tannassery,etc. and the English Trade in Those Parts* [1626], in W. H. Moreland, ed., *Relations of Golconda in the Early Seventeenth Century* (London: Hakluyt Society, 1931), 40-41.

22. Cayetano J. Socarras, "The Portuguese in Lower Burma: Filipe de Brito de Nicote," *Luso-Brazilian Review* 3, 2 (1966): 3-24.

23. K. N. Panikkar, *Asia and Western Dominance: A Survey of the Vasco daGama Epoch of Asian History, 1498-1945* (London: George Allen and Unwin, 1959); Amitav Ghosh, *In an Antique Land* (London: Granta,

1992).

24. Jonathan I. Israel, *The Dutch Republic: Its Rise, Greatness, and Fall*, 1477-1807 (Oxford: Clarendon Press, 1995).

25. Giovanni Arrighi, *The Long Twentieth Century: Money, Power, and theOrigins of Our Times* (London: Verso, 1994), 138; Jan de Vries and A. M. van der Woude, *The First Modern Economy: Success, Failure and Perseveranceof the Dutch Economy*, 1500-1815 (Cambridge: Cambridge University Press, 1997).

26. Arrighi, *The Long Twentieth Century*.

27. Lauren Benton, *A Search for Sovereignty: Law and Geography in EuropeanEmpires*, 1400-1900 (New York: Cambridge University Press, 2010).

28. Hugo Grotius, *The Freedom of the Seas, or the Right Which Belongs to theDutch to take part in the East Indian Trade* [1608], trans. Ralph Van Deman Magoffin (New York: Oxford University Press, 1916); Peter Borschberg, "Hugo Grotius' Theory of Trans-Oceanic Trade Regulation: Revisiting *Mare Liberum* (1609)," Institute for International Law and Justice Working Paper 2005/14, New York University, 2005; Benton, *Search for Sovereignty*.

29. Chaudhuri, *Trade and Civilisation in the Indian Ocean*, 84.

30. John F. Richards, *The Unending Frontier: An Environmental History of the Early Modern World* (Berkeley: University of California Press, 2003), 25-38; John F. Richards, *The Mughal Empire* (Cambridge: Cambridge University Press, 1993); Muzaffar Alam and Sanjay Subrahmanyam, eds., *The Mughal State*, 1526-1750 (New Delhi: Oxford University Press, 1998); Richard M. Eaton, *The Rise of Islam and the Bengal Frontier*, 1204-1760 (Berkeley: University of California Press, 1993).

31. Antony Schorer, "Brief Relation of the Trade of the Coromandel Coast, especially at the Factory at Masulipatnam, where I resided in the service of the Hon'ble Company in the seventh Year" [1615-1616], in W. H. Moreland, ed., *Relations of Golconda in the Early Seventeenth Century*

(London: Hakluyt Society, 1931), 55 - 59; Methwold, *Relations of the Kingdome of Golchonda*, 39; Arasaratnam, *Merchants, Companies and Commerce*; Subrahmanyam, *Political Economy of Commerce*.

32. Arasaratnam, *Merchants, Companies and Commerce*, 94.

33. Reid, *Southeast Asia in the Age of Commerce*, 2:208 - 212.

34. 同上注, 2: 148 - 149; Subrahmanyam, *Political Economy of Commerce*, 335。

35. 关于对小冰期扩及全球持怀疑论的看法, 可参见 IPCC, *Climate Change* 2001: *Working Group* I: *The Scientific Basis* (Cambridge: Cambridge University Press, 2001), ch. 2。

36. Lieberman and Buckley, "The Impact of Climate"; Victor Lieberman, *Strange Parallels: Southeast Asia in Global Context*, c. 800 - 1830 (Cambridge: Cambridge University Press, 2003; 2009), 1: 101 - 112, 2:79 - 84.

37. Lieberman and Buckley, "Impact of Climate"; Lieberman, *Strange Parallels*, 2: 79 - 84; Reid, *Southeast Asia in the Age of Commerce*, 2:291 - 293.

38. Lieberman and Buckley, "Impact of Climate," 1053.

39. Sinnappah Arasaratnam, ed. and trans., *François Valentijn's Description of Ceylon* (London: Hakluyt Society, 1978), 176.

40. Gordon, *When Asia Was the World*, 113.

41. Girolamo Priuli, *I Diarii*, quoted in Chaudhuri, *Trade and Civilisation*, 64 - 65.

42. Fernand Braudel, *The Mediterranean and the Mediterranean World in theAge of Philip II*, trans Sian Reynolds (New York: Harper and Row, 1972), 1:389 - 399; Reid, *Southeast Asia in the Age of Commerce*, 2:9 - 10.

43. Anthony Reid, "Southeast Asian Consumption of Indian and British Cotton Cloth, 1600 - 1850," in Giorgio Riello and Tirthankar Roy, eds., *HowIndia Clothed the World: The World of South Asian Textiles*, 1500 - 1850 (Leiden: Brill, 2009), 31 - 52; for an overview, 也可参见 Riello and Roy's introduction to the volume。

44. Pires, *Suma Oriental*, 3:92 – 93; Reid, "Southeast Asian Consumption," 36.

45. Arasaratnam, *Merchants, Companies and Commerce*, 98 – 99.

46. 节录自 Jan Pieterz Coen, Jacatra, 5 June 1617, VOC 1055, ff. 113 – 117, in Om Prakash, ed. , *The Dutch Factories in India 1617 – 1623: A Collection of Dutch East India Company Documents Pertaining to India* (New Delhi: Munshiram Manoharlal, 1984), 1:29; Braudel, *Mediterranean*, 406; Reid, *Southeast Asia in the Age of Commerce*, 2:28 – 29, 301 – 302。

47. Dennis O. Flynn and Arturo Giráldez, "Cycles of Silver: Global Economic Unity through the Mid – Eighteenth Century," *Journal of World History* 13 (2002): 391 – 427.

48. Pires, *Suma Oriental*, 2:206.

49. Roy W. Hamilton, ed. , *The Art of Rice: Spirit and Sustenance in Asia* (Los Angeles: UCLA Fowler Museum, 2003), 23.

50. Arasaratnam, *Merchants, Companies and Commerce*, 102 – 103; Governor – General De Carpentier (Batavia) to Ysbrantsz (Masulipatnam), 26 July 1625, VOC 1085, ff. 123 – 130; De Carpentier to Ysbrantsz, 28 August 1627, VOC 1092, ff. 161 – 162, all in Prakash, ed. , *Dutch Factories* , 1:164, 330; Augustin de Beaulieu, quoted in Lombard, "Pour une histoire des villes" (my translation).

51. Coen (Batavia) to Van Uffelen (Masulipatnam) and Soury (Masulipatnam), 8 May 1622, VOC 1076, ff. 76 – 78; Coen (Batavia) to Van den Broecke (Surat), 8 May 1622, VOC 849, ff. 85v – 87v, all in Prakash, ed. , *Dutch Factories*, 1:201 – 203.

52. Van Uffelen (Masulipatnam) to Coen (Batavia), 7 July 1622, VOC 1076, ff. 240 – 242v, in Prakash, ed. , *Dutch Factories*, 1:209 – 210; Coen (Batavia) to Van Uffelen (Masulipatnam), 22 July 1622, VOC 850, ff. 4 – 7, in Prakash, ed. , *Dutch Factories*, 1:212 – 213.

53. Sanjay Subrahmanyam, "Dutch Tribulations in Seventeenth – Century Mrauk – U," in *Explorations in Connected History: From the Tagus to the Ganges* (New Delhi: Oxford University Press, 2004), 200 – 248; Om Prakash,

"Introduction," in Prakash, ed. , *Dutch Factories* , 2:33 - 34.

54. Ysbrantsz (Pulicat) to VOC Directors (Amsterdam), 28 April 1625, VOC 1084, ff. 166 - 168; De Carpentier (Batavia) to Ysbrantsz (Masulipatnam), 26 July 1625, VOC 1085, ff. 123 - 130,两者均在 Prakash, ed. , *Dutch Factories*, 2:148 - 149, 162。

55. 此段根据 Markus Vink, "'The World's Oldest Trade': Dutch Slavery and Slave Trade in the Indian Ocean in the Seventeenth Century," *Journal of World History* 14, 2 (2003): 131 - 177。

56. Indrani Chatterjee and Richard M. Eaton, eds. , *Slavery and South AsianHistory* (Bloomington: Indiana University Press, 2006), 11; Anthony Reid, ed. , *Slavery, Bondage and Dependency in Southeast Asia* (St. Lucia: Queensland University Press, 1983), 27.

57. Chaudhuri, *Trade and Civilization*; Subrahmanyam, *Portuguese Empire inAsia* ; Arasaratnam, *Merchants*, *Companies and Commerce* ; Prakash and Lombard, eds. , *Commerce and Culture in the Bay of Bengal*. Subrahmanyam, *The Political Economy of Commerce*.

58. Thomas Bowrey, *A Geographical Account of the Countries round the Bay of Begal*, 1669 to 1679, ed. Richard Carnac Temple (Cambridge: Hakluyt Society, 1905).

59. 同上注,257 - 258 页。

60. Anne Bulley, ed. , *Free Mariner: John Adolphus Pope in the East Indies*, 1786 - 1821 (London: Bacsa, 1992).

61. Arrighi, *The Long Twentieth Century* .

62. Daniel K. Richter, *Before the Revolution: America's Ancient Pasts* (Cambridge, MA: Harvard University Press, 2011), 4.

第三章 波涛暗涌的旅程,不可侵犯的地理

1. Francis Light's Journal on the *Eliza* and on Shore, 29 June to 30 September 1786, SSFR, vol. 2, British Library, Asian and African Studies Collection, IOR; H. P. Clodd, *Malaya's First British* ; *Pioneer: The Life of Francis Light* (London: Luzac, 1948), 5, 55.

2. Memorandum by J. Price, SSFR, vol. 2, 23 February 1786, IOR/G/

34/2; Memorandum by J. Price, 23 February 1786, SSFR, vol. 2; Letter from James Scott to George Ramsay, September 1780, SSFR, vol. 1, IOR/G/34/1.

3. C. A. Bayly, *Imperial Meridian: The British Empire and the World* (London: Pearson, 1989).

4. Fernand Braudel, *The Mediterranean and the Mediterranean World in the Age of Philip II*, trans Sian Reynolds (New York: Harper and Row, 1972), 1: 116.

5. Fred Anderson, *Crucible of War: The Seven Years' War and the Fate of Empire in British North America* (New York: Knopf, 2000).

6. Peter Marshall, *Bengal: The British Bridgehead: Eastern India*, 1740-1828 (Cambridge: Cambridge University Press, 1988); C. A. Bayly, *Indian Society and the Making of the British Empire* (Cambridge: Cambridge University Press, 1988).

7. Edward R. Cook et al., "Asian Monsoon Failure and Megadrought During the Last Millennium," *Science* 328 (2010): 487.

8. Adam Smith, *An Inquiry into the Nature and Causes of the Wealth of Nations* (London: W. Strahan and T. Cadell, 1776), book 4, ch. 5.

9. David Arnold, "Hunger in the Garden of Plenty: The Bengal Famine of 1770," in Alessa Johns, ed., *Dreadful Visitations Confronting Natural Catastrophe in the Age of Enlightenment* (New York: Routledge, 1999), 81-112; Ranajit Guha, *A Rule of Property for Bengal: An Essay on the Idea of Permanent Settlement* (Paris: Mouton, 1963).

10. Giovanni Arrighi, *The Long Twentieth Century: Money, Power, and the Origins of Our Times* (London: Verso, 1994); Dennis O. Flynn and Arturo Giráldez, "Cycles of Silver: Global Economic Unity through the Mid-Eighteenth Century," *Journal of World History* 13 (2002): 391-427.

11. Edward Thornton, *India: Its State and Prospects* (London: Parsbury, Allen, 1835), 89.

12. H. Dodwell, *Sepoy Recruitment in the Old Madras Army*, Studies in Indian Records, no. 70 (Calcutta: Superintendant of Government Printing,

1922).

13. Lord Minto, quoted in Bayly, *Imperial Meridian*, 72; C. A. Bayly, *The Birth of the Modern World: Global Connections and Comparisons*, 1780 - 1914 (Oxford: Blackwell, 2004), 88 - 89.

14. Alicia Schrikker, *Dutch and British Colonial Intervention in Sri Lanka*, 1780 - 1815: *Expansion and Reform* (Leiden: Brill, 2007); Bayly, *Imperial Meridian*, 70 - 73; Michael Ondaatje, *Running in the Family* (New York: Vintage Books, 1982), 64; Robert Percival, *An Account of the Island of Ceylon: Its History, Geography, Natural History, with the Manners and Customs of its Various Inhabitants* (London: C. and R. Baldwin, 1805), 2, 57, 345 - 348.

15. John Bastin, *Sir Stamford Raffles's Account of the Founding of Singapore* (Eastbourne, UK, 2004); C. M. Turnbull, *A History of Modern Singapore*, 1819 - 2005 (Singapore: NUS Press, 2009), 30 - 31.

16. Eric Tagliacozzo, *Secret Trades, Porous Borders: Smuggling and States along a Southeast Asian Frontier*, 1865 - 1915 (New Haven: Yale University Press, 2005).

17. "A List of the Inhabitants of Prince of Wales Island," 25 August 1788, SSFR, IOR/G/34/3; Penang Proceedings, 5 April 1793, SSFR, IOR/G/34/5.

18. 另一个关于这个词汇起源的说法认为,它来自"Jawi Bukan","Jawi Bukan"的意思是非"Jawi"(或说"非马来");另一种写法是"Jawi Pekan"(或说"城市的马来人")。可参见 Helen Fujimoto, *The South Indian Muslim Community and the Evolution of the Jawi Peranakanin Penang up to* 1948 (Tokyo: Tokyo Gaikokugo Daigaku, 1988)。

19. 关于"克里奥尔"(creole)在东南亚脉络中的用法,可参见 Sumit K. Mandal 未出版的手稿"Becoming Arab: Creole Histories and Modern Identity in the Malay World"。

20. *The Hikayat Abdullah: The Autobiography of Abdullah bin Kadir* (1797 - 1854), trans. A. H. Hill (Singapore: Oxford University Press, 1969); Anthony Milner, *The Invention of Politics in Colonial Malaya:*

Contesting Nationalism and the Expansion of the Public Sphere (Cambridge: Cambridge University Press, 1995); Amin Sweeney, ed. , *Karya Lengkap Abdullah bin Abdul Kadir Munsyi* (Jakarta: Kepustakaan Populer Gramedia, 2005).

21. 关于努尔丁生平的描述,根据 Fujimoto, *South Indian Muslim Community*。

22. James William Norton Kyshe, ed. , *Cases Heard and Determined in Her Majesty's Supreme Court of the Straits Settlements* 1808 – 1884 (Singapore: Singapore and Straits Printing Office, 1885), 1:255 – 272.

23. *Badar Bee v. Habib Merican Noordin* (1909), A. C. 615.

24. Francis Light (George Town) to Sir John Shore (Fort William), 1 August 1794, SSFR, IOR/G/34/6; Robert Percival, "Account of the Island of Ceylon," *Ceylon Historical Journal* 22 (1803): 114 – 115.

25. Alexander Kyd, Memorandum on Penang, 1 September 1787, SSFR, IOR/G/34/1; Francis Light to John MacPherson, 13 December 1786, SSFR, IOR/G/34/2.

26. "Proceedings Relative to Prince of Wales Island," Fort William, 5 January 1791, SSFR, IOR/G/34/4; Rajesh Rai, "Sepoys, Convicts and the 'Bazaar Contingent': The Emergence and Exclusion of 'Hindustani' Pioneers at the Singapore Frontier," *Journal of Southeast Asian Studies* 35, 1 (2004): 1 – 19.

27. Letter from John Brown, Provost, Prince of Wales Island, to Francis Light, 5 February 1794, enclosure in Light's letter to Calcutta, 1 August 1794, SSFR, IOR/G/34/6; Letter from James Scott, 30 January 1794, SSFR, IOR/G/34/6; Case of Syedpilly Marikan: Enclosure No. 20, January 1794, SSFR, IOR/G/34/6.

28. Dispatch from Sir T. Maitland to Viscount Castlereagh, 20 August 1808, appendix to T. Smith, *A Military History of Ceylon*, ms. , 1833, NAUK, PRO, CO/59/26, WO/1/364 – 366; B. A. Hussainmiya, *Orang Rejimen* (Kuala Lumpur: UKM Press, 1990).

29. Letter from Francis Light, 13 December 1786, SSFR, IOR/G/34/2;

Extract from Letter of F. R. MacDonald, Superintendant, Prince of Wales Island, 12 November 1796, in "Bengal Proceeding and Correspondence on Land Tenure at Penang, November 1786 — August 1800," SSFR, IOR/G/34/1; Letter from W. M. Hunter to C. R. Commelin, Secretary to the Government, Public Department, 8 July 1802, SSFR, IOR/G/34/9.

30. *Ravensworth* Log, 1786 – 1787, IOR/L/MAR/B/565A; Dispatch from Sir T. Maitland to Viscount Castlereagh, 20 August 1808, Appendix to T. Smith, *A Military History of Ceylon*, ms., 1833, NAUK, CO/59/26.

31. Petition from "Free Bengalis" to John Prince, 28 September 1826, IOR/F/4/1184/30747.

32. Clare Anderson, " Sepoys, Servants and Settlers: Convict Transportation in the Indian Ocean, 1787 – 1945," in Ian Brown and Frank Dikötter, eds., *Cultures of Confinement: A History of the Prison in Africa, Asia and Latin America* (London: Hurst, 2007), 185 – 220; Anand A. Yang, "Indian Convict Workers in Southeast Asia in the Late Eighteenth and Early Nineteenth Centuries," *Journal of World History* 14, 2 (2003): 179 – 208.

33. "Memorial of the Polygar Prisoners," 6 May 1815, SSFR, G/34/49; Fort Cornwallis: Answer to the General Letter of 18 February 1814, SSFR, G/34/181; Anderson, "Sepoys, Servants and Settlers"; Yang, "Indian Convict Workers"; Kerry Ward, *Networks of Empire: Forced Migration in the Dutch East India Company* (Cambridge: Cambridge University Press, 2008).

34. Letter from H. Barlow, Register, Nizamat Adalat, to E. Hay, Secretary to the Government of Bengal, 20 November 1793, Bengal Judicial Proceedings, 20 December 1793, IOR/P/128/7; K. Duncan, Resident, Benares, to G. M. Barlow, Secretary to the Government of Bengal, 10 July 1794, Bengal Judicial Proceedings, 25 July 1794, IOR/P/128/12; see also Anderson, "Sepoys, Servants and Settlers," 190 – 191.

35. Minute by the President, Fort Cornwallis, 15 April 1824, SSFR, G/34/94; J. F. McNair, *Prisoners Their Own Warders: A Record of the Convict Prison at Singapore...: Together with a Cursory History of the Convict Establishments at Bencoolen, Penang and Malacca from the Year* 1797,

assisted by W. D. Bayliss (London: Archibald Constable, 1899).

36. F. R. MacDonald, 20 July 1796, enclosure in SSFR, G/34/94 (1824); Letter from E. A. Blundell, Moulmein, to Major D. Williams, 17 September 1836, in Bengal Criminal and Judicial Consultations, 21 November – 26 December 1837, IOR/P/141/18.

37. Letter from A. P. Phayre to Major D. Williams, 10 December 1845, in Bengal Criminal and Judicial Consultations, 1 – 15 April 1846, IOR/P/142/46.

38. Minute by the President, Fort Cornwallis, 15 April 1824, SSFR, G/34/94; Yang, "Indian Convict Workers"; SSFR, G/34/94, 15 April 1824.

39. 引自 Yang, "Indian Convict Workers," 204 – 206。

40. Radha Kumud Mookerji, *Indian Shipping: A History of the Sea – Borne Trade and Maritime Activity of the Indians from the Earliest Times* (Bombay: Longmans, 1912), 246 – 247; David Arnold, *Science, Technology and Medicine in Colonial India*, The New Cambridge History of India, pt. III, no. 5 (Cambridge: Cambridge University Press, 2000), 102 – 103.

41. Amitav Ghosh, "Of Fanas and Forecastles: The Indian Ocean and Some Lost Languages of the Age of Sail," *Economic and Political Weekly*, 21 June 2008, 56 – 62; Anne Bulley, ed. , *Free Mariner: John Adolphus Pope in the East Indies*, 1786 – 1821 (London: Bacsa, 1992) , 54; Amitav Ghosh, *Sea of Poppies* (London: John Murray, 2008).

42. Fort St. George, Public Department, Consultations, 14 January – 31 December 1784, Memoranda of 27 June and 18 November, 1784, IOR/P/240/59. For further discussion, see Ravi Ahuja, "Labour Relations in an Early Colonial Context: Madras, c. 1750 – 1800," *Modern Asian Studies* 36, 4 (2002): 793 – 832.

43. Eric Meyer, "Labour Circulation between Sri Lanka and South India in Historical Perspective," in Claude Markovits, Jacques Pouchepadass, and Sanjay Subrahmanyam, eds. , *Society and Circulation: Mobile People and Itinerant Cultures in South Asia*, 1750 – 1950 (New Delhi: Permanent Black, 2003), 55 – 88; Sujit Sivasundaram, "Ethnicity, Indigeneity and Migration in

the Advent of British Rule to Sri Lanka," *American Historical Review* 115, 2 (2010): 428-452.

44. Letter from Emerson Tennent to Earl Grey, 21 April 1847, NAUK, CO/54/235; Meyer, "Labor Circulation between Sri Lanka and South India"; Patrick Peebles, *Plantation Tamils of Ceylon* (Leicester: Leicester University Press, 2001); R. DeButts, *Rambles in Ceylon* (London: W. H. Allen, 1841), 185; James Duncan, *In the Shadows of the Tropics: Climate, Race and Biopower in Nineteenth Century Ceylon* (Aldershot: Ashgate, 2007), 58-59.

45. Patrick Peebles, *Sri Lanka: A Handbook of Historical Statistics* (Boston: G. K. Hall, 1982), 67-68.

46. Meyer, "Labor Circulation between Sri Lanka and South India"; Frank Heidemann, *Kanganies in Sri Lanka and Malaysia: Tamil Recruiter-cum-Foreman as a Sociological Category in the Nineteenth and Twentieth Century* (Munich: Anacon, 1992); Roland Wenzelhumer, *From Coffee to Tea Cultivation in Ceylon, 1880-1900: An Economic and Social History* (Leiden: Brill, 2008).

47. Jan Breman and E. Valentine Daniel, "Conclusion: The Making of a Coolie," *Journal of Peasant Studies* 19, 3-4 (1992): 268-295.

48. John Geoghegan, *Note on Emigration from India* (Calcutta: Government of India, 1873), 1; Letter from Francis Light (Penang) to Sir John Shore, Fort William, 1 August 1784, SSFR, 2: IOR/G/34/2; Prince of Wales Island, Census Department, 1823, IOR, F/4/74020284. John Crawfurd, *History of the Indian Archipelago: Containing an Account of the Manners, Arts, Languages, Religions, Institutions and Commerce of Its Inhabitants* (Edinburgh: Archibald Constable, 1820), 1:133-134; McNair, *Prisoners Their Own Warders*; T. J. Newbold, *Political and Statistical Account of the British Settlements in the Straits of Malacca*, vol. 1 (London: John Murray, 1839).

49. Letter from Official Resident Councillor, Prince of Wales Island, to Fort St. George, MPP, vol. 832, 12 December 1848, nos. 7-8, TNSA; Letter from Governor, Prince of Wales Island, to Officiating Chief Secretary,

Fort St. George, 15 May 1849, no. 7, MPP, vol. 836, TNSA.

50. Letter from Official Resident Councillor, Prince of Wales Island, to Fort St. George, 12 December 1848, nos. 7–8, MPP, vol. 832, TNSA.

51. J. W. Birch, Colonial Secretary, Straits Settlements, to the Chief Secretary, Fort St. George, 1 July 1870, NAI, Department of Revenue, Agriculture and Commerce: Emigration Branch, Proceedings 1–9, September 1871.

52. 我认为这个观察出自高希。

53. Denys Lombard and Claudine Salmon, "Islam and Chineseness," *Indonesia* 57 (1993): 115–131.

54. Philip A. Kuhn, *Chinese among Others: Emigration in Modern Times* (Singapore: NUS Press, 2008), 8; Leonard Blussé, "Batavia, 1619–1740: The Rise and Fall of a Chinese Colonial Town," *Journal of Southeast Asian Studies* 12, 1 (1981): 159–178; G. William Skinner, "Creolized Chinese Societies in Southeast Asia," in Anthony Reid, ed., *Sojourners and Settlers: Histories of Southeast Asia and the Chinese* (Sydney: Allen and Unwin, 1996), 50–93; Carl A. Trocki, *Opium and Empire: Chinese Society in Colonial Singapore*, 1800–1910 (Ithaca, NY: Cornell University Press, 1990).

55. J. D. Vaughn, *Manners and Customs of the Chinese of the Straits Settlements* (Singapore: Mission Press, 1879), 16.

56. John Thomson, *The Straits of Malacca, Indo-China and China, or Ten Years' Travels, Adventures and Residence Abroad* (London: Sampson, Low, Marston, Low and Searle, 1875), 10–13.

57. Amitav Ghosh, *River of Smoke* (London: John Murray, 2011), 108–109.

58. Bulley, ed., *Free Mariner*, 90.

59. Sir Richard C. Temple, "Buddermokan," *Journal of the Burma Research Society* 15, 1 (1925): 1–33; Moshe Yegar, *The Muslims of Burma* (Wiesbaden: O. Harrassowitz, 1972), 8.

60. Janab Gulam Kadhiru Navalar, *Karunai – Kadal Nagur*

Andavaravargalin Punitha Vaazhkai Varalaaru (Chennai, 1963); S. A. Shaik Hassan Sahib Qadhiri, *The Divine Light of Nagore* (*The Whole History and Teachings of Nagore Great Saint*) (Nagore: Nagore Dargah, 1980).

61. Torsten Tschacher, "Witnessing Fun: Tamil – Speaking Muslims and the Imagination of Ritual in Tamil Southeast Asia," in Michael Bergunder, Heiko Frese, and Ulrike Schröder, eds., *Ritual, Caste and Religion in Colonial South India* (Halle: Verlag der Franckeschen Stiftungen, 2010): 189 – 218. Susan Bayly, "Imagining 'Greater India': French and Indian Visions of Colonialism in the Indic Mode," *Modern Asian Studies* 38, 3 (2004): 704.

62. C. Snouck Hurgronje, *The Achehnese*, trans. A. W. S. O'Sullivan (Leyden: E. J. Brill, 1906), 1:218.

63. Koca Maraikkayar, *Pinangu Ursava Thiruvalankaara Cinthu* (Penang: Kim Seyk Hiyan, 1895), 4 – 6; 也可参见 Tschacher, "Witnessing Fun"; "Coroner's Inquests," *Singapore Free Press*, 26 February 1857; Anon., "Mohamedan Mosque, Penang," 水彩画(相片打印,原展于莱佛士博物馆, plate 162, in Lim Chong Keat, *Penang Views*, 1770 – 1860 (Penang: Penang Museum / Summer Times Publishing, 1986)。

64. "Petition from Hindoo Inhabitants of Singapore," NAS, SSR, Singapore Consultations (A), A34, May 1827.

65. "Petition from Hindoo Inhabitants of Singapore"; "Petition from Mohammedan Inhabitants of Singapore Respecting the Hindu Temple Adjoining the Mosque": NAS, SSR, A34, May 1827.

66. James Low, *The British Settlement of Penang* (Singapore, 1836); Letter to Trustees, Hindoo Temple at Singapore (Original Petition Enclosed), NAS, SSR, Miscellaneous Letters Out, 1800 – 1867, V30 (1860).

67. Prabhu P. Mohapatra, "The Hosay Massacre of 1884: Class and Community among Indian Immigrant Labourers in Trinidad," in Arvind N. Das and Marcel van der Linden, eds., *Work and Social Change in Asia: Essays in Honour of Jan Breman* (New Delhi: Manohar, 2003); Prashant Kidambi, *The Making of an Indian Metropolis: Colonial Governance and Public Culture in Bombay*, 1890 – 1920 (Ashgate, UK: Aldershot, 2007).

68. M. L. Wynne, *Triad and Tabut: A Survey of the Origin and Diffusion of Chinese and Mohamedan Secret Societies in the Malay Peninsula A. D.* 1800 – 1935 (Singapore: GPO, 1941); Fujimoto, *The South Indian Muslim Community*.

69. Letter from Harry St. George Ord, Governor of Penang, 19 August 1867, NAUK, CO/273/11; *Report of the Commissioners Appointed under Act XXI of 1867 to Enquire into: The Penang Riots* (Penang: Argus Press, 1868), evidence statements 36 – 39 and Appendix 16, NAUK, CO/273/26; A. E. H, Anson, *About Others and Myself* (London: J. Murray, 1920), 278 – 283.

70. Crawfurd, *History of the Indian Archipelago*, 1: 133 – 134; Thomson, *The Straits of Malacca, Indo-China and China*, 12 – 14.

71. *Report on the Administration of the Straits Settlements, during the year* 1855 – 56 (Singapore: Government Printer, 1857), 20.

72. Bayly, *Imperial Meridian*, 66; Benedict Anderson, *Imagined Communities: Reflections on the Origin and Spread of Nationalism*, 2nd ed. (London: Verso, 1991), 120 – 121; cf. Joel S. Kahn, *Other Malays: Nationalism and Cosmopolitanism in the Modern Malay World* (Singapore: NUS Press, 2006).

73. Kenneth Pomeranz, "Introduction: World History and Environmental History," in Edmund Burke III and Kenneth Pomeranz, eds., *The Environment and World History* (Berkeley: University of California Press, 2009), 3 – 32; Robert Marks, "Commercialization without Capitalism: Processes of Environmental Change in South China, 1550 – 1850," *Environmental History* 1, 1 (January 1998): 56 – 82。也可参见 Anthony Reid, *Southeast Asia in the Age of Commerce*, 1450 – 1680 (New Haven: Yale University Press, 1993), vol. 2; David Washbrook, "The Textile Industry and the Economy of South India, 1500 – 1800," in Giorgio Riello and Tirthankar Roy, eds., *How India Clothed the World: The World of South Asian Textiles*, 1500 – 1850 (Leiden: Brill, 2009), 173 – 192; C. J. Baker, "Economic Reorganization and the Slump in South and Southeast Asia," *Comparative*

Studies in Society and History, 23, 3 (1981), 325 - 49。

第四章 人的运输

1. MPP, no. 40 of 13 September 1870, IOR/P/449/10; *Friend of India*, 14 April 1870, 433; Memorandum by E. F. Webster, Collector of Tanjore, to Chief Secretary, Government, 25 March 1881, NAI, Revenue and Agricultural Department: Emigration Branch, Proceedings 19 - 21, January 1882; *Police Weekly Circular*, 4 February 1865, in extract from diary of Assistant Superintendant of Police, MPP, no. 40 of 13 September 1870.

2. Alexander Kyd, Memorandum on Penang, 1 September 1787, SSFR, IOR/G/34/1; Syed Hussein Alatas, *The Myth of the Lazy Native: A Study of the Image of Malays, Filipinos and Javanese from the Sixteenth to the Twentieth Century and Its Functions in the Ideology of Colonial Capitalism* (London: Frank Cass, 1977).

3. Patrick Peebles, *Plantation Tamils of Ceylon* (Leicester: Leicester University Press, 2001); MPP, vol. 832, 12 December 1848, nos. 7 - 8, Appendix: "Ships Arriving in Prince of Wales Island," TNSA; Kernial Singh Sandhu, *Indians in Malaya: Some Aspects of their Immigration and Settlement* (1786 - 1957) (Cambridge: Cambridge University Press, 1969), 304; Straits Settlements, *Reports on Indian Immigration* (Singapore and Penang: Government Printer), 1880 - 1911; Michael Adas, *The Burma Delta: Economic Development and Social Change on an Asian Rice Frontier*, 1852 - 1941 (Madison: University of Wisconsin Press, 1974).

4. Adam McKeown, "Global Migration, 1846 - 1940," *Journal of World History* 15, 2 (2004): 155 - 189; Kingsley Davis, *The Population of India and Pakistan* (Princeton, NJ: Princeton University Press, 1951).

5. Joseph Conrad, "The End of the Tether," in *Youth, a Narrative, and Two Other Stories* (London: W. Blackwood and Sons, 1902), 168.

6. E. A. Wrigley, *Energy and the English Industrial Revolution* (Cambridge: Cambridge University Press, 2010).

7. Arthur Cotton, "On Communication between India and China by Line of the Burhampooter," *Proceedings of the Royal Geographic Society of London*

11, 6 (1886 – 1887); John Ogilvy Hay, *A Map Shewing the Various Routes Connecting China with India and Europe through Burmah and Developing the Trade of Eastern Bengal, Burma and China* (London: Edward Stanford, 1875); Henry Duckworth, *New Commercial Route to China (Capt. Sprye's Proposition)* (London, 1861); Ifekhar Iqbal, "The Space between the Nation and the Empire: 1905 and Trans – regional Trajectories on Northeastern India, Burma and Southwestern China," paper presented at Tufts University, December 2010.

8. Wrigley, *Energy*, 242.

9. Sayako Kanda, "Environmental Changes, the Emergence of a Fuel Market, and the Working Conditions of Salt Makers in Bengal, c. 1780 – 1845," *International Review of Social History* 55 (2010), 123 – 151.

10. *The Irrawaddy Flotilla and Burmese Steam Navigation Company, Limited*, promotional leaflet, 1872; typescript dated 6 May 1940, written by R. J. Wilkinson, Irrawaddy Flotilla Company manager in Burma and later a director in Glasgow; typescript note on the IFC's "parent company," enclosed with letter to T. Cormack, 26 January 1937. All files found in NMM, Papers of the Irrawaddy Flotilla Company (uncatalogued), MS79/077, Box 1.

11. T. Braddell, Colonial Secretary, Straits Settlements, to D. F. Carmichael, Acting Chief Secretary to the Government, Fort St. George, 23 December 1874, MPP, no. 87, 26 January 1875, IOR/P/276.

12. Sandhu, *Indians in Malaya*, appendices 3 – 4; Michael Adas, *The Burma Delta*, 96.

13. *Report of the Deck Passenger Committee*, 1921 (Calcutta: Government Printer, 1921), 1:9 – 10.

14. K. N. Chaudhuri, *Trade and Civilization in the Indian Ocean: An Economic History from the Rise of Islam to 1750* (Cambridge: Cambridge University Press, 1985).

15. Derek Walcott, "Another Life," in *Selected Poems*, ed. Edward Baugh (London: Faber, 2007), 76.

16. Sumit K. Mandal 未出版的手稿"Becoming Arab: Creole Histories and

Modern Identity in the Malay World,"ch. 2。

17. Manu Goswami, *Producing India: From Colonial Economy to National Space* (Chicago: University of Chicago Press, 2004); Matthew Edney, *Mapping an Empire: The Geographical Construction of British India*, 1765 – 1843 (Chicago: University of Chicago Press, 1997); K. Sivaramakrishnan, *Modern Forests: Statemaking and Environmental Change in Colonial Eastern India* (Stanford, CA: Stanford University Press, 1999).

18. Thomas R. Metcalf, *Imperial Connections: India in the Indian Ocean Arena*, 1860 – 1920 (Berkeley: University of California Press, 2007).

19. Burton Stein, *Peasant State and Society in Medieval South India* (New Delhi: Oxford University Press, 1980); Burton Stein, "Circulation and the Historical Geography of Tamil Country," *Journal of Asian Studies* 37, 1 (1977): 7 – 26.

20. Christopher Baker, *An Indian Rural Economy* 1880 – 1955: *The Tamilnad Countryside* (New Delhi: Oxford University Press, 1984), 19 – 97.

21. Dharma Kumar, *Land and Caste in South India: Agricultural Labour in Madras Presidency during the Nineteenth Century* (Cambridge: Cambridge University Press, 1965).

22. David Washbrook, "India 1818 – 1860: The Two Faces of Colonialism," in Andrew Porter, ed., *The Oxford History of the British Empire: Volume 3: The Nineteenth Century* (Oxford: Oxford University Press 1999), 395 – 421; Prasannan Parthasarathi, "Historical Issues of Deindustrialization in Nineteenth – Century South India," in Giorgio Riello and Tirthankar Roy, eds., *How India Clothed the World: The World of South Asian Textiles*, 1500 – 1850 (Leiden: Brill, 2009), 415 – 435.

23. Mike Davis, *Late Victorian Holocausts: El Niño Famines and the Making of the Third World* (London: Verso, 2001).

24. William Digby, *The Famine Campaign in Southern India* (*Madras and Bombay Presidencies and Province of Mysore*, 1876 – 1878) (London: Longmans, Green, 1878), 1:112 – 113.

25. F. A. Weld to the Earl of Kimberley, 5 May 1881, NAI, Department

of Revenue and Agriculture, Emigration Branch, Proceedings 10 – 17, November 1881.

26. Secretary to the Chief Commissioner, British Burma, to Secretary to the Government of India, Rangoon, 3 March 1877, NAI, Department of Revenue, Agriculture and Commerce, Emigration Branch, March 1877, Proceedings 3 – 4 ("Emigration from Madras to Burma").

27. David Arnold, "Famine in Peasant Consciousness and Peasant Action: Madras, 1876 – 8," in R. Guha, ed. , *Subaltern Studies III : Writings on South Asian History and Society* (New Delhi: Oxford University Press, 1984), 62 – 115; S. Ambirajan, "Malthusian Population Theory and Indian Famine Policy in the Nineteenth Century," *Population Studies* 30, 1 (1976): 5 – 14.

28. Arnold, "Famine in Peasant Consciousness. "

29. Eric Meyer, "Labour Circulation Between Sri Lanka and South India in Historical Perspective," in Claude Markovits, Jacques Pouchepadass, and Sanjay Subrahmanyam, eds. , *Society and Circulation : Mobile People and Itinerant Cultures in South Asia* , 1750 – 1950 (New Delhi: Permanent Black, 2003): 55 – 88.

30. "Agricole," letter to the *Straits Free Press*, 9 June 1836, 引自 Sandhu, *Indians in Malaya* , 48。

31. Sandhu, *Indians in Malaya*.

32. 同上注, 79 页。

33. William Beinart and Lotte Hughes, *Environment and Empire* (Oxford: Oxford University Press, 2007), ch. 14; Richard Drayton, *Nature's Government : Science, Imperial Britain, and the " Improvement " of the World* (New Haven: Yale University Press, 2000); Colin Barlow, *The Natural Rubber Industry: Its Development, Technology and Economy in Malaysia* (Kuala Lumpur: Oxford University Press, 1978); J. H. Drabble, *Rubber in Malaya* , 1876 – 1922: *The Genesis of an Industry* (Kuala Lumpur: Oxford University Press, 1972).

34. 出自对海峡殖民地的计算, *Reports on Indian Immigration* (Singapore

and Penang), 1880 – 1911。

35. Jan Breman, *Labour Migration and Rural Transformation in Colonial Asia* (Amsterdam: Free University Press, 1990); Ravindra K. Jain, *South Indians on the Plantation Frontier in Malaya* (New Haven: Yale University Press, 1970).

36. 引自 Sandhu, *Indians in Malaya*, 101 – 102。

37. Muthammal Palanisamy, *Nadu Vittu Nadu* (Chennai, 2007).

38. 出自一位殖民地官员的观察,引自 Adas, *The Burma Delta*, 75。

39. 关于切蒂亚尔人社群,可参见 Adas, *The Burma Delta*; Raman Mahadevan, "Immigrant Entrepreneurs in Colonial Burma: An Exploratory Study of the Role of Nattukottai Chettiars of Tamil Nadu, 1880 – 1930," *Indian Economic and Social History Review* 15, 3 (1978): 329 – 358; David West Rudner, *Caste and Capitalism in Colonial India: The Nattukottai Chettiars* (Berkeley: University of California Press, 1994); Sean Turnell, *Fiery Dragons: Banks, Lenders, and Microfinance in Burma* (Copenhagen: NIAS Press, 2009)。

40. 先前的讨论节录自 Burma Provincial Banking Enquiry (Grantham) Committee, *Volume 1: Report: Banking and Credit in Burma* (Rangoon: Government Press, 1930); *Report on Settlement Operations in the Syriam Township, Hanthawaddy District*, 1880 – 81 (Rangoon: Government Press, 1882); *Report on Settlement Operations in the Hanthawaddy and Pegu Districts* (1882 – 1883) (Rangoon: Government Press, 1884); *Proceedings of the Government of Burma, Department of Revenue and Agriculture* (May 1906), IOR/P/7237。

41. Karl Marx, *Capital: Critique of Political Economy*, Ben Fowkes, trans., (London: Penguin, 1990), 1:860; John Bellamy Foster, "Marx's Theory of Metabolic Rift: Classical Foundations for Environmental Sociology," *American Journal of Sociology* 105, 2 (1999): 355 – 405.

42. Harry St. George Ord, Governor, Straits Settlements, to the Earl of Kimberley, 15 May 1871, NAI, Department of Revenue, Agriculture and Commerce: Emigration Branch, September 1871, Proceedings 1 – 9, September

1871, "Emigration of Labourers from India to the Straits Settlements."

43. A. E. H. Anson, Lieutenant Governor of Penang, to Colonial Secretary, 16 November 1880, NAI, Home, Revenue and Agricultural Department: Emigration Branch, Proceedings 17–23, April 1881.

44. J. P. James, Port Officer and Emigration Agent, Negapatam, to Collector and District Magistrate, Tanjore, 25 July 1890, NAI, Revenue and Agricultural Department: Emigration Branch, Emigration Proceedings 15–23, February 1891, "Proposed Opening of Emigration from India to British North Borneo and Labuan."

45. H. V. Cobb, Acting Head Assistant Collector of Tanjore, to Collector of Tanjore, 17 November 1890, NAI, Revenue and Agriculture Department, Emigration Branch, Proceedings 6–7, March 1891, "Mortality among Indian Emigrants in the Straits Settlements."

46. George Grierson, *Report on Colonial Emigration from the Bengal Presidency* (Calcutta: Government Printer, 1883).

47. James Low, "The Probable Effects on the Climate of Pinang of the Continued Destruction of Its Hill Jungles," *Journal of the Indian Archipelago and Eastern Asia*, 1849, 534–536; on early environmentalism in Malaya, 也可参见 Jeyamalar Kathirithamby–Wells, *Nature and Nation: Forests and Development in Peninsular Malaysia* (Copenhagen: NIAS Press, 2005)。

48. Muthammal Palanisamy, *Naduppurra paatalgalil en payanam* (Chennai, 2006).

49. David Dean Shulman, *Tamil Temple Myths: Sacrifice and Divine Marriage in the South Indian Saiva Tradition* (Princeton, NJ: Princeton University Press, 1980), 46–47; Fred W. Clothey, *The Many Faces of Murugan: The History and Meaning of a South Indian God* (The Hague: Mouton, 1978); Henry Whitehead, *The Village Gods of South India* (Calcutta: Association Press, 1921).

50. Diana L. Eck, *India: A Sacred Geography* (New York: Harmony, 2012).

51. Marx, *Capital*, 1:926.

52. Richard White, *The Organic Machine: The Remaking of the Columbia River* (New York: Hill and Wang, 1995), x; Henri Fauconnier, *The Soul of Malaya* [1930], trans. Eric Sutton (Singapore: Archipelago Press, 2003), 32.

53. Fauconnier, *The Soul of Malaya*, 128 – 129; Beinart and Hughes, *Environment and Empire*, 240 – 241; Richard Upjohn Light, "Cruising by Airplane: Narrative of a Journey around the World," *Geographical Review* 25, 4 (October 1935): 565 – 600.

54. Memorandum by A. E. Anson, no. 4223, 4 December 1873, NAI, Department of Revenue, Agriculture and Commerce: Emigration Branch, Proceedings 10 – 13, June 1874.

55. Ralph Shlomowitz and Lance Brennan, "Mortality and Indian Labour in Malaya, 1877 – 1913," *Indian Economic and Social History Review* 29 (1992); *Report of the Commission Appointed to Enquire into Certain Matters Affecting the Health of Estates in the Federated Malay States* (Singapore: Government Printer, 1924); Malcolm Watson, *The Prevention of Malaria in the Federated Malay States*, 2nd ed. (London: John Murray, 1921); Amarjit Kaur, "Indian Labour, Labour Standards, and Workers' Health in Burma and Malaya, 1900 – 1940," *Modern Asian Studies* 40, 2 (2006): 466.

56. Memorandum by W. E. Maxwell, Magistrate, Province Wellesley and others, Butterworth, 15 December 1873, NAI, Department of Revenue, Agriculture and Commerce: Emigration Branch, Proceedings 10 – 13, June 1874.

57. From S. H. Wynne, Protector of Emigrants, Negepatam, to Under Secretary to Government, 13 December 1880 NAI, Home, Revenue and Agriculture Department: Emigration Branch, Proceedings 17 – 23, April 1881.

58. Note by W. O'Halloran, Surgeon – Major, Army Medical Department, Penang, 8 December 1873, NAI, Department of Revenue, Agriculture and Commerce: Emigration, Proceedings 10 – 13, June 1874; Major J. F. Fitzpatrick, Zillah Surgeon, Negapatam, to Acting Sub – Collector and Protector of Emigrants, Negapatam, 2 July 1880, NAI, Home, Revenue

and Agriculture Department: Emigration Branch, Proceedings 17 – 23, April 1881.

59. "Testimony of 3 Returned Emigrants," in letter from J. Cameron, Acting Sub–Collector of Tanjore, to H. Thomas, contained in letter from H. S. Thomas, Collector of Tanjore, to D. F. Carmichael, Officiating Chief Secretary, Fort St. George, 29 June 1875, Madras Public Consultations, no. 111 of 28 July 1875, IOR/P/276; Office Memo no. 4223, 4 December 1873, from A. E. Anson, Lieutenant Governor of Penang, NAI, Department of Revenue, Agriculture and Commerce: Emigration Branch, Proceedings 10–13, June 1874.

60. J. D. M. Coghill, Acting Colonial Surgeon, Province Wellesley, 11 December 1873, NAI, Department of Revenue, Agriculture and Commerce: Emigration Branch, Proceedings 10–13, June 1874.

61. Sverker Sorlin and Paul Warde, "The Problem of Environmental History: A Re–reading of the Field," *Environmental History* 12, 1 (2007); Alfred W. Crosby Jr. , "The Past and Present of Environmental History," *American Historical Review* 100 (1995).

62. 关于本段的观点,较早的版本可参见 Sunil S. Amrith, "Indians Overseas? Governing Tamil Migration to Malaya, 1870–1941," *Past and Present* 208 (August 2010): 231–261;此处有实质性的改写。

63. A. O. Hume, Secretary to the Government of India, to the Secretary to the Government of Madras, 2 October 1875, NAI, Department of Revenue, Agriculture and Commerce: Emigration Branch, Proceedings 10–21, November 1875.

64. Letter no. 282, Karaikal, 1 April 1873, from Captain B. Fischer, British Consular Agent, Karaikal, to Protector of Emigrants, Madras, NAI, Department of Revenue, Agriculture and Commerce: Emigration Branch, Proceedings 38–48, February 1874.

65. B. Fischer, Consular Agent, Karaikal, to Acting Chief Secretary to Government, 23 November 1885, NAI, Department of Revenue and Agriculture: Emigration Branch, Proceedings 4–6, March 1886.

66. Lieutenant Governor of Penang to Colonial Secretary, Straits

Settlements, 26 March 1875, NAI, Department of Revenue, Agriculture and Commerce: Emigration Branch, Proceedings 10–21, November 1875.

67. John Berger, *And Our Faces, My Heart, Brief as Photos* (London: Bloomsbury, 2005), 64–65.

68. Bowness Fischer, Consular Agent, Pondicherry and Karaikal, to Chief Secretary to the Government of Madras, 27 July 1886 (emphasis in the original), NAI, Revenue and Agriculture Department: Emigration Branch, Proceeding 9, September 1886.

69. Bowness Fischer to Chief Secretary to the Government of Madras, 9 August 1881, Proceedings of the Revenue and Agriculture Branch: Emigration, no. 21, IOR/P/1862.

70. 对照 Charles Taylor, "What Is Human Agency?" in *Philosophical Papers*, vol. 1, *Human Agency and Language* (Cambridge: Cambridge University Press, 1985)。

71. Eric Tagliacozzo, *Secret Trades, Porous Borders: Smuggling and States along a Southeast Asian Frontier*, 1865–1915 (New Haven: Yale University Press, 2005), 243–244.

72. B. Fischer, Consular Agent, Karaikal, to Acting Chief Secretary to Government, 23 November 1885, NAI, Department of Revenue and Agriculture: Emigration Branch, Proceedings 4–6, March 1886.

73. *R. v. Shaik Ismail Lebby* (1878), in James William Norton Kyshe, ed., *Cases Heard and Determined in Her Majesty's Supreme Court of the Straits Settlements* 1808–1884 (Singapore: Singapore and Straits Printing Office, 1885), Vol. 3: Magistrate's Appeals, 99.

74. Bowness Fischer to Officiating Chief Secretary to the Government of Madras, 29 June 1881, Proceedings of the Revenue and Agriculture Department: Emigration, no. 21, IOR/P/1862.

75. Major A. T. Rolland, Superintendant of Police, Tanjore, to Assistant Inspector–General of Police, Madras, Tanjore, 12 November 1880, NAI, Department of Revenue and Agriculture: Emigration Branch, Proceedings 19–21, January 1882.

76. J. Douglas, Colonial Secretary, Straits Settlements, to Chief Secretary, Government of Madras, 21 March 1878, NAI, Home Revenue and Agriculture Department: Emigration Branch, Proceedings 20–26, April 1880.

77. Government of Madras, Public Department, from Consular Agent, Pondicherry and Karaikal, to Chief Secretary of Government, 25 January 1886, NAI, Department of Revenue and Agriculture: Emigration Branch, Proceedings 12–13, July 1886.

78. F. H. Gottlieb, Acting Protector of Immigrants, to Lieutenant Governor of Penang, 4 and 13 March 1879; Memorandum by Mr. MacGregor, Protector of Immigrants, 25 May 1880, Proceedings of the Revenue and Agriculture Department: Emigration, no. 21, IOR/P/1862.

79. Aloysius de Mello, *A Manual of the Law of Extradition and Fugitive Offenders, Applicable to the Eastern Dependencies of the British Empire*, 2nd ed. (Singapore: Government Printing Office, 1933).

80. "Emigration to the Straits Settlements," TNSA, Public Department, Government Order 143–44, 16 February 1907.

81. Frank Heidemann, *Kanganies in Sri Lanka and Malaysia: Tamil Recruitercum-Foreman as a Sociological Category in the Nineteenth and Twentieth Century* (Munich: Anacon, 1992); Tagliacozzo, *Secret Trades, Porous Borders*, 257–258.

82. 关于法律证词,可参见 Shahid Amin, "Approver's Testimony, Judicial Discourse: The Case of Chauri Chaura," in Ranajit Guha, ed., *Subaltern Studies V* (New Delhi: Oxford University Press, 1987), 166–202。

83. A. O. Hume, Secretary to the Government of India, to Colonial Secretary, Singapore, 9 June 1874, NAI, Department of Revenue, Agriculture and Commerce: Emigration Branch, Proceedings 10–13, June 1874; J. D. M. Coghill, Acting Colonial Surgeon, Province Wellesley, to Magistrate of Police and CEO, Province Wellesley, 16 November 1873, NAI, Department of Revenue Agriculture and Commerce: Emigration Branch, Proceedings 10–13, June 1874; Office Memo no. 4223, 4 December 1873, from A. E. Anson, Lieutenant-Governor of Penang, NAI, Department of Revenue Agriculture

and Commerce: Emigration Branch, Proceedings 10 - 13, June 1874.

84. Telegram from Government of Madras, 15 January 1872, NAI, Department of Revenue, Agriculture and Commerce: Emigration Branch, Proceedings 12 - 34, "Emigration from Madras to Penang," March 1872.

85. H. S. Thomas, Collector of Tanjore, to W. Hudleston, Chief Secretary to the Government, Fort St. George, dated Vallam, 4 March 1876, Madras Public Proceedings, no. 882 (1876), IOR/P/1038.

86. A. O. Hume, Secretary to the Government of India, to Colonial Secretary, Singapore, 9 June 1874, NAI, Department of Revenue Agriculture and Commerce: Emigration Branch, Proceedings 10 - 13, June 1874.

87. Philip A. Kuhn, *Chinese among Others: Emigration in Modern Times* (Singapore: NUS Press, 2008).

88. John S. Hoyland, ed., *Gopal Krishna Gokhale: His Life and Speeches* (Calcutta, 1933), 176 - 177.

89. Madhavi Kale, *Fragments of Empire: Capital, Slavery and Indian Indentured Labour in the British Caribbean* (Philadelphia: University of Pennsylvania Press, 1998), 167 - 171.

90. Hoyland, ed., *Gopal Krishna Gokhale*, 179.

91. Marilyn Lake and Henry Reynolds, *Drawing the Global Colour Line: White Men's Countries and the International Challenge of Racial Equality* (Cambridge: Cambridge University Press, 2007); Brij Lal, "Kunti's Cry: Indentured Women on Fiji Plantations," *Indian Economic and Social History Review* 22 (1985); Marina Carter and Khal Torabully, *Coolitude: An Anthology of the Indian Labour Diaspora* (London: Anthem, 2002).

92. 对照 Ambikapat Rai, *The Indian Coolie in Malaya* (Kuala Lumpur, 1914)。

93. J. D. Samy, "The Indian Coolies in the Federated Malay States: The Perils of Ignorance," typescript, reproduced in NAI, Deparment of Commerce and Industry: Emigration Branch, Proceedings 2 - 3 (B), July 1914.

94. Hugh Tinker, *New System of Slavery: The Export of Indian Labour Overseas, 1830 -1920* (London: Oxford University Press, 1974), 288 -

366.

95. File note by Hardinge, 28 August 1915, NAI, Department of Commerce and Industry: Emigration Branch, Proceedings 56 – 73 (A), December 1915.

96. David Northrup, *Indentured Labour in the Age of Imperialism, 1834 – 1922* (Cambridge: Cambridge University Press, 1995).

97. 引用自 R. G. Watson, Federated Malay States, to Earle of Crewe, Colonial Office, 30 December 1909, NAI, Department of Commerce and Industry: Emigration Branch, Proceedings 3 – 4, May 1910; From L. H. Clayton, Superintendant of Indian Immigration, to Federal Secretary, Kuala Lumpur, 16 December 1909, NAI, Department of Commerce and Industry: Emigration Branch, Proceedings 3 – 4, May 1910; Colonial Office to India Office (Confidential), 11 March 1910, NAI, Department of Commerce and Industry: Emigration Branch, Proceedings 3 – 4, May 1910。

98. Chief Secretary to the Government of Fort St. George to the Secretary to the Government of India, 19 March 1883, NAI, Department of Revenue and Agriculture: Emigration Branch, Proceeding 24, July 1883.

99. Rebecca J. Scott, *Degrees of Freedom: Louisiana and Cuba after Slavery* (Cambridge, MA: Harvard University Press, 2005).

100. Talal Asad, "Thinking about Agency and Pain," in *Formations of the Secular: Christianity, Islam, Modernity* (Stanford, CA: Stanford University Press, 2003), 72 – 73.

101. B. Nukaiah and V. K. Sarma, eds., *Proceedings Volume of the Second World Telugu Mahasabha* (Hyderabad, 1981), 76 – 77, trans. A. Satyanarayana in "'Birds of Passage': Migration of South Indian Labour Communities to South – East Asia, 19 – 20th Centuries," CLARA Working Paper no. 11, 6 (2001).

102. H. G. Quaritch Wales, "Archaeological Researches in Ancient Indian Colonization," *Journal of the Malayan Branch of the Royal Asiatic Society* 18, 1 (1940): 1 – 85; Paul Wheatley, *The Golden Khersonese* (Kuala Lumpur: Oxford University Press, 1961).

第五章 大海的十字路口

1. 出自与纳拉亚纳萨米的访谈，NAS，Oral History Department, A 001194/12, 由苏普拉玛尼阿姆(Rajendran Supramaniam)于1990年5月28日进行。所有来自新加坡档案馆的口述历史、节录自原影音资料的录音与泰米尔语翻译，除非另有说明，否则均出自作者本人。

2. M. K. Gandhi, "The Chinese and the Indians in Singapore," *Indian Opinion*, 1 July 1905, in *Mahatma Gandhi on Indians Overseas* (Bombay: Purshotamdas Thakurdas Reseach Centre, 1970), 39.

3. "Acknowledgement of a Telegram Stating That Trade Routes in the Region of the Bay of Bengal . . . Had Been Closed Due to Enemy Shipping," September 1914, NAUK, CO323/624/80.

4. R. W. Harper, *Singapore Mutiny* (Singapore: Oxford University Press, 1984); T. R. Sareen, *Secret Documents on Singapore Mutiny*, 1915 (New Delhi: Mounto, 1995).

5. Letter from Agents of the British India Steam Navigation Company, Singapore, to Controller of Labour, Federated Malay States, 4 October 1915, NMM, Papers of the British India Steam Navigation Company, BIS/7/20, "Negapatam – Straits Mail and Coolie Contract."

6. Liew Kai Khiun, "Terribly Severe though Mercifully Short: The Episode of the 1918 Influenza in British Malaya," *Modern Asian Studies* 41, 2 (2007): 221 – 252.

7. Straits Settlements, *Blue Book*, 1926 (Singapore: Government Printer, 1926), "Imports and Exports."

8. Denys Lombard, "Une autre 'Méditerranée' dans le Sud – Est asiatique," *Hérodote*, *Revue de Géographie et de Géopolitique* 88 (1998): 184 – 193.

9. Frank Broeze, ed., *Brides of the Sea: Port Cities of Asia from the Sixteenth to Twentieth Centuries* (Sydney: UNSW Press, 1989).

10. Sugata Bose, *A Hundred Horizons: The Indian Ocean in the Age of Global Empire* (Cambridge, MA: Harvard University Press, 2006), 109 – 110.

11. E. J. L. Andrew, *Indian Labour in Rangoon* (London: Oxford University Press, 1933), 5.

12. J. S. Furnivall, *Colonial Policy and Practice: A Comparative Study of Burma and Netherlands India* (Cambridge: Cambridge University Press, 1948), 304. 最近的一个观点与 Furnivall 不谋而合,可参见 Carl A. Trocki, *Singapore: Wealth, Power and the Culture of Control* (London: Routledge, 2006)。

13. *Young India*, 11 April 1929; Andrew, *Indian Labour in Rangoon*, 20.

14. Irrawaddy Flotilla Company, "Short Statement of Activities on the Rivers of Burma," 12 February 1942, typescript in NMM, Papers of the Irrawaddy Flotilla Company (uncatalogued), MS79/077, Box 1.

15. Andrew, *Indian Labour in Rangoon*; O. H. Spate, "Beginnings of Industrialization in Burma," *Economic Geography* 17, 1 (January 1941): 75-92.

16. Andrew, *Indian Labour in Rangoon*, 2:32-58.

17. *Proceedings of the Legislative Council of Burma* (1925), 57-69, 416-441.

18. Frank Trager, "The Labor Movement," in Frank Trager, ed., *Burma*, vol. 3 (New Haven: Yale University Press, 1956); A. Narayana Rao, *Indian Labour in Burma* (Rangoon, 1933), 66.

19. Rao, *Indian Labour*, 187.

20. John S. Hoyland, ed., *Gopal Krishna Gokhale: His Life and Speeches* (Calcutta, 1933), 177; *Qaum Parasht* (Lahore), 11 June 1922,引用自 *Malayan Bulletin of Political Intelligence*, August 1922, IOR L/P&J/12/103。

21. 引用自 A. Satyanarayana, "'Birds of Passage': Migration of South Indian Labour Communities to South-East Asia, 19-20th Centuries," CLARA Working Paper no. 11, 6 (2001)。

22. James Francis Warren, *Ah Ku and Karayuki San: Prostitution in Singapore, 1870-1940* (Singapore: Oxford University Press, 1993); Eric Tagliacozzo, "Morphological Shifts in Southeast Asian Prostitution: The Long

Twentieth Century," *Journal of Global History* 3 (2008): 251-273.

23. *Indian Review* (1924), 708.

24. Andrew, *Indian Labour in Rangoon*, 182-189.

25. Testimony of Chan Yau Choi, case of Liew Soi Ngan, NAS, Coroner's Court, Coroner's Inquests and Inquiries, Certificate B, Coroner's View, S/No. 15, October-December 1937. 本篇与下列各注释引用的所有验尸记录,都经过新加坡最高法院同意使用(于2007年3月核准)。

26. 华伦(James Warren)是第一位使用验尸记录探讨新加坡历史的学者。可参见其著作 *Rickshaw Coolie: A People's History of Singapore* (Singapore: Oxford University Press, 1986)。

27. Case of Pakiamah: NAS, Coroner's Court, Coroner's Inquests and Inquiries, Certificate B, Coroner's View, S/No. 19, October-December 1932; Case of Ratanam: NAS, Coroner's Court, Coroner's Inquests and Inquiries, Certificate B, Coroner's View, S/No. 19, October-December 1932; Case of "Adult Female Hokchew, Aged 24": NAS, Coroner's Court, Coroner's Inquests and Inquiries, S/No. 9, April-June 1936.

28. Case of K. Kuhni Kannan: NAS, Coroner's Court, Coroner's Inquests and Inquiries, S/No. 12, January-March 1937.

29. Case of "Piahalias Puteh": NAS, Coroner's Court, Coroner's Inquests and Inquiries, S/No. 20, January-March 1933.

30. T. R. McHale, *Rubber and the Malaysian Economy* (Kuala Lumpur: MPH, 1966), 16-28.

31. Michael W. Charney, *A History of Modern Burma* (Cambridge: Cambridge University Press, 2009), 20-22; Tilman Frasch, "Tracks in the City: Technology, Mobility and Society in Colonial Rangoon and Singapore," *Modern Asian Studies* 46, 1 (2012): 97-118.

32. David Arnold, "The Problem of Traffic: The Street-Life of Modernity in Late Colonial India," *Modern Asian Studies* 46, 1 (2012): 119-42.

33. Case of "Pavadi": NAS, Coroner's Courts, Coroner's Inquests and Inquiries, S/No. 3-4 (1920-21); Case of "Sinappah": NAS, Coroner's Courts, Coroner's Inquests and Inquiries, S/No. 6, October-December 1921.

34. L. Elizabeth Lewis, "The Fire-Walking Hindus of Singapore," *National Geographic* 59, 4 (April 1931): 513-522.

35. "Thavippu Vendam," *Munnetram*, 16 July 1931; Jan van der Putten, "Negotiating the Great Depression: The Rise of Popular Culture and Consumerism in Early 1930s Malaya," *Journal of Southeast Asian Studies* 41, 1 (2010): 21-45.

36. NAS, Oral History Department, A 001211/20, A. Nagore Maideen, 由苏普拉玛尼阿姆所做的访谈, October 8 1990; 也可参见 A. N. Maideen, *Nenchil Pathintha Ninaivu Suvadukal* (Kumbakonam: Tozhamaip Patippakam 1989)。

37. P. Singaram, *Puyalile Oru Thoni*, 2nd ed. (Chennai: Tamilini, 2005), 18-19.

38. M. W. M. Yeats, *Census of India* 1931, vol. 14, *Madras*, pt. 1, *Report* (Madras, 1932), 93-94.

39. Ravindra Jain, *South Indians on the Plantation Frontier in Malaya* (New Haven: Yale University Press, 1970).

40. 出自与韦克拉玛辛格喜教授(Nira Wickramasinghe)的私人意见交流。

41. *Annual Report of the Labour Department, Malaya for the Year* 1936 (Kuala Lumpur: Government Press, 1937).

42. Gilbert Slater, ed., *University of Madras, Economic Studies*, vol. 1, *Some South Indian Villages* (London: Oxford University Press, 1918); P. J. Thomas and K. C. Ramakrishnan, eds., *Some South Indian Villages: A Resurvey* (Madras: University of Madras, 1940); *Census of India* 1931, 14: 93.

43. Benedict Anderson, *Imagined Communities: Reflections on the Origin and Spread of Nationalism*, 2nd ed. (London: Verso, 1991).

44. E. W. Birch, "The Vernacular Press in the Straits," *Journal of the Straits Branch of the Royal Asiatic Society* 4 (December 1879): 51-55.

45. 现存最早的泰米尔文印刷书籍是 Muhummad Abdul Kadir Pulavar, *Munajathuthirattu* (Singapore, 1872)。

46. Birch, "The Vernacular Press."

47. 同上注。

48. Chen Mong Hock, *The Early Chinese Papers of Singapore*, 1881 – 1912 (Singapore: University of Malaya Press, 1967); Mark Ravinder Frost, "*Emporium in Imperio*: Nanyang Networks and the Straits Chinese in Singapore, 1819 – 1914," *Journal of Southeast Asian Studies* 36, 1 (2005): 29 – 66.

49. Helen Fujimoto, *The South Indian Muslim Community and the Evolution of the Jawi Peranakan in Penang up to 1948* (Tokyo: Tokyo Gaikokugo Daigaku, 1988).

50. S. M. A. K. Fakhri, "Print Culture amongst Tamils and Tamil Muslims in Southeast Asia, c. 1860 – 1960," Madras Institute of Development Studies Working Paper, no. 167, February 2002.

51. Torsten Tschacher, "Kling, Tamil, Indian: Being a Tamil – Speaking Muslim in Singapore",未公开手稿。

52. 尤其可参见"Ippathirikaiyin Nokkam," *Singainesan*, 27 June 1887; "Kaioppakkaarargalukku," *Singainesan*, 4 July 1887; "Achai," *Singainesan*, 26 March 1888; "Italikkum, Abshiniyavukkum Sandai," *Singainesan*, 16 April 1888; "Malaya Desam," *Singainesan*, 22 April 1889。关于 1887—1890 年调查议题的一般评论,收藏于新加坡国家图书馆的李光前参考图书馆(Lee Kong Chian Reference Library)。

53. Rajeswary Ampalavanar, "Tamil Journalism and the Indian Community in Malaya, 1920 – 1941," *Journal of Tamil Studies* 2, 2 (1970): 41 – 58.

54. 对照请见上注。

55. "Namathu Pathirikai," *Munnetram*, 15 January 1931.

56. *Malayan Bulletin of Political Intelligence* [Secret], July 1922, IOR L/P&J/12/103.

57. M. Elias, *Tamilavel Sarangapany* (Chennai: Arivuchudar Pathipakam, 1997).

58. Carol Gluck, "The End of Elsewhere: Writing Modernity Now," *American Historical Review* 116, 3 (2011): 678.

59. 关于本段之论点，较早期的版本刊载于 Sunil S. Amrith，"Tamil Diasporas across the Bay of Bengal," *American Historical Review* 114，3（2009）：547 - 572；本书也有对此版本进行实质的检讨。

60. Walter Benjamin, "The Work of Art in an Age of Mechanical Reproduction," in *Illuminations: Essays and Reflections*, ed. Hannah Arendt, trans. Harry Zohn (New York: Schocken Books, 1968).

61. *Malayan Bulletin of Political Intelligence* [Secret], various issues, March - September 1922, IOR L/P&J/12/103.

62. "Books in Tamil Seized by Customs Authorities in Dhanushkodi," TNSA, Government of Madras, Public Department, Government Order 1201, 19 September 1932; Government Order 1260 of 27 September 1932; Government Order 1274 of 1 October 1932；也可参见 "Objectionable Books Imported into British India from Ceylon and Seized by the Customs Authorities at Dhanushkodi," Government Order 107 of 30 January 1933。

63. Bose, *A Hundred Horizons*, 249 - 250; "Arrival of Dr. Tagore in Singapore," *Malaya Saturday Post*, 30 July 1927; "Dr. Rabindranath Tagore," *Singapore Free Press and Mercantile Advertiser*, 19 July 1927.

64. M. S. S. Pandian, *Brahmin and Non - Brahmin: Genealogies of the Tamil Present* (New Delhi: Permanent Black, 2002); Robert Hardgrave, *The Dravidian Movement* (Bombay: Popular Prakashan, 1965).

65. "Penang Hindus Hot: Landing of Ramasamy Naicker Opposed," *Straits Times*, 18 December 1929; "Indian Reformer Arrives," *Straits Times*, 26 December 1929; "Singapore Tamils' Public Meeting," *Singapore Free Press and Mercantile Advertiser*, 30 April 1930; A. C. Suppaiyah, "Rabbar Tottatil Periyar," in V. Thirunavakarasu, ed., *Maleyavil Periyar* (Singapore: K. Pichaiyan, 1955), 17 - 18. 也可参见关于马来亚的印度中介之叙述，in NAI, Department of Education, Health and Lands, Lands and Overseas Branch, Proceedings 14 - 15 (B), February 1930。

66. James Clifford, "Diasporas," *Cultural Anthropology* 9, 3 (1994): 302 - 338.

67. 例如也可参见 "Thenafirikka Indiyar," *Tamil Nesan*, 13 August

1932; "Thenafi rikka Indiyargal," *Tamil Nesan* , 15 October 1932; "Thenafirikka Indiyargalin Kavalaikkitamaana Nilaimai," *Tamil Nesan* , 23 November 1932。

68. "Fiji Indiyargal Nilaimai," *Tamil Nesan*, 10 September 1932.

69. "Barma," *Munnetram* , 25 June 1931; "Barmaavil Adaatha Kollaiyum, Kolaiyum," *Tamil Nesan*, 20 April 1932.

70. 引自 William Roff, *The Origins of Malay Nationalism* (New Haven, 1967), 171。

71. "Malay Naattil Raajiya Urimaigal," *Tamil Nesan*, 20 April 1932.

72. Fujimoto, *South Indian Muslim Community*.

73. "Indian Land Settlement in Malaya," *Indo - Malayan Review* 1, 2 (1934).

74. R. B. Krishnan, *Indians in Malaya : A Pageant of Greater India* (Singapore, 1936), 1; 也可参见 Susan Bayly, "Imagining 'Greater India': French and Indian Visions of Colonialism in the Indic Mode," *Modern Asian Studies* 38, 3 (2004): 703 - 744。

75. "Indian Land Settlement in Malaya," *Indo - Malayan Review* 1, 2 (1934).

76. Confidential Letter from the Agent of the Government of India in British Malaya, 3 April 1933; Confidential Letter from Agent, Malaya, Kuala Lumpur, 17 November 1933, NAI, Department of Education, Health and Lands, Lands and Overseas Branch, 1932, File No. 206 - 2/32 - L. & O.

77. Krishnan, *Indians in Malaya* , 27; John D. Kelly and Martha Kaplan, "Diaspora and Swaraj, Swaraj and Diaspora," in Dipesh Chakrabarty, Rochona Majumdar, and Andrew Sartori, eds. , *From the Colonial to the Postcolonial : India and Pakistan in Transition* (New Delhi: Permanent Black, 2007).

78. *The Indian*, 5 June 1937.

79. "Indians in Malaya," *Straits Times*, 1 June 1934.

80. *Malaya Tribune*, 12 February 1931,引用自 Chua Ai Lin, "Nation, Race and Language: Discussing Transnational Identities in 1930s Colonial Singapore," *Modern Asian Studies* , 46, 2 (2012), 283 - 302。

81. 关于孟加拉国出现的"政治社会"现象,可参见 Partha Chatterjee,

Lineages of Political Society: Studies in Postcolonial Democracy (New Delhi: Permanent Black, 2011); 关于殖民地印度的公民社会范围和限制,可参见 Sudipta Kaviraj, *The Imaginary Institution of India: Politics and Ideas* (New York: Columbia University Press, 2010)。

82. Sinnappah Arasaratnam, *Indians in Malaysia and Singapore* (Kuala Lumpur, 1970).

83. 报纸对此报道的范例之一为 "Silangur Indiya Varthakar Sangam Kolalumpur," *Tamil Nesan*, 23 March 1932; "Mariyamman Kovil Kes Mudivu," *Tamil Nesan*, 12 November 1932; "Kola Kangksar Tamil Seerthirutta Sangam," *Desa Nesan*, 1 October 1933。

84. NAI, Department of Education, Health and Lands, Lands and Overseas Branch, Proceedings 7–25 (B), January 1926;也可参见 *Malayan Observer*, 29 June 1925。

85. 出自 T. V. Thillainayagam, K. Mahalingam, and R. Aiyavoo to "C. F. Andrews of India," 25 July 1924, NAI, Deparment of Education, Health and Lands, Overseas Branch, Proceeding 1 (B), September 1924。

86. Charles Hirschman, "The Meaning and Measure ment of Ethnicity in Malaysia: An Analysis of Census Classifications," *Journal of Asian Studies* 46, 3 (1987): 552–582.

87. *Report of the Indian Industrial Commission, 1916–18* (Calcutta: Government Printer, 1918).

88. File note by R. H. Craddock, 1 September 1915, NAI, Department of Commerce and Inudstry: Emigration Branch, Proceedings 56–73 (A), December 1915.

89. Stéphane Dufoix, *Diasporas*, trans. William Rodarmor (Berkeley: University of California Press, 2008); Robin Cohen, *Global Diasporas* (London: UCL Press, 1997); Engseng Ho, "Empire through Diasporic Eyes: The View from the Other Boat," *Comparative Studies in Society and History* 46, 2 (2004): 214.

90. Norman Carr Sargant, *The Dispersion of the Tamil Church* (Madras: SPCK, 1940).

91. Marshall Berman, *All That Is Solid Melts into Air*: *The Experience of Modernity* (New York: Simon and Schuster, 1982).

92. Charles Taylor, *A Secular Age* (Cambridge, MA: The Belknap Press, 2007), 171-172.

第六章 横渡的中断

1. Letter from Agent of the Government of India to Secretary, Government of Burma, 7 February 1939, NAI, Department of Education, Health and Lands, 1939, 143/39 OS.

2. Bruno Lasker, *Asia on the Move: Population Pressure, Migration, and Resettlement in East Asia under the Influence of Want and War* (New York: Henry Holt, 1945), 23; J. S. Furnivall, *Netherlands India* (Cambridge: Cambridge University Press, 1939), 428.

3. W. G. Huff, "Entitlements, Destitution, and Emigration in the 1930s Singapore Great Depression," *Economic History Review* 54, 2 (2001): 290-323.

4. "1930-vil Malaya Naattil Indiya Kooligalin Nilaimai," *Tamil Nesan*, 2 January 1932; "Thottai Kallu Kadaigal," *Tamil Nesan*, 3 May 1932; "Malayavukku Thozhilaalargal," *Desa Nesan*, 8 July 1933.

5. Burma Provincial Banking Enquiry (Grantham) Committee, *Volume 1: Report: Banking and Credit in Burma* (Rangoon: Government Press, 1930); Michael Adas, *The Burma Delta: Economic Development and Social Change on an Asian Rice Frontier*, 1852-1941 (Madison: University of Wisconsin Press, 1974).

6. Confidential Letter from the Agent of the Government of India in British Malaya to the Government of India, 3 April 1933, NAI, Department of Education, Health and Lands: Overseas, 206-2/32-L. &. O.

7. "Unemployment in Malaya: Restriction of Chinese Immigration," 1930, NAUK, PRO, CO 273/566/2; Memorandum Presented by the Agent of the Government of India in Malaya to the Indian Immigration Committee of Malaya, Kuala Lumpur, 16 July 1930, NAI, Department of Education, Health and Lands, Overseas, Proceedings 76-162 (A), June 1931; Letter from K. A.

Mukundan, Agent in Malaya, to M. S. A. Hydaru, Deputy Secretary to the Government of India, 28 March 1934, NAI, Department of Education, Health and Lands, 206 - 2/32 - L. & O.

8. Report by the Government of Burma on Recent Rebellions in That Province, 8 May 1931, NAI, Department of Education, Health and Lands, Overseas Section, 92 - 1/38 - L. & O.

9. S. Grantham, "Indian Immigration at Rangoon," 29 September 1934, NADM, 6M - 14.

10. *Annual Report on the Working of the Indian Emigration Act*, 1922, for the Year 1934 (Madras: Government Printer, 1935); Government of Madras, Government Order 1464L, 26 June 1935, 1 - 8.

11. A. Narayana Rao, *Indian Labour in Burma* (Rangoon, 1933), 214.

12. U Tin Tut, 引自 C. A. Bayly, "Ideologies of the End of the Raj: Burma, India and the World, 1940 - 50," in Durba Ghosh and Dane Kennedy, eds. , *Decentring Empire: Britain, India and the Transcolonial World* (New Delhi: Orient Longman, 2006); William R. Roff, *The Origins of Malay Nationalism* (New Haven, CT: Yale University Press, 1967); Anthony Milner, *The Invention of Politics in Colonial Malaya* (Cambridge: Cambridge University Press, 1995); Michael W. Charney, *A History of Modern Burma* (Cambridge: Cambridge University Press, 2009)。

13. V. Swaminatha Sarma, *Pirikkappatta Burma* (Rangoon: Navinakata Press, 1936), RMRL.

14. Ng Thein Pe, "Indo - Burman Conflict," pamphlet reproduced and translated in NAI: Education, Health and Lands, Overseas Section, 92 - 1/38 - L. & O. (Confidential), Press Cuttings; translated extract from *Saithan*, 1 January 1941, NAI, Indians Overseas Department, Overseas Branch, 144 - 1/38 - L. & O.

15. *The Searchlight* (Patna), 16 May 1934; John D. Kelly and Martha Kaplan, "Diaspora and Swaraj, Swaraj and Diaspora," in Dipesh Chakrabarty, Rochona Majumdar, and Andrew Sartori, eds. , *From the Colonial to the Postcolonial: India and Pakistan in Transition* (New Delhi: Permanent Black,

2007).

16. Partha Chatterjee, *The Black Hole of Empire: History of a Global Practice of Power* (Princeton: Princeton University Press, 2012), 273; see also Mrinalini Sinha, *Specters of Mother India: The Global Restructuring of an Empire* (Durham, NC: Duke University Press, 2006).

17. Lanka Sundaram, "The International Aspects of Indian Emigration," *Asiatic Review*, October 1930, 37.

18. John L. Christian, "Burma Divorces India," *Current History*, 46, 1 (April 1937): 82; on "South Asia" and "Southeast Asia," see Willem van Schendel, "Geographies of Knowing, Geographies of Ignorance: Jumping Scale in Southeast Asia," in Paul H. Kratoska, Remco Raben, and Henk Schulte Nordholt, eds., *Locating Southeast Asia: Geographies of Knowledge and Politics of Space* (Singapore: NUS Press, 2005).

19. A. K. Abdul Karim Gani, quoted in NAI, Indians Overseas Department, Overseas Branch, 144 – 1/38 – L. & O.

20. "Immigration Enquiry Committee," NADM, D (M) 39, no. 647.

21. Filenote, anon., n. d. [c. 1941], NAI, Indians Overseas Department, Overseas Branch, 144 – 1/38 – L. & O.

22. Tele gram from President, Nattukottai Chettiars Association, to Member for Indians Overseas, Government of India, Simla, NAI, Indians Overseas Department, Overseas Branch, 144 – 1/38 – L. & O.

23. Christopher Baker, *An Indian Rural Economy 1880 – 1955: The Tamilnad Countryside* (New Delhi: Oxford University Press, 1984), 422 – 425, 516 – 519.

24. File Note by Agent of the Government of India in Malaya [n. d.], NAI, Deparment of Education, Health and Lands: Lands and Overseas Branch, 117/37 – L. & O., Part I, 1937.

25. File Note by G. S. Bajpai, 19 February 1938, NAI, Department of Education, Health and Lands, Lands and Overseas Branch, 117/37 – L. & O., Part I, 1937.

26. Minutes of the Standing Emigration Committee, 13 February 1939,

NAI, Department of Education, Health and Lands: Overseas Branch, 1938, 44/38 – L. & O.

27. From Agent of the Government of India in British Malaya to Deputy Secretary, Government of India, 12 August 1925, NAI, Department of Education, Health and Lands, Overseas Branch, Proceedings 95 – 98 (B), September 1925.

28. Memo by E. Gent [n. d.], "Labour Disputes in Malaya, 1937 – 8," NAUK, CO 273/632/9.

29. John Tully, *The Devil's Milk: A Social History of Rubber* (New York: Monthly Review Press, 2011), 270 – 274.

30. "Labour Unrest in Malaya, 1940," NAUK, CO 273/662/10.

31. Sinnappah Arasaratnam, *Indians in Malaysia and Singapore* (Kuala Lumpur, 1970).

32. Special Branch Report on R. H. Nathan, NAUK, CO 717/145/12.

33. H. E. Wilson, "The Klang Strikes of 1941: Labour and Capital in Colonial Malaya," Research Notes and Discussion Paper, 25, Institute of Southeast Asian Studies, Singapore, 1991.

34. "Report on the Strikes in Selangor," E. Bagot, Inspector General of Police, Federated Malay States, 13 June 1941, NAUK, CO 717/145/12.

35. Christopher Bayly and Tim Harper, *Forgotten Armies: The Fall of British Asia, 1941 – 45* (London: Penguin, 2004).

36. Despatch on Air Operations in Burma and the Bay of Bengal, Jan 1st to May 22nd, 1942, Air Vice Marshal D. F. Stevenson, NAUK, AIR 23/1924.

37. Jeremy Black, "Midway and the Indian Ocean," *Naval War College Review* 62, 4 (Autumn 2009): 131 – 140.

38. 引用同上注。

39. Bayly and Harper, *Forgotten Armies*, 34.

40. Sugata Bose, *His Majesty's Opponent: Subhas Chandra Bose and India's Struggle against Empire* (Cambridge, MA: Havard University Press, 2011).

41. Joyce Chapman Lebra, *Women against the Raj: The Rani of Jhansi*

Regiment (Singapore: ISEAS Press, 2008), ch. 6.

42. Janaki Athinahappan, "The Rani of Jhansi Regiment," *Oracle* 2, 1 (1980): 32.

43. Interview with Janaki Athinahappan on BRM Radio, Malaysia, "Merdeka" Series, Part 2, 26 August 2010.

44. Abid Hasan Safrani, "The Men from Imphal," *Oracle* 15, 1 (1993): 35.

45. Bisheshwar Prasad, ed., *Official History of the Indian Armed Forces in the Second World War, 1939–45: The Reconquest of Burma* (New Delhi: Combined Inter-Services Historical Section, India and Pakistan, 1959), 2: 255–257; "Use of Kyaukphu as Burma Naval Base," Secret Memo by Captain D. J. Munro, 5 June 1944, NAUK, ADM 1/16001.

46. V. Swaminatha Sarma, *Enathu Burma Vazhi Nadai Payanam* (Chennai: Tirumakal Nilaiyam, 1979); V. Swaminatha Sarma, *Banapurathy Veeran: Oru Natakam* (Chennai: S. Radha, 1924); Ve. *Swaminatha Sarmavil Katturai Kalainjiyam* (Chennai: Punkoti Patippakam, 1988).

47. 古鲁墨西医生从缅甸出发的这段旅程的回忆录以全文刊出:"Exodus from Burma, 1941: A Personal Account, Parts 1, 2 & 3," 21 June 2011, on Amitav Ghosh's blog, www.amitavghosh.com/blog/? p=432,于2012年6月5日上传。

48. Hugh Tinker, "A Forgotten Long March: The Indian Exodus from Burma, 1942," *Journal of Southeast Asian Studies* 6 (1975).

49. NAI, *Burma Evacuee Register*, Part 2, No. 403 (B).

50. Norman Lewis, *Golden Earth: Travels in Burma* (London: Jonathan Cape, 1952).

51. NAI, *Burma Evacuee Register*, Part 2, No. 403 (B).

52. Lieutenant G. C. G. Brown, Burma to Commanding Officer, Burma, 11 September 1942, Report on Kyaukpyu Evacuation, Dated 14 April 1942, NAI, Commonwealth Relations Department, Overseas Section, F. 45–21/44–OS.

53. Evidence of L. G. Pinnell before the Bengal Famine Inquiry

Commission, 15 August 1944, in Partha Sarathi Gupta, ed., *Towards Freedom*: *Documents on the Movement for Independence in India*, 1943 – 44, pt. 2 (New Delhi: Oxford University Press, 1997), 1997.

54. Gyanendra Pandey, ed., *The Indian Nation in 1942* (Calcutta: K. P. Bagchi, 1988).

55. Nakahara Michiko, "Malayan Labour on the Thailand – Burma Railway," in Paul Kratoska, ed., *Asian Labor in the War time Japanese Empire*: *Unknown Histories* (Armonk, NY: M. E. Sharpe, 2005).

56. Survivor's Testimony, in Paul H. Kratoska, ed., *The Thailand – Burma Railway*, 1942 – 1946: *Documents and Selected Writings* (London: Routledge, 2006), 4:308 – 309.

57. Shanmugam, *Siyam Marana Rayil* (Chennai: Tamilosai Pathippagam, 2007).

58. Archives of the Imperial War Museum, London, Private Papers of Second Lieutenant R. Middleton – Smith, 02/50/1.

59. Judith Shapiro, *Mao's War against Nature*: *Politics and Environment in Revolutionary China* (Cambridge: Cambridge University Press, 2001), 142 –143.

60. Iftekhar Iqbal, *The Bengal Delta*: *Ecology, State and Social Change*, *1840 – 1943* (Basingstoke, UK: Palgrave Macmillan, 2010), 163.

61. W. R. Aykroyd and K. Rajagopal, "The State of Nutrition in Schoolchildren in South India," *Indian Journal of Medical Research* 24 (1936); Sunil S. Amrith, "Food and Welfare in India, c. 1900 – 1950," *Comparative Studies in Society and History* 50, 4 (2008): 1010 – 35.

62. Bayly and Harper, *Forgotten Armies*, 282 – 291.

63. *The Ramakrishna Mission*: *Bengal and Orissa Cyclone Relief*, *1942 – 44* (Howrah: Ramakrishna Mission, 1944), 1 – 2.

64. "Note to Famine Commission" (1944), Papers of L. G. Pinnell, British Library, Asian and African Studies Collection, MSS Eur D 911/7.

65. Iqbal, *Bengal Delta*, ch. 8; Sugata Bose, "Starvation amidst Plenty: The Making of Famine in Bengal, Honan and Tonkin, 1942 – 45," *Modern*

Asian Studies 24, 4 (1990): 699-727.

66. Amartya Sen, *Poverty and Famines: An Essay on Entitlement and Deprivation* (Oxford: Oxford University Press, 1981); Paul Greenough, *Prosperity and Misery in Modern Bengal: The Famine of 1943 - 4* (New York: Oxford University Press, 1982); Bayly and Harper, *Forgotten Armies*, 282-291.

67. Bhowani Sen, *Rural Bengal in Ruins*, trans. N. Chakravarty (Bombay: People's Publishing House, 1945).

68. Jawaharlal Nehru, *The Discovery of India* [1946] (New Delhi: Oxford University Press, 2003), 496-498.

69. S. G. Sardesai, *Food in the United Provinces* (Bombay: People's Publishing House, 1944), 19, 36-37.

70. Nehru, *Discovery of India*, 535.

71. Bhulabai Desai, "Provisional Government of Azad Hind and International Law," Address of Counsel for Defence, Red Fort, Delhi, 1 December 1945, reproduced in *Oracle*, 15, 4 (1993).

第七章 追求公民身份

1. Peter Galassi, "Old Worlds, Modern Times," in Peter Galassi, ed., *Henri Cartier-Bresson: The Modern Century* (New York: Museum of Modern Art, 2010), 22-23.

2. Terence McGee, *The Southeast Asian City: A Social Geography of the Primate Cities of Southeast Asia* (London: G. Bell and Sons, 1967).

3. Walter Benjamin, "Theses on the Philosophy of History," in *Illuminations*, ed. Hannah Arendt, trans. Harry Zor (New York: Schocken Books, 1968), 253-265.

4. "Britain Destroyed Records of Colonial Crimes," *Guardian*, 18 April 2012.

5. File Note, anon., n. d. [c. 1945], NAI, Commonwealth Relations Department, Overseas Section II, 43-44-OS.

6. "Burma: Indian Embassy," NAI, Ministry of External Affairs and Commonwealth Relations (CR Wing), 4/2/46-OS IV; File Note by B. N.

Nanda, 29 December 1945, NAI, Ministry of External Affairs and Commonwealth Relations (CR Wing), 4/2/46 – OS IV.

7. Jamnadas Mehta, Indian Representative in Rangoon, to R. N. Banerjee, Indian Civil Service, 8 April 1946, NAI, Ministry of External Affairs and Commonwealth Relations (CR Wing), 4/2/46 – OS IV.

8. 同上注。

9. 同上注。

10. "Review of the Situation in Rangoon's Chinese Quarter as a Result of the Return of Chinese Evacuees from China" [Secret], July 1946, NADM, Acc. No. I–83, Reel 1; Memorandum by Lt. – Col. G. Tarr, 24 July 1946, NADM, Acc. No. I–83, Reel 1.

11. Letter from B. O. Binns to L. Waight, Financial Adviser, Office of the Financial Commissioner, Burma, 25 March 1946, IOR/M/4/9.

12. Burma Immigration, Emergency Provisions Act, 1947, IOR/M/4/1221.

13. Weekly Statement, Immigration Office, Chittagong, 10 January 1948, NADM, Acc. No. 34, R–1; Letter from Ba Maung, Immigration Officer, Chittagong, to Controller of Immigration, Rangoon, 27 January 1948, NADM, Acc. No. 34, R–1.

14. Nakahara Michiko, "Malayan Labour on the Thailand – Burma Railway," in Paul Kratoska, ed., *Asian Labor in the War time Japanese Empire: Unknown Histories* (Armonk, NY: M. E. Sharpe, 2005).

15. S. K. Chettur, *Malayan Adventure* (Mangalore, 1948); C. Siva Rama Sastry, *Congress Mission to Malaya* (Delhi, 1947).

16. Muthammal Palanisamy, *Nadu Vittu Nadu* (Chennai: United Writers, 2007).

17. Harper, *End of Empire*.

18. Conditions of Indian Labourers in Malaya, 1948 – 9, NAUK, PRO, CO 717/181/2.

19. NAS, Oral History Department, Abdul Aziz, interviewed by Rajendran Supramaniam, 6 September 1990.

20. NAS, Oral History Department, M. K. Bhasi, interviewed by Ng Chang Wang, August 1985.

21. M. V. del Tufo, *A Report on the 1947 Census of Population* (Kuala Lumpur: Government of Malaya, 1947).

22. K. S. Seshan, Controller of Emigration, to S. V. Sampath, Under Secretary, Ministry of External Affairs, 2 March 1953, NAI, Ministry of External Affairs, Emigration Branch, F 11 - 5/53 - Emi.

23. K. S. Seshan to T. V. Ramakrishna Rao, Acting Agent of Government of India in Malaya, 21 August 1953, NAI, Ministry of External Affairs, Emigration Branch, F 11 - 5/53 - Emi.

24. Harper, *End of Empire*.

25. Singapore, *Annual Report of the Immigration Department* (Singapore: Government Printer, 1953).

26. Sinnappah Arasaratnam, *Indians in Malaysia and Singapore* (Kuala Lumpur, 1970), 41.

27. *Asian Relations: Being Report of the Proceedings and Documentation of the First Asian Relations Conference, New Delhi, March - April 1947* (New Delhi: Asian Relations Organization, 1948), 91 - 99.

28. 该护照已由新加坡国家图书馆加以数字化,于 2013 年 3 月 30 日存取,可于 http://sgebooks. nl. sg/detail/6bc6bd9c - 8f54 - 44fe - be2b - d1109e121bd4. aspx 在线浏览;本文件在下列书籍中也有讨论: Sunil S. Amrith, *Migration and Diaspora in Modern Asia* (Cambridge: Cambridge University Press, 2011), 121。也可参见 Aihwa Ong, *Flexible Citizenship: The Cultural Logics of Transnationality* (Durham, NC: Duke University Press, 1999)。

29. *Asian Relations*, 96.

30. Ruth T. McVey, *The Calcutta Conferences and the Southeast Asian Uprisings* (Ithaca, NY: Cornell University Press, 1958); see also the special issue of the *Journal of Southeast Asian Studies* 40 (October 2009), ed. Karl Hack and Geoff Wade.

31. Joya Chatterji, "South Asian Histories of Citizenship, 1946 -

1970," *Historical Journal* , 55, 4 (2012): 1049 - 1071; Ramachandra Guha, *India after Gandhi: The History of the World's Largest Democracy* (London: Macmillan, 2007), 84 - 126.

32. Chatterji, "South Asian Histories of Citizenship"; Vazira Fazila - Yacoobali Zamindar, *The Long Partition and the Making of Modern South Asia: Refugees, Boundaries, Histories* (New York: Columbia University Press, 2007).

33. Taylor C. Sherman, "Migration, Citizenship and Belonging in Hyderabad (Deccan), 1945 - 1956," *Modern Asian Studies* 45, 1 (2011): 81 - 107.

34. Petition to the Governor of Burma from Bengal Arakanese Buddhist Association, n. d. [c. 1946], NADM, Acc. No. I - 83, Reel 1.

35. Willem van Schendel, *The Bengal Borderland: Beyond State and Nation in South Asia* (London: Anthem, 2005).

36. Jawaharlal Nehru, Speech in the Indian Constituent Assembly (Legislative), March 8, 1948, in Jawaharlal Nehru, *India's Foreign Policy: Selected Speeches, September 1946 - April 1961* (New Delhi, 1962), 128 - 129.

37. Robert Cribb and Li Narangoa, "Orphans of Empire: Divided Peoples, Dilemmas of Identity, and Old Imperial Borders in East and Southeast Asia," *Comparative Studies in Society and History* 46, 1 (2004): 164 - 187.

38. Nira Wickramasinghe, *Sri Lanka in the Modern Age: A History of Contested Identities* (London: Hurst, 2006), 161 - 191.

39. 同上注。

40. E. Valentine Daniel, *Charred Lullabies: Chapters in an Anthropology of Violence* (Princeton, NJ: Princeton University Press, 1996), 110 - 113.

41. Valli Kanapathipillai, *Citizenship and Statelessness in Sri Lanka: The Case of the Tamil Estate Workers* (London: Anthem, 2009).

42. Eric Meyer, "Labour Circulation between Sri Lanka and South India in Historical Perspective," in Claude Markovits, Jacques Pouchepadass, and Sanjay Subrahmanyam, eds. , *Society and Circulation: Mobile People and*

Itinerant Cultures in South Asia, 1750 – 1950 (New Delhi: Permanent Black, 2003), 86 – 88.

43. W. S. Desai, *India and Burma: A Study* (Bombay: Orient Longmans, 1954), 97.

44. Usha Mahajani, *The Role of the Indian Minorities in Burma and Malaya* (Bombay: Vora, 1960), 176.

45. *Notes by the Indian Advisory Committee to Burma Nattukottai Chettiars' Association on the Land Nationalization Act*, 1948 (Madras: Commercial Printing and Publishing House, 1948); Letter from Hem Chandra Banerjee, Calcutta, to K. V. Padmanabham, Deputy Secretary, Ministry of External Affairs, New Delhi, 7 June 1952, NAI, Ministry of External Affairs, Burma I Branch, 1950, 48 – 65/50 – B. I; Letter from P. Narayanan, Rangoon, to Nehru through the Ambassador of India, Rangoon, 31 November 1950, NAI, Ministry of External Affairs, Burma I Branch, 1950, 48 – 65/50 – B. I. ; *Burma Nattukottai Chettiargal Sangam, India Alocanai Kamitti Muthal Arikai* (Chennai, 1949), RMRL.

46. Mahajani, *Indian Minorities*, 182.

47. Ludu U Hla, *The Caged Ones* [1958], trans. Sein Tu (Bangkok: Tamarind Press, 1986), 116 – 21.

48. Bayly and Harper, *Forgotten Wars*, 463.

49. Letter from Army Headquarters Liaison Officer, Shillong, to Military Intelligence Director, New Delhi, 26 March 1949, NAI, Ministry of External Affairs, B. I. Branch, 3 – 8/49 – BCI (B) (Secret).

50. Gail Omvedt, *Buddhism in India: Challenging Brahmanism and Caste* (New Delhi: Sage, 2003), 258 – 263.

51. 下列档案列在 NAI 的目录中,但已遗失、"未移交"或是无法提供阅览:Ministry of External Affairs, Overseas IV Section: Evacuation I Section (1944 – 1946); Evacuation II Section (1944 – 1945); Evacuees Repatriation Section (1946 – 1949)。

52. K. R. R. Sastry, "Plight of the Indians in Burma", *Swarajya* 8, 48 (1965): 12; K. Krishna Moorthy, "Indians in Burma: Problems and

Prospects", *Economic Weekly* 14, 43 (1962): 1691-1694.

53. Sumathi Ramaswamy, *The Lost Land of Lemuria: Fabulous Geographies, Catastrophic Histories* (Berkeley: University of California Press, 2004).

54. Mahajani, *Indian Minorities*; Nalini Ranjan Chakravarti, *The Indian Minority in Burma: The Rise and Decline of an Immigrant Community* (London: Oxford University Press, 1971).

55. T. N. Harper, *The End of Empire and the Making of Malaya* (Cambridge: Cambridge University Press, 1999).

56. Bayly and Harper, *Forgotten Wars*, 367.

57. PUTERA - AMCJA, *The People's Constitutional Proposals for Malaya*, 1947 (reprinted, Kajang: Ban Ah Kam, 2005), 19, 35.

58. Malayan Democratic Union, "Political Report for the Year Ending 1946" [typescript, n. d.]: IOR/L/PJ/8/267: Indians Overseas, Malaya, Constitutional Reforms.

59. Bayly and Harper, *Forgotten Wars*, 517.

60. Mahajani, *Indian Minority*, 193-197; Michael Stenson, *Class, Race and Colonialism in West Malaysia* (Vancouver: University of British Columbia Press, 1980); P. Ramasamy, *Plantation Labour: Unions, Capital and the State in Peninsular Malaysia* (Kuala Lumpur: Oxford University Press, 1994).

61. Harper, *End of Empire*, 94-148.

62. Charles Gamba, *The National Union of Plantation Workers: The History of the Plantation Workers of Malaya, 1946-1958* (Singapore: Eastern Universities Press, 1962).

63. 2007 年 7 月于吉隆坡对善班丹的访谈。

64. Stenson, *Class, Race and Colonialism*.

65. S. Arasaratnam, "Social and Political Ferment in the Malayan Indian Community 1945-55," in *Proceedings of the First International Conference Seminar of Tamil Studies* (Kuala Lumpur: International Association of Tamil Research, 1966), 141-155; *Ina Mani*, 10 April 1948; on Self-Respect

marriages in India, see Sarah Hodges, "Revolutionary Family Life and the Self-Respect Movement in Tamil South India, 1926-1949," *Contributions to Indian Sociology*, 39, 2 (2005), 251-277.

66. Andrew Willford, "The Figure of the Tamil in Modern Malaysia," in Andrew Willford and Eric Tagliacozzo, eds., *Clio/Anthropos: Exploring the Boundaries between History and Anthropology* (Ithaca: Cornell University Press, 2009), 223-273.

67. NAS, Oral History Department, Interview with Abdul Aziz, 6 September 1990, interviewed by Rajendran Supramaniam, A 001195.

68. Singapore Indian Artistes' Association 档案中的剪报, NAS, NA 2345。

69. Arasaratnam, "Social and Political Ferment."

70. NAS, Oral History Department, Interview with Krishnaswamy Reddy Arumugam, 8 November 1990, interviewed by Rajandran Supramaniam, A 001225; NAS, Oral History Department, Interview with Ramasamy Narayanasamy, 28 May 1990, interviewed by Rajendran Supramaniam, A 001194.

71. Prem K. Pasha, *The Krishnan Odyssey: A Pictorial Biography of Dato' L. Krishnan* (Kuala Lumpur: Nasarre, 2003); William Van der Heide, *Malaysian Cinema, Asian Film: Border Crossings and National Cultures* (Amsterdam: Amsterdam University Press, 2002); Joel S. Kahn, *Other Malays: Nationalism and Cosmopolitanism in the Modern Malay World* (Singapore: NUS Press, 2006).

72. V. Thirunavakarasu, "Periyar Varukai Tanta Balan," in V. Thirunavakarasu, ed., *Maleyavil Periyar* (Singapore: K. Pichaiyan, 1955), 9-10.

73. Stenson, *Class, Race and Colonialism*, 176.

74. NAS, Oral History Department, Interview with Salleh Alikunju, No. 1236; Interview with Padmanabhan Ramachandran, No. 764; 与奈尔 (Karunakaran Nair) 的访谈, No. 1177。也有作者与谭镜阙 (Tan Jing Quee, 音译) 和普都遮里的访谈, 2005 年 7—8 月, 新加坡。

75. Carl A. Trocki, *Singapore: Wealth, Power and the Culture of*

Control (London: Routledge, 2006).

76. *Proceedings of the First International Conference Seminar of Tamil Studies* (Kuala Lumpur: International Association of Tamil Research, 1966).

77. Willford, "The Figure of the Tamil"; S. Nagarajan, "A Community in Transition: Tamil Displacements in Malaysia," Ph. D. dissertation, Institute of Postgraduate Studies, University of Malaya, Kuala Lumpur, 2004; Ravindra K. Jain, "Culture and Economy: Tamils on the Plantation Frontier Revisited, 1998 – 99," www. transcomm. ox. ac. uk/working%20papers/ravijain. pdf, 于 2011 年 8 月 1 日存取。

78. Stenson, *Class, Race and Colonialism*, 205 – 206; "Malaysia to Resolve Ethnic Indians' Citizenship Issues," *Hindustan Times*, 31 December 2010.

79. Jane Burbank and Frederick Cooper, *Empires in World History: Power and the Politics of Difference* (Princeton, NJ: Princeton University Press, 2010), 443 – 461; Sugata Bose, *A Hundred Horizons: The Indian Ocean in the Age of Global Empire* (Cambridge, MA: Harvard University Press, 2006).

80. Amitav Acharya, *Whose Ideas Matter? Agency and Power in Asian Regionalism* (Ithaca, NY: Cornell University Press, 2010), 33 – 34.

81. Sarat Chandra Bose, "United Nations of South Asia," *Oracle* 1, 2 (1979).

82. Bayly and Harper, *Forgotten Wars*, 326; Acharya, *Whose Ideas Matter?*

83. John R. Smail, "On the Possibility of an Autonomous History of Modern Southeast Asia," *Journal of Southeast Asian History* 2 (1961): 72 – 102.

84. Paul H. Kratoska, Remco Raben, and Henk Schulte Nordholt, eds., *Locating Southeast Asia: Geographies of Knowledge and Politics of Space* (Singapore: NUS Press, 2005), 1 – 19; Benedict Anderson, *Spectre of Comparisons: Nationalism, Southeast Asia, the World* (London: Verso, 1998); quote from Sanjay Subrahmanyam, "Connected Histories: Notes towards a Reconfiguration of Early Modern Eurasia," *Modern Asian Studies*

31, 3 (1997): 735 – 762.

85. Food: Rice Study Group, February – June 1947, IOR/M/4/936; Food: International Emergency Food Council, IOR/M/4/809; Singapore Sub – Committee on Rice, October 1946 – October 1947, IOR/M/4/809.

86. Henry Knight, *Food Administration in India, 1939 – 47* (Stanford, CA: Stanford University Press, 1954), 253.

87. Duncan Ridler and Christopher A. Yandle, "Changes in Patterns and Policies in the International Trade in Rice," *Staff Papers: International Monetary Fund* 19, 1 (1972): 46 – 86.

88. FAO, Bay of Bengal Programme, *Report of the First Meeting of the Advisory* Committee, Colombo, Sri Lanka, 28 – 29 October 1978, Appendix I of Document IOFC/DV/78f44. 1 (Rome: FAO, 1978); K. Sivasubramaniam, *Marine Fishery Resources of the Bay of Bengal* (Colombo: FAO, 1985).

89. Stein Tønnesson, "Locating the South China Sea," in Kratoska, Raben, and Nordholt, eds. , *Locating Southeast Asia*, 203 – 233; Ajantha Subramanian, *Shorelines: Space and Rights in South India* (Stanford, CA: Stanford University Press, 2009), 126 – 130.

90. K. S. Jomo et al. , *Deforesting Malaysia: The Political Economy and Social Ecology of Agricultural Expansion and Commercial Logging* (London: Zed Books, 2004).

91. Allan Sekula, *Fish Story* (Dusseldorf: Richter Verlag, 2002), 43 – 53;也可参见近期拍摄的下列影片：Allan Sekula and Noel Burch, *The Forgotten Space* (2010)。

第八章 海平面的上升

1. Hillary Clinton, "Remarks on India and the United States: A Vision for the Twenty – First Century,"2011 年 7 月 20 日在金奈的演讲，www. state. gov/secretary/rm/2011/07/168840. htm,于 2012 年 6 月 5 日存取。

2. Thomas R. Metcalf, *Imperial Connections: India in the Indian Ocean Arena*, 1860 – 1920 (Berkeley: University of California Press, 2007), 1; Ronald Hyam, "The Primacy of Geopolitics: The Dynamics of British Imperial Policy, 1763 – 1963," *Journal of Imperial and Commonwealth History* 27, 2

(1999): 27 - 52; Memorandum by J. Price, Straits Settlements Factory Records, v. 2, 23 February 1786, IOR/G/34/2.

3. Robert D. Kaplan, *Monsoon: The Indian Ocean and the Future of American Power* (New York: Random House, 2010); Vijay Sakhuja, *Asian Maritime Power in the 21st Century: Strategic Transactions, China, India, and Southeast Asia* (Singapore: ISEAS Press, 2011).

4. Richard Hall, *Empires of the Monsoon: A History of the Indian Ocean and Its Invaders* (London: HarperCollins, 1996), 80 - 92; Geoff Wade, "The Zheng He Voyages: A Reassessment," Asia Research Institute Working Papers Series, No. 31 (Singapore: Asia Research Institute, 2004); Leonard Woolf, *Village in the Jungle* [1913] (New Delhi: B. R. Publishing, 1975).

5. Kaplan, *Monsoon*, 10, 191.

6. "Sri Lanka's Southern Hambantota Port Begins Commercial Operations," *Colombo Page*, 6 June 2012, www. colombopage. com/archive_12/Jun06_1338967766CH. php, 于 2012 年 6 月 13 日存取; "Chinese - Built Port in Sri Lanka Fuels Indian Fears Beijing Is Encircling Them," *Guardian*, 18 November 2010; "Chinese Billions in Sri Lanka Fund Battle against Tamil Tigers," *Times*, 2 May 2009。

7. Donald L. Berlin, "The 'Great Base Race' in the Indian Ocean Littoral: Conflict Prevention or Stimulation?" *Contemporary South Asia* 13, 3 (2004): 239 - 255; the quotation is from C. Raja Mohan, *Crossing the Rubicon: The Shaping of India's New Foreign Policy* (New Delhi: Viking, 2003), xxii; "India to Revive Defence Ties with Sri Lanka," *Hindu*, 24 December 2010, www. thehindu. com/todays - paper/tp - national/article973497. ece, 于 2012 年 6 月 4 日存取。

8. Chen Shaofeng, "China's Self - Extrication from the 'Malacca Dilemma' and Implications," *International Journal of China Studies* 1, 1, (2010): 1 - 24.

9. Julie MacDonald, Amy Donahue, and Bethany Danyluk, *Energy Futures in Asia* (Washington, DC: Booz - Allen Hamilton for Director of Net Assessment, November 2004); Brigadier S. K. Chatterji, "Chinese String of

Pearls Could Choke India," 8 September 2010, *Rediff News*, news. rediff. com/column/2010/sep/08/chinese – string – of – pearls – could – choke – india. htm,于 2012 年 6 月 6 日存取。

10. Billy Tea, "Unstringing China's Strategic Pearls," *Asia Times Online*, 11 March 2011, www. atimes. com/atimes/China/MC11Ad02. html,于 2012 年 5 月 10 日存取。

11. Daniel J. Kostecka, "Places and Bases: The Chinese Navy's Emerging Support Network in the Indian Ocean," *Naval War College Review* 64, 1 (2011): 59 – 78.

12. Wade, "The Zheng He Voyages."

13. Thant Myint – U, *Where China Meets India: Burma and the New Crossroads of Asia* (London: Faber and Faber, 2011); *Asian Relations: Being Report of the Proceedings and Documentation of the First Asian Relations Conference, New Delhi, March – April 1947* (New Delhi: Asian Relations Organization, 1948), 96.

14. Berlin, "'Great Base Race,'" 246 – 247.

15. "CNPC to Build, Run, China—Myanmar Oil Pipeline," *China Daily*, 21 December 2009, www. chinadaily. com. cn/china/2009 – 12/21/content 9209811. htm,于 2012 年 6 月 13 日存取。

16. Chen, "China's Self – Extrication from the 'Malacca Dilemma,'" 11 – 12.

17. Berlin, "'Great Base Race,'" 246.

18. Sudhir T. Devare, ed., *A New Energy Frontier: The Bay of Bengal Region* (Singapore: ISEAS Press, 2008).

19. International Tribunal on the Law of the Sea, *Dispute Concerning Delimitation of the Maritime Boundary between Bangladesh and Myanmar in the Bay of Bengal*: Judgment, 14 March 2012. 关于该案的判决、注释和意见,可见于 www. itlos. org/start2en. html,于 2012 年 4 月 3 日存取;"Dividing the Spoils," *Himal Magazine*, www. himalmag. com/component/content/article/5048 – dividing – the – spoils. html,于 2012 年 4 月 18 日存取。

20. Kaplan, *Monsoon*, 183.

21. K. M. Panikkar, *India and the Indian Ocean: An Essay on the Influence of Sea Power on Indian History* [1945] (Bombay: George Allen and Unwin, 1971).

22. "Blue Water Navy Is the Aim," *Times of India*, 1 November 2006, articles. timesofindia. indiatimes. com/2006－1101/in dia/27785056_1_maritime－security－admiral－sureesh－mehta－admiral－arun－prakash, 于 2012 年 6 月 1 日存取。

23. David Scott, "India's Drive for a 'Blue Water' Navy," *Journal of Military and Strategic Studies* 10, 2 (2007－2008); "From Brown Water to Blue," *Indian Express*, 5 December 2006; Indian Navy, *Tacking to the Blue Waters: The Year That Was* (New Delhi, 2003); "India Navy Drops Another Anchor," *Asia Times Online*, 17 October 2006, www. atimes. com/atimes/South_ Asia/HJ17Df02. html, 于 2012 年 6 月 13 日存取; "Andaman and Nicobar Command, www. globalsecurity. org/military/world/india/anc. htm, 于 2012 年 6 月 5 日存取。

24. Sudha Ramachandran, "India Extends Malacca Strait Reach," *Asia Times Online*, 8 August 2012, www. atimes. com/atimes/South _ Asia/NH08Df01. html, 于 2012 年 8 月 10 日存取。

25. Harsh V. Pant, "Filling the Strategic Space in South－East Asia," *The Hindu*, 22 December 2012; Simon Denyer, "India Looks to Burma to Boost Trade with South－East Asia," *The Guardian*, 26 February 2013.

26. Berlin, "'Great Base Race,'" 251.

27. Esther Conrad, "Living with an Uncertain Monsoon: IRI's Work to Benefit Farmers in India," portal. iri. columbia. edu/portal/server. pt/gateway/PTAR, 于 2012 年 6 月 19 日存取; Asia Society, *Asia's Next Challenge: Securing the Region's Water Future*, A Report by the Leadership Group on Water Security in Asia (New York: Asia Society, 2008), 31。

28. Callum Roberts, *Ocean of Life: How Our Seas Are Changing* (London: Allen Lane, 2012), 3.

29. 同上注, 第 2 页。

30. James C. Scott, *Seeing like a State: Why Certain Schemes to Improve*

the Human Condition Have Failed (New Haven, CT: Yale University Press, 1998).

31. Urusla L. Kali, "Review of Land–Based Sources of Pollution to the Coastal and Marine Environments of the BOBLME Region," Bay of Bengal Large Marine Ecosystem (BOBLME) Theme Report, GCP/RAS/179/WBG. 10 (March 2004), 登于 http://www. boblm. org/documentRepository/Theme_%20Land%20Based%20Pollution%20-%20%20Urusla%20Kaly. pdf, 于 2013 年 3 月 31 日存取。

32. C. J. Vörösmarty et al. , "Global Threats to Human Water Security and River Biodiversity," *Nature* 467 (30 September 2010): 555–561.

33. United Nations Environment Program (UNEP), "Dead Zones Emerging as Big Threat to Twenty–First Century Fish Stocks," press release, ENV/DEV/758, 19 March 2004.

34. 引用自 John Butcher, *The Closing of the Frontier: A History of the Marine Fisheries of Southeast Asia*, c. 1850–2000 (Singapore: ISEAS Press, 2004), 28–29。

35. The World Wide Fund for Nature map is reproduced in Roger Harrabin, "Shortages: Fish on the Side," BBC News, 18 June 2012, www. bbc. co. uk/news/science–environment–18353964, 于 2012 年 6 月 18 日存取。

36. Rachel Carson, *The Edge of the Sea* [1955] (New York: First Mariner Bookers, 1998), 240; Roberts, *Ocean of Life*, 94.

37. C. J. Vörösmarty et al. , "Battling to Save the World's River Deltas," *Bulletin of the Atomic Scientists* 65, 2 (2009): 31–43.

38. Kenneth Pomeranz, "The Great Himalayan Watershed," *New Left Review* 58 (2009).

39. James Syvitski et al. , "Sinking Deltas Due to Human Activities," *Nature Geoscience* 2 (October 2009): 681–686; James Syvitski, "Life at the Edge: Sinking Deltas," lecture delivered at the Royal Geological Society, London, 28 March 2012.

40. Vörösmarty et al. , "Battling to Save the World's River Deltas. "

41. Michael Mitchell, "Sticky Assets," in *Burtynsky: Oil* (Toronto:

Melcher Media, 2012); "Burtynsky: Oil," exhibition at the Photographers' Gallery, London, May–July 2012.

42. Michael Ondaatje, *The Cat's Table* (London: Jonathan Cape, 2011), 77–78.

43. O. Pilkey and R. Young, *The Rising Sea* (Washington, DC: Island Press, 2009); R. J. Nicholls and A. Cazenave, "Sea–Level Rise and Its Impact on Coastal Zones," *Science* 328 (2010): 1517–20; Roberts, *Ocean of Life*, 82.

44. Mike Davis, "Who Will Build the Ark?" *New Left Review*, 61 (2010): 29–46.

45. K. Nageswara Rao et al., "Sea Level Rise and Coastal Vulnerability: An Assessment of Andhra Pradesh Coast, India, through Remote Sensing and GIS," *Journal of Coastal Conservation* 12, 4 (2008): 195–207.

46. John Vidal, "'We Have Seen the Enemy': Bangladesh's War against Climate Change," *Guardian*, 9 May 2012, www.guardian.co.uk/environment/2012/may/09/bangladesh–war–against–climate–change, 于 2012 年 6 月 20 日存取; Thomas Hofer and Bruno Messerli, *Floods in Bangladesh: History, Dynamics and Rethinking the Role of the Himalayas* (Tokyo: United Nations University, 2006)。

47. J. Qui, "The Third Pole," *Nature* 454 (2008): 393–396; Praful Bidwai, *The Politics of Climate Change and the Global Crisis: Mortgaging Our Future* (Hyderabad: Orient BlackSwan, 2012), 49–76; Pomeranz, "Great Himalayan Watershed."

48. *Straits Times*, 10 December 1924, 8.

49. A. S. Unnikrishnan et al., "Sea Level Changes along the Indian Coast: Observations and Projections," *Current Science* 90, 3 (2006): 362–368.

50. Emma Larkin, *No Bad News for the King: The True Story of Cyclone Nargis and Its Aftermath in Burma* (New York: Penguin, 2010), 5–6.

51. Peter D. Clift and R. Alan Plumb, *The Asian Monsoon: Causes,*

History and Effects (Cambridge: Cambridge University Press, 2008), viii.

52. Bidwai, *Politics of Climate Change*, 52; William Cline, *Global Warming and Agriculture: Impact Estimates by Country* (Washington, DC: Center for Global Development, 2007).

53. Kaplan, *Monsoon*, xiv; Collectif Argos, *Réfugiés Climatiques* (Paris: Editions Carré, 2010).

54. Eric Tagliacozzo, *Secret Trades, Porous Borders: Smuggling and States along a Southeast Asian Frontier, 1865 – 1915* (New Haven: Yale University Press, 2005).

55. Pheng Cheah, *Inhuman Conditions: On Cosmopolitanism and Human Rights* (Cambridge, MA: Harvard University Press, 2007), 180.

56. Vicknesh Varan, *Special Pass* (Rupture Productions, 2012), 登于 http://vimeo.com/53857518, 于 2013 年 1 月 7 日存取。

57. Prasenjit Duara, "Asia Redux: Conceptualizing a Region for Our Age," *Journal of Asian Studies*, 69 (2010), 963 – 983.

58. 新加坡剧团"移民之声"(Migrant Voices)与来自亚洲各地的移民劳工一起创作,让他们用各种媒体说出自己的故事。移民使用电子媒体是人类学家梅哈·阿姆瑞斯(Megha Amrith)研究的主题。

59. Rustom Bharucha, "Consumed in Singapore: The Intercultural Spectacle of Lear," *Theater* 31, 1 (2001): 107 – 127.

60. "Malaya" Samy interviewed by the Made by Migrants documentary project, 其录像可见于 www.madebymigrants.com, 于 2013 年 1 月 7 日存取。

61. Aseem Shrivastava and Ashish Kothari, *Churning the Earth: The Making of Global India* (New Delhi: Penguin, 2012); Md Mizanur Rahman, "Migration and Social Development: A Family Perspective," ARI Working Paper, 91, National University of Singapore, 2007; Sunil S. Amrith, *Migration and Diaspora in Modern Asia* (Cambridge: Cambridge University Press, 2011), ch. 5.

62. Tan Hui Yee, "They Build Our Dream Homes So They May Have Theirs," *Straits Times*, 26 January 2008; Megha Amrith, "Vulnerability, Community and Resistance: A Study of Tamil Migrant Workers in Singapore,"

honors dissertation, University College, London, 2006.

63. 出自 2007 年 7—8 月在吉隆坡所做的访谈;对方要求匿名。

64. Tan, "They Build Our Dream Homes."

65. Asian Development Bank, *Addressing Climate Change and Migration in Asia and the Pacific: Final Report* (Manila: Asian Development Bank, 2012), 4.

66. Sam Knight, "The Human Tsunami," *Financial Times*, 19 June 2009.

67. Asian Development Bank, *Addressing Climate Change and Migration*.

68. Dipesh Chakrabarty, "The Climate of History: Four Theses," *Critical Inquiry* 35 (2009): 197-222.

69. Michael Mitchell, "Death of a Star," in *Burtynsky: Oil*.

70. 此处借用戴维斯(Mike Davis)的卓见,*Ecology of Fear: Los Angeles and the Imagination of Disaster* (New York: Metropolitan Books, 1998)。

后记　横渡孟加拉湾

1. Naidu Ratnala Thulaja, "Loyang Tua Pek Kong," in *Singapore Infopedia* (Singapore: National Library Board, 2003), infopedia. nl. sg/articles/SIP_352_2004-12-27. html,于 2012 年 5 月 30 日存取。

2. Derek Walcott, "The Antilles: Fragments of an Epic Memory," in *What the Twilight Says: Essays* (London: Faber and Faber, 1998), 65-86.

3. "Thaipusam Rules: Court Rejects Appeal," *Straits Times*, 19 January 2011.

4. 出自我在 2009 年收到的邀请函(寄自圣陵的管理者)。

5. 对照 Nile Green, *Bombay Islam: The Religious Economy of the West Indian Ocean, 1840-1915* (Cambridge: Cambridge University Press, 2011)。

6. Andrew Willford, *Cage of Freedom: Tamil Identity and the Ethnic Fetish in Malaysia* (Ann Arbor: University of Michigan Press, 2006), 288-289.

7. Subramaniam Pillay, "Hindraf Rally: A Plea of the Dispossessed?" *Aliran* 27, 10 (2007); Vinay Lal, "Multiculturalism at Risk: The Indian Minority in Malaysia," *Economic and Political Weekly*, 2 September 2006, 3764-5; Farish A. Noor, "The Hindu Rights Action Force (HINDRAF) of Malaysia:

Communitarianism Across Borders?" Working Paper No. 163, S. Rajaratnam School of International Studies, Singapore, 4 July 2008.

8. Krishna Gopal Rampal, *Sacred Structures: Artistic Renditions of Hindu Temples in Malaysia and Singapore* (Singapore: Bluetoffee, 2008).

9. *George Town: World Heritage Site Map* (Penang: Penang Heritage Trust, 2008).

10. Kwame Anthony Appiah, *Cosmopolitanism: Ethics in a World of Strangers* (New York: Norton, 2006).

11. Robert D. Kaplan, *Monsoon: The Indian Ocean and the Future of American Power* (New York: Random House, 2010), xi, 6–7.

12. T. Shanaathanan, *The Incomplete Thombu* (London: Raking Leaves, 2011); Michael Ondaatje, "A Port Accent," *A Room for London*, 在线版本(播客[podcast])见于 www. aroomforlondon. co. uk/a‐london‐address/jun‐2012‐michael‐ondaatje, 于 2012 年 7 月 4 日存取。

索 引

（页码为原书页码，即本书边码）

A

Abdullah abd al-Kadir, 71–72
Aceh, 41, 49, 51–52, 55, 59–60, 63, 109
Air travel, 22–23, 220–221
Albuquerque, Afonso de, 18, 40–42
All - Malayan Council of Joint Action, 234–235
Ambedkar, B. R., 230–231
Amsterdam, 44
Andaman Islands: convict settlement on, 77–78; Indian military facilities on, 258; in World War II, 197–199, 211
Anderson, Benedict, 100, 165
Andrew, E. J. L., 150–151, 154
Andrews, C. F., 177
Anthonysamy, Charles, 270
Appiah, Kwame Anthony, 284
Arabian Sea, 11, 27–28, 36, 42, 69, 255
Arakan, 43, 49, 56–57, 77–79, 119, 188, 201, 224–225, 256
Archives, 137, 155–156, 161, 213–214, 248, 271
Area studies, 1, 244–245, 276
Asad, Talal, 141–142
Asian Relations Conference (1947), 220–223, 256
Association of Southeast Asian Nations (ASEAN), 244
Atlantic: comparison with Indian Ocean, 26, 57, 141, 247–248; migration across, 104
Aung San, 187, 201, 243
Automobiles, 2, 29, 157–158, 180, 183, 274

B

Bajpai, Girija Shankar, 192
Bandung Conference (1955), 243
Bangladesh: Cyclone Bhola in, 248–249; impact of climate change on, 265; maritime dispute with Myanmar, 257; migration to Malaysia from, 268
Bay of Bengal: as ecosystem, 276; geography of, 9–13; and Indian

Ocean, 27 – 29; in mythology, 22 – 25; naming of, 18 – 19; and regional institutions, 283 – 284; strategic position of, 1, 5, 64, 197 – 198, 251 – 258; travel accounts of, 6 – 8, 24 – 26, 40, 88 – 89. *See also* Climate change; Monsoons; Shipping; Trade
Bay of Bengal Pilot, 20, 32, 248
Bayly, C. A., 68
Bayly, Susan, 90
Bengal, 67, 207 – 210. *See also* Bangladesh; East India Company; Famine
Benjamin, Walter, 213
Bharucha, Rustom, 270 – 271
Borders, 99, 130, 134, 217, 223 – 224, 229 – 230, 243 – 244, 267 – 268, 285
Bose, Sarat Chandra, 243
Bose, Subhas Chandra, 199 – 200, 209 – 211
Bose, Sugata, 10
Bowrey, Thomas, 58 – 60, 88
Braudel, Fernand, 29 – 30, 52 – 53, 64, 105
Brazier, John, 237
British Empire: administration of, 109, 135, 189 – 190; economic policies of, 70, 112 – 113, 138, 216; expansion around Bay of Bengal, 63 – 68; strategic imperatives of, 67 – 68, 252
British India Steam Navigation Company, 107 – 109, 151 – 152
Brito, Felipe de, 43
Buddhism, 14, 16, 23 – 25, 89, 186 – 188, 224 – 225, 230 – 231
Bujang Valley, 15, 142 – 143
Burma: anti – Indian violence in, 151 – 152, 181 – 182, 187 – 188, 230 – 231; borders of, 217, 257; British conquest of, 109; citizenship laws of, 221 – 225, 228 – 231; economic development of, 107, 119 – 122, 148 –152; Indian migration to, 104, 107 – 109, 113 – 114, 119 – 122, 148 – 152; land nationalization in, 228 – 229; nationalism in, 186 – 189; postwar reconstruction of, 215 – 217; refugees from, 203 – 205, 231 – 232; relations with India, 190 – 191, 228 – 234, 258. *See also* Chettiars; Rice
Burtynsky, Edward, 264

C

Caffrees. *See* Slavery
Calcutta, 5 – 6, 46, 70, 80 – 81, 207 – 208, 223
Capitalism, 2, 29, 44 – 45, 61 – 62, 86 – 87, 100, 104 – 105, 110, 119 – 122, 126, 138 – 139, 183, 210, 246 – 247, 275
Carson, Rachel, 261
Cartier - Bresson, Henri, 212 – 213, 247
Caste: among Indian emigrants, 83, 115 – 117, 132; effects of migration on, 77, 163; and social reform, 170 – 171, 175 – 176, 232, 238
Census, 78, 118, 157, 162 – 163, 177
Central Indian Association of Malaya, 194, 235
Ceylon: British conquest of, 68 – 69, 99; cinnamon in, 51; citizenship laws of, 221 – 223, 225 – 228; coffee cultivation in, 82 – 83, 115 – 116; links with Malaya, 122 – 123; Malays in, 75;

migration from India to, 28, 82–83, 103–104, 110, 114–116, 146, 164–165, 179, 185–186; relations with India, 192–193, 226–227; tea cultivation in, 115–116, 127, 142. See also *Kangany*; Sri Lanka
Chakrabarty, Dipesh, 274
Chatterjee, Partha, 189
Chaudhuri, K. N., 20, 29
Chettiars, 94, 119–122, 172–173, 183, 191, 228–230
Chettur, S. K., 218
China: energy needs of, 254–257; Indian Ocean policy of, 255–257; industrialization of, 254; nationalism in, 168–169; relations with Burma, 256; trade with India, 16–17. See also Overseas Chinese
Chittagong, 30, 43, 79, 80, 119, 217, 224–225, 255, 263–264
Chola Empire, 14–16, 18, 111
Chulia. See Tamil Muslims
Cinema, 160–161, 232, 239
Citizenship, 137, 165, 174–178, 190–191, 210–211, 220–238, 242–243, 269–270
Climate, migration and, 123–127, 267
Climate change: impact on Bay of Bengal, 264–266; during Little Ice Age, 49–50; in Medieval Warm Period, 12–13, 17; and migration, 266–274
Clinton, Hillary, 251
Cloth, 52–54, 64, 112
Coal, 106–107
Coen, Jan Pieterzoon, 53, 55–56
Cold War, 213, 224, 243–244, 246
Communism, 193–194, 201, 209–210, 220–221, 223–224, 230, 234–237, 240, 244
Conrad, Joseph, 21, 25, 105
Consumption, 157–158, 160–162, 164
Convicts: British transportation of, 77–78; settlement in Southeast Asia, 78–80. See also Labor
Cornish, William, 112–113
Coromandel Coast, 47–48, 133–134
Coroner's courts, 129, 155–157
Cosmopolitanism, 3, 26–27, 38, 217, 241
Crawfurd, John, 84, 98, 260
Cyclones, 11–12, 20–21, 248–249, 263, 265–266

D

Dalal, K. L., 151
Debt. See Capitalism; Chettiars; *Kangany*
Depression (1930s), 152, 159–160, 182–183, 208; effects on migration, 162–163, 182, 183–186; political legacy of, 186
Desai, Bhulabai, 211
Desai, W. S., 228
Development: environmental impact of, 259–264; as political goal, 3, 140, 178, 192, 246–247
Diasporas, 40–41, 172, 186; after empire, 213, 221–225; interaction between, 3, 162. See also Overseas Chinese; Tamil diaspora
Dravidian movement, 168, 238–240
Drought, 50, 67, 112–113, 124, 266
Dupleix, François, 65

E

East India Company: Army, 68–69;

conquest of India, 63 – 68; dissolution of, 79 – 80; expansion around Bay of Bengal, 63 – 68; factories of, 46, 61 –62; formation of, 44; and opium trade, 53 – 54, 67 – 68; trade with China, 53 – 54
East Indies. *See* Indonesia
El - Ni ñ o Southern Oscillation, 13, 50, 112, 267
Environment. *See* Bay of Bengal; Climate; Climate change; Development; Forests
Ethnicity, 26, 97 – 98, 150, 156 – 157, 235

F

Famine, 49; El - Niño (1870s), 112 – 114; and emigration, 113 – 115, 128 –129, 267; Bengal (1770), 67; in Bengal (1943), 207 – 210
Fauconnier, Henri, 127
Fa Xian, 24 – 25
Fischer, Bowness, 131 – 135, 267
Fish, 12, 260 – 261
Forests: and labor, 125 – 128, 143; and land clearance, 30, 110, 113; loss of, 124, 241 – 242; in World War II, 199 – 207
Fort St. George, 59 – 60, 81 – 82
Fossil fuels, 2, 105, 259, 264. *See also* Coal; Oil
Frontiers, 9, 17, 22, 30, 47, 55, 74 – 75, 99, 103, 111, 113, 120, 129 – 130, 148, 200 – 201, 228, 254, 268, 275. *See also* Borders; Forests
Furnivall, J. S. , 148, 182

G

Gandhi, Mohandas, 140, 145, 149, 169 – 170
Gani, Abdul Karim, 190
Geoghegan, John, 83
Ghosh, Amitav, 27, 81, 88, 204
Gokhale, Gopal Krishna, 139 – 140
Golconda, 47 – 48
Grierson, George, 113, 124
Grotius, Hugo, 45 – 46
Gurumurthy, Krishnan, 204

H

Hambantota, 253 – 255
Hasan, Abid, 200 – 201
Hathaway, W. L. , 101 – 103, 131, 133, 137 – 138
Himalayas, 9, 265
Hinduism: and Islam, 34 – 35, 39, 94; in Malaysia, 8, 15, 125 – 127, 142 – 143; sacred geography of, 22 – 23, 125; Tamil traditions of, 125 – 127. *See also* Caste; Murugan; Thaipusam
Hindu Rights Action Force, 281 – 282
History: environmental, 3 – 4, 129 – 130; oceanic, 26 – 31, 285
Ho, Engseng, 38

I

Imperialism: comparison between kinds of, 61 – 62; impact on the Indian Ocean, 26 – 27, 43 – 44. *See also* British Empire; Portuguese Empire; VOC
India: armed forces of, 68, 201 – 203, 230, 257 – 258; citizenship laws of, 224 – 225; economic development of, 178, 192, 246 – 247; emigration from, 83, 103 – 104, 113, 124,130 – 131; food policy of, 245 – 246;

foreign policy of, 220 – 224, 257 – 258; and Indian Ocean, 109 – 110, 252; mobility within, 110 – 111, 148; nationalism in, 168 – 172, 188 – 190; Partition of, 182, 201, 221, 224 – 225, 243; resettlement of refugees in, 224, 231 – 232; restriction of emigration from, 101 – 102, 130 – 137, 178, 191 – 193, 218 –220; trade with Southeast Asia, 52 – 54, 258. See also Tamil diaspora; Tamil Nadu

Indian Emigration Act (1922), 176

Indian National Army, 199 – 201, 211, 235. See also Bose, Subhas Chandra

Indian National Congress, 130, 168 – 169, 171, 177, 188 – 189, 191 – 192, 218, 235

Indian Ocean: and globalization, 26 – 27, 253; historiography of, 26 – 31. See also Bay of Bengal; Trade

Indian Rebellion (1857), 79 – 80, 109

Indonesia, 14, 39, 46, 51, 54, 71, 99, 109, 146, 182, 197, 205, 212 – 213, 221 – 223

Industrial revolution, 64, 67 – 68

Intergovernmental Panel on Climate Change, 258, 264

Irrawaddy Flotilla Company, 106 – 108, 150, 203

Irrawaddy River, 22, 55, 107, 119, 121, 142, 147, 201 – 202, 265 – 266

Islam: and Indian Ocean, 17, 28, 37 – 38, 85, 283; in port cities, 41, 90 – 94, 97 – 98, 165 166; spread in Southeast Asia, 37 – 38; and Tamil culture, 38 – 40

Iyengar, Narasimha, 168

J

Japan. See World War II

Jawi Peranakan, 165 – 166

K

Kangany: in Ceylon, 82 – 83, 115 – 116; decline of system, 184 – 185; in Malaya, 116 – 118, 130, 136, 206; origins of, 82 – 83; perceptions of, 119 – 120, 163; role in migration process, 118 – 119, 272

Kaplan, Robert D., 284 – 285

Karaikal, 37, 65, 81, 108, 131 – 135

Kedah, 7, 39, 59 – 60, 63, 70 – 71, 83, 143, 236

Kerala, 51, 123 – 124, 165, 240 – 241

Klang strikes (1941), 194 – 196

Krishnan, L., 239

Krishnan, R. B., 174

Kumaran, Palanisamy, 7 – 8, 206, 282

L

Labor, 2, 8, 73 – 74, 103 – 104, 109 – 110; convict, 77 – 80; forced, 76 – 77, 82, 109, 205 – 207; freedom of, 81 – 82, 103, 111 – 112, 130 – 131; indentured, 115 – 117, 139 – 141; maritime, 80 – 82; and nature, 126 – 127, 141 – 142; protest, 193 – 196. See also Migration; Slavery

Language, 3, 26, 40, 73, 160, 162, 166, 283

Larkin, Emma, 265 – 266

Lascars, 74, 81

Lasker, Bruno, 182 – 183

Law, 72 – 73, 114, 130 – 141

Lewis, L. Elizabeth, 158 – 159, 212

Lieberman, Victor, 16 – 17, 50
Light, Francis, 63 – 64, 73 – 76, 83
Light, Richard Upjohn, 22, 127
Little Ice Age, *See* Climate change
Lombard, Denys, 41
Low, James, 96, 124
Loyang temple, 277 – 279
Ludu U Hla, 229 – 230

M

Madras (Chennai), 26, 46, 57, 65, 81 – 82, 145
Madras Presidency: Government of, 77, 84, 101, 103, 123, 131, 136; impact of emigration on, 163 – 165. *See also* Tamil Nadu
Maideen, A. N., 160 – 161, 180
Majid, Ahmad ibn, 18 – 19
Majlis, 173 – 174
Malay: fears of immigration, 174, 185 – 186; as identity, 14, 234 – 245; nationalism, 186 – 187, 234 – 235; newspapers, 173 – 175
Malaya: British conquest of, 109; Chinese migration to, 85 – 88, 145 – 146, 183 – 184; Emergency in, 212 – 213, 220; impact of depression on, 182 – 183; indentured labor in, 116 – 117; Indian Agent in, 176 – 178; Indian migration to, 84 – 85, 103 – 104, 116 – 118, 123 – 130, 185 – 186, 217 – 220; and Malayan Union, 234 – 235; postwar reconstruction of, 217 – 220; strikes in, 193 – 196, 235 – 237; Tamil settlement in, 162 – 164. *See also* Rubber; World War II
Malayan Communist Party, 193 – 194, 220, 236 – 237

Malayan Indian Congress, 234, 237 – 238
Malaysia: citizenship laws of, 234 – 238, 242 – 243; economic development of, 241 – 242, 247, 280 – 281; ethnic politics in, 237 – 238, 280 – 282; "racial riots" (1969), 242 – 243; Tamils in, 241 – 242, 280 – 281
Mangroves, 30, 261 – 262
Maps, 18 – 20, 109, 198, 212, 220, 247 –248, 267, 284 – 285
Maraikkayars, 38 – 40, 60 – 61, 134
Marx, Karl, 112, 123, 126, 138, 274
Masulipatnam, 38, 43, 46 – 48, 55 – 56, 248
Medieval Warm Period. *See* Climate change
Melaka, 37, 39 – 42, 46, 52, 60, 68, 70 –73, 106, 248, 281
Melville, Herman, 13 – 14
Methwold, William, 9, 47
Middleton – Smith, Richard, 206 – 207
Migration: circular, 3 – 4, 28, 79, 138, 147, 162, 172, 183 – 184, 191, 196, 219 – 222, 229 – 230, 273; and citizenship, 220 – 238; estimates of total, 103 – 104; peak, 146; restrictions on, 184, 216, 219 – 222, 273 – 274; theories of, 113. *See also individual countries*
Minorities, 4, 213, 221 – 222
Modernity, 3, 164, 168 – 169, 179 – 180
Monsoons, 10 – 14, 18 – 22, 30, 49 – 50, 67, 112, 208, 247 – 249, 258, 266
Mughal Empire, 44, 46 – 49, 58, 79
Munnetram, 168, 172 – 173
Murugan, 96, 125 – 126, 159

N

Nagapatnam, 7, 35 – 36, 46, 75, 101,

108, 128, 134, 248
Nagore, 32 – 37, 134, 273; Dargah, 32 – 36, 89 – 91, 94, 279 – 280. See also Islam; Shahul Hamid
Napoleonic Wars, 64, 67 – 68, 75
Narayanan, P. P., 237
Natarajan, Subramania, 222 – 223
Nathan, R. H., 194 – 195
Nationalism: diasporas and, 168 – 178; in Europe, 65; limitations of, 275 – 276. See also Burma; India; Malaya
Navigation, 18 – 22, 30
Nehru, Jawaharlal, 175, 209 – 210, 220 – 226, 230, 241, 243
Netherlands East Indies. See Indonesia; VOC
Newspapers. See Press
Noordin, Mohamed Merican, 72 – 73

O

Oil, 29, 157 – 158, 246 – 247, 253 – 257, 263, 274 – 275
Ondaatje, Michael, 69, 264, 285
Opium, 54, 67 – 68
Oral history, 160 – 161, 271
Oriyas, 150, 155, 203 – 204
Overseas Chinese: migration to Southeast Asia, 85 – 87, 103 – 104, 135, 146, 152 – 153, 162 – 163, 175, 183 – 186, 215 – 216, 222 – 223, 234 – 235; relations with Indians overseas, 86 – 88, 94 – 99, 139, 145, 155 – 158, 160 – 162, 164, 170, 173 – 174, 193 – 195, 236 – 237; social institutions of, 85 – 87, 166, 169, 176

P

Pannikar, K. M., 257

Parasakti, 232
Passports, 134, 191, 217 – 220, 222 – 223, 269
Penang: Boria festival in, 97 – 98; decline of port, 248; East India Company settlement on, 6, 63 – 64, 70; landscape of, 75 – 76, 124; population of, 70 – 71, 73 – 78, 83 – 87, 98 – 99; religious festivals in, 91, 94, 96, 279; riots of 1867, 97 – 98; trade, nineteenth century, 72 – 73; as World Heritage site, 281 – 282. See also Tamil Muslims
Pepper, 25, 51 – 55
Petitions, 76, 137 – 138, 175 – 177
Pichavaram, 261 – 262
Piddington, Henry, 11, 21
Pillai, Arulanandam, 176 – 177
Piracy, 25, 133, 268
Pires, Tomé, 40, 52, 54, 73
Plantations, 82 – 83, 115 – 119; disease on, 127 – 129; social life on, 125 – 126, 163 – 164, 239; working conditions on, 122 – 130. See also Labor; Rubber; Tea
Pondicherry, 65, 81 – 82, 132
Pope, John Adolphus, 60, 81
Portuguese Empire, 18 – 20, 40 – 46, 51 – 52, 61 – 62, 252
Press: Chinese, 166; globalism of, 167; Malay, 165 – 166, 173 – 174; and nationalism, 165, 168 – 169; in Straits Settlements, 165 – 166; Tamil, 166 – 170
Prostitution, 101, 152 – 155
Protector of emigrants, 103, 130 – 137
Puthucheary, James, 240

Q

Quit India Movement (1942), 205

R

Race, ideas of, 35, 71, 98 – 99, 110, 177, 186 – 187
Raffles, Thomas Stamford, 69 – 70
Railroads, 105 – 106, 121, 150, 152, 177, 205 – 207, 209, 218
Rajkumar, M. K., 240
Ramasamy, E. V., 170 – 171, 240
Ramasamy, Narayanasamy, 144 – 145, 180
Rangoon: description of, 25 – 26, 147, 149 – 150; housing in, 150 – 152, 215 – 216; Indian community in, 120, 122, 149 – 152, 155, 187 – 188, 215 – 216, 229, 232 – 234; Japanese bombing of, 196, 203; port of, 107, 148 – 149; riots in (1930), 152, 182; transportation in, 157 – 158
Rao, Narayana, 151 – 152
Religions: coastal, 88 – 89; encounters between, 90 – 97, 277 – 280
Ricci, Ronit, 37 – 39
Rice: Bay of Bengal trade in, 50, 54 – 55, 120 – 122, 128, 207 – 208; cultivation of, 12, 40, 47, 55, 111, 121, 150; cultural importance of, 54; depression and, 183; postwar trade in, 245 – 247; and starvation, 67, 207 – 210. *See also* Burma; Famine
Richter, Daniel K., 62
Ricoeur, Paul, 30
Rijaluddin, Ahmad, 6 – 8, 64, 282 – 283

Rivers, 9 – 10, 23; pollution of, 260 – 263
Rohingya, 224 – 225
Rubber, 2, 7 – 8, 29, 117 – 118, 125 – 130, 141, 157 – 158, 182 – 183, 193 –196, 218, 236 – 237, 241 – 242

S

Sambanthan, V. T., 237 – 238
Samy, A. N., 236
Sandhu, Kernial Singh, 118
Santa Catarina, 45 – 46
Sarangapany, G., 168
Sargant, Norman, 179
Sarma, V. Swaminatha, 187, 203 – 204
Saya San rebellion, 182, 185
Sejarah Melayu, 39 – 40
Sekula, Allan, 247
Self - Respect Movement, 170 – 171, 238
Sen, Bhowani, 209
Senanayake, D. S., 226
Seshan, K. S., 219 – 220
Seven Years' War, 65
Shahul Hamid, 32 – 34, 89 – 91, 279 – 280
Shanaathanan, T., 285
Shipping: and Indian merchants, 35, 84; Indian Ocean, 13 – 14, 18 – 22; regulation of, 81, 84; routes, 107 – 109; and shipbreaking, 263 – 264; steam, 21 – 22, 81, 103, 105 – 109. *See also* British India Steam Navigation Company; Navigation
Silver, 53 – 54, 60
Singainesan, 166 – 167
Singapore: East India Company settlement on, 69 – 70; Mutiny (1915), 145 – 146; population of, 78 – 80, 87 – 88,

147 – 148, 219, 268 – 269; public sphere in, 87 – 88, 158, 165 – 169, 171 – 175, 193 – 194, 238 – 241, 268 –270; religious life in, 90 – 97, 158 – 159, 212, 277 – 279; social life, 144 – 145, 153 – 157, 159 – 162, 238 – 240, 270, 272

Singaram, P. , 161 – 162

Slavery: abolition of, 76, 103; in Bay of Bengal region, 55 – 58; and serfdom in India, 111 – 112; and slaves from Mozambique, 76 – 77; in Southeast Asia, 57 – 58. See also VOC

Smith, Adam, 67

Soldiers, as settlers, 74 – 75

Southeast Asia: as a distinctive region, 244 – 245, 276; military alliances in, 244; trade of, 52 – 54; urban history of, 40 – 41

South - East Asia Command, 198, 244

Spices, 50 – 55

Sri Lanka: and Liberation Tigers of Tamil Eelam, 227 – 228; refugees from, 228; relations with India, 252, 254; Tamil minority in, 226 – 227. See also Ceylon; Tamil diaspora

Srivijaya, 16

Straits of Melaka: China's role in, 254 – 256; as crossroads of trade, 14; as strategic region, 63 – 64, 70, 85, 105 – 106, 252, 258

Straits Settlements. See Penang; Singapore

Suez Canal, 104 – 105, 121, 182

Sundaram, Lanka, 189

Suvarnabhumi, 23 – 24

T

Tagore, Rabindranath, 25 – 26, 147, 170, 177, 241

Tamil diaspora: and Christianity, 179; colonial census and, 177; consciousness of, 178 – 179; debates within, 166 – 170. See also individual countries ; Press; Tamil Muslims

Tamil Murasu , 168

Tamil Muslims: class distinctions among, 38 – 39; Europe an descriptions of, 60 – 61; intermarriage with Malays, 71 – 73; literary culture of, 39; role in Southeast Asian port cities, 39 – 40, 60 – 61; terms used to describe, 60. See also Islam; Tamil diaspora

Tamil Nadu: ecological regions of, 111; economic conditions in, 112 – 114, 271 – 272; migration within, 110 – 112; recent emigration from, 268 – 274

Tamil Nesan , 167 – 170, 172 – 175

Taylor, Charles, 180

Tea, 54, 68, 115 – 116, 127, 138, 142, 147, 163

Telegraph, 105

Telugus, 119, 122, 142 – 143, 150 – 152, 204 – 205

Temple, Richard Carnac, 58, 88 – 89

Thailand - Burma Railway, 205 – 207

Thaipusam, 96, 159 – 160, 164, 212 – 213, 279

Thanjavur, 48, 101 – 103, 114, 130, 138

Thevar, Janaki, 200 – 201

Thomas, Henry Sullivan, 138 – 139, 178

Thomson, John, 87

Trade: free, 67, 70, 138, 216, 258; Indian Ocean, 14 – 16, 26 – 29, 35 – 49, 253. See also Capitalism; Rice; Spices

Trincomalee, 69, 197, 254
Tsunami, Indian Ocean (2004), 10, 32

U

Umaru Pulavar, 39
United Malays National Organization, 234, 237–238
Urbanization, 147–148

V

Vaughn, J. D., 86
VOC: bankruptcy of, 68; conflict with Portuguese, 45–46; factories of, 46; foundation of, 44; role in spice trade, 51–53; and slave trade, 55–57; structure of, 44–45; and trade in rice, 55

W

Walcott, Derek, 26, 278–279

Wales, H. G. Quaritch, 18, 143
Women: autonomy of, 155–157; coerced migration of, 152–155; emigration of, 116, 126, 152, 162–163; and familystructure, 162–163
Woolf, Leonard, 253
World War I, 145–146
World War II: in Bay of Bengal, 196–198; environmental history of, 199–200, 201 203, 207; and forced labor, 205–207; refugee movements during, 203–205; political impact of, 198–199, 244; and starvation, 207–210

Z

Zheng He, 85, 252–253, 255